高职高专金融投资专业教材

U0683067

证券投资基础与实务
(第 2 版)

赵文君 赵学增 齐 欣 主 编

左玉帅 杜学军 姜 睿 副主编

清华大学出版社
北 京

内 容 简 介

本书立足于说明证券投资的基本原理，介绍证券投资理论与实务的相关知识，并对涉及实践操作的证券投资分析、交易软件和交易技巧等进行重点介绍。本书在编写过程中遵循注重实务操作、理论基本够用的原则，力求实现理论联系实际，突出实践操作，并满足参加证券从业考试的考生的需要。

本书适合作为高职高专院校的投资、理财和金融等财经专业的教材，也适合作为相关成人教育的培教材和证券投资者的自学参考书。

图书在版编目(CIP)数据

证券投资基础与实务/赵文君，赵学增，齐欣主编.--2版.--北京：清华大学出版社，2014（2019.1重印）
(高职高专金融投资专业教材)
ISBN 978-7-302-37132-8

Ⅰ.①证… Ⅱ.①赵… ②赵… ③齐… Ⅲ.①证券投资—高等职业教育—教材 Ⅳ.①F830.91

中国版本图书馆 CIP 数据核字(2014)第 145999 号

责任编辑：孟　攀
装帧设计：杨玉兰
责任校对：周剑云
责任印制：宋　林

出版发行：清华大学出版社
　　　　网　　　址：http://www.tup.com.cn，http://www.wqbook.com
　　　　地　　　址：北京清华大学学研大厦 A 座　　　　邮　　编：100084
　　　　社 总 机：010-62770175　　　　邮　　购：010-62786544
　　　　投稿与读者服务：010-62776969，c-service@tup.tsinghua.edu.cn
　　　　质 量 反 馈：010-62772015，zhiliang@tup.tsinghua.edu.cn
　　　　课 件 下 载：http://www.tup.com.cn,010-62791865
印 装 者：三河市君旺印务有限公司
经　　销：全国新华书店
开　　本：185mm×230mm　　　印　张：25.5　　　字　数：556 千字
版　　次：2010 年 2 月第 1 版　2014 年 9 月第 2 版　印　次：2019 年 1 月第 6 次印刷
定　　价：48.00 元

产品编号：056925-01

前　言

在世界金融危机向纵深演绎、我国国际板即将启动之际，中国证券市场正在发生天翻地覆的变化。目前中国证券市场的相关知识和实务操作不断更新，所以本书进行了再版，并在编写过程中坚持注重实务操作、理论基本够用的原则；针对相应专业培养目标力求实现理论联系实际，突出实践操作；具有高度的现实性和前瞻性，满足证券行业从业考试的需要。

本次再版主要对原文中前后不统一部分、知识结构不合理部分等做了更改，另外一些案例也进行了更新，并又添加了一些新的案例，便于读者理解。

全书共分十一章，第一章介绍证券的基本概念，股票、债券和证券投资基金的定义、特点、分类及区别和联系；第二章介绍金融衍生工具的基本知识和股指期货的有关内容；第三章介绍证券、股票和债券的发行；第四章介绍证券交易的原则、交易程序和股价指数的有关内容；第五章介绍历次金融危机的情况、证券投资收益和风险的有关内容；第六章介绍证券公司、证券结算公司、证券交易所、证券业协会和中国证监会的有关情况；第七章介绍证券投资分析、宏观分析、行业分析和公司分析等内容；第八章介绍证券投资技术分析方法和注意事项；第九章介绍证券市场的异常现象和心理在投资中的作用；第十章介绍证券投资的方法和技巧等内容；第十一章介绍网上交易软件的使用和注意事项。

本书编写分工如下：第一、七章由齐欣(天津渤海职业技术学院)编写；第二章由姜睿(哈尔滨金融学院)编写；第三、八章由赵学增(哈尔滨金融学院)编写；第四、六、十一章由赵文君(哈尔滨金融学院)编写；第五章由杜学军(哈尔滨金融学院)编写；第九章由左玉帅(哈尔滨金融学院)编写；第十章由张琳(西安思源学院)编写。本书由赵文君拟定大纲并总撰，由赵文君、赵学增、齐欣共同担任主编，是多所院校教师集体合作的成果。

同时，清华大学出版社秉承"理论与实务操作相结合"的教学理念，在编者完稿后邀请浙江核新同花顺网络信息股份有限公司(以下简称同花顺)加入，为本书配送一个"小财神"理财软件，期望读者在今后的学习过程中，能够真切体会到证券投资理财的方方面面，做好投资管理。

中国的证券市场处于快速发展之中，新的业务、新的规则不断推出，理论也不断创新。这些都对个人的知识体系和认知能力提出了极大的挑战。鉴于作者的专业功底、知识水平和看问题的视角限制，书中难免存在不妥甚至错误之处，希望读者不吝赐教。

编　者

目　　录

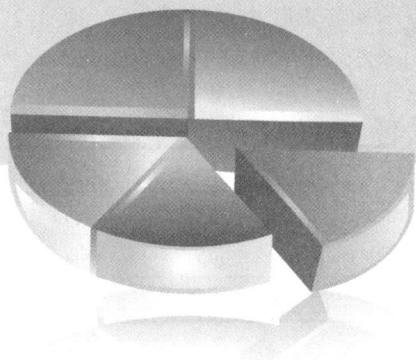

第一章

证券投资工具

本章精粹：

- 证券投资概述
- 股票
- 债券
- 证券投资基金

案例导入 2011 年境内证券交易概览

　　下面 3 个表(见表 1-1、表 1-2、表 1-3)记载了 2011 年我国境内证券交易的情况,其中涉及很多专业术语。本章作为证券投资学的开篇,重点介绍与证券投资工具相关的基础知识。

表 1-1　2011 年境内证券交易概览

证券类别	上市公司(家)	发行股数(百万股)	市价总值(百万元)	总成交量(百万股)
A、B 股合计	2342	2974511.39	21475809.59	3395752.71
其中中小板	646	194350.29	2742932.13	372974.08
创业板	281	39953.34	743379.22	76168.82

表 1-2　2011 年境内证券投资基金交易概况

基金类别	发行数量(只)	在管份额(亿份)	在管资产(亿元)
公募基金	914	26511.53	21676.26
其中开放式基金	857		
封闭式基金	57		
QDII 基金	51	913.4512	

表 1-3　2011 年境内债券交易概况

证券类别	发行量(只)	托管量(亿元)	成交金额(亿元)
上交所上市债券现货	630		6093.58
其中政府债现货	213	1938.01	1243.11
公司债现货	417	2204.80	4850.47
债券回购			204621.27
深交所上市债券现货	321		10.02
其中国债现货	222	51.12	10.02
企业债现货	106	173.59	559.48
可转换债券	6	74.16	176.81

(资料来源:《2012 中国证券期货统计年鉴》)

关键词　A 股　B 股　开放式基金　封闭式基金　政府债券　公司债　转债

第一节 证券投资概述

一、证券的概念与分类

(一)证券的概念

证券是指各类记载并代表一定权利的法律凭证。它表明证券持有人或第三者有权取得该证券拥有的特定权益，或证明其曾发生过的行为。从这个角度来说，股票、国债、证券投资基金是证券，提单、保险单、存款单也是证券。

通常所说的证券指的是有价证券。有价证券是指标有票面金额，用于证明持有人或该证券指定的特殊主体对特定财产拥有所有权或债权的凭证。有价证券不是劳动产品，所以本身没有价值；但由于它代表着一定量的财产权利，持有人可凭该证券直接取得一定量的商品、货币，或是利息、股息等收入，因而可以在证券市场上买卖，客观上具有交易价格。

(二)有价证券的分类

1. 广义和狭义的界定

广义的有价证券包括商品证券、货币证券和资本证券。

商品证券是指证明持有人拥有商品所有权或使用权的凭证，取得这种证券就等于取得这种商品的所有权，持有人对这种证券所代表的商品所有权受法律保护。属于商品证券的有提货单、运货单和仓库栈单等。

货币证券是指本身能使持有人或第三者取得货币索取权的有价证券。它可以代替货币使用，主要用于单位之间商品交易、劳务报酬的支付以及债权债务的清算等经济往来，是商业信用工具。货币证券主要包括两大类：一类是商业证券，主要包括商业汇票和商业本票；另一类是银行证券，主要包括银行汇票、银行本票和支票。

资本证券是指由金融投资或与金融投资有直接联系的活动而产生的证券。持有人有一定的收入请求权。

狭义的有价证券指的就是资本证券。在日常生活中，人们通常把资本证券直接称为有价证券乃至证券，本书后面涉及的有价证券即指资本证券。

2. 按照证券代表的权利性质分类

按照证券代表的权利性质，有价证券划分为股票、债券和其他证券。股票和债券是证券市场的两个最基本和最主要的品种。其他证券衍生品，如金融期货、可转换债券、金融期权等将在第二章详细介绍。

3. 按照证券的发行主体分类

按照证券的发行主体，有价证券划分为政府证券、政府机构证券和公司(企业)证券。政府证券是指由中央政府或地方政府发行的债券，是政府凭借其信誉，采用信用方式，筹措财政资金或建设资金的债务凭证。公司(企业)证券是公司(企业)为筹措资金而发行的有价证券。公司(企业)证券包括的范围比较广泛，主要有股票、公司(企业)债券及商业票据等。此外，在公司(企业)证券中，通常将银行及非银行金融机构发行的证券称为金融证券，主要包括金融债券、大额可转让定期存单等，其中又以金融债券最为常见。

4. 按照上市与否分类

按照上市与否，有价证券划分为上市证券和非上市证券。这种划分一般只适用于股票和债券。

上市证券是指经过证券主管机关核准发行，并经证券交易所依法审核同意，允许在证券交易所内公开买卖的证券。非上市证券是指未申请上市或不符合证券交易所上市条件的证券。非上市证券不允许在证券交易所内交易，但可以在其他证券交易市场交易。凭证式国债和普通开放式基金属于非上市证券。

5. 按照募集方式分类

按照募集方式，有价证券划分为公募证券和私募证券。公募证券是指发行人通过中介机构向不特定的社会公众投资者公开发行的证券。公募证券审核较严格，并且采取公示制度。私募证券是指向少数特定的投资者发行的证券。私募证券审查条件相对宽松，投资者相对较少，所以不采取公示制度。目前我国信托投资公司发行的集合资金信托计划以及商业银行和证券公司发行的理财计划均属于私募基金。

二、投资的概念与特点

(一)投资的概念

在商品经济社会中，投资是普遍存在的经济现象，很多情况下，人们往往把能够带来报酬的支出行为称为投资。一般来说投资是指预先投入货币或实物，以形成实物资产或金融资产，借以获取未来收益的经济行为。投资本质上是一种基于获取未来收益为目的而提前进行的财富预付行为。

(二)投资的特点

投资是当前支出一定财富的经济活动。从静态的角度来说，投资是现在垫支一定量的资金。从动态的角度来说，投资是为了获得未来的报酬而采取的经济行为。从动态和静态两方面看，投资具有以下特点。

(1) 投资具有时间性。从资金的投入到资金的收回需要一段时间间隔，是一个过程。

(2) 投资的目的是获得报酬。一项投资从其终极目标来看都是为了收益。

(3) 投资具有风险性。由于投资需要一定的时间间隔，在此期间将会有很多不确定的因素发生，导致收益和本金都具有不确定性。

三、证券投资的概念与要素

(一)证券投资的概念

证券投资是指经济主体投入资本，通过购买股票、债券等有价证券以获取股权和预期投资收益的投资活动。

(二)证券投资的要素

1. 证券投资主体

证券投资主体就是证券市场上的投资者，包括法人和自然人。

(1) 机构投资者。机构投资者主要包括境内金融机构投资者、各类基金、政府机构和企事业法人，以及境外的合格机构投资者(QFII)。

(2) 个人投资者。个人投资者是指从事证券投资的社会自然人，是证券市场最为广泛的投资者。

2. 证券投资客体

证券投资客体就是证券投资的对象，是指包括股票、债券在内的各种有价证券。证券发行人用其作为筹资工具；投资者则将其作为投资工具，借以获取投资收益。

3. 证券投资目的

通常，投资者进行证券投资的目的主要有以下几个方面：第一，获取预期收益；第二，分散风险；第三，提高资产的流动性；第四，充分利用闲置资金；第五，取得公司实际控制经营权。

4. 证券投资方式

证券投资的方式多种多样，投资者可以针对某种特定证券进行投资，也可以选择几种证券组合投资；可以长期持有，也可以短线操作；可以定期投资，也可以一次性投入。证券投资方式没有一定之规，投资者根据自己的资金实力、预期收益和风险承受能力来选择适合的投资方式。

5. 证券投资风险

证券投资风险指的是证券投资收益的不确定性。由于证券市场瞬息万变，导致投资者的实际收益有可能比预期收益高，也可能比预期收益低。实际收益与预期收益的差额越大，说明证券投资风险越大。根据风险的影响范围和是否能通过一定手段分散为标准，证券投资风险可分为系统风险与非系统风险。

系统性风险即市场风险，是指由整体政治、经济、社会等环境因素对证券价格所造成的影响。系统性风险造成的后果带有普遍性，对整个股票市场或绝大多数股票普遍产生不利影响。正是由于这种风险不能通过分散投资相互抵消或者消除，因此又称为不可分散风险。系统性风险包括政策风险、经济周期性波动风险、利率风险、购买力风险、汇率风险等。

非系统性风险是指对某个行业或个别证券产生影响的风险，它通常由某一特殊的因素引起，与整个证券市场的价格不存在系统的全面联系，而只对个别或少数证券的收益产生影响。例如，公司的工人罢工，新产品开发失败，失去重要的销售合同，诉讼失败或宣告发现新矿藏，取得一个重要合同等。这类事件是非预期的，随机发生的，它只影响一个或少数公司，不会对整个市场产生太大的影响。这种风险可以通过多样化投资来分散，即发生于一家公司的不利事件可以被其他公司的有利事件所抵消。由于非系统风险是个别公司或个别资产所特有的，所以也称"特有风险"，且非系统风险可以通过投资多样化分散掉，又称"可分散风险"。

专栏 1-1 2012 年机构投资者持有 A 股流通市值占比上升

作为一个新兴市场，中国证券市场在发展之初一直是散户主导的市场，机构投资者尚不够成熟，这一状况使市场长期笼罩在动荡不定和投机炒作的氛围中。市场投机炒作之风日益严重不仅使广大投资者的利益得不到保障，而且也使证券市场的资源配置功能常常失效。

为了稳步推进国内证券市场发展，自 1999 年起，政府开始培育机构投资者群体，尤其是规范的基金管理公司等。通过十几年的发展，市场投资主体正在悄然发生变化，由先前散户主导逐渐向机构投资者主导过渡。数据显示，截至 2012 年年底，基金管理公司管理资产 3.61 万亿元，净值 2.87 万亿元，分别增加 21.92%和 32.87%；管理的社保基金、企业年金、专户理财资产分别增加 22.5%、28.9%和 55.3%。专业机构投资者持有流通 A 股市值比例达 17.4%，上升了 1.73 个百分点。

同时，大幅新增合格境外机构投资者(QFII)和人民币合格境外机构投资者(RQFII)额度，分别达到 800 亿美元和 2700 亿元人民币；组织交易所境外路演，提高 QFII、RQFII 投资便利性；大幅降低 QFII 准入门槛，成立时间由 5 年降为 2 年，管理证券资产规模由 50 亿美元降为 5 亿美元；推动放宽主权基金、央行及货币当局等 QFII 的额度上限，允许超过 10 亿美元。

证监会在发展机构投资者方面也不遗余力。积极配合社保相关部门完善投资配套规则，与有关部门共同研究改进住房公积金的管理和投资问题，为社保基金、住房公积金等长期资金利用资本市场投资运营和保值增值做好衔接与服务。通过与人民银行、银监会、保监会等部门建立密切工作联系，引导金融机构共同建设资本市场，支持证券公司、期货公司创新理财服务，为银行等专业机构参与资本市场创造条件。

下一步，证监会将以股权投资基金和投资管理公司为重点，加快培育机构投资者。允许符合条件的证券公司、保险公司、私募基金等各类财富管理机构从事公募基金业务。鼓励公募财富管理机构开发更多符合市场需求的产品。积极推动境外养老金、慈善基金、主权基金等长期资金投资境内市场，协助和配合全国基本养老保险基金、住房公积金委托专业机构进行投资管理，实现保值增值。

(资料来源：中金在线网，http://news.cnfol.com)

第二节　股　　票

一、股票的定义

股票是一种有价证券，它是股份有限公司发行的用以证明投资者的股东身份、所持股份，据以获得股息和红利并承担义务的凭证。可以从以下两方面来理解股票的定义。

(1) 股票是股份有限公司发行的。

(2) 股票是投资者投资入股的凭证。这是股票最基本的职能。所谓"股"，是股份公司全部资本的平均单位，或总资本额的平均最小单位。股份代表一种所有权，表现形式为股票。股份所代表的权利大小视所持股份占公司总股本的比例而定。

二、股票的性质

股票具有以下性质。

(一)股票是有价证券

有价证券是财产价值和财产权利的统一表现形式。持有有价证券，一方面表示拥有一定价值量的财产，另一方面也表示有价证券的持有人可以行使该证券所代表的权利。因此，股票的转让是有价的。

(二)股票是要式证券

股票作为一种所有权凭证,应具备法律规定的要件,否则就不具备法律效力。我国《公司法》规定,股票采用纸面形式或国务院证券监督管理机构规定的其他形式。股票应载明的事项主要有公司名称、公司成立的日期、股票种类、票面金额及代表的股份数、股票的编号。股票由法定代表人签名,公司盖章。而且,我国股票的制作和发行实行核准制,任何个人或者团体,不得擅自印制、发行股票。

(三)股票是证权证券

证券可以分为设权证券和证权证券。设权证券是指证券所代表的权利原本不存在,是随着证券的制作而产生,以证券的存在为条件的。股票代表的是股东的权利,它的发行是以股份的存在为条件的,股票只是把已存在的股东权利表现为证券的形式。股东权利不会随股票的毁损、遗失而消失,这也是股票无纸化发行得以推广的原因。

(四)股票是资本证券

股份有限公司发行股票是筹措公司自有资本的手段,对于认购股票的人来说,购买股票就是一种投资行为。因此,股票是投入股份有限公司资本份额的证券化,属于资本证券。但是,股票又不是一种现实的资本。股份有限公司通过发行股票筹措的资金,是公司用于营运的真实资本。股票独立于真实资本之外,在股票市场上进行着独立的价值运动,是一种虚拟资本。虚拟资本虽然也有价格,但自身却没有价值,形成的价格只是资本化了的收入。资本证券与实际资本在量上也不相同。一般情况下,资本证券的价格总额总是大于实际资本额,所以它的变化并不能真实地反映实际资本额的变化。形象地说,所谓的虚拟资本就是指不参与实际生产,却可以参与税后利润分配的资本。

(五)股票是综合权利证券

股票不属于物权证券,也不属于债权证券,而是一种综合权利证券。物权证券是指证券持有者对公司的财产有直接支配处理权的证券。债权证券是指证券持有者为公司债权人的证券。股票持有者作为股份有限公司的股东,享有独立的股东权利。换言之,当公司股东将出资交给公司后,股东对其出资财产的所有权就转化为股权了。股东权是一种综合权利,股东在性质上是公司内部的构成分子,依法享有资产收益、重大决策、选择管理者等权利,但对于公司的财产不能直接支配处理。

三、股票的特征

股票具有以下特征。

(一)不可偿还性与流通性

股票是一种无偿还期限的有价证券。投资者认购股票后，不能要求发行人退还其投资入股的资金。从期限看，股票的期限等于公司的存续期限。同理，股票所载权利的有效性是始终不变的。因此，不可偿还性也称作永久性。

股票虽然是一种无期限的有价证券，但并不意味着投资者一旦购买就不能变现，股本的无期限性决定股票必须能够自由转让。

(二)收益性与风险性

收益性既是股票认购者向公司投资的目的，也是公司发行股票的必备条件。股票的收益来源可分为两类：一是来自股份有限公司的利润分配；二是来自股票流通。股票持有者可以通过低进高出赚取差价利润。这种差价收益称为资本利得。其他收益形式如在货币贬值时，股票会因为公司资产的增值而升值。

股票的风险性与收益性是相对应的。风险性是指持有股票获取的收益具有很大的不确定性。由于多种不确定因素的影响，股东能否获得预期的股息红利收益，完全取决于公司的盈利情况。如果股价下跌，股票持有者会因股票贬值而蒙受损失。由此可见，股票的风险性与收益性是并存的，股东的收益在很大程度上是对其所担风险的补偿。

(三)参与性

参与性是指股票持有人有权参与公司重大决策的特性。股票持有人作为股份有限公司的股东，有权出席股东大会，选举公司的董事会，参与公司的经营管理。股东参与公司重大决策权力的大小取决于其持有股份数量的多少。如果某股东持有的股份数量达到决策所需要的有效多数时，就能实质性地影响公司的经营方针。

四、股票的类型

从全世界的范围来看，股票的种类很多，分类方法多种多样。常见的股票分类如下。

(一)普通股股票和优先股股票

对于同一公司所发行的不同股票来说，股东享有的权利和承担的义务也是不一样的，按股东所有权权限划分，股票可以分为普通股股票和优先股股票。

1. 普通股股票

1)　普通股股票的特征

普通股股票是指持有者在公司的经营管理和盈利以及财产的分配上享有普通权利的股

，常简称为普通股。我国上海和深圳证券交易所上市交易的股票均是普通股。普通股主要具有以下特征。

(1) 普通股是最基本、最重要、最常见的股票。股份有限公司在设立的时候，最初公开发行的股票多为普通股，因此普通股是发行量最大的股票。通过发行普通股所筹集的资金，成为股份有限公司股本的基础。普通股的发行状况与公司的设立和发展密切相关。一般而言，没有特殊说明，在证券投资领域所说的股票就是指普通股。

(2) 普通股是标准的股票。普通股的有效期与股份有限公司的存续期间一致，其持有者是公司的基本股东，平等地享有股东的基本权利，承担基本义务。普通股在权利义务上不附加任何条件，因此，它是一种标准的股票。通常，人们在阐述股票的一般性质和特征时，都是以普通股为对象归纳的。

(3) 普通股是风险最大的股票。普通股的股息和红利受公司盈利水平、股利政策的影响，收益并不确定。而且，在公司盈利和剩余财产的分配顺序上，普通股股东列在债权人和优先股股东之后。加之，普通股的价格波动幅度比较大，投资者要承受巨大的市场风险。因此，普通股是风险最大的股票。

2) 普通股股东的权利

按照我国《公司法》的规定，公司股东依法享有资产收益、参与重大决策和选举管理者等权利。

(1) 公司重大决策参与权。投资者基于股票的持有而享有股东权，这是一种综合权利，其中首要的是以股东身份参与股份有限公司的重大事项决策。作为普通股股东，行使这一权利的途径是参加股东大会、行使表决权。

(2) 盈余分配权。普通股股东这一权利直接表明了其在经济利益上的要求，体现了按照实缴的出资比例分取红利的权利。

普通股股东行使盈余分配权有一定的限制条件：普通股股东的红利只能用留存收益支付；股利的支付不能减少其注册资本；公司在无力偿债时不能支付红利。

(3) 剩余资产分配权。普通股股东行使剩余资产分配权也有一定的先决条件。第一，普通股股东要求分配公司资产的权利不是任意的，必须是在公司解散清算之时。第二，按我国《公司法》规定，公司财产在分别支付清算费用、职工的工资、社会保险费用、法定补偿金、缴纳所欠税款和清偿公司债务后的剩余财产，再按照股东持有的股份比例分配。公司财产在未按照规定清偿前，不得分配给股东。

(4) 优先认股权。优先认股权是指当股份有限公司为增加公司资本而决定增加发行新的股票时，原普通股股东享有的按其持股比例、以低于市价的某一特定价格优先认购一定数量新发行股票的权利，所以又称为配股权。行使配股权股东追加投资，公司得到资金以充实资本。配股后虽然股东持有的股票增多了，但它并不是公司给股东的投资回报。赋予股东这种权利有两个主要目的：一是能保证普通股股东在股份有限公司中保持原有的持股比例；二是能保护原普通股股东的利益和持股价值。因为当公司增资扩股后，在一段时间内，公司的每股税后净利会因此而摊薄，原普通股股东以优惠价格优先购买一定数量的新股，可从中得到补偿或取得收益。

除此之外，普通股股东还可以享有由法律和公司章程所规定的其他权利，如股份转让权。

3) 普通股股东的义务

我国《公司法》规定，股东可以用货币出资，也可以用实物、知识产权、土地使用权等可以用货币估价并可以依法转让的非货币财产作价出资。但是，法律、行政法规规定不得作为出资的财产除外。全体股东的货币出资额不得低于注册资本的30%。

2. 优先股股票

1) 优先股股票及其特征

优先股股票是一种与普通股股票相对应的特殊股票，是指股份有限公司发行的在分配公司收益和剩余资产方面给予投资者某些优先权的股票，常简称为优先股。优先股具有下列特征。

(1) 股息率固定。一般情况下，优先股在发行时就约定了固定的股息率，无论公司经营状况和盈利水平如何变化，该股息率不变。而普通股的股息是不固定的，它取决于股份有限公司的经营状况和盈利水平。这种规定有利有弊。相对于稳定的股息收益，在公司经营状况良好、盈利增加时，优先股股东也不能分享公司利润增长的利益。

(2) 股息分派优先。在股份有限公司盈利分配顺序上，优先股排在普通股之前。各国公司法对此一般都规定，公司盈利首先应支付债权人的本金和利息，缴纳税金；其次是支付优先股股息；最后才分配普通股股利。因此，从红利分配的稳定性角度看，优先股的风险小于普通股。

(3) 剩余资产分配优先。当股份有限公司因解散或破产进行清算时，在对公司剩余资产的分配上，优先股股东排在债权人之后、普通股股东之前。优先股股东可优先于普通股股东分配公司的剩余资产，但一般是按优先股票的面值清偿。

(4) 一般无表决权。优先股股东权利是受限制的，最主要的是表决权限制。普通股股东参与股份有限公司的经营决策主要通过参加股东大会行使表决权，而优先股股东在一般情况下没有投票表决权，不享有公司的决策参与权。然而在涉及优先股股东权益时，例如公司连续若干年不支付或无力支付优先股股息，或者公司要将一般优先股改为可转换优先股时，优先股股东也享有相应的表决权。

2) 优先股股票的种类

股份有限公司为了吸引投资者，在发行优先股时往往附加了一定的优惠条件。根据条件的不同，优先股又可以分为以下几种。

(1) 累积优先股和非累积优先股。累积优先股是指如果公司在某个时期内所获盈利不足以支付优先股股息时，公司可以将未付股息累积至次年或以后某年有盈利时一并补足。

非累积优先股是指股息当年结清，若本年度公司盈利不足以支付全部优先股股息，对其所欠部分，公司不予累积计算，优先股股东不得要求公司在以后的营业年度中予以补发。

(2) 参与优先股和非参与优先股。参与优先股是指优先股股东除享受按既定比率优先获得股息外，当公司盈利较多时，还有权与普通股股东一起参与本期剩余盈余分配的优先股，所以又称分红优先股。非参与优先股是指优先股股东除了按规定分得本期固定股息外，无权再参与对本期剩余盈余分配的优先股。

(3) 股息率可调整优先股和股息率固定优先股。股息率可调整优先股是指股票发行后，股息率可以根据情况按规定进行调整的优先股。股息率固定优先股是指发行后股息率不再变动的优先股。

(4) 可转换优先股与不可转换优先股。可转换优先股是指发行后，在一定条件下允许持有者将它转换成其他种类股票的优先股。不可转换优先股则不具备这种转换的权利。

(5) 可赎回优先股和不可赎回优先股。可赎回优先股是指在发行时附加赎回条款，发行后一定时期可按特定的赎买价格由发行公司收回的优先股。不可赎回优先股则是永久性的。公司赎回优先股时的赎买价格要在发行价格的基础上加上若干补偿金，以弥补股票购买者因公司赎回所遭受的损失。

在国外投资界，把可转换优先股同可赎回优先股一样视作优先股的收回方式。只是可转换优先股收回的主动权不在公司而在投资者手里。

(二)记名股票和无记名股票

按股票或股东名册是否记载股东姓名，股票可以分为记名股票和无记名股票两种。从我国目前发展情况来看，记名股票的数量远远大于无记名股票，我国上市交易的股票都是记名股票。

1. 记名股票

记名股票是指在股票票面或股份有限公司的股东名册上记载股东姓名的股票。很多国家的法律法规都对记名股票的有关事项做出了具体规定。一般来说，如果股票是归某人单独所有，则应记载持有人的姓名；如果股票是归国家授权投资的机构或者法人所有，则应记载国家授权投资的机构或者法人的名称；如果股票持有者因故改换姓名或者名称，就应到公司办理变更姓名或者名称的手续。我国《公司法》规定，公司发行的股票可以为记名股票，也可以为无记名股票。我国的股份有限公司向发起人、法人发行的股票，应当为记名股票，并应当记载该发起人、法人的名称或者姓名，不得另立户名或者以代表人姓名记名。股份有限公司发行记名股票的，应当置备股东名册，记载下列事项：股东的姓名或者名称及住所、各股东所持股份数、各股东所持股票的编号、各股东取得股份的日期。一般来说，记名股票具有如下特点。

(1) 股东权利归属于记名股东。对于记名股票来说，只有记名股东或其正式委托授权的代理人才能行使股东权利。其他持有者不具备股东权利。

(2) 股东可以一次或分次缴纳出资。一般来说，股东应在认购时一次缴足股款。但是，基于记名股票所确定的股份有限公司与记名股东之间的特定关系，有些国家也规定允许记名股东在认购股票时可以不需一次缴足股款。

(3) 转让复杂且受限制。记名股票的转让必须依据相关法律和公司章程规定的程序进行，而且要服从有关规定的转让条件。一般来说，记名股票的转让都必须由股份有限公司将受让人的姓名或名称、住所记载于公司的股东名册，办理股票过户登记手续，这样受让人才能取得股东的资格和权利。

(4) 可以挂失，相对安全。记名股票与记名股东的关系是特定的，因此，如果股票遗失，记名股东的资格和权利并不消失，并可依据法定程序向股份有限公司挂失，要求公司补发新的股票。我国《公司法》规定：记名股票被盗、遗失或者灭失，股东可以依照《中华人民共和国民事诉讼法》规定的公示催告程序，请求人民法院宣告该股票失效。依照公示催告程序，人民法院宣告该股票失效后，股东可以向公司申请补发股票。

2. 无记名股票

所谓无记名股票是指在股票票面和股份有限公司股东名册上都不记载股东姓名的股票，也叫作不记名股票。与记名股票相比，差别不是在股东权利等方面，而是在股票的记载方式上。无记名股票发行时一般留有存根联，它在形式上分为两部分：一部分是股票的主体，记载了有关公司的事项，如公司名称、股票所代表的股数等；另一部分是股息票，用于进行股息结算和行使增资权利。我国《公司法》规定，发行无记名股票的，公司应当记载其股票数量、编号及发行日期。

(三)面额股票和无面额股票

按是否在股票票面标明金额或电子股票的设计方案中设计票面金额，股票可以分为面额股票和无面额股票两种。

1. 面额股票

面额股票是指在股票票面上或股票的设计方案中记载一定金额的股票。这一记载的金额也称为票面金额、票面价值或股票面值。股票票面金额的计算方法是用资本总额除以股份数求得的，但实际上很多国家是通过法规予以直接规定，而且一般是限定了这类股票的最低票面金额。另外，同次发行的面额股票的每股票面金额是相等的。现在各国股份有限公司发行的股票仍以面额股票居多。我国《公司法》规定，股份有限公司的资本划分为股份，每股的金额相等。

2. 无面额股票

无面额股票是指在股票票面上不记载股票面额，只注明它在公司总股本中所占比例的股票,因此也称为比例股票或份额股票。无面额股票的价值随股份公司净资产和预期未来收益的增减而相应增减。公司净资产和预期未来收益增加,每股价值上升;反之,每股净资产和预期未来收益减少,每股价值下降。

(四)实物股票和无实物股票

按照发行时是否印制股票实物,可以将股票分为实物股票和无实物股票。

1. 实物股票

实物股票是指股份有限公司发行的采用一定纸张,印有票面内容和不同标志图案,可触摸的纸质股票实物。由于印制股票需要纸张、制版、油墨、人工等,从而增加了股票的发行成本,并且耗费时间。更进一层,发行的实物化必然导致交易的实物化。实物股票在交易中会出现磨损、保管等问题,尤其是异地交易多有不便,会大大降低股票交易的效率和安全性。因此,现代社会中,随着股票发行规模不断扩大,大多数国家采用了股票的无纸化发行。

2. 无实物股票

无实物股票就是指股票的无纸化发行,股份有限公司不再印制股票实物,而是通过登记股东姓名、购买金额的方式来发行股票,因而又叫作登记式股票。无实物股票节约了发行成本,缩短了发行时间,简化了发行、交易手续,为利用计算机网络发行和买卖股票提供了可能。

我国在上海和深圳证券交易所成立以前,采用的是实物股票形式。沪深交易所成立后,随着上市公司的增加,股票的发行和交易规模迅速扩大。为了适应证券市场的发展,1992年,我国股票的发行和交易基本实现了集中化和无纸化。

五、我国目前的股权结构

(一)内资股

我国由计划经济转而发展市场经济,所以我国的股权结构有着自身的特征,包括国家股、法人股、社会公众股等。

1. 国家股

国家股是指有权代表国家投资的部门或机构以国有资产向股份有限公司投资形成的股份。国家股是国有股权的一个组成部分(另一个组成部分是国有法人股)。我国国家股的构成,从资金来源看,主要包括三部分:一是现有国有企业改组为股份有限公司时所拥有的净资产;二是现阶段有权代表国家投资的政府部门向新组建的股份有限公司的投资;三是经授权代表国家投资的投资公司、资产经营公司、经济实体性总公司等机构向新组建的股份有限公司的投资。

2. 法人股

法人股是指企业法人或具有法人资格的事业单位和社会团体以其依法可支配的资产投入公司形成的股份。法人持股所形成的也是一种所有权关系，是法人经营自身财产的一种投资行为。法人股股票应记载法人名称，不得以代表人姓名记名。法人不得将其所持有的公有股份、认股权证和优先认股权转让给本法人单位的职工。

如果是具有法人资格的国有企业、事业及其他单位以其依法占用的法人资产向独立于自己的股份有限公司出资形成或依法定程序取得的股份，可称为国有法人股。国有法人股属于国有股权，这部分股权由出资的法人持有。

3. 社会公众股

社会公众股是指社会公众依法以其拥有的财产投入公司时形成的可上市流通的股份。在社会募集方式下，股份有限公司发行的股份，除了由发起人认购一部分外，其余部分应该向社会公众公开发行。我国《证券法》规定，社会募集公司申请股票上市的条件之一是向社会公开发行的股份达到公司股份总数的25%以上。公司股本总额超过人民币4亿元的，向社会公开发行股份的比例为10%以上。

上述国家股、法人股和社会公众股都属于A股。A股的正式名称是人民币普通股票，是指由我国境内的股份有限公司发行，供境内机构、组织和个人(不含中国港、澳、台投资者)以人民币认购和交易的普通股。A股是相对于B股、H股、N股等外资股而言的。1990年我国A股股票一共只有10只，截至2012年11月底，沪深两市共有2494家上市公司，总市值达21.8万亿元。根据世界交易所联合会最新排名，中国内地资本市场股票市值在全球排名第三，亚洲排名第一。从规模上说，中国A股市场从一个"迷你型"股市一跃为世界级股市。

(二)外资股

外资股是指境内股份有限公司向境外和我国香港、澳门、台湾地区投资者发行的股票。这是我国股份有限公司吸收外资的一种方式。外资股按上市地域划分可以分为境内上市外资股和境外上市外资股。

1. 境内上市外资股

境内上市外资股原来是指股份有限公司向境外投资者募集并在我国境内上市的股份。投资者限于：外国的自然人、法人和其他组织；我国香港、澳门、台湾地区的自然人、法人和其他组织；定居在国外的中国公民等。这类股票称为B股。B股的正式名称是人民币特种股票,采取记名股票形式,以人民币标明股票面值,以外币认购、买卖,在境内证交所交易上市。在上证上市的B股以美元认购、买卖;在深证上市的B股以港元认购、买卖。自1991年年底第一只B股——上海电真空B股上市发行以来,经过近20年的发展,中国的B股市场已经由地方性市场发展到由中国证监会统一管理的全国性市场。2001年2月21日,中国证监会和外汇局联合发布了《关于境内居民个人投资境内上市外资股若干问题的通知》,对境内居民个人投资B股具体事项做出了明确规定,B股市场对境内个人投资者开放,B股的"外资股"性质也发生了变化。随着企业直接到境外上市的步伐加快,境内企业通过B股市场吸引外资的意向越来越少。特别是自1997年红筹股、H股大量发行上市以来,B股市场为内地企业筹集外资的功能已大大弱化,无论是市场总体规模还是单只股票的流通规模,均不能与红筹股、H股相比。2000年以后B股没有新上市公司进行IPO融资,没有新的公司在B股市场上市。截至2013年5月,沪深两市共有B股108只,上市公司数量少、规模小、交易清淡。证监会正在广泛收集信息,认真研究提出解决B股问题的措施。

2. 境外上市外资股

境外上市外资股是指股份有限公司向境外投资者募集并在境外上市的股票。它也采取记名股票形式,以人民币标明面值,以外币认购。在境外上市时,可以采取境外存托凭证形式或者股票的其他派生形式。在境外上市的外资股除了应符合我国的有关法规外,还须符合上市所在地国家或者地区证券交易所规定的上市条件。依法持有境外上市外资股、其姓名或者名称登记在公司股东名册上的境外投资人,为公司的境外上市外资股股东。公司向境外上市外资股股东支付股利及其他款项,以人民币计价和宣布,以外币支付。

境外上市外资股主要由H股、N股、S股等构成。H股是指注册地在我国内地,上市地在我国香港的外资股。香港的英文是Hong Kong,取其首个字母,在港上市外资股就称为H股。依次类推,纽约英文的第一个字母是N,新加坡英文的第一个字母是S,伦敦英文的第一个字母是L,那么,在纽约、新加坡、伦敦上市的外资股就分别称为N股、S股、L股。

(三)特殊情况下的股票简称及含义

所谓股票简称是指证券交易所发布股票交易行情时用来代替上市公司全称的简要称呼。股票简称一般由4个汉字构成,也有的只有3个汉字,例如中国石油天然气股份有限公司简称中国石油。在我国的股票行情中,有一些股票的简称前面带有N、S、XD、XR、DR、ST、*ST和PT等字母,分别代表不同的含义。

1. 字母N+股票简称

当股票名称前出现字母N时,则表示这只股是当日新上市的股票,字母N是英文New(新)的首字母。对于带有N字母的股票,其股价当日在市场上不受涨跌幅限制,涨幅可以高于

10%，跌幅也可低于 10%。投资者在把握投资机会的同时要做好风险控制。

2. 字母 S+股票简称

沪深交易所对尚未进行股权分置改革的上市公司的股票简称前冠以 S 标记。于 2007 年 1 月 8 日对 S 股的涨跌幅比例统一调整为 5%，上证交易所为此设置特别交易板块——S 板。同时，对该类股票采取与 ST、*ST 股票相同的交易信息披露制度。

3. 字母 XD+股票简称

XD 是 Exclud(除去) Dividend(利息)的简写。当股票名称前出现 XD 字母时，表示当日是这只股票的除息日。截止到股权登记日，证券登记公司统计出一份股东持股情况的名册。在除息日，股份有限公司向这部分股东分派股息。现实操作中，除息一般分派的是现金股利，俗称"派现"。

4. 字母 XR+股票简称

XR 是 Exclud(除去) Right(权利)的简写。当股票名称前出现 XR 字母时，表明当日是这只股票的除权日。截止到股权登记日，证券登记公司统计出一份股东持股情况的名册。在除权日，股份有限公司向这部分股东分配股利或进行配股。现实操作中，除权一般分派的是股票股利，俗称"送红股"。

5. 字母 DR+股票简称

DR 是 Dividend(利息)Right(权利)的缩写。当股票名称前出现 DR 字母时，表示当天是这只股票的除息、除权日。有些上市公司分配时不仅派发现金股息，还送红股，或者同时配股，所以这种情况下会出现既除息又除权的现象。

6. 字母 ST+股票简称

沪深证券交易所在 1998 年 4 月 22 日宣布，根据 1998 年实施的股票上市规则，将对财务状况或其他状况出现异常的上市公司的股票交易进行特别处理。"特别处理"的英文是 Special Treatment，缩写是 ST，因此这些股票就简称为 ST 股。

7. 字母*ST+股票简称

沪深证券交易所于 2003 年 4 月 4 日发布《关于存在股票终止上市风险的公司加强风险警示等有关问题的通知》，并于 5 月 8 日起开始实行退市风险警示制度。退市风险警示制度是指由证券交易所对存在股票终止上市风险的公司股票交易实行"警示存在终止上市风险的特别处理"，是在原有"特别处理"基础上增加的另一种类别的特别处理。其主要措施为在其股票简称前冠以"*ST"字样，以区别于其他股票；在交易方面，被实施退市风险警示处理的股票日涨跌幅限制为前收盘价的 5%。

证券交易所对上市公司股票实行退市风险警示，旨在进一步完善退市机制，提高市场透明度，向投资者充分揭示其终止上市的风险，并不是对上市公司的处罚，上市公司在上述特别处理期间的权利义务不变。

8. 字母 PT+股票简称

PT 是 Particular Transfer 的缩写，意为特别转让。这是旨在为暂停上市股票提供流通渠道的"特别转让服务"。对于进行这种"特别转让"的股票，沪深交易所在其简称前冠以 PT，称为"PT 股"。

根据《公司法》和证券法的规定，上市公司出现连续 3 年亏损等情况，其股票将暂停上市。沪深交易所从 1999 年 7 月 9 日起，对这类暂停上市的股票实施"特别转让服务"。第一批这类股票有"PT 双鹿"、"PT 农商社"、"PT 苏三山"和"PT 渝太白"。

六、红利分配及除权除息处理

股份有限公司发行的股票，不仅是股东投资入股、取得股东身份的所有权凭证，而且还代表股东可以定期从股份有限公司取得一定的投资利益，这就是股利。股利是股息和红利的统称。

(一)股息、红利的含义

1. 股息

股息是股份有限公司定期按照股票份额的一定比例支付给股东的收益。一般来说，优先股股东按照固定的股息率优先取得股息，不以公司盈利水平大小为转移。普通股的股息一般是在支付优先股的股息之后，再根据剩余的利润数额确定和支付，因而是不固定的，甚至在公司发生亏损时，很可能分不到股息。

2. 红利

红利是股份有限公司按规定分配优先股股息之后，将尚剩余的利润再分配给普通股股东的部分。股份有限公司只有在有剩余利润时才能分派红利，而不得以公司的财产作为红利分派给股东。

股息和红利这两个概念在使用方面的区别变得越来越模糊。在市场中，股息往往指优先股股东所获得的收益，红利则指给普通股股东分配的收益，也可以将二者统称为股利。

(二)股息、红利的来源

股息、红利来源于股份有限公司的净利润。如前所述，净利润是股份有限公司总利润中作出各项扣除之后的利润部分，因此，净利润是股份有限公司分配股息、红利的基础和最高限额。

(三)股利的支付形式

在成熟的市场中,股息、红利是投资者获取收益的重要来源。股份有限公司支付给股东的股息、红利主要有以下几种形式。

1. 现金股利

现金股利是股份有限公司以货币形式支付给股东的股息、红利,俗称派现金或派现,是最普遍、最基本的股利形式。分配现金股利,既可满足股东获得预期现金收益的要求,又有助于提高股票的市场价格,吸引更多的投资者。而且,分配现金股利也最为简单,是从公司净利润中支出现金直接分配。但是,现金股利的分配数额,必须兼顾公司和股东两者的利益。一般来说,股东更关心当前收益,现金股利过少,会影响股东的投资热情;公司董事会则偏重于公司的财务状况和未来发展,现金股利分配过多,又会减少公司扩大再生产的资金储备,影响公司长期发展。因此,董事会在权衡公司的长远利益和股东近期利益后,会制定出较为合理的现金股利发放政策。

2. 股票股利

股票股利是股份有限公司以股票的形式向股东支付的股息、红利,俗称送红股或送股。通常是由股份有限公司以新增发的股票或一部分库存股票作为股利,代替现金分派给股东。采用股票股利对于股份有限公司的资产和股东的收益都没有影响,只是减少了公司账户上的留存收益,转增公司资本(股本)。因此,对于股份有限公司而言,股票股利不仅不影响其资产和负债,还可保留现金资本,防止资本外流,解决公司发展对现金的需要,壮大公司经营实力。对于股东而言,股票股利是股东分享利润的一种收益形式,这种收益使股东持有的股票股数增加,股东可以通过出售增加的股票转化为现实的货币,实现股票投资收益,甚至得到超过现金股利以外的溢价收入。有利就有弊,由于分派股票股利增加了公司的股份数量,所以有可能引起股票价格下跌,使股东出售股票的收益减少。

3. 其他股利形式

其他股利形式包括财产股利、建设股息和负债股利等。财产股利是指股份有限公司以现金以外的其他资产向股东分派股息、红利。建设股息是指经主管机关批准,并有公司章程证明,从其已筹集的资本中提取一部分向股东分配的股息,也称为建业股息。负债股利是指股份有限公司通过建立一种负债,用债券或应付票据作为股利分派给股东。负债股利一般是在公司已经宣布发放股利但又面临现金不足、难以支付的情况下不得已采取的权宜之计。对于董事会来说,往往更倾向于推迟股利发放日期。

沪深股市的上市公司进行利润分配一般只采用股票红利和现金红利两种,即所说的送红股和派现金。

(四)股息、红利的分配原则

股份有限公司分配股息、红利，一般应遵循以下几项原则。

1. 分配前扣除

公司必须依法进行必要的扣除后，在尚有盈余的情况下才能分配股息、红利。一般情况下，公司在取得盈利后，要按下列顺序做出扣除后才能用于股息、红利的分配：一是缴纳税款；二是清偿债务；三是弥补亏损；四是提取法定盈余公积金；五是根据公司章程规定可以提取一定的公益金和任意盈余公积金等。

建设股利是个特例。建设股息支付到公司正式经营时止，并以预付股息列于资产负债表的资产项下。待公司开始营业后，再以营业利润扣抵冲销，以充实公司的股本金。

2. 执行股利政策

分配股息、红利，必须执行股份有限公司已定的股息政策。股份有限公司要将公司的长远发展需要同股东对投资收益的追求有机地结合起来，制定相应的股息政策，作为分配股息、红利的依据。

3. 按比例分配

股息、红利的分配，原则上以股东持有的股份比例为依据，公司章程另有规定的除外。

4. 同股同权

股息、红利的分配，应严格遵守股东平等原则。这主要表现在，同一种类股票的股东在分配股息、红利的数额、形式、时间等内容上没有差别。

(五)股息、红利的分配程序

根据各国公司法规定，股份有限公司分配股息、红利的基本程序是：首先，由公司董事会根据公司的盈利水平和股息政策，确定股利分配方案；其次，提交股东大会审议，通过后方能生效；最后，由董事会依股利分配方案向股东宣布，并在规定的付息日派发股息、红利。

股息、红利的分配程序涉及几个重要的日期，包括分配公告日、股权登记日、除权除息日和付息日等。

1. 分配公告日

分配公告日是公司董事会将决定在某日发放股息、红利的消息向股东宣布的日期。

2. 股权登记日

股权登记日是股份有限公司规定的股东进行股权登记的日期，通常称为 R 日。在股权登记日收盘前的股票称为"含权股票"或"含息股票"。证券无纸化发行后，交易所根据股权登记日当日闭市后的有关资料进行核对并且自动登记，投资者不需办理任何手续。

3. 除权除息日

除权除息日，是相对于股权登记日的下一个交易日，即 R+1 日，又叫除权(息)基准日，是指在该日及之后买进的股票不再享有送配公告中所登载的各种权利。如在股权登记日已拥有该股票，在除权(息)日将股票卖出，仍然享有送配权利。

除权或除息的产生是因为在除权或除息日之前的投资人与当日的购买者，两者买到的是同一家公司的股票，但是内含的权益不同，显然相当不公平。例如股份有限公司送配股行为引起发行股本增加，股票的内在价值已被摊薄，因此，必须在除权或除息日当天向下调整股价，称为除权或除息基准价。

除权(息)基准价，以除权(息)基准日前一天的收盘价格除去当年所含有的股权计算。具体计算因派发现金、无偿送股和有偿配股而不同。公式如下：

$$除息基准价 = 股权登记日收盘价 - 每股所派现金$$

$$送股除权基准价 = \frac{股权登记日收盘价}{1 + 每股送股比例}$$

配股除权基准价格的计算要根据发行公司配售情况来计算。一种情况是公司所有股东都参加配股，则配股除权价计算公式如下：

$$配股除权基准价 = \frac{除权登记日收盘价 + 配股价 \times 每股配股比例}{1 + 每股配股比例}$$

另外一种公式是：

$$配股除权基准价 = \frac{股权登记日收盘价 \times 原总股本 + 本次配股价 \times 配股股本}{原总股本 + 配股股本}(深圳市场)$$

上式表明，参加配股的只是部分股东，国有或法人股股东放弃部分配股权。

因此，投资者在计算时应仔细阅读配股说明书，区别情况加以计算，以便做出合理的投资选择。

例如，某股票股权登记日的收盘价为 20.35 元，扣税后每 10 股派发现金红利 4.00 元，送 1 股，配 2 股，配股价为 5.50 元/股。即每股分红 0.4 元，送 0.1 股，配 0.2 股，则次日除权(息)基准价为

$$(20.35 - 0.4 + 5.50 \times 0.2) \div (1 + 0.1 + 0.2) = 16.19(元)$$

除权(息)基准价只能作为除权(息)当日该股开盘的参考价，除权(息)日开盘价仍是经过集合竞价产生的。当实际开盘价高于这一理论价格时，就称为填权，在册股东即可获利；反之实际开盘价低于这一理论价格时，就称为贴权。填权和贴权是股票除权后的两种可能，

它与整个市场的状况、上市公司的经营情况、送配的比例等多种因素有关，并没有确定的规律可循。但一般来说，上市公司股票通过送配以后除权，其单位价格下降，流动性进一步加强，上升的空间也相对增加。

4. 付息日

付息日一般在股权登记日(R)后的第五个工作日支付，即在 R+5 日支付，通过登记结算公司的结算系统完成，自动派发到投资者的账户，不需要投资者办理。

专栏 1-2　蓝筹股与红筹股

蓝筹股也称为绩优股、实力股，指经营管理良好、创利能力稳定、连年回报股东的公司股票。这类公司在行业景气和不景气时都有能力赚取利润，风险较小。因此蓝筹股在市场上比较受追捧，价格较高。"蓝筹"一词源于西方赌场。在西方赌场中，有 3 种颜色的筹码，其中蓝色筹码最为值钱，红色筹码次之，白色筹码最差。投资者把这些行话套用到股票上。在海外股票市场上，投资者把那些在其所属行业内占有重要支配性地位、业绩优良、成交活跃、红利优厚的大公司股票称为蓝筹股。美国埃克森石油公司和杜邦化学公司等的股票，都属于蓝筹股。蓝筹股并非一成不变，随着公司经营状况的改变及经济地位的升降，蓝筹股的排名也会变更。据美国著名的《福布斯》杂志统计，1917 年的 100 家最大公司中，目前只有 43 家公司股票仍在蓝筹股之列，而当初"最蓝"、行业最兴旺的铁路股票，如今完全丧失了入选蓝筹股的资格和实力。沪深股票市场虽然历史较短，但发展十分迅速，也逐渐出现了一些蓝筹股。

与此相关的一个概念是红筹股。红筹股在我国证券市场上有着特定的含义，是指在中国境外注册、在中国香港上市但主要业务在中国内地或主要股东来自中国内地的股票。早期的红筹股，主要是一些中资公司收购香港的中小型上市公司后重组形成的。此后出现的红筹股，主要是内地一些省市或中央部委将其在香港的窗口公司改组并在香港上市后形成的。红筹股已经成为内地企业进入国际资本市场筹资的一条重要渠道，但红筹股不属于外资股。

第三节　债　券

一、债券的基本性质与要素

债券是现代经济生活中的重要投融资工具，对于投资者来说必须了解债券的基本定义、基本性质和债券的票面要素。

(一)债券的定义和基本性质

债券具有与股票完全不同的定义，在债券的发行和交易过程中，表现出与股票不一样的基本性质。

1. 债券的定义

债券是政府、金融机构、工商企业等机构直接向社会借债筹措资金时，向投资者发行，并且承诺按一定利率支付利息并按约定条件偿还本金的债权债务凭证。债券的本质是债的证明书，具有法律效力。债券购买者与发行者之间是一种债权债务关系，债券发行人即债务人，投资者(或债券持有人)即债权人。

债券的定义包含 4 个方面：第一，发行人是借入资金的经济主体；第二，投资者是出借资金的经济主体；第三，发行人需要在一定时期付息还本；第四，债券反映了发行者和投资者之间的债权、债务关系，而且是这一关系的法律凭证。

2. 债券的基本性质

债券具有以下基本性质。

(1) 债券属于有价证券。首先，债券反映和代表一定的价值。债券本身有一定的面值，通常它是债券投资者投入资金的量化表现；另外，持有债券可按期取得利息，利息也是债券投资者收益的价值表现。其次，债券与其代表的权利联系在一起，拥有债券也就拥有了债券所代表的权利，转让债券也就将债券代表的权利一并转移。

(2) 债券是一种虚拟资本。债券尽管有面值，代表了一定的财产价值，但它也只是一种虚拟资本，而非真实资本。因为债券的本质是证明债权、债务关系的证书，在债权、债务关系建立时所投入的资金已被债务人占用，债券是实际运用的真实资本的证书。债券的流动并不意味着它所代表的实际资本也同样流动，债券独立于实际资本之外。

(3) 债券是债权的体现。债券代表债券投资者的权利，这种权利不是直接支配财产权，也不以资产所有权表现，而是一种债权。拥有债券的人是债权人，债权人不同于财产所有人。以公司为例，在某种意义上，财产所有人可以视作公司的内部构成分子，而债权人是与公司相对立的。债权人除了按期取得本息外，对债务人不能做其他干预。

(二)债券的要素

债券作为证明债权、债务关系的凭证，传统上是有一定格式的票面形式的，但在当前的情况来看，债券无纸化的现象还是非常普遍的。一般来说，无论是纸质的债券还是无纸化的债券，都应该具备以下 4 个基本要素。

1. 债券的票面价值

债券的票面价值是债券票面标明的货币价值，是债券发行人承诺在债券到期日偿还给债券持有人的金额。在债券的票面价值中包括币种和金额。首先要规定票面价值的币种，即以何种货币作为债券价值的计量标准。确定币种主要考虑债券的发行对象。

2. 债券的偿还期限

债券偿还期限是指债券从发行之日起至偿清本息之日止的时间，也是债券发行人承诺履行合同义务的全部时间。各种债券有着不同的偿还期限，短则几个月，长则几十年，习惯上有短期债券、中期债券和长期债券之分。债券发行人在确定债券期限时，要考虑所筹资金的用途、市场利率的变化趋势、流通市场的发达程度等因素。

3. 债券的票面利率

债券的票面利率也称名义利率，是债券年利息与债券票面价值的比率。通常年利率用百分数表示。在实际经济生活中，债券计息方式有多种形式，如单利、复利和贴现利率等。不同的债券的计息方式对投资者的收益有很大影响。即使是同一种计息方式，债券的利率水平也有很大差异。影响债券利率的主要因素包括市场利率水平的高低、债券期限的长短和筹资者的资信状况等。

4. 债券发行者的名称

债券发行者的名称指明了该债券的债务主体，既明确了债券发行人应履行对债权人偿还本息的义务，也为债权人到期追索本金和利息提供了依据。在许多情况下，债券发行者是以公布条例或公告形式向社会公开宣布某债券的期限与利率，只要发行人具备良好的信誉，投资者也会认可接受。

以上 4 个要素虽然是债券票面的基本要素，但它们也并非一定在债券上印制出来。此外，债券票面上有时还包含一些其他要素，如分期偿还并附有一定的选择权的债券、附有可转换条款的债券、附有交换条款的债券、附有新股认购权条款的债券等。

二、债券的特征

债券具有以下特征。

(一)偿还性

偿还性是指债券有规定的偿还期限，债务人必须按期向债权人支付利息和偿还本金。债券的偿还性使得资金筹措者不能无限期地占用债券购买者的资金，也使得投资者的风险可以得到较好控制。债务人和债权人之间的借贷关系将随偿还期结束、还本付息手续完毕而不复存在。这一特征与股票的永久性有很大的区别。在历史上，也有国家发行过无期公债或永久性公债。这种公债无固定偿还期，持券者不能要求政府清偿，只能按期取息。当然，这只是个别现象，不能因此而否定债券具有偿还性的一般特性。

(二)流动性

流动性是指债券持有人可根据自己的需要和市场的实际状况，灵活地转让债券，以提前收回本金和实现投资收益。流动性首先取决于市场为转让所提供的便利程度；其次还表现为债券在迅速转变为货币时，是否在以货币计算的价值上蒙受损失。

(三)安全性

安全性是指债券持有人的收益相对固定，不随发行者经营收益的变动而变动，并且可按期收回本金。一般来说，具有高度流动性的债券同时也是较安全的，因为它不但可以迅速地转换为货币，而且还可以按一个较稳定的价格转换。债务人不履行债务和流通市场风险是债券投资不能收回投资的两种情况。许多因素会影响债券的转让价格，其中较重要的是市场利率水平。

(四)收益性

收益性是指债券能为投资者带来一定的收入。在投资过程中，债券收益可以体现为两种形式：一种是利息收入，即债权人在持有债券期间按约定的条件分期、分次取得利息或者到期一次取得利息；另一种是差价收入，即债权人到期收回本金与买入债券或中途卖出债券与买入债券之间的价差收入。从理论上讲，如果利率水平一直不变，这一价差就是自买入债券或是自上次付息至卖出债券这段时间的利息收益表现形式。但是，由于市场利率会不断变化，债券在市场上的转让价格将随市场利率的升降而上下波动。债券持有者能否获得转让差价或转让差价的多少，要视市场行情而定。

三、债券的类型

在债券的历史发展过程中，曾经出现过许多不同种类的债券，各类债券共同构成了一个完整的债券体系。债券可以依据不同的标准进行分类。

(一)按发行主体分类

债券的发行主体包括政府机构、金融机构和公司企业，根据发行主体的不同，债券可以分为政府债券、金融债券和公司债券。

1. 政府债券

政府债券的发行主体是政府。中央政府发行的债券也称为国债，发行国债的主要目的是解决由政府投资的公共设施或重点建设项目的资金需要和弥补国家财政赤字。现代社会，国债的大量流通为其成为国家宏观调控工具奠定了基础。国家中有财政收入的地方政府及地方公共机构发行的债券叫作地方政府债券。地方政府债券一般用于交通、通信、住宅、教育、医院和污水处理系统等地方性公共设施的建设。根据不同的发行目的，政府债券有不同的期限，从几个月至几十年。政府债券的发行和收入的安排使用是从整个国民经济的范围和发展来考虑的。政府债券的发行规模、期限结构、未清偿余额，关系着一国政治、经济发展的全局。与公司债券相比，政府债券具有安全性高、收益稳定、流动性强和免税待遇等特征。

2. 金融债券

金融债券的发行主体是银行或非银行的金融机构。金融机构一般拥有雄厚的资金实力，信用度较高。因此，金融债券往往也有良好的信誉。银行和非银行金融机构是社会信用的中介，它们的资金来源主要靠吸收公众存款和金融业务收入(例如保险公司保费的收入)，它们发行债券的目的主要有两个：一是筹资用于某种特殊用途；二是改变自身的资产负债结构。对于金融机构来说，吸收存款和发行债券都是它的资金来源，构成了它的负债。存款的主动性在存款户，金融机构只能通过提供服务条件来吸引存款，而不能完全控制存款，而发行债券则是金融机构的主动负债，金融机构有更大的主动权和灵活性。金融债券的期限以中期较为多见。

3. 公司债券

公司债券是公司依照法定程序发行、约定在一定期限还本付息的有价证券。公司债券的发行主体是股份公司，但有些国家也允许非股份制企业发行债券，因此在归类时，可将公司债券和企业发行的债券合在一起，称为公司(企业)债券。公司发行债券主要是为了经营需要。由于公司的情况千差万别，有些经营有方、实力雄厚、信誉高，也有一些经营较差，可能处于倒闭的边缘，因此，公司债券的风险性相对于政府债券和金融债券要大一些。公司债券有中长期的，也有短期的，视公司的需要而定。各国在实践中，曾创造出许多种类的公司债券。下面介绍几种常见的公司债券。

(1) 信用公司债券。信用公司债券是一种不以公司任何资产作担保而发行的债券，属于无担保证券范畴。

(2) 不动产抵押公司债券。不动产抵押公司债券是以公司的不动产(如房屋、土地等)作抵押而发行的债券，是抵押证券的一种。

(3) 质押债券。质押债券亦称抵押信托债券，是指以公司的其他有价证券(如子公司股票或其他债券)作为担保所发行的公司债券。

(4) 保证公司债券。保证公司债券是公司发行的由第三者作为还本付息担保人的债券，是担保证券的一种。

(5) 收益公司债券。收益公司债券也是一种具有特殊性质的债券，它与一般债券相似，有固定到期日，清偿时债权排列顺序先于股票。但另一方面它又与一般债券不同，其利息只在公司有盈利时才支付，即发行公司利润扣除各项固定支出后的余额用作债券利息的来源。如果余额不足支付，未付利息可以累加，待公司收益增加后再补发。所有应付利息付清后，公司才可对股东分红。

(6) 可转换公司债券。可转换公司债券是指发行人依照法定程序发行，在一定期限内依据约定的条件可以转换成股份的公司债券。这种债券附加认股权，在转换前是公司债券形式，转换后相当于增发了股票。可转换公司债券兼有债权投资和股权投资的双重优势。可转换公司债券可以划分为两种类型：一种是可分离型，指债券与认股权可以分开，可独立转让，即可分离交易的附认股权证公司债券；另一种是非分离型，即不能把认股权从债券上分离，认股权不能成为独立买卖的对象。

(二)按付息方式分类

根据债券合约条款中是否规定在约定期限向债券持有人支付利息，可分为零息债券和附息债券两类。

1. 零息债券

零息债券是指债券偿还期内不支付利息的债券，包括贴现债券和到期一次性还本付息债券。贴现债券以低于面值的价格发行和交易，债券持有人实际上是以买卖(到期赎回)价差的方式取得债券收益，到期一次性还本付息债券是指债券在偿还期内不支付利息，而是到期后集中一次性将本息支付给投资者的债券。

2. 附息债券

债券合约中明确规定，在债券存续期内，对持有人定期支付利息(通常每半年或每年支付一次)。按照计息方式的不同，这类债券还可细分为固定利率债券和浮动利率债券两大类。附息债券每期利息是按年利率的单利计息方法计算，由于分期所得利息用于再投资能获取再投资收益，所以附息债券在全部偿还期间从性质上相当于按复利计息的债券。

(三)按债券形态分类

随着经济的发展，债券形成不同的形态。根据债券形态不同可以分为实物债券、凭证式债券和记账式债券。

1. 实物债券

实物债券是一种具有标准格式的实际印刷的债券，需要具有很高的防伪性能。在标准格式的债券券面上，一般印有债券面额、债券利率、债券期限、债券发行人全称、还本付息方式等各种债券票面要素。有时债券利率、债券期限等要素也可以通过公告向社会公布，而不在债券券面上注明。无记名国债就属于这种实物债券，它以实物券的形式记录债权、面值等，不记名，不挂失，可上市流通。实物债券是一般意义上的债券，很多国家通过法律或者法规对实物债券的格式予以明确规定。

2. 凭证式债券

凭证式债券是债权人认购债券的一种收款凭证，即购买债券的收据，而不是债券发行人制定的标准格式的债券。我国1994年开始发行凭证式国债，我国的凭证式国债通过各银行储蓄网点和财政部门国债服务部面向社会发行，券面上不印制票面金额，而是根据认购者的认购额填写实际的缴款金额，是一种国家储蓄债，可记名、挂失，以"凭证式国债收款凭证"记录债权，不能上市流通，从购买之日起计息。在持有期内，持券人如遇特殊情况需要提取现金，可以在原购买网点提前兑取。提前兑取时，除偿还本金外，利息按实际持有天数及相应的利率档次计算，经办机构按兑付本金的2‰收取手续费。

3. 记账式债券

记账式债券是没有实物形态的票券，利用账户通过计算机系统完成国债发行、交易及兑付的全过程。1993年，我国采用承购包销方式首次尝试发行记账式国债。目前，上海证券交易所和深圳证券交易所已为证券投资者建立了电子证券账户，发行人可以利用证券交易所的交易系统来发行债券。投资者进行记账式债券买卖，必须在证券交易所设立账户。记账式国债可以记名、挂失，安全性较高，同时由于记账式债券的交易和发行均无纸化，所以发行时间短，发行效率高，交易手续简便，成本低，交易安全。

(四)按偿还期限分类

根据偿还期限的不同，债券可分为长期债券、短期债券和中期债券。一般来说，偿还期限在10年以上的为长期债券；偿还期限在1年以下的为短期债券；偿还期限在1年或1年以上、10年以下(包括10年)的为中期债券。

我国国债的期限划分与上述标准相同，但我国企业债券的期限划分与上述标准有所不同。我国短期企业债券的偿还期限在1年以内；偿还期限在1年以上5年以下的为中期企业债券；偿还期限在5年以上的为长期企业债券。

短期债券的发行者主要是工商企业和政府，金融机构中的银行因为以吸收存款作为自己的主要资金来源，并且很大一部分存款的期限是1年以下，所以较少发行短期债券。

企业发行短期债券大多是为了筹集临时性周转资金。在我国，这种短期债券的期限分别为3个月、6个月和9个月。

政府发行短期债券大多是为了平衡预算开支。美国政府发行的短期债券分为3个月、6

个月、9个月和12个月四种。我国政府发行的短期债券较少。

中长期债券的发行者主要是政府、金融机构和企业。发行中长期债券是为了获得长期稳定的资金。我国政府发行的债券主要是中期债券，集中在3～5年这个期限。1996年，我国政府开始发行期限为10年的长期债券。

(五)按债券利率在偿还期内是否变化分类

根据债券利率在偿还期内是否变化，可将债券分为固定利率债券和浮动利率债券。

1. 固定利率债券

固定利率债券是指在发行时规定利率在整个偿还期内不变的债券。

2. 浮动利率债券

浮动利率债券是指发行时规定债券利率随市场利率定期浮动的债券。也就是说，债券利率在偿还期内可以进行变动和调整。

由于债券利率随市场利率浮动，采取浮动利率债券形式可以避免债券的实际收益率与市场收益率之间出现任何重大差异，使发行人的成本和投资者的收益与市场变动趋势相一致。但债券利率的这种浮动性，也使发行人的实际成本和投资者的实际收益事前带有很大的不确定性，从而导致较高的风险。

(六)国际债券

国际债券是一国政府、金融机构、工商企业或国际组织为筹措和融通资金，在国外金融市场上发行的，以外国货币为面值的债券。国际债券的重要特征，是发行者和投资者属于不同的国家，筹集的资金来源于国外金融市场。国际债券的发行和交易，既可用来平衡发行国的国际收支，也可用来为发行国政府或企业引入资金从事开发和生产。依发行债券所用货币与发行地点的不同，国际债券又可分为外国债券和欧洲债券。

外国债券是指某一国借款人在本国以外的某一国家发行以该国货币为面值的债券，如甲国发行人或国际机构在乙国债券市场上以乙国货币面值发行的债券。外国债券是传统的国际金融市场的业务，已存在几个世纪，它的发行必须经发行地所在国政府的批准，并受该国金融法令的管辖。在美国发行的外国债券(美元)称为扬基债券，在日本发行的外国债券(日元)称为武士债券，同样还有英国的猛犬债券、西班牙的斗牛士债券、荷兰的伦勃朗债券等。

欧洲债券是指一国政府、金融机构、工商企业或国际组织在国外债券市场上，以发行国货币以外的一种可自由兑换的货币、特别提款权或欧洲货币单位发行的债券，如甲国发行人或国际机构在乙国债券市场上以丙国货币面值(自由兑换货币)发行的债券。欧洲债券发行较为自由灵活，既不需向任何监督机关登记注册，又无利率管制和发行数额限制，还可以选择多种计值货币。在国际债券市场上，欧洲债券所占比重远远超过外国债券。

四、债券与股票的联系

债券与股票都是发行者筹集资金的手段，也是投资者投资的投资工具。股票和债券有很多相同点和不同点，如表1-4所示。

表1-4　债券与股票的联系

债券与股票的相同点	都属于有价证券
	都是筹措资金的手段
	两者的收益率相互影响
债券与股票的区别	持有人权利不同
	发行主体不同
	期限不同
	收益不同
	风险不同

(一)债券与股票的相同点

1. 都属于有价证券

尽管债券和股票有各自的特点，但它们都属于有价证券。债券和股票作为有价证券体系中的一员，是虚拟资本，它们本身无价值，但又都是真实资本的代表。持有债券和股票，都有可能获取一定的收益，并能行使各自的权利和流通转让。债券和股票都在证券市场上交易，构成了证券市场的两大支柱。

2. 都是筹措资金的手段

债券和股票都是有关经济主体为筹资需要而发行的有价证券。经济主体在社会经济活动中必然会产生对资金的需求，从资金融通角度看，债券和股票都是筹资手段。与向银行贷款等间接融资相比，发行债券和股票筹资的数额大、时间长、成本低，且不受贷款银行的条件限制。

3. 两者的收益率相互影响

从单个债券和股票看，它们的收益率经常会出现差异，而且有时差距还很大。但是，总体而言，如果市场是有效的，则债券的平均利率和股票的平均收益率会大体保持相对稳定的关系，其差异反映了两者风险程度的差别。这是因为，在市场规律的作用下，证券市场上一种融资手段收益率的变动，会引起另一种融资手段收益率发生同向变动。

(二)债券与股票的区别

1. 持有人权利不同

债券是债权凭证，债券持有者与债券发行人之间的经济关系是债权、债务关系，债券持有者可按期获取利息及到期收回本金，无权参与公司的经营决策。股票是所有权凭证，股票所有者是发行股票公司的股东，股东一般拥有表决权，可以通过参加股东大会选举董事，参与公司重大事项的审议和表决，行使对公司的经营决策权和监督权。

2. 发行主体不同

发行债券是公司追加资金的需要，它属于公司的负债，不是资本金。发行股票则是股份公司创立和增加资本的需要，筹措的资金列入公司资本。而且，发行债券的经济主体很多，中央政府、地方政府、金融机构、公司企业等一般都可以发行债券，但能发行股票的经济主体只有股份有限公司。

3. 期限不同

债券一般有规定的偿还期，期满时债务人必须按时偿还本金，因此债券是一种有期投资。股票通常是不能偿还的，一旦投资入股，股东便不能从股份公司抽回本金，因此股票是一种无期投资，或称永久投资。但是，股票持有者可以通过市场转让收回投资资金。

4. 收益不同

债券通常有规定的利率，债券持有者可获得固定的利息。股票的股息红利不固定，一般视公司经营情况而定。

5. 风险不同

股票风险较大，债券风险相对较小。首先，债券利息是公司的固定支出，属于费用范围，列入公司的财务费用；股票的股息红利是公司利润的一部分，公司有盈利才能支付，而且支付的序列在债券利息支付和纳税之后。其次，倘若公司破产，清理资产用余额偿付时，债券偿付在前，股票偿付在后。最后，在二级市场上债券因其利率固定，期限固定，所以市场价格也较稳定；而股票无固定期限和利率，受各种宏观因素和微观因素的影响，市场价格波动频繁，涨跌幅度较大。

专栏 1-3　2013 年我国国债发行概况

财政部公布了 2013 年关键期限国债发行计划表。数据显示，2013 年关键期限国债发行总期数将比 2011 年和 2012 年增加 4 期，达到 35 期。若以惯例每期 280 亿元的发行规模粗略估算，2013 年关键期限国债的发行量有望达到 9800 亿元，这比 2012 年多出 1120 亿元。

而事实上，当年最终的国债发行量都会高于计划的关键期限国债发行量，如 2011 年高出约44%，2012年高出约30%。那么，以此推算，2013年的国债发行总量有望达到1.3万亿~1.4万亿元。相较于2013年国债到期规模7825亿元，即2013年国债净发行规模将达到5200亿~6200亿元，不仅远高于2012年，且从这个角度而言，即使国债投资群体较为固定，但仍可确定2013年国债供求紧张的状况会明显改观。

我国政府自1981年恢复发行内债，迄今已经有近30年历史。这近30年里，内债发行规模不断扩大，由20世纪80年代初每年发行几十亿元，到2013年发行量超过1.3万亿元。内债品种有了较多的增加，目前主要包括面向机构投资者发行的可流通的记账式国债，面向个人投资者发行的不可流通的凭证式国债和储蓄国债；市场建设取得了一定进展，银行间债券市场、证券交易所债券市场已构成国债市场的主体框架。

国债发行不仅为国民经济发展提供了大量的建设资金，也在一定程度上满足了社会各类投资者投资国债的需要。同时，不断扩大的国债发行规模，为金融市场提供了更多的流动性，有利于活跃和稳定金融市场，保证财政政策和货币政策的有效实施。

(资料来源：和讯债券，http://bond.hexun.com)

第四节　证券投资基金

一、证券投资基金概述

(一)证券投资基金的含义

证券投资基金是指通过发售基金份额，将众多投资者的资金集中起来，形成独立财产，由基金托管人托管，基金管理人管理，以投资组合的方法进行证券投资的一种利益共享、风险共担的集合投资方式。

作为一种大众化的信托投资工具，各国对证券投资基金的称谓不尽相同，如美国称"共同基金"，英国和中国香港地区称"单位信托基金"，日本和中国台湾地区则称"证券投资信托基金"等。

(二)基金的当事人

我国的基金依据基金合同设立，基金投资者、基金管理人与基金托管人是基金的当事人。

1. 基金投资者

基金投资者即基金份额持有人，是基金的出资人、基金资产的所有者和基金投资收益的受益人。按照《中华人民共和国证券投资基金法》(以下简称《证券投资基金法》)的规定，我国基金投资者享有以下权利：分享基金财产收益，参与分配清算后的剩余基金财产，依法转让或者申请赎回其持有的基金份额，依据规定要求召开基金份额持有人大会，对基金份额持有人大会审议事项行使表决权，查阅或者复制概况披露的基金信息资料，对基金管理人、基金托管人、基金份额发售机构损害其合法权益的行为依法提出诉讼。

2．基金管理人

基金管理人是基金产品的募集者和基金的管理者，其最主要职责就是按照基金合同的约定，负责基金资产的投资运作，在风险控制的基础上为基金投资者争取最大的投资收益。基金管理人在基金运作中具有核心作用，基金产品的设计、基金份额的销售与注册登记、基金资产的管理等重要职能多半都要由基金管理人或基金管理人选定的其他服务机构承担。在我国，基金管理人只能由依法设立的基金管理公司担任。

3．基金托管人

为了保证基金资产的安全，《证券投资基金法》规定，基金资产必须由独立于基金管理人的基金托管人保管，从而使得基金托管人成为基金的当事人之一。基金托管人的职责主要体现在基金资产保管、基金资金清算、会计复核以及对基金投资运作的监督等方面。在我国，基金托管人只能由依法设立并取得基金托管资格的商业银行担任。图 1-1 所示的证券投资基金运作关系简图已较清楚地说明基金当事人之间的关系。

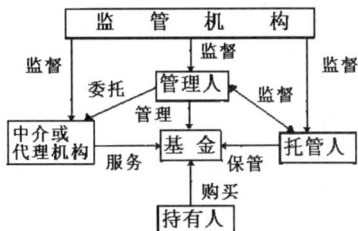

图 1-1　证券投资基金运作关系简图

二、证券投资基金的特点

证券投资基金之所以在许多国家受到投资者的广泛欢迎，与证券投资基金本身的特点有关。作为一种现代化投资工具，证券投资基金所具备的特点是十分明显的。

1．集合理财，专业管理

证券投资基金是将零散的资金汇集起来，交给专业机构投资于各种金融工具，以谋取资产的增值。基金实行专业理财制度，由受过专门训练、具有比较丰富的证券投资经验的专业人员运用各种技术手段收集、分析各种信息资料，预测金融市场上各个证券品种的价格变动趋势，制定投资策略和投资组合方案，从而最大限度地避免投资决策失误，提高投资收益。

2. 组合投资，分散风险

以科学的投资组合降低风险、提高收益是基金的另一大特点。在投资活动中，风险和收益总是并存的，因此，"不能将鸡蛋放在一个篮子里"。但是，要实现投资资产的多样化，需要一定的资金实力。对小额投资者而言，由于资金有限，很难做到这一点，而基金则可以帮助中小投资者解决这个困难，即可以凭借其集中的巨额资金，在法律规定的投资范围内进行科学的组合，分散投资于多种证券，实现资产组合多样化。通过多元化的投资组合，一方面借助于资金庞大和投资者众多的优势使每个投资者面临的投资风险变小，另一方面又利用不同投资对象之间收益率变化的相关性，达到分散投资风险的目的。

3. 利益共享，风险共担

基金投资的收益在扣除基金托管人和基金管理人按规定收取的托管费和管理费后，所有盈余按各投资者所持有的基金份额比例进行分配。

4. 严格监管，信息透明

各国监管机构都对基金业实行严格的监管，对各种有损投资者利益的行为进行严厉的打击，并强制基金进行较为充分的信息披露。

5. 独立托管，保障安全

基金管理人只负责基金资产的投资运作，不负责基金财产的保管，基金财产由独立于基金管理人的基金托管人负责。两者相互制约、相互监督的制衡机制保护了投资者的利益。

三、证券投资基金的类型

证券投资基金可以按不同的标准进行分类。

(一)按组织形式的不同分类

按证券投资基金的组织形式不同，可分为契约型基金和公司型基金。

1. 契约型基金

契约型基金是指将投资者、管理人、托管人三者作为基金的当事人，通过签订基金契约的形式发行受益凭证而设立的一种基金。契约型基金起源于英国，后来在中国香港、新加坡、印度尼西亚等国家和地区十分流行。契约型基金是基于信托原理而组织起来的代理投资方式，没有基金章程，也没有公司董事会，而是通过基金契约来规范三方当事人的行为。基金管理人负责基金的管理操作；基金托管人作为基金资产的名义持有人，负责基金资产的保管和处置，对基金管理人的运作实行监督。

2. 公司型基金

公司型基金是依据基金公司章程设立，在法律上具有独立法人地位的股份投资公司。公司型基金以发行股份的方式募集资金，投资者购买基金公司的股份后，以基金持有人的身份成为基金公司的股东，凭其持有的股份依法享有投资收益。公司型基金在组织形式上与股份有限公司类似，由股东选举董事会，由董事会选聘基金管理公司，基金管理公司负责管理基金的投资业务。

3. 公司型基金与契约型基金的区别

契约型基金与公司型基金虽然都是证券投资基金，但在筹集资金性质、投资者地位、基金的运营依据等方面存在区别。

(1) 所筹资金的性质不同。契约型基金的资金是通过发行基金份额筹集起来的信托财产；公司型基金的资金是通过发行普通股票筹集起来的，是公司法人的资本。

(2) 基金投资者的地位不同。契约型基金的投资者购买基金份额后成为基金契约的当事人之一，投资者既是基金的委托人，即基于对基金管理人的信任，将自己的资金委托给基金管理人管理和营运；又是基金的受益人，即享有基金的受益权。公司型基金的投资者购买基金公司的股票后成为该公司的股东，因此，公司型基金的投资者对基金运作的影响比契约型基金的投资者大。

(3) 基金的营运依据不同。契约型基金依据基金契约营运基金，公司型基金依据基金公司章程营运基金。公司型基金的法律关系明确清晰，监督机制较为完善；契约型基金在设立上更为简单易行。

由此可见，契约型基金和公司型基金在法律依据、组织形式以及有关当事人的地位等方面是不同的，但这两种基金没有优劣之分。

(二)按是否可以赎回分类

证券投资基金按是否可自由赎回和基金规模是否固定，可分为封闭式基金和开放式基金。

1. 封闭式基金

封闭式基金是指经核准的基金份额总额在基金合同期限内固定不变，基金份额可以在依法设立的证券交易场所交易，但基金份额持有人不得申请赎回的基金。由于封闭式基金在封闭期内不能追加认购或赎回，投资者只能通过证券经纪商在二级市场上进行基金的买卖。封闭式基金的期限是指基金的存续期，即基金从成立到终止之间的时间。

2. 开放式基金

开放式基金是指基金份额总额不固定，基金份额可以在基金合同约定的时间和场所申购或者赎回的基金。为了满足投资者赎回资金、实现变现的要求，开放式基金一般都从所筹资金中拨出一定比例，以现金形式保持这部分资产。这虽然会影响基金的盈利水平，但作为开放式基金来说是必需的。

3. 封闭式基金与开放式基金的区别

封闭式基金与开放式基金具有以下区别。

(1) 期限不同。封闭式基金有固定的期限，通常在 5 年以上，一般为 10 年或 15 年，经持有人大会通过并经主管机关同意可以适当延长期限。开放式基金没有固定期限，投资者可随时向基金管理人赎回基金份额，若大量赎回甚至会导致清盘。

(2) 发行规模限制不同。封闭式基金的基金规模是固定的，在封闭期限内未经法定程序认可不能增加发行。开放式基金没有发行规模限制，投资者可随时提出申购或赎回申请，基金规模随之增加或减少。

(3) 基金份额交易方式不同。封闭式基金的基金份额在封闭期限内不能赎回，但为方便投资者变现，往往在证券交易所挂牌买卖，持有人可以在证券交易所卖出，交易在基金投资者之间完成。开放式基金的投资者在首次发行结束一段时间后，在交易日中可以随时向基金管理人或中介机构提出申购或赎回申请。绝大多数开放式基金不上市交易，交易在投资者与基金管理人或其代理人之间进行。

(4) 基金份额的交易价格计算标准不同。封闭式基金与开放式基金的基金份额首次发行价都是按面值加一定百分比的认购费计算，但成立以后的交易计价方式不同。封闭式基金的买卖价格受市场供求关系的影响，常出现溢价或折价现象，并不必然反映单位基金份额的净资产值。开放式基金的交易价格则取决于基金份额净资产值的大小，其申购价一般是基金份额净资产值加一定的购买费，赎回价是基金份额净资产值减去一定的赎回费，不直接受市场供求影响。

(5) 交易费用不同。投资者在买卖封闭式基金时，在基金价格之外要支付手续费；投资者在买卖开放式基金时，则要支付申购费和赎回费。开放式基金和封闭式基金不论是计费标准还是计费模式都是不一样的。

(6) 投资策略不同。封闭式基金在封闭期内基金规模不会减少，没有赎回压力，因此可进行长期投资，基金资产的投资组合能有效地在预定计划内进行。开放式基金因基金份额可随时赎回，为应付投资者随时赎回兑现，所募集的资金不能全部用来投资，更不能把全部资金用于长期投资，必须保持基金资产的流动性，组合资产中需保留一部分现金和高流动性的金融工具。

(7)　基金份额资产净值公布的时间不同。封闭式基金一般每周或更长时间公布一次份额净值，开放式基金一般在每个交易日后公布份额净值。

我国《投资基金法》规定：按照基金合同的约定或者基金份额持有人大会的决议，并经国务院证券监督管理机构核准，可以转换基金运作方式。

(三)按投资对象不同分类

证券投资基金按投资对象不同划分，可分为债券基金、股票基金、混合基金和货币市场基金4种形式。

1. 债券基金

债券基金是一种以债券为主要投资对象的证券投资基金。由于债券的年利率固定，又有还款保证，因而这类基金的风险较低，适合于稳健型投资者。债券基金的收益会受市场利率的影响，当市场利率下调时，其收益会上升；反之，若市场利率上调，其收益将下降。除此以外，汇率也会影响基金的收益，管理人在购买国际债券时，往往还需要在外汇市场上做套期保值。

2. 股票基金

股票基金是指以上市股票为主要投资对象的证券投资基金。股票基金的投资目标侧重于追求资本利得和长期资本增值。基金管理人拟定投资组合，将资金投放到一个或几个国家甚至全球的股票市场，以达到分散投资、降低风险的目的。

股票基金是最重要的基金品种，它的优点是资本的成长潜力较大，投资者不仅可以获得资本利得，还可以通过股票基金将较少的资金投资于各类股票，从而实现在降低风险的同时保持较高收益的投资目标。按基金投资的分散化程度，可将股票基金划分为一般股票基金和专门化股票基金。由于股票投资基金聚集了巨额资金，几只甚至一只大规模的基金就可以引发股市动荡，为保护投资者利益，各国政府对股票基金的监管都十分严格，不同程度地规定了基金购买某一家上市公司的股票总额不得超过基金资产净值的一定比例，以防止基金过度投机和操纵股市。

3. 混合基金

混合基金是指投资于股票、债券以及货币市场工具，且不符合股票基金和债券基金的分类标准的基金。根据股票、债券投资比例以及投资策略的不同，混合基金又可以分为偏股型基金、偏债型基金、股债平衡型基金和灵活配置型基金等类型。

(1)　偏股型基金。偏股型基金中股票的配置比例较高，配置比例范围是50%～70%；债券的配置比例较低，配置比例范围是20%～40%。

(2)　偏债型基金。一般来说，偏债型基金中债券的配置比例较高，股票的配置比例较低。债券配置比例在 50%以上。

(3) 股债平衡型基金。在这种基金中,股票和债券的配置比例较为均衡,基本都处于 40%~60%。

(4) 灵活配置型基金。在这种基金中,股票和债券的投资比例没有固定范围。随着基金经理对股票市场和债券市场未来走势判断的不同而动态调整组合中股票和债券的配置比例。

4. 货币市场基金

货币市场基金是以货币市场工具为投资对象的一种基金,其投资对象期限在 1 年以内,包括银行短期存款、国库券、公司债券、银行承兑票据及商业票据等货币市场工具。货币市场基金的优点是资本安全性高、购买限额低、流动性强、收益较高、管理费用低,有些还不收取赎回费用。因此,货币市场基金通常被认为是低风险的投资工具。

(四)按投资目标分类

证券投资基金按投资目标划分,可分为成长型基金、收入型基金和平衡型基金。

1. 成长型基金

成长型基金追求的是基金资产的长期增值。为了达到这一目标,基金管理人通常将基金资产投资于信誉度较高、有长期成长前景或长期盈余的所谓成长型公司的股票。成长型基金又可分为稳健成长型基金和积极成长型基金。

2. 收入型基金

收入型基金主要投资于可带来现金收入的有价证券,以获取当期的最大收入为目的。收入型基金资产的成长潜力较小,损失本金的风险相对也较低,一般可分为固定收入型基金和股票收入型基金。固定收入型基金的主要投资对象是债券和优先股,因而尽管收益率较高,但长期成长的潜力很小,而且当市场利率波动时,基金净值容易受到影响。股票收入型基金的成长潜力比较大,但易受股市波动的影响。

3. 平衡型基金

平衡型基金将资产分别投资于两种不同特性的证券上,并在以取得收入为目的的债券及优先股和以资本增值为目的的普通股之间进行平衡。这种基金一般将 25%~50%的资产投资于债券及优先股,其余的投资于普通股。平衡型基金的主要目的是从其投资组合的债券中得到适当的利息收益,与此同时又可以获得普通股的升值收益。投资者既可获得当期收入,又可得到资金的长期增值。平衡型基金的特点是风险较低,缺点是成长的潜力不大。

(五)按一、二级市场差异不同分类

证券投资基金按交易变现方式的差异可以划分为交易所交易基金和上市开放式基金。

1. 交易所交易基金

ETF 是 Exchange Traded Funds 的简称，常被译为"交易所交易基金"，上海证券交易所则将其定名为"交易型开放式指数基金"。ETF 是一种在交易所上市交易，并且可以申购和赎回，基金份额可变的基金运作方式。ETF 结合了封闭式基金与开放式基金的运作特点，投资者一方面可以像封闭式基金一样在交易所二级市场进行 ETF 的买卖，另一方面又可以像开放式基金一样申购、赎回。不同的是，它的申购是用一揽子股票换取 ETF 份额，赎回时也是换回一揽子股票而不是现金。这种交易制度使该类基金存在一、二级市场之间的套利机制，可有效防止类似封闭式基金的大幅折价。

ETF 由基金管理公司发起设立。由于 ETF 采用指数化投资策略，除非指数样本股发生调整，一般基金经理不用时常调整股票组合。在我国受托人一般为银行，投资者为购买 ETF 的机构或个人。

ETF 的重要特征在于它独特的双重交易机制。ETF 的双重交易特点表现在它的申购和赎回与 ETF 本身的市场交易是分离的，分别在一级市场和二级市场进行。也就是说，ETF 同时为投资者提供了两种不同的交易方式：一方面投资者可以在一级市场交易 ETF，即进行申购与赎回；另一方面，投资者可以在二级市场交易 ETF，即在交易所挂牌交易。

2. 上市开放式基金

上市开放式基金(Listed Open-ended Funds，LOF)，是一种可以同时在场外市场进行基金份额申购、赎回，在交易所进行基金份额交易，并通过份额转托管机制将场外市场与场内市场有机地联系在一起的新的基金运作方式。深圳证券交易所推出的 LOF 在世界范围内具有首创性。

(六)按投资理念的不同分类

证券投资基金按投资理念的不同划分，可分为主动型基金和被动(指数)型基金。

1. 主动型基金

主动型基金是一类力图超越基准组合表现的基金。基金管理人通过甄选投资证券，建立投资组合，力图超越同类基金的平均收益水平。

2. 被动型基金

被动型基金不主动寻求取得超越市场的表现，而是试图复制指数的表现，一般选取特定的指数作为跟踪的对象，因此通常又被称为指数型基金。指数基金就是选择一个特定市

场的指数进行跟踪，根据指数的成分股(计算指数时使用的股票)来构造投资组合，使得基金的收益与这个市场指数的收益大致相同，从而达到一个被动地投资于市场的效果。

相比较而言，主动型基金比被动型基金的风险更大，但取得的收益也可能更大。

(七)特殊类型基金

特殊类型基金包括系列基金和保本基金。

1. 系列基金

系列基金又被称为伞形基金，实际上就是开放式基金的一种组织结构。在这一组织结构下，基金发起人根据一份总的基金招募书发起设立多只独立运作的基金，各基金依据不同的投资目标和投资方针进行独立的投资决策，相互之间可以根据规定的程序进行转换，这些基金称为子基金或成分基金，而由这些子基金共同构成的这一基金体系就合称为伞形基金。我国首只伞形基金泰达宏利价值优化型系列基金(泰达宏利成长、泰达宏利周期、泰达宏利稳定)于2003年4月25日正式成立，首只伞形基金的成立可谓一针振奋剂，注入了当时低迷的资本市场。

2. 保本基金

保本基金是指在一定时期后(一般是3～5年，最长可达10年)，投资者会获得投资本金的一个百分比(如100%的本金)的回报，而同时如果基金运作成功，投资者还会得到额外收益。由于保本基金有一定的封闭期，投资者如果在封闭期内赎回份额的话将得不到基金公司的保本承诺，所以保本基金也被称为"半封闭基金"。保本基金属于低风险、低回报的基金。

四、证券投资基金的交易

(一)基金的交易方式

基金的交易方式因基金的性质不同而不同。为满足投资者的变现需要，封闭式基金成立后通常申请在证券交易所挂牌。开放式基金的交易方式为场外交易，在投资者与基金管理人或其代理人之间进行交易，投资者可在基金管理公司或其代理机构的营业网点进行基金券的买卖，办理基金单位的随时申购与赎回。

(二)封闭式基金的交易及交易规则

1. 封闭式基金的上市

如前所述，封闭式基金的交易方式为在证券交易所挂牌上市，因此，封闭式基金在募集成立后，应及时向证券交易所申请上市。上市申请及主管机关审批的主要内容包括：基金的管理和投资情况；基金管理人提交的上市可行性报告；信息披露的充分性；内部机制是否健全，能否确保基金章程及信托契约的贯彻实施等。上述材料必须真实可靠，无重大遗漏。

2. 封闭式基金的交易规则

封闭式基金的交易遵循如下规则。

(1) 基金单位的买卖应遵循"公开、公平、公正"的"三公"原则和"价格优先、时间优先"的原则。

(2) 以标准手数为单位进行集中无纸化交易，计算机自动撮合，跟踪过户。

(3) 基金单位的价格以基金单位资产净值为基础，受市场供求关系的影响而波动，行情即时揭示。

(4) 基金单位的交易成本相对低廉。

(三)开放式基金的交易及交易价格

1. 开放式基金的申购与赎回

1) 开放式基金申购和赎回的原则

开放式基金申购与赎回应遵循如下原则。

(1) 未知价原则。所谓未知价是指申购、赎回价格以申请当日的基金单位资产净值为基准进行计算，在交易时间申购和赎回时单位资产净值还没有计算出来。

(2) 金额申购、份额赎回原则。金额申购是指投资者申购投资基金时以金额申请，赎回基金时以份额申请的做法。

2) 开放式基金日常申购与赎回的程序

开放式基金日常申购与赎回一般应符合以下程序。

(1) 投资者开户。投资者要想对开放式基金进行投资，必须具有证券账户或开放式基金账户，可以在证券公司处开立，也可以在银行等代销机构处开立。

(2) 投资者提出申请。投资者必须根据基金销售网点规定的程序，在工作日的交易时间段内向基金销售网点提出申购或赎回的申请。

(3) 登记机构的确认。投资基金登记机构收到申购和赎回申请的当天作为申购或赎回申请日(T 日)，并在 T+2 工作日前(包括该日)，对该交易的有效性进行确认。投资者可在 T+2 工作日之后(包括该日)的工作日向基金销售网点进行成交查询。

3) 巨额赎回

如果一个工作日内的基金单位净赎回申请(赎回申请总数扣除申购申请总数后的余额)超过当日基金单位总份数的 10%，即认为是发生了巨额赎回。

当出现巨额赎回时，基金管理人可以根据该基金当时的资产组合状况决定全额赎回、部分顺延赎回和暂停赎回。

2. 开放式基金的申购、赎回价格

开放式基金的交易价格即为申购、赎回价格。开放式基金申购和赎回的价格是建立在单位基金净值基础上的，基金的申购价格，由申购申请日当天每份基金单位资产净值再加上一定比例的申购费所形成；基金的赎回价格，由基金赎回申请日当天每份基金单位资产净值再减去一定比例的赎回费所形成。

单位基金资产净值，即每一基金单位代表的基金资产的净值，是指在某一基金估值时点上，按照公允价格计算的基金资产的总市值扣除负债后的余额，该余额是基金单位持有人的权益。单位基金资产净值计算的公式如下：

$$单位基金资产净值=\frac{总资产-总负债}{基金单位总数}$$

其中，总资产是指基金拥有的所有资产(包括股票、债券、银行存款和其他有价证券等)按照公允价格计算的资产总额。基金往往分散投资于证券市场的各种投资工具，如股票、债券等，由于这些资产的市场价格是不断变动的，所以需要按照公允价格估算基金资产的价值。基金估值是计算单位基金资产净值的关键。只有每日对单位基金资产净值进行系统地计算，才能及时反映基金的投资价值；总负债是指基金运作及融资时所形成的负债，包括应付给他人的各项费用、应付资金利息等；基金单位总数是指当时发行在外的基金单位的总量。

专栏 1-4　基金转换小常识

基金转换是基金管理人向基金持有人提供的一种服务，一般是指投资者在持有一家基金管理公司发行的任一开放式基金后，可直接自由转换到该公司管理的其他开放式基金，而不需要先赎回已持有的基金单位，再申购目标基金的一种业务模式。

在国外，基金转换是基金主流交易方式之一，而在国内，目前也有多家基金公司推出了基金转换业务。

1. 基金转换所享优惠

通过转换业务变更基金投资品种，比正常的赎回再申购业务享有较大幅度的费用优惠；从交易时间来看，按照原来的交易程序，以股票型基金为例，先赎回再申购，一般需要 5 个工作日，而选择基金转换，则只要 2 个工作日就够了；基金转换确认只需要 T+1 个工作日，T 日享受转出基金收益，T+1 日开始享受转入基金收益，真正实现"无缝收益"。

2. 基金转换须知

(1) 投资者采用"份额转换"的原则提交申请。在发生基金转换时，转出基金必须为允许赎回状态，转入基金必须为允许申购状态。

(2) 基金转换的计算采用"未知价"原则，即基金转换价格以受理申请当日收市后计算的转出以及转入基金的基金份额净值为基准进行计算。

(3) 已冻结份额不得申请进行基金转换。

（4）转换业务遵循"先进先出"的业务规则，先确认的认购或者申购的基金份额在转换时先转换。如果转换申请当日，同时有赎回申请的情况下，则遵循先转换后赎回的处理原则。

（5）基金转换采用"前端转前端，后端转后端"的模式，不能将前端收费基金份额转换为后端收费基金份额，或将后端收费基金份额转换为前端收费基金份额。

（6）投资者在 T 日办理的基金转换申请，基金注册与过户登记人在 T+1 日内为投资者对该交易的有效性进行确认，在 T+2 日后(包括该日)投资者可向基金份额发售机构或以基金份额发售机构规定的其他方式查询成交情况。

3. 注意事项

（1）投资者须注意转换时机的把握。因为转换的成本，必须由新转入基金的收益来承担。

（2）注意分析基金转换公告中关于转换费用的陈述。各家基金公司的转换费率并不相同。

（3）不要频繁转换。这一原则实际上是对以上两个原则的总结。控制转换次数，一是因为时机的选择并不能保证每次都正确，二是交易频繁将增加成本。

本 章 小 结

证券投资工具	股票及股票的特征	通常把资本证券直接称为有价证券乃至证券。股票是一种有价证券，它是股份有限公司发行的用以证明投资者的股东身份、所持股份，据以获得股息和红利并承担义务的凭证 股票的特征包括不可偿还性、流通性、收益性、风险性和参与性
	债券及债券的基本性质	债券是政府、金融机构、工商企业等机构直接向社会借债筹措资金时，向投资者发行，并且承诺按一定利率支付利息并按约定条件偿还本金的债权债务凭证 债券具有以下基本性质：债券属于有价证券；债券是一种虚拟资本；债券是债权的体现。债券具备票面价值、到期期限、票面利率和发行者的名称 4 个基本要素。债券的特征包括偿还性、流动性、安全性和收益性
	债券与股票的比较	债券与股票的相同点是：两者都属于有价证券；两者都是筹措资金的手段；两者的收益率相互影响。债券与股票的差别体现在：两者持有人权利不同；两者发行主体不同；两者期限不同；两者收益不同和两者风险不同等方面
	证券投资基金及其特点	证券投资基金是指通过发售基金份额，将众多投资者的资金集中起来，形成独立财产，由基金托管人托管，基金管理人管理，以投资组合的方法进行证券投资的一种利益共享、风险共担的集合投资方式。证券投资基金的特点包括集合理财，专业管理；组合投资，分散风险；利益共享，风险共担；严格监管，信息透明；独立托管，保障安全

案例思考

股权分置改革综述

由于特殊的历史原因,在特殊的发展演变中,中国 A 股市场的上市公司内部普遍形成了"两种不同性质的股票"(非流通股和社会流通股),这两类股票形成了"同股不同价不同权"的市场制度与结构。股权分置改革是我国资本市场一项重要的制度改革。所谓股权分置,是指上市公司股东所持向社会公开发行的股份在证券交易所上市交易,称为流通股;而公开发行前的股份暂不上市交易,称为非流通股。这种同一上市公司股份分为流通股和非流通股的股权分置状况,为中国内地证券市场所独有。

《国务院关于推进资本市场改革开放和稳定发展的若干意见》明确指出,应"积极稳妥解决股权分置问题",提出"在解决这一问题时要尊重市场规律,有利于市场的稳定和发展,切实保护投资者特别是公众投资者合法权益"的总体要求。上市公司股权分置改革是通过非流通股股东和流通股股东之间的利益平衡协商机制,消除 A 股市场股份转让制度性差异的过程,是为非流通股可上市交易做出的制度安排。上市公司股权分置改革遵循公开、公平、公正原则,由 A 股市场相关股东在平等协商、诚信互谅、自主决策的基础上进行。中国证监会依法对股权分置改革各方主体及其相关活动实行监督管理,组织、指导和协商推进股权分置改革工作。证券交易所根据中国证监会的授权和有关规定,对上市公司股权分置改革工作实施一线监管,协调指导上市公司股权分置改革业务,办理非流通股份可上市交易的相关手续。2005 年 4 月 29 日,经国务院批准,中国证监会发布《关于上市公司股权分置改革试点有关问题的通知》,启动了股权分置改革工作。

公司股权分置改革的决议,原则上应当由全体非流通股股东一致同意提出。非流通股股东提出改革建议,应委托公司董事会召集 A 股市场相关股东举行会议,审议公司股权分置改革方案。改革方案应当兼顾全体股东的即期利益和长远利益,有利于公司发展和市场稳定。相关股东会议投票表决改革方案,需经参加表决的股东所持表决权的 2/3 以上通过,并经参加表决的流通股股东所持表决权的 2/3 以上通过。改革后公司原非流通股股份的出售,应当遵守以下规定:自改革方案实施之日起,在 12 个月内不得上市交易或转让;持有上市公司股份总数 5%以上的原非流通股股东在上述规定期满后,通过证券交易所挂牌交易出售原非流通股股份,出售数量占该公司股份总数的比例在 12 个月内不得超过 5%,在 24 个月内不得超过 10%。

请思考:非流通股和社会流通股的"同股不同价不同权"的市场制度与结构对我国证券市场的发展有何不利影响?

习　题

一、单选题

1. 股份是股份有限公司(　　)的表现形式。
   A. 资本　　　　　B. 净资产　　　　C. 每股平均资产　　D. 发起人资产
2. 股票是一种(　　)。
   A. 物权证券　　　B. 债券证券　　　C. 综合权利证券　　D. 单一权利证券
3. 证券投资基金筹集的资金主要投向(　　)。
   A. 实业　　　　　B. 有价证券　　　C. 房地产　　　　　D. 技术开发
4. 上市证券又称(　　)，是经证券主管机关核准，并在证券交易所注册登记，获得在交易所内公开买卖资格的证券。
   A. 非挂牌证券　　B. 一级市场证券　C. 二级市场证券　　D. 挂牌证券
5. (　　)的期限是指基金的存续期，即基金从成立起到终止之间的时间。
   A. 开放式基金　　B. 契约型基金　　C. 封闭式基金　　　D. 公司型基金
6. 证券是指各类记载并代表一定权利的(　　)。
   A. 书面凭证　　　B. 法律凭证　　　C. 货币凭证　　　　D. 资本凭证
7. 资本证券是指与(　　)有关的活动而产生的证券。
   A. 商业投资　　　B. 金融投资　　　C. 房地产投资　　　D. 项目投资
8. 以下不属于货币证券的是(　　)。
   A. 商业本票　　　B. 银行本票　　　C. 银行股票　　　　D. 银行汇票
9. 按证券募集方式分类，有价证券可分为(　　)。
   A. 上市证券和非上市证券　　　　　B. 场内证券和场外证券
   C. 公募证券和私募证券　　　　　　D. 上市证券和挂牌证券
10. 记名股票的特点不包括(　　)。
    A. 股东权利归属于记名股东　　　　B. 转让相对复杂或受限制
    C. 便于挂失，相对安全　　　　　　D. 认购股票时要求一次性缴纳出资
11. 优先股票的特征不包括(　　)。
    A. 一般无表决权　　　　　　　　　B. 股息率不固定
    C. 剩余资产分配优先　　　　　　　D. 股息分派优先
12. 一国借款人在国际证券市场上以外国货币为面值，向外国投资者发行的债券是(　　)。
    A. 外国债券　　　B. 国际债券　　　C. 欧洲债券　　　　D. 亚洲债券

13. 如果公司经营不善而破产，公司债券持有者(　　)股东收回本金。

    A. 优先于　　　　　　　B. 晚于　　　　　　　C. 同于　　　　　　　D. 不确定

14. (　　)是指券面上不附息票，发行时按规定的折扣率以低于券面价值的价格发行，到期按券面价值偿还本金的债券。

    A. 附息债券　　　　　　　　　　　　　　　　B. 浮动利率次债券

    C. 一次性还本付息债券　　　　　　　　　　　D. 贴现债券

15. 认购公司型基金的投资人是基金公司的(　　)。

    A. 债权人　　　　　　　B. 受益人　　　　　　C. 股东　　　　　　D. 委托人

16. 买卖封闭式基金在基金价格之外要支付的费用为(　　)。

    A. 手续费　　　　　　　B. 印花税　　　　　　C. 申购费　　　　　　D. 赎回费

17. 在以下几种基金中，管理费率最低的是(　　)。

    A. 货币基金　　　　　　　　　　　　　　　　B. 股票基金

    C. 债券基金　　　　　　　　　　　　　　　　D. 认股权证基金

18. 投资基金的风险可能小于(　　)。

    A. 固定利率债券　　　　　　　　　　　　　　B. 股票

    C. 浮动利率债券　　　　　　　　　　　　　　D. 债券

19. 契约型基金反映的是(　　)。

    A. 所有权关系　　　　　　　　　　　　　　　B. 债权债务关系

    C. 委托代理关系　　　　　　　　　　　　　　D. 信托关系

20. 证券持有人面临预期收益不能实现的可能，这体现了证券的(　　)特征。

    A. 期限性　　　　　　　B. 收益性　　　　　　C. 流通性　　　　　　D. 风险性

二、多选题

1. 股息主要包括现金股息和(　　)。

    A. 股票股息　　B. 财产股息　　　C. 负债股息　　　　D. 建设股息

2. 广义的有价证券包括(　　)。

    A. 凭证证券　　B. 商品证券　　　C. 货币证券　　　　D. 资本证券

3. 证券投资基金的特征主要有(　　)。

    A. 集合投资　　B. 分散风险　　　C. 专家管理　　　　D. 收益有保障

4. 按基金的法律基础和组织形式不同，基金可分为(　　)。

    A. 契约型　　　B. 协议型　　　　C. 组合型　　　　　D. 公司型

5. 按股票持有人所享有的权益分类，可将股票分为(　　)。

    A. 普通股票　　B. 优先股票　　　C. 后配股票　　　　D. 混合股票

6. 公募证券与私募证券的不同之处在于(　　)。

    A. 审核的严格程度不同　　　　　　　B. 发行对象特定与否

C. 采取公示制度与否　　　　　　　　D. 上市与否

7. 下列选项中既可以是发行人，也可以是证券投资者的是(　　)。

A. 工商企业　　　B. 金融机构　　　C. 个人　　　　　D. 政府及其机构

8. 股票的特点包括(　　)。

A. 风险性　　　　B. 收益性　　　　C. 永久性　　　　D. 流通性

9. 境外上市外资股包括(　　)。

A. H 股　　　　B. N 股　　　　　C. S 股　　　　　D. B 股

10. 债券与股票的相同点是(　　)。

A. 都属于有价证券　　　　　　　B. 都是虚拟资本

C. 收益率相互影响　　　　　　　D. 都是真实资本的代表

11. 债券所规定的借贷双方的权利义务关系包括(　　)。

A. 发行人是借入资金的主体

B. 投资者是出借资金的主体

C. 发行人必须在约定的时间还本付息

D. 债券债务关系

12. 债券的特征有(　　)。

A. 偿还性　　　　B. 流动性　　　　C. 安全性　　　　D. 收益性

13. 证券投资基金的作用包括(　　)。

A. 基金为中小投资者拓宽了投资渠道

B. 有利于证券市场的稳定与发展

C. 有利于增加国家的税收收入

D. 有利于证券市场的国际化

14. 开放式基金的特点有(　　)。

A. 没有预定存续期限　　　　　　B. 没有发行规模限制

C. 可以上市交易　　　　　　　　D. 每个交易日连续公布基金单位资产净值

15. 影响封闭式基金单位价格的直接因素有(　　)。

A. 资产净值　　　B. 基金收益　　　C. 市场供求状况　　　D. 基金风险

三、判断题

1. 只有股份有限公司才可以发行股票。　　　　　　　　　　　　　(　　)

2. 我国的股票发行实行注册制并配之以发行审核制度和保荐人制度。(　　)

3. 证券是一种信用凭证，是商品经济和信用经济发展的产物。　　　(　　)

4. 我国的法人股股票以法人记名。　　　　　　　　　　　　　　　(　　)

5. 股票是实际资本。　　　　　　　　　　　　　　　　　　　　　(　　)

6. 股份制的金融机构发行的股票并没有定义为一般的公司股票,而是归类于金融债券。
（　　）

7. 证券发行人是资金的供应者。（　　）

8. 境外上市外资股是以外币标明面值,以人民币认购。（　　）

9. 红筹股是指在中国内外注册,在我国香港、澳门、台湾地区上市但主要业务在中国内地或大部分股东权益来自中国内地的股票。（　　）

10. 拥有债券的人是债权人,债权人不同于公司的股东,是公司内部利益的相关者。
（　　）

11. 无记名国债以实物券形式记录债权、面值等,不记名,可挂失,可上市流通。
（　　）

12. 债券和股票作为有价证券体系的一员,是虚拟资本,它们本身无价值,但又都是虚拟资本的代表。（　　）

13. 一般来说,期限较长的债券流动性强,风险相对较大,票面利率应该定得高一些。
（　　）

14. 封闭式基金的买卖价格受市场供求关系的影响,常出现溢价或折价现象,并不必然反映单位基金份额的净资产。（　　）

15. 开放式基金一般每周或更长时间公布一次基金份额资产净值,而封闭式基金一般每个交易日连续公布。（　　）

四、名词解释

股票　债券　证券投资基金　资本证券　国债

五、简答题

1. 简述股票与债券的区别。
2. 简述债券的分类。
3. 简述股票的分类。
4. 简述证券投资基金的分类。
5. 为什么说股票、债券都是虚拟证券?

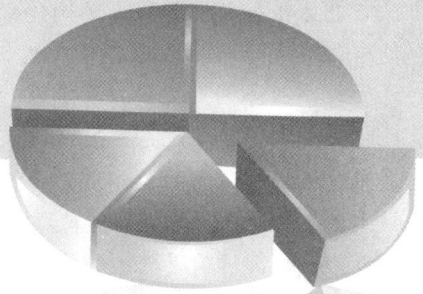

第二章

金融衍生工具

本章精粹：

- 金融衍生工具概述
- 金融期货
- 金融期权
- 可转换债券

巴林银行破产案

巴林银行集团曾经是英国伦敦城内历史最久、名声显赫的商业银行集团，素以发展稳健、信誉良好而驰名，其客户也多为显贵阶层。巴林银行集团的业务专长是企业融资和投资管理，业务网点主要在亚洲及拉美新兴国家和地区。巴林银行破产的直接原因是新加坡巴林公司期货经理尼克·里森错误地判断了日本股市的走向。1995 年 1 月，日本经济呈现复苏势头，里森看好日本股市，分别在东京和大阪等地买进大量期货合同，希望在日经指数上升时赚取大额利润，但是，1995 年 1 月 17 日突发的日本阪神地震打击了日本股市的回升势头，股价持续下跌，巴林银行因此损失金额高达 14 亿美元，这几乎是巴林银行当时的所有资产，这座曾经辉煌的金融大厦就此倒塌。巴林银行集团破产的消息震动了国际金融市场，对于欧美金融业的隐性影响不可估量。

事情表面看起来很简单，里森的判断失误是整个事件的导火线。然而，正是这次事件引起了全世界的密切关注，金融衍生工具的高风险被广泛认识。从里森个人的判断失误到整个巴林银行的倒闭，伴随着金融衍生工具成倍放大的投资回报率的是同样成倍放大的投资风险。这是金融衍生工具本身的"杠杆"特性决定的。

金融衍生工具 金融期货 金融期权 可转换债券

第一节 金融衍生工具概述

金融衍生工具的产生有其特定的时代背景和客观因素。20 世纪 70 年代后，世界的金融环境发生了很大的变化。汇率、利率及股市价格的频繁变动，使企业、金融机构和个人时刻生活在金融市场价格变动的风险之中，他们迫切需要一种低成本、高效率、高流动性的金融工具来规避市场风险，实现风险转移。与此同时，电子计算机信息处理技术与通信技术的飞速发展、金融机构的积极推动、金融理论的突破，推动了金融衍生工具的产生和发展。

一个完整的金融市场体系主要包括货币市场、资本市场、外汇市场和金融衍生品市场。金融衍生品市场能够有效地规避风险，促进市场价格实现，优化资源配置。因此发展金融衍生品市场，有利于扩大金融市场的规模，提高金融市场效率，完善金融市场功能。

一、金融衍生工具的概念

金融衍生工具又称"金融衍生产品"，英文名称是 Financial Derivatives，在多数情况下简化为 Derivatives，是指建立在基础产品或基础变量之上,其价格随基础金融产品的价格(或数值)变动的派生金融产品。

这里所说的基础产品是一个相对的概念，不仅包括现货金融产品(如债券、股票、银行定期存单等)，也包括金融衍生工具，在其基础上形成再衍生工具，例如复合期权(以金融期权合约本身作为金融期权的标的物)。金融衍生工具的基础变量则包括利率、汇率、各类价格指数甚至天气(温度)指数等。

金融衍生工具是由金融基础工具衍生出来的各种金融合约及其各种组合形式，其价值主要受基础工具价值变动的影响。金融衍生工具是根据货币利率或债务工具的价格、外汇汇率、股价或股票指数、商品期货价格等金融资产价格走势的预期而定值，并从这些金融产品的价值中派生出自身价值的金融工具。它是以支付少量保证金签订远期合约或互换不同金融产品的交易合约。

金融资产的衍生工具是金融创新的产物，也就是通过创造金融工具来帮助金融机构管理者更好地进行风险控制。目前，最主要的金融衍生工具有远期合同、金融期货、期权和互换等。

二、金融衍生工具的基本特征

金融衍生工具具有以下基本特征。

(一)跨期交易

金融衍生工具是交易双方通过对基础工具或基础变量等因素变动趋势的预测，约定在未来某一时间按照一定条件进行交易或选择是否交易的合约。因此，无论是哪一种特定衍生工具的交易，都会使交易者在未来一段时间内或未来某一时点上的现金流发生变化，跨期交易的特点十分突出。这就要求交易者对利率、汇率、股价等因素的未来变动趋势做出相应的判断，而判断得准确与否直接决定交易的盈亏。

(二)价格的联动性

金融衍生工具与相关基础产品或基础变量之间的联系密切，决定了衍生工具的价格随着基础产品或基础变量变动。这种价格联动关系可以是简单的线性关系，也可以表达为非线性函数或者分段函数。价格的联动性也是能够通过操作金融衍生工具回避基础产品价格变动风险的原因所在。

(三)杠杆效应

金融衍生工具交易一般只需缴纳少量保证金或支付获得权利的费用，就可以签订远期大额合约或是互换不同的金融工具。假设某期货交易保证金为合约金额的 10%，投资者就可以控制 10 倍于投资金额的合约资产，此时与合约对应的基础产品价格或基础变量的轻微变化，就会牵动合约价格的变化，再通过保证金制度的放大镜作用，将投资合约的收益或损失成倍放大。这种以小搏大的杠杆效应在一定程度上决定了衍生工具交易的高投机性和高风险性。

(四)高风险性和不确定性

交易者对基础产品价格或基础变量未来走势预测的准确程度决定了金融衍生工具交易的结果,基础产品价格或基础变量的变动往往会超出市场预期变化,这种不稳定性为金融衍生工具交易带来了高风险。保证金制度的杠杆效应则进一步放大了金融衍生品的投资风险。

(五)套期保值和投机套利共存

金融衍生工具产生的直接原因是为了规避金融价格波动的风险,进行资产保值。而衍生工具的杠杆效应具备了吸引投机者的条件,这种低成本、潜在高收益的"以小搏大"的交易使相当多的人甘冒风险一试高低,以期投机套利。无论出于何种目的,投机者确实成为衍生工具市场不可或缺的角色,他们以带有赌博色彩的交易行为承担了市场集中的风险,为市场注入了活力,提高了市场运作效率,所以避险者才能在这个市场上转移风险,正是保值者和投机者在市场上的"互相利用",使金融衍生工具得以生存和发展。

三、金融衍生工具的分类

金融衍生工具可以按不同的标准进行分类。

(一)按产品形态和交易场所不同分类

按产品形态和交易场所不同,金融衍生工具可分为内置型衍生工具、场内交易衍生工具和场外交易衍生工具。

(1) 内置型衍生工具,指嵌入到非衍生合同(主合同)中的金融衍生工具,该衍生工具使主合同的部分或全部现金流量按照特定利率、金融工具价格、汇率、价格指数或利率指数、信用等级或信用指数,或类似变量的变动进行调整。

(2) 场内交易衍生工具,指在制定统一规则的交易所上市交易的衍生工具。在期货(权)交易所交易的各类期货(权)合约均属此列。

(3) 场外交易衍生工具,指不在集中的交易所,而是通过各种通信方式,实行分散的、一对一的大宗买卖金融工具的行为。场外交易衍生工具主要以金融远期和金融互换为代表。

(二)按照金融衍生工具自身的交易方法分类

按照金融衍生工具自身的交易方法分类,可分为金融远期、金融期货、金融期权和金融互换。

(1) 金融远期(Forwards),指合约双方同意在未来日期按照固定价格交换金融资产的合约。金融远期合约规定了将来交换的资产、交换的日期、交换的价格和数量，合约条款因合约双方的需要各有不同。金融远期合约主要有远期利率协议、远期股票合约、远期外汇合约等。

(2) 金融期货(Financial Futures)，指买卖双方在有组织的交易所内以公开竞价的形式达成的，在将来某一特定时间交割标准数量特定金融工具的协议。主要包括外汇期货、利率期货和股指期货、股票期货等。

(3) 金融期权(Financial Options)，指合约双方按约定价格、在约定日期内就是否买卖某种金融工具所达成的契约。包括现货期权、期货期权等。

(4) 金融互换(Financial Swaps)，指两个或两个以上的当事人按共同商定的条件，在约定的时间内，交换不同金融工具的一系列支付款项或收入款项的合约。主要有货币互换、利率互换等。

(三)按照金融衍生工具交易性质的不同分类

按照金融衍生工具交易性质的不同分类，可分为远期类工具和选择权类工具。

(1) 远期类工具。指交易双方均负有在未来某一日期按一定条件进行交易的权利与义务，双方的风险与收益是对称的。主要有远期合约、期货合约、互换合约等。

(2) 选择权类工具。合约的买方获得根据市场情况选择的权利，即买方拥有不执行的权利，而合约的卖方则负有在买方履行合约时执行合约的义务，双方的权利义务以及风险收益是不对称的。主要有期权合约，另有期权的变通形式，如认股权证、可转换债券等。

(四)按照基础工具种类的不同分类

按照基础工具种类的不同，金融衍生工具可分为股权式衍生工具、货币衍生工具、利率衍生工具、信用衍生工具和其他衍生工具。

(1) 股权式衍生工具，指以股票或股票价格指数为基础工具的金融衍生工具，主要包括股票期货、股票期权、股指期货、股指期权以及上述合约的混合交易合约。

(2) 货币衍生工具，指以各种货币作为基础工具的金融衍生工具，主要包括远期外汇合约、外汇期货、外汇期权、货币互换以及上述合约的混合交易合约。

(3) 利率衍生工具，指以利率或利率的载体——有息资产为基础工具的金融衍生工具，主要包括远期利率协议、利率期货、利率期权、利率互换以及以上合约的混合交易合约。

(4) 信用衍生工具，指以基础产品所蕴含的信用风险或违约风险为基础变量的金融衍生工具，用于转移或防范信用风险，是20世纪90年代以来发展最为迅速的一类衍生产品。主要包括信用互换、信用联结票据等。

(5) 其他衍生工具，除以上4类金融衍生工具之外，还有相当数量金融衍生工具是在非金融变量的基础上开发的，例如用于管理气温变化风险的天气期货、管理政治风险的政治期货、管理巨灾风险的巨灾衍生产品等。

上述的分类方法仅仅是传统的划分方式，随着金融衍生工具的日益发展，两种、三种甚至更多不同种类的金融衍生工具，经过变化、组合以及合成创造出来的再衍生工具和合成衍生工具正在出现，使衍生工具的传统分类模糊难辨。如由期货和期权合约组成的期货期权、由期权和互换合成的互换期权、由远期和互换合成的远期互换等。

专栏 2-1　天气衍生品

天气衍生品市场于 1997 年首次出现在北美，第一个被广为宣传的交易是 1997 年在科赫能源和安然公司之间完成的。两家公司以美国威斯康星州东南部港市密尔沃基 1997—1998 年冬季气温为参考，基于主要气温指数安排了一个交易。到了 1998 年后期，欧洲和亚太地区也陆续出现了天气衍生品市场。那时的市场一直是场外交易市场，交易双方通过店头经纪人达成交易。

到了 1999 年，芝加哥商业交易所(CME)正式将天气衍生品引入场内进行交易，推出了 4 个美国城市的 HDD(取暖指数)和 CDD(制冷指数)期货和期货期权合约，交易双方通过交易经纪人进行交易。2001 年，伦敦国际金融期货交易所(LIFFE)推出了伦敦、巴黎和柏林 3 个城市的每日气温汇编指数的合约，并通过其电子交易平台 LIFFE Connect 进行交易。虽然这些场内交易的最初尝试最后均以失败告终，但是这标志着天气衍生品合约已经开始进入交易所内。同时，正是因为这些尝试，才会有现在 CME 气温指数交易的快速发展。

第二节　金　融　期　货

一、金融期货的概念

金融期货交易产生于 20 世纪 70 年代的美国期货市场。1972 年 5 月 16 日，芝加哥商业交易所(CME)的国际货币市场(IMM)推出了外汇期货交易，标志着金融期货正产生新的期货类别。从那时起，不仅外汇期货本身的交易数量迅速增加，各种新的金融期货品种也陆续推出，并逐渐占据了期货市场的主导地位。

金融期货是期货的一种。期货交易是指交易双方在集中性的交易市场以公开竞价的方式交易期货合约的行为。期货合约是指买卖双方之间签订的在将来一个确定时间按确定的价格购买或出售某项资产的协议，一般由交易所统一制定，在交易所内集中买卖，在合约中，关于交易的标的、合约规模、交割时间、标价方法等都有标准化的条款。

金融期货是指买卖双方在有组织的交易所内以公开竞价的形式达成的，在将来某一特定时间交割标准数量特定金融工具的协议，它是以各种金融工具为基础产品，包括外汇、债券、股票、股指等。

二、金融期货的特征

(一)金融期货与金融现货比较

与金融现货交易相比,金融期货的特征具体表现为以下几个方面。

1. 交易对象为期货合约

金融现货交易的对象是某一具体形态的金融工具,通常是代表一定所有权或债权关系的股票、债券或其他金融工具。而金融期货则不同,其交易对象是期货合约本身,是由交易双方订立的、约定在未来某个日期以成交时所约定的价格交割一定数量的某种金融商品的标准化契约,即交易者竞价买卖的是期货合约而非合约上载明的商品。通常期货合约是标准化的,一份标准的期货合约包括合约名称、交易标的物、交易单位、报价单位、每日价格最大波动幅度限制、合约交割月份、交易时间、最后交割日、交割地点、交易手续费、交割方式和交易保证金。

综合上述期货合约的内容,下面给出一份标准的期货合约,如表 2-1 所示。

表 2-1 IMM 英镑期货合约

商品名称	英镑
报价范例	1.9858 美元/英镑
合约单位	62500 英镑
最小变动数值(每笔)	0.0002 美元/英镑=12.50 美元/合约 0.0001 美元/英镑=6.25 美元/合约(电子交易、AON 交易)
最大价格波动(每笔)	无
合约月份	3、6、9、12
当前交易月份	6 个合约月份,于每季度末月(3、6、9、12)中循环
交易时间(北京时间)	公开报价:09:20p.m.—04:00a.m. 电子交易:06:30a.m.—次日 06:00a.m. 周日:07:30a.m—次日 06:00a.m.
最后交易日	为合约当月的第三个星期三之前的倒数第二个营业日的 09:16a.m. (北京时间 11:16p.m.)通常是星期一
交割	合约当月的第三个星期三进行现货交割,地点在结算所指定的发货地仓库

资料来源:芝加哥商业交易所简明索引。

2. 交易资产的保值性

金融工具现货交易的首要目的是获得资金或收益，主要通过为生产和经营筹集必要的资金，或为暂时闲置的货币资金寻找生息获利的投资机会来实现。而金融期货的主要交易目的是为了金融产品的保值，即套期保值，生产经营者因为不愿意承担相关基础金融工具或金融变量价格不利变动所带来的损失，所以要寻找一种交易方式，回避风险，稳定生产成本，从而保证生产经营活动的正常进行。而且，金融期货的价格受多种因素的影响，总是不断变化，这就带来了一定的获利机会。与金融工具的现货投机相似，市场上有一部分交易者通过买卖期货合约套利、投机。通常投机者较保值者具有更高的杠杆交易。

3. 交易价格以预期价格为基础

金融现货的交易价格一般由交易双方协商而定，而在交易所内交易的金融工具，如股票、金融期货等的交易价格是在交易过程中通过公开竞价的方式产生的，代表在某一时点上交易双方能够接受的市场均衡价格。而金融期货的成交价格是对相关金融工具在未来期货合约到期时的市场价格的预测。从这个意义上讲，金融期货的交易过程实际上是金融现货价格的发现过程。当然，出于各种突发原因，期货价格与未来的现货价格之间可能会存在一定偏离。

4. 交易方式的独特性

金融工具现货交易一般要求在成交后的几个交易日内完成资金与金融工具的全额结算。成熟的金融市场中通常也允许交易者进行保证金的买空卖空，但所涉及的资金或证券缺口部分须由经纪商出借给交易者以完成交割，经纪商要收取相应的利息。期货交易由于实行保证金和逐日盯市制度，交易者并不需要在成交时拥有或借入全部资金或基础金融工具。

5. 结算方式不同

金融现货交易通常以基础工具与货币的交割结束交易活动。而金融期货交易由于交易对象是标准化的期货合约，便于交易双方在合约到期前分别做一笔期限相同、方向相反的对冲交易，从而避免交割。标准化的合约和对冲机制使期货交易更灵活，对保值者和投机者产生强大的吸引力。比如，由于设置了保证金制度，投资者只需缴纳足额的保证金就可以卖出股票期货合约，而无须拥有相应数量的股票。在该合约到期前，投资者可以通过买入相同数量的该股票期货合约而将交易了结。所以，在期货交易中，仅有极少数的合约到期进行交割，接近98%的合约在到期前通过对冲平仓了结。

(二)金融期货与金融远期比较

期货交易由远期交易发展而来，是标准化的远期交易，金融期货交易与金融远期交易之间也存在一定的差异。

1. 金融期货交易是标准化交易

金融期货交易中，基础资产的质量、合约时间、合约规模、交割安排、交易时间、报价方式、价格波动限制、持仓限额、保证金水平等内容都由交易所明确规定，金融期货合约具有显著的标准化特征。而远期合约的内容由交易双方协商确定，由于交易双方的需要千差万别，订立的合约条款内容也各有不同，即使像远期外汇类等主要发生在银行与客户之间的金融远期交易，远期合约中的相关条款，如基础资产的质量、数量、合约月份、交易时间、交割安排、报价方式、价格波动限制等方面的标准化程度也要低于金融期货合约。金融远期合约虽然具有灵活的优点，但合约的转手很麻烦。相对来说，标准化的金融期货合约吸引了众多的投资者，合约在市场上的流动性极好。

2. 价格确定方式不同

金融远期合约的成交价格由交易双方直接谈判、私下决定，而像交易量比较大的外汇远期、债券远期等交易，交易者可通过专线交易系统进行电子交易，也可以通过电话、传真等方式自行询价，确定交易。而期货合约的成交价格是在交易所内由众多的买方卖方公开竞价决定的。价格的确定能够体现商品的价值与市场供求关系的影响，因而金融期货市场的定价效率更高。

3. 交易场所不同

远期交易没有固定的场所，交易双方各自寻找合适的交易对手，因而是一个效率低、松散的市场，多在场外市场进行双边交易。但由于远期合约交割比较方便，因此很多银行都提供重要金融工具或金融变量的远期买卖报价供客户选择。期货交易集中在交易所内完成，一般不允许场外交易。相应地，交易所也制定了一系列规则保证交易的顺利进行。

4. 违约风险不同

远期合约是非标准化的，转让较困难，因此绝大多数远期合约要通过交割方式来结束。期货合约是标准化的，交易十分方便。当交易者的获利目的达到，就可以在市场上将合约平仓了结。而且期货合约在交易所内交易，结算所将在交易所交易的期货合约登记并提供履约担保，结算所成为所有未平仓合约的对手。再加上保证金制度和逐日盯市制度的运作，期货交易者基本不用担心交易违约。而远期交易通常不具备上述安排，存在交易对手违约的风险。

三、金融期货的分类

按基础工具划分，金融期货主要有 3 种类型：外汇期货、利率期货、股权类期货。另外，芝加哥期货交易所(CBOT)还开设有互换的期货，芝加哥商品交易所(CME)开设有消费者物价指数期货(该交易所将其归类为利率期货),鉴于这些品种较为少见,本书不做专门介绍。

(一)外汇期货

外汇期货又称货币期货,是以外汇为基础工具的期货合约,是交易双方约定在未来某一时间,依据现在约定的比例,以一种货币交换另一种货币的标准化合约的交易。其主要是用于回避外汇风险。所谓外汇风险,是指由于外汇市场汇率的不确定性而使人们遭受损失的可能性。

在20世纪70年代宏观经济环境频繁波动的背景下,自1972年5月芝加哥商品交易所的国际货币市场(IMM)分部推出第一张外汇期货合约以来,随着国际贸易的发展和世界经济一体化进程的加快,外汇期货交易一直保持着旺盛的发展势头,它不仅为广大投资者和金融机构等经济主体提供了有效的套期保值工具,也为套利者和投机者提供了新的获利手段。

目前,外汇期货交易的主要品种有美元、英镑、德国马克、日元、瑞士法郎、加拿大元、澳大利亚元、法国法郎、荷兰盾等。从世界范围看,外汇期货的主要市场在美国,其中又基本上集中在芝加哥商业交易所的国际货币市场(IMM)、中美洲商品交易所(MCE)和费城期货交易所(PBOT)。国际货币市场主要进行澳大利亚元、英镑、加拿大元、德国马克、法国法郎、日元和瑞士法郎的期货合约交易。

(二)利率期货

1975年10月,美国芝加哥期货交易所推出了全球第一张现代意义上的利率期货合约——政府国民抵押协会证券(Government National Mortgage Association Certificates,GNMA)期货合约。GNMA是美国住房和城市发展部批准的银行或金融机构以房屋抵押方式发行的一种房屋抵押债券,平均期限12年,最长可达30年,是一种流通性较好的标准化息票信用工具。

利率期货品种主要包括债券期货和参考利率期货。

1. 债券期货

债券期货是一个标准化的买卖契约,买卖双方承诺以约定的价格,于未来特定日期,买卖一定数量的某种利率相关商品。这个"利率相关商品"通常是一个中长期的债券。以国债期货为主的债券期货是各主要交易所最重要的利率期货品种。国债按期限划分为短期国库券和中长期国债,因此国债期货也分为国库券期货合约和中长期国债期货合约。

(1) 国库券期货合约。由于国库券市场是货币市场的核心,其收益率水平能敏感地反映货币市场的短期利率,所以,国库券期货合约实际上为交易者提供了一种重要的回避货币市场利率风险的工具,代表品种是IMM的13周美国国库券期货合约,如表2-2所示。

表 2-2　IMM 的 13 周国库券期货合约简介

交易单位	1000000 美元面值的美国国库券
报价方式	IMM 指数
最小变动价位	0.005 个 IMM 指数点(12.5 美元/合约)
合约月份	3、6、9、12
最后交易日	交割日前一营业日
交割等级	剩余期限为 90、91、92 天,面值为 1000000 美元的国库券
交割日	交割月份中一年期国库券尚余 13 周期限的第一天

(2) 中长期国债期货合约。以芝加哥期货交易所(CBOT)为例,交易的中长期国债期货有 2 年期、5 年期、10 年期国库票据期货和 30 年期国债期货。其中的代表品种是 CBOT 的 30 年期国债期货,如表 2-3 所示。

表 2-3　CBOT 的 30 年期国债期货合约表

交易单位	100000 美元面值的长期国债
可交割等级	不可提前赎回的长期国债,其到期日从交割月第一个工作日算起必须为至少 15 年;如果是可以提前赎回的长期国债,其最早赎回日至合约到期日必须为至少 15 年。发票金额等于期货结算价乘以转换因子再加自然产生的利息。转换因子是 1 美元票面价值的可交割债券相对于 6% 名义利率债券的价格
报价方式	合约价值分为 100 点,每点 1000 美元。报价为:点-1/32 点,例如,80-16 等于 80 又 16/32 点
最小跳动点	1/32 点(每个合约对应值为 31.25 美元)
价格限制	无
合约月份	3、6、9、12
最后交易日	最后交割日之前 7 个交易日
最后交割日	价格月的最后交易日
交割方式	联储电子过户簿记系统
交易时间	公开喊价:周一至周五 7:20am—2:00pm(芝加哥时间) 电子交易:周日至周五 8:00am—4:00pm(芝加哥时间) 最后交易为芝加哥时间中午

20 世纪 90 年代初,我国曾在上海证券交易所短暂开展过国债期货的交易试点,但是由于当时现货市场的固有缺陷以及期货交易规则的不完善,引发了以"3·27 国债期货事件"为代表的大量风险事件,市场秩序紊乱,1995 年,证监会决定暂停国债期货试点,2013 年 9 月 6 日,3 个五年期国债期货合约(见表 2-4)在中国金融期货交易所挂牌交易,标志着暂停 18 年之久的国债期货交易正式重启。此外,我国香港交易所(HKEX)也提供 3 年期外汇基金

债券期货交易,合约规模为 100 万美元,以票面利率为 6%的 3 年期外汇基金债券为标准券,交割时可采用期限在 2 年零 6 个月至 3 年零 6 个月的外汇基金债券,转换系数和计算方法与 CBOT 相同。

表 2-4　5 年期国债期货合约表

合约标的	面值为 100 万元人民币、票面利率为 3%的名义中期国债
可交割国债	合约到期月首日剩余期限为 4~7 年的记账式附息国债
报价方式	百元净价报价
最小变动价位	0.002 元
合约月份	最近的三个季月(3 月、6 月、9 月、12 月中的最近三个月循环)
交易时间	09:15—11:30,　13:00—15:15
最后交易日交易时间	09:15—11:30
每日价格最大波动限制	上一交易日结算价的±2%
最低交易保证金	合约价值的 2%
最后交易日	合约到期月份的第二个星期五
最后交割日	最后交易日后的第三个交易日
交割方式	实物交割
交易代码	TF
上市交易所	中国金融期货交易所

资料来源:中国金融期货交易所 http://www.cffex.com.cn。

2. 参考利率期货

在国际金融市场上,存在着若干重要的参考利率,它们是市场利率水平的重要指标,同时也是金融机构制定利率政策和设计金融工具的主要依据。除国债利率外,常见的参考利率包括伦敦银行间同业拆放利率(LIBOR)、香港银行间同业拆放利率(HIBOR)、欧洲美元定期存单利率、联邦基金利率等。相应地,有关期货交易所推出了以采用这些利率的固定收益工具为基础资产的期货合约,如表 2-5 所示。

表 2-5　主要参考利率期货合约

合约品种	基础变量 (资产)	合约规模	报价方式	交易所
1 个月期港元利率期货	港元 1 个月期香港银行同业拆放利率	1500 万港元	100 减去 1 个月期香港银行同业拆放利率	HKEX
3 个月期港元利率期货	港元 3 个月期香港银行同业拆放利率	500 万港元	100 减去 3 个月期香港银行同业拆放利率	HKEX

续表

合约品种	基础变量 (资产)	合约规模	报价方式	交易所
伦敦银行间同业拆放利率期货	距到期日1个月的欧洲美元定期存款	300万美元	100减去1个月期美元伦敦同业拆放利率	CME
欧洲美元期货	3个月期欧洲美元定期存款	100万美元	100减去合约最后交易日的经过特别处理的3个月期美元伦敦银行同业拆放利率	CME
联邦基金利率期货	交割月隔夜联邦基金利率	500万美元	100减去交割月隔夜联邦基金利率平均值	CBOT

(三)股权类期货

股权类期货是以单只股票、股票组合或者股票价格指数为基础资产的期货合约。

1. 股票价格指数期货

股票价格指数是反映整个股票市场上各种股票市场价格总体水平及其变动情况的指标。股票价格指数期货又称股指期货，就是以股票价格指数为基础变量的期货合约，是以股价指数为标的物的标准化期货合约，双方约定在未来的某个特定日期，可以按照事先确定的股价指数的大小，进行标的指数的买卖。作为期货交易的一种类型，股指期货交易与普通商品期货交易具有基本相同的特征和流程。股票价格指数期货是为适应人们控制股市风险，尤其是系统性风险的需要而产生的。

股指期货基础变量的特征决定了它独特的交易规则。以恒生指数期货合约为例，股指期货的交易单位等于基础指数的点数乘以交易所规定的每点价值——指数乘数，各指数合约的指数乘数规定是不同的。标准·普尔500股指期货合约的指数乘数是250美元/点，恒生股指合约的指数乘数是50港元/点，如果立约时恒生指数报价为24750点，则一张恒生指数合约的合约单位为1237500(24750点×50港元/点)港元。最小变动价位也是以股指的指数点来表示，恒生股指期货的最小变动价位是1个指数点。由于股指本身没有任何的实物存在形式，因此股指期货以现金结算方式结束交易。在现金结算方式下，到期未平仓合约将于到期日得到自动冲销，结算所根据合约最后结算价与前一天结算价之差计算出盈亏金额，通过借记或贷记保证金账户而结清交易盈亏。

例如，某交易者持有香港恒生指数期货多头合约20张，在该合约的最后交易日未平仓，最后交易日恒生指数的期货结算价是24750点，前一日结算价为24850点，则该交易者的交易盈亏为(24750点-24850点)×50港元/点×20张=-100000港元，即该交易者这笔交易亏损100000港元(如果持有的是空头合约，则结算时用前一日结算价减去最后交易日结算价)。

2006年9月8日,中国金融期货交易所(CFFEX)正式成立,2010年4月16日,沪深300股指期货合约(见表2-6)在CFFEX正式挂牌交易。此前,新加坡交易所(SGX)已经在2006年9月5日抢先推出以新华富时50指数为基础变量的全球首个中国A股指数期货,两家交易所在争夺市场份额和定价权方面展开了激烈的竞争。

表2-6 沪深300指数期货合约表

合约标的	沪深300指数
合约乘数	每点300元
报价单位	指数点
最小变动价位	0.2点
合约月份	当月、下月及随后两个季月
交易时间	上午:9:15—11:30,下午:13:00—15:15
最后交易日交易时间	上午:9:15—11:30,下午:13:00—15:00
每日价格最大波动限制	上一个交易日结算价的±10%
最低交易保证金	合约价值的12%
最后交易日	合约到期月份的第三个周五,遇法定节假日顺延
交割日期	同最后交易日
交割方式	现金交割
交易代码	IF
上市交易所	中国金融期货交易所

资料来源:中国金融期货交易所 http://www.cffex.com.cn。

2. 单只股票期货

单只股票期货是以单只股票作为基础工具的期货,买卖双方约定,以约定价格在合约到期时买卖规定数量的股票,事实上,股票期货一般实行现金交割,买卖双方的盈亏用合约乘数乘以价差进行计算。如表2-7所示,中石油期货合约乘数是2000,一张中石油期货合约的合约价值为买卖时的成交价格乘以2000。所有股票期货合约都以现金结算,合约到期时不会有股票交割,投资者的最终盈亏等于买卖合约的成交价和最后结算价两者之差乘以合约乘数,这笔盈亏会在合约持有人的保证金账户中扣存,最后结算价是按照最后交易日该合约所代表的股票在现货市场每5分钟最高买入及最低卖出价的中间价格的平均值计算。

表 2-7　香港交易所股票期货合约简介

项　目	合约细则
合约乘数	一手正股
合约价值	合约成交价乘以合约乘数
最低价格波幅	港币$0.01
合约月份	现月、下两个月及之后的两个季月
最后交易日	该月最后第二个营业日
最后结算日	最后交易日之后的第一个营业日
最后结算价	所代表普通股在最后交易日在现货市场每 5 分钟所报的最高买入价与最低卖出价的中间价的平均值
结算方法	以现金结算

资料来源：香港交易所。

相对于股票现货买卖，股票期货交易除具有一般期货交易的优点之外，还有交易费用低廉、沽空股票便捷、降低海外投资者的外汇风险等特点。股票期货交易提供了一种相对便宜、方便和有效的替代和补充股票交易的工具，将在不同市场上市的同一股票的期货整合在一个交易平台上，受统一的规则体系规制，促进市场的统一和效率提高，使投资者有机会提高其股权组合的业绩，成为一种更灵活、更简便的风险管理和制定投资策略的创新产品。

为防止操纵市场行为的发生，只有部分上市股票具有期货交易功能，交易所通常会选取流通盘较大、交易较活跃的股票作为期货合约标的，同时对投资者的持仓数量进行限制。以香港交易所(HKEX)为例，截至 2013 年 10 月 4 日，期货合约标的股票只有 38 只，包括长江实业、汇丰控股、恒生银行、和记黄埔、东亚银行、中石油、中国移动、中国平安保险、中银香港控股、中国铝业、招行等，而上市公司总数则有 1578 家之多。

3. 股票组合的期货

股票组合的期货是目前金融期货中最新的一类，是以标准化的股票组合为基础资产的金融期货，其中，芝加哥商业交易所(CME)基于美国证券交易所的交易所交易基金(Exchange Traded Funds，ETFs，交易型开放式指数基金)期货(见表 2-8)最具有代表性。目前，有 3 只交易所交易基金期货在 CME 上市交易。

表 2-8　CME Group 交易所交易基金期货合约

合约名称	基础资产	合约规模	交割安排
SPDR 期货	S&P500 存托凭证	100 份	实物交割
QQQQ 期货	Nasdaq100 指数跟踪组合	200 份	实物交割
ishare Russell 2000 指数基金期货	ishare Russell 2000 指数基金	200 份	实物交割

四、股指期货的投资

与其他品种的期货交易一样,股指期货交易也可分为套期保值交易、投机交易及套利交易几种形式。

(一)套期保值

套期保值是指把期货市场当作转移价格风险的场所,利用期货合约作为将来在现货市场上买卖商品的临时替代物,对其现在买进准备以后售出商品或对将来需要买进商品的价格进行保险的交易活动。套期保值的基本特征是,在现货市场和期货市场对同一种类的商品同时进行数量相等但方向相反的买卖活动,即在买进或卖出实货的同时,在期货市场上卖出或买进同等数量的期货,经过一段时间,当价格变动使现货买卖上出现盈亏时,可由期货交易上的亏盈进行抵消或弥补,从而在"现"与"期"之间、近期和远期之间建立一种对冲机制,以使价格风险降到最低限度。

(二)投机

与所有有价证券的交易相同,期货市场上的投机者也会根据对未来期货价格走势的预期进行投机交易。预计价格上涨的投机者会建立期货多头,反之则建立空头。对于投机,应该用法律手段坚决打击和取缔非法投机,用行政和经济手段有效抑制过度投机,允许适度投机的存在,从而达到活跃市场、促进证券投资市场健康发展的目的。

(三)套利

套利的理论基础在于经济学中所谓的"一价定律",即忽略交易费用的差异,同一种商品只能有一个价格。套利者采用的获利原理是:当两个或多个有关联的期货合约的相对稳定价格出现异常变化时,认为这种异常是暂时现象,未来这些期货合约的价格关系将会回到相对稳定的正常水平,于是,现在安排一组期货交易,在一些合约上做多,在另一些合约上做空,等到期货合约的价格关系回到相对稳定的正常水平时,就平仓获利。期货套利的主要形式有跨市套利、跨期套利、跨品种套利,对于股指期货,还可以进行与成分股现货联系起来的"指数套利"。

(四)套期保值与投机的区别

套期保值与投机具有如下区别。

(1) 交易目的不同。套期保值是为了规避或转移现货价格涨跌带来的风险,目的是锁定利润和控制风险;投机者是为了赚取风险利润。

(2) 承受风险不同。套期保值者只承担基差变动带来的风险,风险相对较小;投机者需要承担价格变动带来的风险，风险相对较大。

（3）操作方法不同。套保者的头寸需要根据现货头寸来制定，套保头寸与现货头寸操作方向相反，种类和数量相同或相似；投机者根据自己资金量、资金占用率、心理承受能力和对趋势的判断来进行交易。

专栏 2-2　金融期货交易所

中国金融期货交易所是经国务院同意，中国证监会批准，由上海期货交易所、郑州商品交易所、大连商品交易所、上海证券交易所和深圳证券交易所共同发起设立的金融期货交易所。中国金融期货交易所于 2006 年 9 月 8 日在上海成立，注册资本为 5 亿元人民币。

中国金融期货交易所的宗旨是发展社会主义市场经济，完善资本市场体系，发挥金融期货市场的功能，保障金融期货等金融衍生品交易的正常进行，保护交易当事人的合法权益和社会公共利益，维护金融市场正常秩序。

中国金融期货交易所的主要职能是：组织安排金融期货等金融衍生品上市交易、结算和交割；制定业务管理规则；实施自律管理；发布市场交易信息；提供技术、场所、设施服务；中国证监会许可的其他职能。

中国金融期货交易所实行结算会员制度，会员分为结算会员和非结算会员。结算会员按照业务范围分为交易结算会员、全面结算会员和特别结算会员。

中国金融期货交易所采用电子化交易方式，不设交易大厅和出市代表。金融期货产品的交易均通过交易所计算机系统进行竞价，由交易系统按照价格优先、时间优先的原则自动撮合成交。

(资料来源："中国金融期货交易所"网站)

第三节　金融期权

金融期权是在商品期权的基础上发展起来的，2000 年以来，全球期权交易发展更为迅猛。

一、金融期权的概念

(一)金融期权

金融期权是期权的一种，是以金融商品或金融期货合约为标的物的期权交易，购买者在向出售者支付一定费用后，就获得了在规定期限内以某一特定价格向出售者买进或卖出一定数量的金融商品或金融期货合约的权利。

(二)金融期权与金融期货的区别

金融期权与金融期货具有以下区别。

(1) 交易对象不同。金融期货的交易对象是某种金融资产的期货合约,结束交易的方式有两种:在期货合约到期前做反方向的对冲;将期货合约持有至到期办理交割。金融期权是以特定的权利为交易对象,期权的买方向卖方支付一定数额的期权费后,就拥有了在有效期内按事先敲定的价格向期权的卖方买(卖)一定数量金融资产的权利,是一种权利的有偿使用。对于期权的买方来说,结束期权交易的方式更灵活,可以在期权合约到期前对冲,或者行使权利履行合约,或者放弃权利。

(2) 标的物不同。金融期权与金融期货的标的物不尽相同。一般来说,凡可做期货交易的金融商品都可做期权交易,然而,可做期权交易的金融商品却未必可做期货交易。在实践中,只有金融期货期权,而没有金融期权期货,即只有以金融期货合约为标的物的金融期权交易,而没有以金融期权合约为标的物的金融期货交易,一般而言,金融期权的标的物多于金融期货的标的物。

(3) 交易双方的权利与义务对称性不同。在金融期货交易中,交易双方的权利与义务是对称的,任何一方都有要求对方履约的权利,也相应地承担履约的义务,这样才能保证交易的顺利完成。在金融期权交易中,交易对象的特殊性决定了交易双方的权利与义务存在着明显的不对称性,买方具有在有效期内买卖某种金融资产的权利,但不负有必须买进或卖出的义务,卖方却只承担履约义务,而没有要求买方必须履约的权利,期权的买方只有权利而没有义务,期权的卖方只有义务而没有权利。

(4) 履约保证不同。金融期货交易双方均需开立保证金账户,并按规定缴纳履约保证金。在金融期权交易中,只有期权出售者,尤其是无担保期权的出售者才需开立保证金账户,并按规定缴纳保证金,以保证其义务的顺利履行,至于期权购买者,因没有履约义务,则无须开立保证金账户,也无须缴纳任何保证金。

(5) 现金流转不同。金融期货交易双方在成交时不发生现金收付关系,在成交后,由于实行逐日结算制度,交易双方会因为期货合约价格的变动而每天发生现金流转,盈利一方的保证金账户余额将增加,而亏损一方的保证金账户余额将减少,当亏损方保证金账户余额低于规定的维持保证金时,亏损方必须按规定及时追加保证金,因此,金融期货交易双方都必须持有一定的流动性较高的资产,以备不时之需。金融期权交易成交时,期权的买方为取得期权合约赋予的权利,必须向期权的卖方支付一定的期权费,此后,除了到期履约外,交易双方将不发生任何现金流转。

金融期货与金融期权虽同属于金融衍生工具,但在很多方面存在差异,在现实的交易活动中,人们往往将二者结合起来,通过一定的组合或搭配来满足特定的投资需求。

二、金融期权的种类

金融期权可按不同的标准进行分类。

(一)按照期权买者的权利分类

以期权买方获得的权利来划分，可将期权分为看涨期权、看跌期权和双向期权。

1. 看涨期权

看涨期权(Call Option)指期权的购买者在预先规定的时间以执行价格从期权出售者手中买入一定数量的金融工具的合约。投资者预期一种金融资产的价格在近期会上涨，可以买入看涨期权，如果判断正确，执行期权合约，按敲定价格买入该项资产，就可获得市价与敲定价格之间的差额收益；如果判断失误，价格不升反降，可以放弃行权，仅损失期权费。因为它是人们预期某种标的资产的价格将上涨时购买的期权，所以被称为看涨期权。

2. 看跌期权

看跌期权(Put Option)指期权购买者拥有一种权利，在预先规定的时间以协定价格向期权出售者卖出规定的金融工具。投资者预期一种金融资产的价格在近期会下降，可以买入看跌期权，如果判断正确，执行期权合约，按敲定价格卖出该项资产，就可获得敲定价格与市价之间的差额收益；如果判断失误，价格不降反升，可以放弃行权，仅损失期权费，看跌期权是期权的买方有偿获得的卖权，也叫作延卖权。因为它是人们预期某种标的资产价格将下跌时购买的期权，所以被称为看跌期权。

3. 双向期权

双向期权(Double Option)又称为双重期权，期权的购买者向期权出售者支付一定数额的权利金后，既享有在规定的有效期内按某一具体的履约价格向期权出售者买进某一特定数量相关期货合约的权利，又享有在规定的有效期内按同一履约价格向期权出售者卖出某一特定数量相关期货合约的权利。双向期权是同时买进一个看涨期权和一个看跌期权，是在同一价格水平上看涨期权和看跌期权的综合运用，因此，购买双向期权的权利金要比购买看涨期权或看跌期权的权利金高。

(二)按照履约时间不同分类

按照履约时间不同，可将期权分为欧式期权、美式期权和修正的美式期权，如表 2-9所示。

表 2-9　期权执行类型 Exercise Styles

美式期权 American-style	欧式期权 European-style
股票期权 Stock Options	指数期权 Index Options
债券期权 Bond Options	利率期权 Interest Rate Options
外汇期权 Currency Options (either American or European 美式、欧式都有)	

1. 欧式期权

欧式期权，只允许期权的买方在合约到期日那天执行权利(即行使买进或卖出的权利)，既不能提前也不能推迟。若提前，期权出售者可以拒绝履约；若推迟，期权将作废。

2. 美式期权与修正的美式期权

美式期权，期权的买方可在期权到期日或到期日之前的任何一个交易日执行权利。美式期权的购买者既可以在期权到期日这一天行使期权，也可以在期权到期日之前的任何一个营业日执行期权，当然，超过到期日，美式期权也同样作废，美式期权为买方提供了更多的选择机会。修正的美式期权也称为百慕大期权或大西洋期权，可以在期权到期日之前的一系列规定日执行权利。

(三)按照基础资产性质不同分类

按照基础资产性质不同，期权可分为股权类期权、利率期权、外汇期权、金融期货合约期权和互换期权。

1. 股权类期权

与股权类期货相似，股权类期权也包括 3 种类型：单只股票期权、股指期权和股票组合期权。

(1) 单只股票期权简称股票期权，指买方在交付期权费后，即取得在合约规定的到期日或到期日以前按协定价买入或卖出一定数量相关股票的权利。

(2) 股指期权指以股票指数为基础变量，买方在支付期权费后，即取得在合约有效期内以协定指数与市场指数进行盈亏结算的权利。

(3) 股票组合期权是以一揽子股票为基础资产的期权，代表性品种是交易所交易基金期权。

2. 利率期权

利率期权是一种与利率挂钩的期权产品，买方在支付一定金额的期权费之后，就可以获得这项权利，在到期日按预先约定的利率，按一定的期限借入或贷出一定金额的货币，这样当市场利率向不利方向变动时，买方可固定其利率水平，当市场利率向有利方向变化时，买方可获得利率变动带来的收益，利率期权的卖方向买方收取期权费，同时承担相应的责任。利率期权合约通常以政府短期、中期、长期债券，欧洲美元债券、大额可转让定期存单等为基础资产。

3. 外汇期权

外汇期权又称货币期权，指合约购买方在向出售方支付一定期权费后，所获得的在未来约定日期或一定时间内，按照规定汇率买进或者卖出一定数量外汇资产的选择权。

外汇期权是期权的一种，相对于股票期权、指数期权等其他种类的期权来说，外汇期权买卖的是外汇，即期权买方在支付一定数额的期权费后，有权在约定的到期日按照双方事先约定的协定汇率和金额与期权卖方买卖约定的货币，同时权利的买方也有权不执行上述买卖合约。

4. 金融期货合约期权

金融期货合约期权是相对于以上金融现货期权而言的，是一种以金融期货合约为交易对象的选择权，它赋予其持有者在有效期内以敲定价格买卖特定金融期货合约的权利。具体又可分为利率期货期权、外汇期货期权、股指期货期权等。

5. 互换期权

金融互换期权是以金融互换合约为交易标的物的选择权，赋予其持有者在规定的有效期内以规定条件与交易对手进行互换的权利。

三、金融期权的价格

(一)金融期权的价值分析

金融期权是一种权利的交易。期权的买方为获得合约所赋予的权利而向卖方支付的费用就是期权的价格。期权价格受多种因素影响，但从理论上说，由两部分组成，即内在价值和时间价值，一份期权合约的价格等于其内在价值与时间价值之和，其数学表达式如下：

$$期权价格(PV)=内在价值(IV)+时间价值(TV)$$

1. 内在价值

内在价值又称为内涵价值或履约价值(Intrinsic Value)，是期权合约本身所具有的价值，指在履行期权合约中预先约定的协定价格与相关基础资产市场价格之间的关系。一种期权有无内在价值以及内在价值的大小，取决于该期权的协定价格与其基础资产市场的价格之差。其计算公式为

$$IV = \begin{cases} S - X & (看涨期权) \\ X - S & (看跌期权) \end{cases}$$

式中：S——标的资产的市场价格；

      X——标的资产的协定价格。

按照有无内在价值，期权可分为 3 种：实值期权(In The Money，ITM)、虚值期权(Out Of The Money，OTM)、平价期权(At The Money，ATM)。

下面以看涨期权为例进行说明。如果市场价格高于协定价格($S > X$)，期权的买方通过执行期权可以一个低于市价的价格买入相关金融资产，此时为实值期权，也称作价内期权；如果市场价格低于协定价格($S < X$)，期权的买方将放弃行权，此时为虚值期权，也称作价外期权；如果市场价格等于协定价格($S = X$)，此时为平价期权，期权买方可选择行权也可选择放弃行权。从理论上说，实值期权的内在价值为正，虚值期权的内在价值为负，平价期权的内在价值为零，但实际上，无论是看涨期权还是看跌期权，也无论期权基础资产的市场价格处于什么水平，期权的内在价值都必然大于或等于零，而不可能为负值，因为当期权的内在价值为零或负值时，买方一般会放弃行权。

2. 时间价值

时间价值是指期权的买方购买期权时支付的期权费超过该期权内在价值的那部分价值，期权的时间价值不易计算，一般用期权的实际价格减去内在价值求得。

从动态上看，期权的时间价值有一个变化规律：在其他条件一定的情况下，时间价值伴随着期权合约剩余有效期的缩短而衰减，发生衰减的原因很简单，对于期权的买方而言，期权的有效期越长，市场朝着有利于买方方向发展的可能性就越大，获利的机会也就越多，他愿意付出的时间价值也就越高，与此同时，卖方亏损的风险也越大，伴随合约剩余有效期限的缩短，买方获利的机会在减少，卖方承担的风险也在减少，因此时间价值也逐步减少，在到期日，期权不再有时间价值，期权价值全部为内在价值。

期权的时间价值还取决于标的资产的市场价格与执行价格之差的绝对值，当差额为零，期权的时间价值最大，当差额的绝对值增大时，期权的时间价值是递减的。一般来说，平价期权时间价值最大，交易通常也最活跃，期权处于平价时，期权向实值还是虚值转化，方向难以确定，转为实值则买方盈利，转为虚值则卖方盈利，故投机性最强，时间价值最大。

(二)影响期权价格的主要因素

影响期权价格的因素主要有如下几项。

1. 基础资产的市场价格与期权的协定价格

基础资产的市场价格与期权的协定价格是影响期权价格最主要的因素，协定价格与市场价格不仅决定了期权有无内在价值及内在价值的大小，还决定了期权有无时间价值及时间价值的大小。

由于看涨期权在执行时，其收益等于标的资产的市价与协议价格之差，因此，标的资产的价格越高、协议价格越低，看涨期权的价格就越高。

对于看跌期权，由于执行时其收益等于协议价格与标的资产实价的差额，因此，标的资产的价格越低、协议价格越高，看跌期权的价格就越高。

2. 权利期间

权利期间是指期权剩余的有效时间，从动态的角度看，期权的时间价值随合约剩余有效期的减少而衰退，期满时时间价值为零，期权费等于内在价值。

具体来说，对于美式期权，由于它可以在有效期内的任何时间执行，权利期间越长，买方的获利机会越多，权利期间长的合约还包含了期间短的合约的所有执行机会，因此该期间越长，期权价格越高。

对于欧式期权来说，同样遵循剩余有效期越长的期权价格越高的规律，只是由于它只能在期末执行，权利期间长的期权不一定包含权利期间短的期权的所有执行机会，这就使欧式期权的权利期间与期权价格之间的关系显得较为复杂。例如，同一股票的两份欧式看涨期权，一个权利期间为 1 个月，另一个权利期间为 3 个月，假定在 6 周后该股将有大量红利支付，由于支付红利会使股价下降，在这种情况下，权利期间短的期权价格甚至会高于期间长的。

3. 基础资产价格的波动性

通常，基础资产的价格波动性越大，期权价格越高；波动性越小，期权价格越低。这是因为，基础资产价格波动越大，基础资产的市场价格与协定价格的差额就越大。对于期权的买方来说，如果获利，收益就为此差额，也就是期权的内在价值，所以期权价格也就越高。

4. 利率

利率，尤其是短期利率的变动会影响期权的价格。利率变动对期权的价格影响是复杂的：一方面，利率变化会引起期权基础资产的市场价格变化，从而引起期权内在价值的变化；另一方面，利率变动会影响投资期权的机会成本，进一步带动期权交易供求关系的变化。比如，利率提高，理论上讲基础资产如股票、债券的市场价格将下降，从而使看涨期权的内在价值下降，看跌期权的内在价值提高，随着利率提高，投资资金的利息成本增加，有可能从期权市场流向收益更高的市场，从而减少对期权交易的需求，使得期权价格下降。

5. 基础资产的收益

由于分红付息等会降低基础资产的市场价格，而期权协定价格并未进行相应调整，因此，在期权有效期内，基础资产分配收益将使看涨期权价格下降，而看跌期权的价格会上升。

四、股票期权的投资

股票期权用途广泛，以香港证券交易所的股票期权交易为例，可使投资者实现不同的投资目标。

(一)降低投资成本

一般投资者看好某只股票时会买入该股票，其实买入该股票的看涨期权也能实现相同的目标，而且资金成本较低、效率更高。

例如，股票 A 现价 35 港元/股，每手 1000 股，买入执行价格为 35 港元/股的该股票的看涨期权合约(长期)，支付期权费 1.05 港元/股，在不计佣金税费的情况下，购买正股和该股看涨期权的盈亏分析如表 2-10 所示。

表 2-10 购买正股和该股看涨期权的盈亏分析   港元

比　较	股　票	股票看涨期权(长期)
入市价/行权价(1 股)	35	35
成本(每手 1000 股)	35000	期权费/股：1.05×1000=1050
盈亏临界点(1 股)	35	48+1.05=49.05
若正股价下降 20%	亏损 7000	亏损 1050
若正股价上升 20%	盈利 7000	盈利 7000−1050=5950

(二)降低持股价格下跌的损失(保值)

很多投资者长线持有一些股票，但有时候某些利空因素的出现导致股价下跌令投资者遭受损失，这时可通过购买该股的看跌期权规避风险。

例如，投资者长线持有一手(每手 1000 股)股票 B，股价 30 港元/股。由于担心股价受利空消息的影响而下跌，买入执行价格为 30 港元/股的该股票看跌期权，支付期权费 0. 85 港元/股，在不计佣金税费的情况下，盈亏分析如表 2-11 所示。

表 2-11 不计佣金税费时的盈亏分析   港元

比　较	股　票	股票看跌期权(长期)	保值结果
入市价/行权价(1 股)	30	30	
成本(每手 1000 股)	30000	期权费/股：0.85×1000=850	
盈亏临界点(1 股)	30	30−0.85=29.15	

续表

比　较	股　票	股票看跌期权(长期)	保值结果
若正股下降20%	亏损6000	盈利6000-850=5150	亏损850
若正股上升20%	盈利6000	亏损850	盈利5150

<hr/>

专栏 2-3　做市商制度

　　做市商制度是指期权交易中由做市商提供报价，投资者据此下达买卖指令并与做市商交易。做市商通过提供双向报价可保证交易的连续进行，促进市场流动性的增强。这里面包含了某种"做市"的含义，因此被称为做市商，这种交易制度称为"做市商制度"。由于传统的做市商制度主要依靠做市商主动报价来驱动完成，因而又称之为报价驱动机制。现代期权市场则是以竞价交易为核心交易机制，做市商制度主要是作为活跃交易、为市场提供流动性的辅助交易机制。

　　做市商制度起源于美国纳斯达克市场。美国 20 世纪 60 年代柜台交易市场中的批发商已经具备做市商的雏形。1966 年，全美证券交易商协会(NASD)成立了专门的自动化委员会研究在柜台交易市场引进自动化报价的可行性。1971 年 2 月，NASDAQ 系统主机正式启用，标志着 NASDAQ 市场正式成立。全美有 500 多家证券经纪自营商登记为 NASDAQ 市场做市商，2500 只柜台交易市场交易最活跃的股票进入 NASDAQ 市场自动报价系统。500 多家做市商的终端实现与 NASDAQ 系统主机联结，通过 NASDAQ 系统发布自己的报价信息。NASDAQ 市场的建立标志着规范的具有现代意义的做市商制度初步形成。

　　20 世纪 80 年代中期，全球主要期权市场，如芝加哥期权交易所等，相继仿效采用了做市商制度，对于促进期权市场的发展起到了积极的促进作用。据不完全记载，CBOE 是最早在期权衍生品市场中实行专门的做市商制度的期权交易所。CBOE 在原有的普通做市商基础上，于 1987 年实行了指定做市商制度(Designated Primary Market - Maker Program，DPM)，这一制度是以一种更加明确的制度形式对其以往普通做市商作用的强化。1999 年，经会员大会投票通过在其全部股权期权合约中推行了这项制度。只有 DJows、SP100 等少数几个股票指数期权合约因参与者众多、交易活跃而没有实行 DPM。2000 年，CBOE 成立了芝加哥指定做市商协会。

第四节　可转换债券

一、可转换债券的定义和特征

　　可转换债券起源于美国，自 1843 年美国 New York Erie 铁道公司发行第一张可转换公司债券已有 160 多年的发展历史。我国发行可转换债券始于 20 世纪 90 年代，1991 年 8 月，琼能源发行了 3000 万元可转换债券，这是我国最早的可转换债券，随后，一些公司也开始在国内或国外发行可转换债券，但是整个可转换债券的发行规模并不大。1997 年 3 月 25 日国务院证券委员会发布了《可转换公司债券管理暂行办法》，该办法明确了上市公司以及非上市重点国有企业均可发行可转债。1997 年 12 月，南宁化工、吴江丝绸和茂名石化被国务院批准为发行可转换债券试点企业。1999 年起，上市公司成为可转换债券试点和实施的主要对象。1999 年虹桥机场可转换债券和 2000 年鞍钢新轧可转换债券成功发行并上市。2001 年 4 月 16 日，中国证监会发布《上市公司发行可转换公司债券实施办法》后，江苏阳光成为首家发行可转债的上市公司。此后，深万科、南京水运等陆续发行了可转换债券。2003 年，雅戈尔可转债的上市，标志着我国的可转换债券市场进入一个高速发展时期，可转债已经成为我国上市公司一种重要的融资工具和投资品种。近年来，随着宏观环境的变化，股市持续低迷，投资者投资机会减少，投资风险增加，作为为数不多的较为安全的投资品种，可转换债券投资价值凸显，成为在配股、增发新股等再融资方式中最受机构投资者欢迎的方式。

(一)可转换债券的定义

可转换债券是指其持有者可以在一定时期内按一定比例或价格将之转换成一定数量的另一种债券发行人发行股票的债券。可转换债券是金融产品创新中出现的一种新产品，由于它兼具筹资和避险功能，因而比单纯的筹资工具(如股票、债券)和避险工具(如期货、期权等)更具吸引力。可转换债券的持有者可以选择以此债券来换取发行企业所发行的另一种证券(比如普通股)。如果可转换债券持有者能换取的证券的市场价值更高，那么他就可以行使转换权获利，这样，转换对债券持有者来说就是一种具有吸引力的选择权，因此，可转换债券是一种兼具债权和股权的混合证券，它们赋予了其持有者一种投资机会(一种选择权)，这种机会是不可转换债券的持有者享受不到的，正因为如此，可转换债券的收益即票面利率要低于不可转换债券。

(二)可转换债券的特征

可转换债券具有如下特征。

1. 可转换债券的债权性

可转换债券在转换以前，具备债券的一切特征，有规定的利率和期限，体现的是债权、债务关系。投资者如果在转换期内未将其转换成股票，发债公司到期必须无条件地还本付息，因此，可将可转换债券视为公司债券的一种特殊形式。对于筹资者来说，可转换债券是一种有效的融资工具。发行公司可以以相对低的票面利率筹集资金，从而可避免短期利润稀释的压力，还可以优化股权与债权结构。

2. 可转换债券的期权性

发行公司赋予可转换债券的投资者一个选择权，即在规定的转换期内，投资者既可以行使转换权，将可转换债券按转换价格(类似于期权的敲定价格)转换成一定数量的股票，也可以放弃转换的权利，发行公司不得强制投资者行使转换权利，正是因为有了这种可转换的选择权，可转换债券应归为股票期权的一种，是一种衍生工具。但是，可转换债券只赋予投资者将来按转换价格买入股票的权利，而没有赋予卖出的权利，所以只是一种股票看涨期权，具有半期权性。

3. 可转换债券的内在回购性

回购性是指可转换债券中一般带有赎回条款，它规定发行公司在可转换债券到期前可按一定条件赎回债券，此条款只是作为可转换债券协议书上的一个附加条款而非必然条款，与投资者的转换选择权相对应，可转换债券的发行公司拥有是否实施赎回条款的选择权。双重选择权是可转换债券最主要的金融特征，它的存在使投资者和发行人的风险、收益限定在一定的范围内，并利用这一特点对股票进行套期保值，获得更加确定的收益。

4. 可转换债券的股权性

可转换债券的股权性与其期权性紧密联系。投资者如果按规定将持有的可转换债券转换为普通股，就成为该发行公司的股权投资者，可以充分分享发行人业绩增长和股票价格上涨带来的收益。因此，可转换债券对投资人具有强大的吸引力。事实上，可转换债券的债权性和股权性是相对应的：有债权就没有股权，获得了股权，就失去了债权。

二、可转换债券的主要要素

(一)有效期限和转换期限

可转换债券的有效期限与一般债券的有效期限相同，指债券从发行之日起至清偿本息之日止的时间间隔。

转换期限是指持有者有权将可转换债券转换为普通股票的起始日至结束日的期间，通常由两种规定方法，一种方式是发行公司不限制转换的具体期限，只要可转换债券尚未还本付息，投资者可以选择任意时间行使转换的权利；大多数公司都会采取另一种方式，发行人规定一个特定的转换期限，在该期限内，允许可转换债券的持有人按转换比例或转换价格转换成发行公司的股票。我国《可转换公司债管理办法》规定，可转换公司债的期限最短为 3 年，最长为 5 年，自发行之日起 6 个月后可转换为公司股票。

(二)票面利率或股息率

可转换债券的票面利率(或可转换优先股的股息率),是指可转换债券作为一种债券的票面年利率(或优先股股息率)水平,由发行公司根据发行时市场利率水平、公司债券资信等级和发行条款确定,一般低于相同条件下的不可转换公司债。可转换债券票面利率越高,投资者行使转换权获得的收益就越少,转换性差,这种可转换债券更具有债券特征;票面利率越低,则转换价值越高,可转换债券就更具有股票特征。可转换债券应半年或一年付息一次,到期后5个工作日内发行人应偿还未转换债券的本金及最后一期利息。

(三)转换比例或转换价格

转换比例是指一定面额可转换债券可转换成普通股的股数。用公式表示为

$$转换比例=\frac{可转换债券面值}{转换价格}$$

例如,某可转换债券面值为 1000 元,规定其转换价格为 20 元,则转换比例为50(1000÷20),即1000元债券按20元一股的价格可转换为50股该公司普通股。

转换价格是指可转换债券转换为每股普通股股份所支付的价格。转换价格一般为债券发行前一段时间内公司股票的市场价格加上一定百分比的溢价,转换溢价的大小视发行市场、发行时机、债券利率等因素而定,国际市场上一般为5%~20%。用公式表示为

$$转换价格=可转换债券发行前公司股票的市场价格×(1+转换溢价)$$

我国《可转换公司债管理办法》规定,上市公司发行可转换公司债券的转换价格应以公布募集说明书前30个交易日公司股票的平均收盘价格为基础,并上浮一定幅度。

(四)赎回条款与回售条款

1. 赎回条款

赎回是指发行公司在发行一段时间后,可以提前赎回未到期的发行在外的可转换公司债券。赎回条款是可转换债券协议书上的一个附加条款,规定可转债发行企业可以在债券到期日之前按照一定条件提前赎回债券。为了保护投资者的利益,通常要对发行公司赎回权的行使实行一定限制,即规定早赎保护,保护方法有两种:一是规定早赎保护期,即在可转换债券发行后一段时间内,发行公司不得行使赎回权;二是在上述期限到期后,发行公司只能在一定条件下,比如股价长时间高于转换价格,但投资者出于投机目的仍不实行转换时,发行公司才有权赎回。

2. 回售条款

回售条款是为可转换公司债券投资者提供的一项安全性保障。回售指当公司股票在一

段时间内连续低于转换价格达到某一幅度时，可转换公司债券持有人按事先约定的价格将所持可转换债券卖给发行人的行为。回售条款赋予了可转换公司债券投资者一种权利，投资者可以根据市场的变化而选择是否行使这种权利，这一条款在一定程度上保护了投资者的利益，相当于发行公司提前兑付本息，因此，回售作为投资者的权利会增加转债的期权价值。

三、可转换债券的价值

由于可转换债券既有债券或优先股的特征，又有转化成普通股的潜在可能，所以在不同的条件下具有不同的价值，主要表现为转换价值、理论价值及市场价格。

(一)可转换债券的转换价值

转换价值是可转换债券实际转换时按转换成普通股的市场价格计算的理论价格。转换价值等于每股普通股的市价乘以转换比例，因为可转换债券在普通股价格上涨时转换较为有利，所以它的转换价值与所转换的股票价格有关，股票价格越高，转换价值越大，用公式表示为

$$CV = P_0 R$$

式中：CV——债券的转换价值；

P_0——股票价格；

R——转换比例。

例如，某一可转换债券，面值为 1000 元，票面利率为 5%，每年支付 50 元利息，转换比例为 20 元，转换年限为 5 年，若当前的普通股市价为 16 元 1 股，股票价格预期每年上涨 10%；而投资者预期的可转换债券到期收益率为 9%，则该债券的转换价值为

$$CV=16×20=320(元)$$

(二)可转换债券的理论价值

可转换债券的理论价值又称投资价值，这一价值相当于将未来一系列债息收入加上面值按一定市场利率折成的现值，购买可转换债券的投资者实际并不希望债券还本，而是希望实现普通股的转换，因此，可转换债券的理论价值应为未来一系列债息收入与转换价值总和的现值。

(三)可转换债券的市场价格

可转换债券的市场价格以理论价值为基础并受供求关系影响，可能与理论价值相同，也可能不同。在可转换债券到期前，只要投资者对所转换的普通股的价格看涨，可转换债券的市场价格就会高于它的转换价值。从理论上说，当市场价格与转换价值相同时，称为

转换平价；当市场价格高于转换价值时，称为转换升水；当市场价格低于转换价值时，称为转换贴水。

专栏 2-4　我国可转换公司债券的交易规则

交易方式：可转换公司债券实行 T+1 交易。可转换公司债券的委托、交易、托管、转托管、行情揭示参照 A 股办理。

交易报价：可转换公司债券以面值 100 元为一报价单位，以面值 1000 元为一交易单位，结算单位为张(即 100 元面值)，价格升降单位为 0.01 元。

交易时间：可转换公司债券交易的集中开市时间同 A 股。

交易清算：可转换公司债券实行 T+1 交收，交易清算参照 A 股的现行清算办法办理。

交易终止：可转换公司债券在转换期结束前的 10 个交易日终止交易，终止交易前一周交易所予以公告。

交易费用：深交所按成交金额的 0.1‰向可转换公司债券买卖双方征收交易经手费，同时债券买卖双方还须向所委托的债券交易商交纳佣金，佣金按成交金额的 2‰计取。

(资料来源：投资网，2009 年 8 月 21 日)

本 章 小 结

金融衍生生工具	金融衍生工具及其特点	金融衍生工具，是指建立在基础产品或基础变量之上，其价格随基础金融产品的价格(或数值)变动的派生金融产品。其具有跨期交易、价格的联动性、杠杆效应、高风险性和不确定性、套期保值和投机套利共存的特点
	金融期货及其特点	金融期货是指买卖双方在有组织的交易所内以公开竞价的形式达成的，在将来某一特定时间交割标准数量特定金融工具的协议。它是以各种金融工具为基础产品，包括外汇、债券、股票、股指等，把它们作为标的物的期货交易方式 金融期货具有交易对象为期货合约、交易资产的保值性、交易价格以预期价格为基础、交易方式的独特性、结算方式不同的特点。主要包括外汇期货、利率期货、股权类期货等
	金融期权与可转换债券	金融期权是期权的一种，其是以期权为基础的金融衍生产品，是指以金融商品或金融期货合约为标的物的期权交易 可转换债券是指其持有者可以在一定时期内按一定比例或价格将之转换成一定数量的另一种证券的有价证券。可转换债券是金融产品创新中出现的一种新产品，由于它兼具筹资和避险功能。可转换债券的特征为债权性、期权性、内在回购性、股权性

案例思考

分 析 计 算

某日一位投资者进行恒生指数期货多头交易，在 24000 点开仓买恒生指数期货合约一张，收市前在 24050 点对合约平仓，问该投资者盈亏多少？如果某可转换债券面额为 1000 元，转换价格为 40 元，当股票的市价为 60 元时，则：该债券的转换比例为多少？当前的转换价值为多少？

习　题

一、单选题

1. 下面不属于独立衍生工具的是(　　)。

　　A. 可转换公司债券　　B. 远期合同　　　C. 期货合同　　　D. 互换和期权

2. 金融衍生工具交易一般只需要支付少量的保证金或权利金就可签订远期大额合约或互换不同的金融工具，这是金融衍生工具的(　　)特性。

　　A. 跨期性　　　　　　　　　　B. 联动性

　　C. 杠杆性　　　　　　　　　　D. 不确定性或高风险性

3. 金融衍生工具依照(　　)可以划分为股权类产品的衍生工具、货币衍生工具和利率衍生工具、信用衍生工具以及其他衍生工具。

　　A. 基础工具分类

　　B. 金融衍生工具自身交易的方法及特点

　　C. 交易场所

　　D. 产品形态

4. 套期保值是指通过在现货市场和期货市场之间建立(　　)的头寸，从而锁定未来现金流的交易行为。

　　A. 方向相同，数量不同　　　　B. 方向相反，数量不同

　　C. 方向相反，数量相同　　　　D. 方向相同，数量相同

5. 根据(　　)划分，金融期权可以分为欧式期权、美式期权和修正的美式期权。

　　A. 选择权的性质　　　　　　　B. 合约所规定的履约时间的不同

　　C. 金融期权基础资产性质的不同　　D. 协定价格与基础资产市场价格的关系

6. 金融期货中最先产生的品种是(　　)。

　　A. 利率期货　　B. 外汇期货　　　C. 债券期货　　　D. 股权类期货

7. 金融衍生工具产生的最基本原因是(   )。

    A. 新技术革命   B. 金融自由化   C. 利润驱动   D. 避险

8. 2005 年 12 月 1 日，A 公司收盘价为 HK\$6.20，某机构投资者预期 A 公司股价将上涨。当天，A 公司 3 月份期货报价为 HK\$6.50，该投资者按此价格买入 1 手(合约乘数为 1000)，缴纳保证金 800 港元。3 月 1 日现货报价为 HK\$8.50，3 月份期货结算价为 HK\$10.50。当即平仓，则该项投资的投资回报率为(   )。

    A. 200%   B. 250%   C. 287.5%   D. 500%

9. 根据(   )划分，金融期权可以分为欧式期权、美式期权和修正的美式期权。

    A. 选择权的性质

    B. 合约所规定的履约时间的不同

    C. 金融期权基础资产性质的不同

    D. 协定价格与基础资产市场价格的关系

10. 下面关于可转换债券的叙述，错误的是(   )。

    A. 可转换债券是一种附有转股权的特殊债券

    B. 可转换债券具有双重选择权

    C. 投资者可自行选择是否转股，而转债发行人拥有是否实施赎回条款的选择权

    D. 可转换债券限定了发行人的收益、投资者的风险，对发行人的风险、投资者的收益却没有限制

11. 如果某可转换债券面额为 1000 元，转换价格为 40 元，当股票的市价为 60 元时，则该债券当前的转换价值为(   )。

    A. 2400 元   B. 1000 元   C. 1500 元   D. 666.7 元

12. 下列有关金融期货叙述不正确的是(   )。

    A. 金融期货必须在有组织的交易所进行集中交易

    B. 在世界各国，金融期货交易至少要受到 1 家以上的监管机构监管，交易品种、交易者行为均需符合监管要求

    C. 金融期货交易是非标准化交易

    D. 金融期货交易实行保证金制度和每日结算制度

13. 比较金融现货交易和金融期货交易正确的是(   )。

    A. 金融现货交易的对象是某一具体形态的金融工具，而金融期货交易的对象是金融期货合约

    B. 金融现货交易和金融期货交易的主要目的都是套期保值

    C. 金融现货的交易价格是实时的成交价，而期货交易价格是对金融现货未来价格的预期

    D. 金融现货交易和金融期货交易在交易方式和结算方式上是相似的

14. 利率期货品种主要包括(　　)。

   A. 单只股票期货　　　　　　　　B. 债券期货

   C. 主要参考利率期货　　　　　　D. 股票组合的期货

15. 美式权证持有人行权的时间(　　)。

   A. 可以在权证失效日之前任何交易日

   B. 可以在失效日当日

   C. 可以在失效日之前一段规定时间内

   D. 可以在失效日之后一段规定时间内

16. 关于股票价格指数期货论述不正确的是(　　)。

   A. 股票价格指数期货是以股票价格指数为基础变量的期货交易

   B. 股价指数期货的交易单位等于基础指数的数值与交易所规定的每点价值之乘积

   C. 股价指数是以实物结算方式来结束交易的

   D. 股票价格指数期货是为适应人们控制股市风险，尤其是系统性风险的需要而产生的

17. 目前我国股票市场实行 T+1 清算制度，而期货市场是(　　)。

   A. T+0　　　　　B. T+2　　　　　C. T+3　　　　　D. T+7

18. 下列关于投机者参与金融衍生市场的形象描述是(　　)。

   A. 规避风险　　　B. 承担风险　　　C. 追逐利益　　　D. 高利润高风险

19. 由于期货交易的保证金制度造成的(　　)决定了其高投机性和高风险性。

   A. 跨期交易　　　B. 杠杆效应　　　C. 市场风险　　　D. 违约风险

20. (　　)是为了保证期货交易双方能承担合约中的义务的一种财力担保。

   A. 每日限价制度　　　　　　　　B. 集中交易制度

   C. 限仓制度　　　　　　　　　　D. 保证金制度

二、多选题

1. 金融衍生工具的基本特征包括(　　)。

   A. 跨期交易　　　B. 价格的联动性　　　C. 杠杆效应　　　D. 高风险性

2. 期货交易由远期交易发展而来，是标准化的远期交易，金融期货交易与金融远期交易之间的差异包括(　　)。

   A. 金融期货交易是标准化交易　　　　B. 价格确定方式不同

   C. 交易场所不同　　　　　　　　　　D. 违约风险不同

3. 按基础工具划分，金融期货主要有(　　)。

   A. 外汇期货　　　B. 利率期货　　　C. 股权类期货　　　D. 股指期货

4. 以期权买方获得的权利来划分，可将期权分为(　　)。

   A. 看涨期权　　　B. 看跌期权　　　C. 双向期权　　　D. 欧式期权

5. 影响期权价格的主要因素有(　　)。
   A. 基础资产的市场价格　　　　　　B. 权利期间
   C. 基础资产价格的波动性　　　　　D. 利率

6. 与金融衍生产品相对应的基础金融产品可以是(　　)。
   A. 债券　　　　　B. 股票　　　　　C. 银行定期存款单　　　D. 金融衍生工具

7. 金融衍生工具伴随的风险主要有(　　)。
   A. 汇率风险、利率风险　　　　　　B. 信用风险、法律风险
   C. 市场风险、操作风险　　　　　　D. 流动性风险、结算风险

8. 关于金融衍生工具的产生与发展论述正确的是(　　)。
   A. 金融衍生工具产生的最基本原因是避险
   B. 20 世纪 80 年代以来的金融自由化进一步推动了金融衍生工具的发展
   C. 金融机构的利润驱动是金融衍生工具产生和迅速发展的又一重要原因
   D. 新技术革命为金融衍生工具的产生与发展提供了物质基础与手段

9. 关于期货交易结算所论述正确的是(　　)。
   A. 结算所是期货交易的专门清算机构,通常附属于交易所,但又以独立的公司形
      式组建
   B. 由于逐日盯市制度以 1 个交易日为最长的结算周期,对所有账户的交易头寸按
      不同到期日分别计算,并要求所有的交易盈亏都能及时结算,从而能及时调整
      保证金账户,控制市场风险
   C. 以每种期货合约在交易日收盘前规定时间内的平均成交价作为当日结算价
   D. 结算所实行无负债的每日结算制度,又称逐日盯市制度

10. 套期保值的基本做法是(　　)。
    A. 持有现货空头,买入期货合约　　B. 持有现货空头,卖出期货合约
    C. 持有现货多头,卖出期货合约　　D. 持有现货多头,买入期货合约

11. 关于金融期权与金融期货套期保值的作用与效果阐述不正确的是(　　)。
    A. 金融期权与金融期货都是人们常用的套期保值工具,它们的作用与效果基本是
       相同的
    B. 人们利用金融期货进行套期保值,在避免价格不利变动造成的损失的同时,也
       必须放弃若价格有利变动可能获得的利益
    C. 通过金融期权交易,既可避免价格不利变动造成的损失,又可在相当程度上保
       住价格有利变动而带来的利益,因而金融期权比金融期货更为有利
    D. 在现实的交易活动中,人们往往将金融期权与金融期货结合起来,通过一定的
       组合或搭配来实现某一特定目标

12. 金融衍生工具从其自身交易的方法和特点可以分为(　　)。
    A. 金融远期合约　　　　　　　　　B. 金融期权

    C. 金融互换　　　　　　　　　D. 金融期货

13. 独立衍生工具的特征包括( )。

    A. 与对市场情况变化有类似反应的其他类型合同相比，要求较多的初始净投资

    B. 其价值随特定利率、金融工具价格、商品价格、汇率、价格指数或其他类似变量的变动而变动，变量为非金融变量的，该变量与合同的任一方不存在特定关系

    C. 不要求初始净投资，或与对市场情况变化有类似反应的其他类型合同相比，要求很少的初始净投资

    D. 在未来某一日期结算

14. 按权证的内在价值，可以将权证分为( )。

    A. 平价权证　　　　B. 价内权证　　　　C. 价外权证　　　　D. 虚值权证

15. 金融期货的基本功能有( )。

    A. 套期保值功能　　B. 价格发现功能　　C. 投机功能　　　　D. 套利功能

三、判断题

1. 金融衍生工具按产品形态和交易场所可以分为金融远期合约、金融期货、金融期权、金融互换和结构化衍生工具。　　　　　　　　　　　　　　　　　　( )

2. 期货交易的撮合成交方式分为做市商方式和竞价方式两种。竞价方式又称指令驱动方式，是指交易的买卖价格由做市商报出，交易者在接受做市商的报价后即可与做市商进行买卖，完成交易，而交易者之间的委托不直接匹配撮合。　　　　　　( )

3. 期货合约设计成标准化的合约是为了便于交易双方在合约到期前分别做一笔相反的交易进行对冲，从而避免实物交割。　　　　　　　　　　　　　　　　( )

4. 期货交易结算所是所有交易者的对手，也就是所有成交合约的履约担保者。

                                                          ( )

5. 所谓复合期权是指以金融期权合约本身作为基础资产的金融期权。　　( )

6. 金融期货是以金融工具(或金融变量)为基础工具的期货交易。主要包括货币期货、利率期货、股票指数期货和股票期货四种。　　　　　　　　　　　　　　( )

7. 所谓金融自由化，是指政府或有关监管当局对限制金融体系的现行法令、规则、条例及行政管制予以取消或放松，以形成一个较宽松、自由、更符合市场运行机制的新的金融体制。　　　　　　　　　　　　　　　　　　　　　　　　　　　( )

8. 金融衍生工具的杠杆效应一定程度上决定了它的高投机性和高风险性。　( )

9. 基础工具价格的变幻莫测决定了金融衍生工具交易盈亏的不稳定性是金融衍生工具高风险性的重要诱因。　　　　　　　　　　　　　　　　　　　　　　( )

10. 金融远期合约由于采用了集中交易的方式，交易事项可协商确定，较为灵活，金融机构或大型工商企业通常利用远期交易作为风险管理手段。　　　　　　　( )

11. 目前基础金融产品与衍生工具之间已经形成了倒金字塔结构，单位基础产品所支撑的衍生工具数量越来越大。 （ ）

12. 与金融期货相比，金融期权的主要特征在于它仅仅是买卖权利的交换。 （ ）

13. 从理论上说，期权出售者在交易中所取得的盈利是有限的，仅限于他所收取的期权费，而他可能遭受的损失却是无限的。 （ ）

14. 修正的美式期权也称为百慕大期权或大西洋期权，可以在期权到期日之前的一系列规定日期执行。 （ ）

15. 期货交易是指交易双方在集中的交易所市场以公开竞价方式所进行的非标准化期货合约的交易。 （ ）

四、名词解释

金融衍生工具　金融期货　金融期权　可转换债券　套期保值

五、简答题

1. 简述金融衍生工具的分类。
2. 简述金融期货的特点。
3. 简述期货与现货的区别。
4. 简述远期与期货的区别。
5. 简述可转换债券与期权的联系。

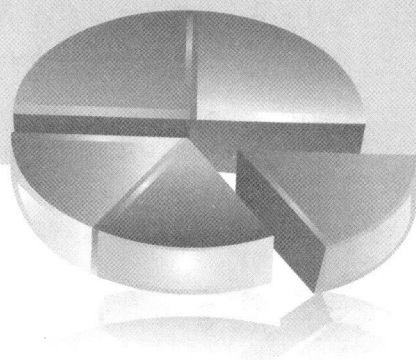

第三章

证 券 发 行

本章精粹:

- 证券市场概述
- 股票发行
- 债券发行
- 证券信用评级制度

证券市场的产生及信用

　　证券是多种经济权益凭证的统称。各种证券是如何发行的，而人们又是如何获得这些证券的呢？持有这些证券的投资者，在需要变现时，是不是能及时出售手中的证券呢？这就导致了证券市场的出现，并由其满足上述需求。2008年9月14日华尔街的雷曼兄弟申请破产，股价大跌，数百万投资者血本无归，这家曾经为全球的公司、机构、政府和投资者的金融需求提供服务的全方位、多元化投资银行，没能抵御住金融海啸的袭击，那么在投资者购买其股票时，就没有相关部门对其风险性进行评估吗？如果有，为什么和现实如此不符？

关键词　　证券市场　股票发行　债券发行　证券评级

第一节　证券市场概述

一、证券市场的概念

　　证券市场是证券发行和交易的场所。一般来讲，证券市场是指一切以证券为交易对象的交易关系的总和。从经济学的角度，可以将证券市场定义为：通过自由竞争的方式，根据供需关系来决定有价证券价格的一种交易机制。

(一)证券市场的特征

　　证券市场具有以下特征。

　　(1)　证券市场是价值直接交换的场所。有价证券是价值的直接代表，其本质上只是价值的一种表现。虽然证券交易的对象是各种各样的有价证券，但证券市场本质上是价值的直接交易场所。

　　(2)　证券市场是财产权利直接交换的场所。证券市场上的交易对象是作为经济权益凭证的股票、债券、投资基金券等有价证券，它们本身只是一定量财产权利的代表，所以证券市场实际上是财产权利的直接交换场所。

　　(3)　证券市场是风险直接交换的场所。有价证券既是一定收益权利的代表，同时也是一定风险的代表。有价证券的交换在转让出一定收益权的同时，也把该有价证券所特有的风险转让了出去。所以，从风险的角度分析，证券市场也是风险的直接交换场所。

(二)证券市场与一般商品市场的区别

　　证券市场与一般商品市场具有如下区别。

(1) 交易对象不同。一般商品市场的交易对象是各种具有不同使用价值、能满足人们某种特定需求的商品。而证券市场的交易对象是作为经济权益凭证的股票、债券、投资基金券等有价证券。

(2) 交易目的不同。证券交易的目的是为了实现投资收益，或筹集资金。而购买商品的目的主要是为了满足某种消费的需要。

(3) 交易对象的价格决定不同。商品市场的价格，其实质是商品价值的货币表现，取决于生产商品的社会必要劳动时间。而证券市场的证券价格实质是利润的分割，是预期收益的市场表现，与市场利率的关系密切。

(4) 市场风险不同。一般商品市场由于实行的是等价交换原则，价格波动较小，市场前景的可预测性较强，因而风险较小。而证券市场的影响因素复杂多变，价格波动性大，且有不可预测性，投资者的投资能否取得预期收益具有较大的不确定性，所以风险较大。

二、证券市场的分类

证券市场的分类很多，最常见的有以下 3 种。

(一)按纵向结构分类

证券市场按纵向结构分类是一种按证券进入市场的顺序形成的分类关系。按这种顺序关系划分，证券市场可分为发行市场和交易市场。

证券发行市场又称"一级市场"或"初级市场"，是发行人以筹集资金为目的，按照一定的法律规定和发行程序，向投资者出售证券所形成的市场。证券发行市场体现了证券由发行主体流向投资者的市场关系。发行者之间的竞争和投资者之间的竞争，是证券发行市场赖以形成的契机。证券发行市场不仅是发行主体筹措资金的市场，也是给投资者提供投资机会的市场。

证券交易市场是已发行的证券通过买卖交易实现流通转让的场所。相对于发行市场而言，证券交易市场又称为"二级市场"或"次级市场"。证券经过发行市场的承销后，即进入流通市场，它体现了新老投资者之间投资退出和投资进入的市场关系。

证券发行市场与交易市场紧密联系，互相依存，互相作用。发行市场是交易市场的存在基础，发行市场的发行条件及发行方式影响着交易市场的价格及流动性。而交易市场又能促进发行市场的发展，为发行市场所发行的证券提供了变现的场所，同时交易市场的证券价格及流动性又直接影响发行市场新证券的发行规模和发行条件。

(二)按横向结构分类

证券市场按横向结构分类是依有价证券的品种而形成的分类关系。这种结构关系的构成主要有股票市场、债券市场、基金市场以及衍生证券市场等子市场，并且各个子市场之间是相互联系的。

股票市场是股票发行和买卖交易的场所。股票市场的发行人为股份有限公司。股份公司在股票市场上筹集的资金是长期稳定、属于公司自有的资本。股票市场交易的对象是股票，股票的市场价格除了与股份公司的经营状况和盈利水平有关外，还受到其他诸如政治、社会、经济等多方面因素的综合影响。因此，股票价格经常处于波动之中。

债券市场是债券发行和买卖交易的场所。债券的发行人有中央政府、地方政府、政府机构、金融机构、公司和企业。债券市场交易的对象是债券。债券因有固定的票面利率和期限，其市场价格相对股票价格而言比较稳定。

基金市场是基金证券发行和流通的市场。封闭式基金在证券交易所挂牌交易，开放式基金是通过投资者向基金管理公司申购和赎回实现流通的。

衍生证券市场是以基础证券的存在和发展为前提的。其交易品种主要有金融期货与期权、可转换证券、存托凭证、认股权证等。

(三)按组织形式分类

目前世界证券市场按组织形式基本上分为主板(如上海证券交易所、纽约证券交易所)和创业板(如纳斯达克市场)两类，此外，还有一些适于股票交流的三板、四板市场(也称场外市场)。在中国特指深圳创业板。我国于2009年5月1日发布《首次公开发行股票并在创业板上市管理办法》，下面详细介绍创业板市场。

创业板市场又称二板市场，即第二股票交易市场，是指主板之外的专为中小企业和新兴公司提供融资途径和成长空间的证券交易市场，是对主板市场的有效补给，在资本市场中占据着重要的位置。在创业板市场上市的公司大多从事高科技业务，具有较高的成长性，但往往成立时间较短，规模较小，业绩也不突出。创业板市场最大的特点就是低门槛进入，严要求运作，有助于有潜力的中小企业获得融资机会。在中国发展创业板市场，是为了给中小企业提供更便利的融资渠道，为风险资本营造一个正常的退出机制。同时，这也是我国调整产业结构、推进经济改革的重要手段。

创业板市场的上市公司与主板市场的上市公司主要存在以下区别：①规模不同。创业板市场是为中小企业服务的市场，与主板市场的上市公司相比，规模普遍偏小。②控股主体不同。创业板上市公司的控股主体一般是民营企业或个人，而主板上市公司的控股大股东绝大部分是国有企业。③对上市之前的盈利记录要求不同。创业板上市公司的盈利要求相对较低。④企业的所有者和经营者的关系不同。创业板市场中大部分公司的所有人就是企业的经营者，而主板市场中大部分上市公司的所有人和经营者是截然不同的两个概念。

三、我国证券市场的现状

(一)我国证券市场的发展历程

我国最早的证券交易市场是清朝光绪末年(1891年)由上海外商经纪人组织的"上海股份公所"和"上海众业公所",在这两个交易所买卖的主要是外国企业股票、公司债券,中国政府的金币公债以及外国在华机构发行的债券等。中国人自己创办的第一家证券交易所是1918年夏天成立的北平证券交易所。1920年,上海证券物品交易所得到批准成立。天津证券交易所在1952年关闭,旧中国的证券市场相继消失。新中国成立后的60多年间,中国当代证券市场经历了由利用尝试到否定摒弃,最终到恢复和发展的曲折过程。1981年财政部首次发行国库券,揭开了新时期中国证券市场新发展的序幕。从此,中国证券市场从无到有,由小到大,取得了长足的发展。

20世纪80年代,随着国民经济发展对社会资金的巨大需求,国家开始了股份制改革试点工作,并率先在上海、深圳等地展开。改革开放后国内第一只股票——上海飞乐音响于1984年11月诞生。1986年9月26日,新中国第一家代理和转让股票的证券公司——中国工商银行上海信托投资公司静安证券业务部宣告营业,从此恢复了我国中断了30多年的证券交易业务,开始上海股票的柜台交易。1988年,深圳特区尝试对一些企业进行股份制改制,选择了5家企业作为股票发行上市的试点。同年,深圳经济特区证券公司成立,开始了深圳股票的柜台交易。与此同时,全国各地也开始仿效上海和深圳进行股份制改革试点,并相继设立证券公司或交易部进行柜台交易,提供证券交易服务。1990年12月19日,上海证券交易所成立。1991年7月3日深圳证券交易所正式成立。

(二)我国证券市场的概况

我国证券市场在短短二十几年,达到了许多国家上百年才能实现的规模,取得了不少教训和成功经验。不但有A股、B股的主板,还在深圳证券交易所建立了中小企业板和创业板,在债券市场得到快速发展的同时,基金规模迅速扩大,还开展了股指期货交易和国债期货交易(见图3-1)。制定了《公司法》、《证券法》、《证券投资基金法》、《物权法》、《企业破产法》等法律,公布实施了《证券公司监督管理条例》和《证券公司风险处置条例》等多项行政法规,制定了《证券发行上市保荐业务管理办法》、《证券交易所管理办法》等部门规章及规范性文件,还由证券交易所、中国证券登记结算有限公司和中国证券业协会制定了自律性规则。通过上述法律、条例、部门规章及规范性文件4个层次,较为完善地构建了我国证券市场的法律法规体系,强有力地促进了中国资本市场的健康发展。

截至2013年10月18日,我国上海证券交易所和深圳证券交易所上市公司总数及总市值等相关数据资料分别如表3-1和表3-2所示。

表 3-1　上海证券交易所

上市公司	953 家
上市证券	2548 只[①]
总市值	155626.7 亿元
总流通市值	140106.75 亿元
平均市盈率	11.3 倍

注：① 仅限于上市股票+上市债券。

表 3-2　深圳证券交易所

上市公司	1536 家[①]
上市证券	2300 只
总市值	88578.12 亿元
总流通市值	62476.12 亿元
平均市盈率	27.95 倍

注：① 1536=480+701+355(深市主板+中小企业板+创业板)。

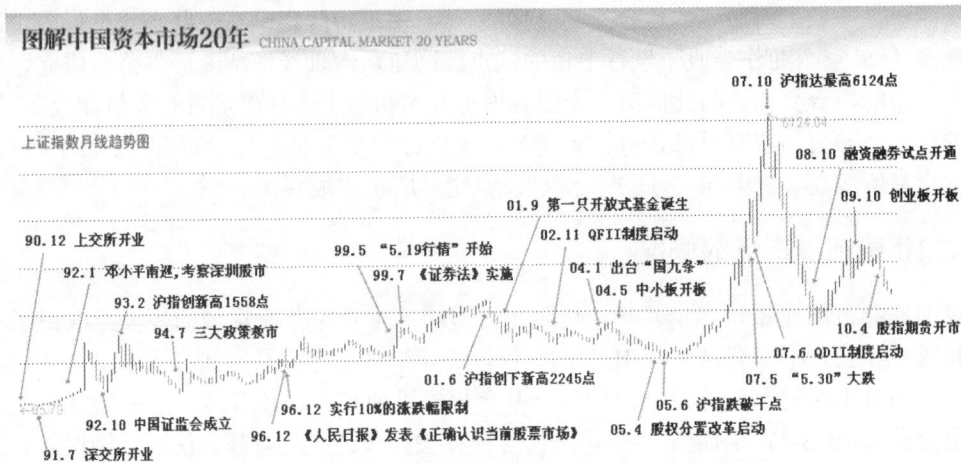

图 3-1　上海证券交易所股票价格指数月线趋势图和大事记

四、证券发行

(一)证券发行市场的概念

证券发行市场是证券发行者为扩充经营，按照一定的法律规定和发行程序，向投资者出售新证券所形成的市场，又称一级市场、初级市场。证券发行市场与二级证券市场不同。

在发行过程中，证券发行市场作为一个抽象的市场，其买卖成交活动并不局限于一个固定的场所；它是一个无形的市场，可为资金使用者提供获得资金的渠道和手段。

(二)证券发行市场的特点

证券发行市场是整个证券市场的基础，它的内容和发展决定着证券交易市场的内容和发展方向。证券发行市场具有以下特点。

(1) 证券发行是直接融资的实现形式。证券发行市场的功能就是联结资金需求者和资金供给者，证券发行人通过销售证券向社会招募资金，而认购人通过购买其发行的证券提供资金，将社会闲散资金转化为生产建设资金，实现直接融资的目标。

(2) 证券发行市场是个无形市场。证券发行市场通常不存在具体的市场形式和固定场所，新发行证券的认购和销售主要不是在有组织的固定场所内进行，而是由众多证券承销商分散地进行，因而是个抽象的、观念上的市场。

(3) 证券发行市场的证券具有不可逆转性。在证券发行市场上，证券只能由发行人流向认购人，资金只能由认购人流向发行人，而不能相反。这是证券发行市场与证券交易市场的一个重要区别。

(三)证券发行方式

证券的发行方式多种多样，不同的发行方式会对证券的销售产生不同的影响。所以，适当的发行方式对能否及时筹措到资金是很关键的。

1. 按发行对象分类

证券发行按发行对象划分为公募发行和私募发行。公募发行是指公开向不特定多数的投资者募集资金的证券发行方式。私募发行是指向特定投资者募集资金的证券发行方式。如在公司内部向职工个人发行证券，或向市场、技术关联的单位发行证券。

2. 按发行主体分类

证券发行按发行主体划分为直接发行和间接发行。直接发行是指发行公司不委托其他机构，而是发行人直接向投资者推销、出售证券的行为。间接发行是指发行公司委托证券公司等证券中介机构代理出售证券的发行，又称为委托代理发行，也称证券承销。根据证券承销机构所承担的发行责任的大小不同，可分为代销、包销两种发行方式，其中包销又可分为全额包销和余额包销。代销是指证券发行人委托承担承销业务的证券经营机构(承销商)代为向投资者销售证券。承销商按照规定的发行条件，在约定的期限内销售，到截止日期，如果没有全部售出证券，那么未售出部分退还给发行人，承销商不承担任何发行风险。全额包销是指发行人与承销商签订全额承销合同，由承销商按发行价格买下全部证券，再由承销商向投资者发行证券的行为。余额包销是指发行人与承销商签订余额包销合同，由承销商在承销期限内发行证券，到截止日期，未售出的余额由承销商买下的发行。

3. 按证券发行价格确定方式分类

证券发行根据证券发行价格确定方式划分为议价发行和投标发行。议价发行是指证券的发行者和推销者就证券的发行价格、手续费等权责事项充分商讨后再发行或推销的一种发行方式。投标发行，又称为竞价销售或投标销售。具体方法是证券发行单位在发行证券前，向证券公司、银行、财务公司等金融机构发出通知或说明书及投标申请书，说明该单位将发行某种证券，欢迎投标。愿意参加证券承销的证券公司等机构在投标的申请书上填注证券的投标价格，由证券发行单位在规定日期当众开标，并经公证，出价最高者获得总经销的权利。最后中标者与发行者签订购买合同。

4. 按发行保证分类

证券发行按发行保证划分为信用担保、实物担保、证券担保和产品担保发行。担保发行是指发行证券单位为了提高证券信誉，增加投资人的安全感，采用某种方式承诺，保证到期支付证券收益的一种发行方式。担保发行主要适用于债券的发行。

5. 按推销方式分类

证券发行按推销方式划分为行政发行与市场发行。行政发行是指国家采用行政手段来推销证券。市场发行是指采用非行政手段，即将证券推向市场，由投资者自由认购。

第二节 股 票 发 行

一、股票发行的方式

股票的发行方式因各国政治、经济、社会条件的不同，特别是金融体制和金融市场管理的差异而呈现多种多样。根据不同的分类方法，可以概括如下。

(一)公开发行与不公开发行

1. 公开发行

公开发行又称公募，是指事先没有特定的发行对象，向社会广大投资者公开推销股票的方式。采用这种方式，可以扩大股东的范围，分散持股，防止囤积股票或被少数人操纵，有利于提高公司的社会性和知名度，为以后筹集更多的资金打下基础；也可增加股票的适销性和流通性。

2. 不公开发行

不公开发行又叫私募或称非公开发行，是指发行者只对特定的发行对象推销股票的股票发行方式。

(二)直接发行与间接发行

直接发行与间接发行是根据发行者推销出售股票方式的不同来划分的。

1. 直接发行

直接发行又叫直接招股，是指股份公司自己承担股票发行的一切事务和发行风险，直接向认购者推销出售股票的方式。当认购额达不到计划招股额时，新建股份公司的发起人或现有股份公司的董事会必须自己认购用来出售的股票。因此，只适用于有既定发行对象或发行风险小、手续简单的股票。一般情况下，不公开发行的股票或因公开发行有困难(如信誉低所导致的市场竞争力差，承担不了大额的发行费用等)的股票；或是实力雄厚，有把握实现巨额私募以节省发行费用的大股份公司股票，才采用直接发行的方式。

2. 间接发行

间接发行又称间接招股，是指发行人委托证券发行中介机构代为出售股票的方式。见前面的按证券发行主体分类中的证券间接发行。

(三)有偿增资、无偿增资和搭配增资

有偿增资、无偿增资和搭配增资是按照投资者认购股票时是否缴纳股金来划分的。

1. 有偿增资

有偿增资是指认购者必须按股票的某种发行价格支付现款，方能获得股票的一种发行方式。一般公开发行的股票和私募中的股东配股、私人配股都采用有偿增资的方式。采用这种方式发行股票，可以直接从外界募集股本，增加股份公司的资本金。

2. 无偿增资

无偿增资是指认购者不必向股份公司缴纳现金就可获得股票的发行方式，发行对象只限于原股东。采用这种方式发行的股票，不能直接从外部募集股本，而是依靠减少股份公司的公积金或盈余结存来增加资本金，一般只在股票派息分红、股票分割和法定公积金或盈余转作资本配股时采用无偿增资的发行方式，按比例将新股票无偿交付给原股东，其目的主要是维护股东权益，以增强股东信心和公司信誉或为了调整资本结构。由于无偿发行要受资金来源的限制，因此，不能经常采用这种方式发行股票。

3. 搭配增资

搭配增资是指股份公司向原股东分摊新股时，仅让股东支付发行价格的一部分就可获得一定数额股票的方式。例如股东认购面额为100元的股票，只需支付50元，其余部分无偿发行，由公司的公积金充抵。这种发行方式也是对原有股东的一种优惠，能从他们那里再征集部分股金，很快实现公司的增资计划。

(四)定向募集发行与社会募集发行

1. 定向募集发行

定向募集发行是指公司发行股票时，除发起人认购外，其余部分不向社会公众发行，而是向与公司有关的法人发行及向公司内部职工发行。定向募集发行，实际上类似于私募发行与内部发行，但有时也不完全相同。1994年7月之后，由于《公司法》的实施，已经取消了定向募集发行。

2. 社会募集发行

社会募集发行是指公司发行股票除由发起人认购之外，其余部分向社会公众发行。社会募集发行就是公募发行。

(五)平价发行、折价发行与溢价发行

平价发行，也叫等价发行或面值发行，是指按股票面值所确定的价格发行股票。折价发行，是指以低于股票票面价值的发行价格发行股票。我国《公司法》明确规定，股票发行时，不能采取折价发行的方式。溢价发行，是指以高于股票票面额的价格发行股票。我国《公司法》规定，以超过票面金额为股票发行价格的，其超过票面金额发行股票所得溢价款列入公司资本公积金。

二、我国股票发行审核制度的演变

发行监管制度的核心内容是股票发行决定权的归属。目前国际上有两种类型：一种是政府主导型，即核准制。核准制要求发行人在发行证券过程中，不仅要公开披露有关信息，而且必须符合一系列实质性的条件。这种制度赋予监管当局决定权。另一种是市场主导型，即注册制。注册制是指股票发行之前，发行人必须按法定程序向监管部门提交有关信息，申请注册，并对信息的完整性、真实性负责。这种制度强调市场对股票发行的决定权。

1993年，我国证券市场建立了全国统一的股票发行审核制度，先后经历了行政主导的审批制和向市场化方向调整改进的核准制两个阶段。具体而言，审批制包括"额度管理"和"指标管理"两个阶段，而核准制包括"通道制"和"保荐制"两个阶段。

(一)审批制之"额度管理"阶段(1993—1995年)

1993年,国务院颁布了《股票发行与交易管理暂行条例》,标志着审批制的正式确立。股票发行由国务院证券监督管理机构根据经济发展和市场供求的具体情况,在宏观上制定一个当年股票发行总规模(额度或指标),经国务院批准后,下达给计委,计委再根据各个省级行政区域和行业在国民经济发展中的地位和需要进一步将总额度分配到各省、自治区、直辖市、计划单列市和国家有关部委。省级政府和国家有关部委在各自的发行规模内推荐预选企业,证券监管机构对符合条件的预选企业的申报材料进行审批。此时的额度管理属于条块分割额度,额度是以股票面值计算的。企业需要经历两级行政审批,即首先向其所在地政府或主管中央部委提交额度申请,经批准后报送证监会复审。证监会对企业的质量、前景进行实质审查,并对发行股票的规模、价格、发行方式、时间等做出安排。

(二)审批制之"指标管理"阶段(1996—2000年)

1996年,开始推行"总量控制、限报家数"的双重控制的指标管理办法。由国家计委、证券委共同制定股票发行总规模,证监会在确定的规模内,根据市场情况向各省级政府和行业管理部门下达股票发行家数指标,省级政府或行业管理部门在指标内推荐预选企业,证监会对符合条件的预选企业同意其上报发行股票正式申报材料并审核。1997年,又增加了拟发行股票公司预选材料审核的程序,由证监会对地方政府或中央企业主管部门推荐的企业进行预选,改变了两级行政审批下单纯由地方推荐企业的做法,开始了对企业的事前审核。1996、1997年分别确定了150亿股和300亿股的发行量,共有700多家企业发行,筹资4000多亿元。

(三)核准制之"通道制"阶段(2001—2004年)

1999年7月1日实施的《证券法》确立了核准制的法律地位。证监会推出了股票发行核准制实施细则。新的核准程序包括:第一,省级人民政府和主管部委批准改制设立股份有限公司;第二,拟发行公司与有资格的证券公司签订辅导(保荐)协议,报当地证管办备案,签订协议后,每两个月上报一次辅导材料,辅导时间为期一年;第三,辅导期满,拟发行公司提出发行申请,证券公司依法予以推荐(保荐);第四,证监会进行合规性初审后,提交发行审核委员会审核,经发审委专家投票表决,最终经证监会核准后,决定其是否具有发行资格。

核准制的第一个阶段是"通道制"。2001年3月17日,证监会宣布取消股票发行审批制,正式实施股票发行核准制下的"通道制"。即主承销商每推荐一家,即相当于占用一个"通道"。到2005年1月1日"通道制"被废除时,全国83家证券公司一共拥有318条通道。

(四)核准制之"保荐制"阶段(2004年至今)

2003年12月28日,证监会颁布了《证券发行上市保荐制度暂行办法》,于2004年2月1日开始实施上市保荐制。"保荐制"起源于英国,全称是保荐代表人制度。中国的保荐制度是指由保荐机构负责发行人的上市推荐和辅导,核实公司发行文件中所载资料的真实、准确和完整,协助发行人建立严格的信息披露制度,保荐机构不仅承担上市后持续督导的责任,还将责任落实到个人。与此同时,建立保荐机构和保荐代表人的注册登记管理制度;明确保荐期限;分清保荐责任;引进持续信用监管和"冷淡对待"的监管措施等4个方面。保荐制度的重点是明确保荐机构和保荐代表人的责任并建立责任追究机制。2008年12月1日实施《证券发行上市保荐业务管理办法》(简称《保荐办法》),随着创业板的推出,该《保荐办法》又由证监会做了相应的修改。但是审批制与核准制缺陷依然明显,具体参见表3-3的3种发行制度比较。

此后几年,虽然在保持原框架不变的情况下,又有些小改小动,但是并没有改变这个市场重融资、轻投资的总体格局,没有保护好投资者尤其是中小投资者的利益,成为各界广泛认同的命门,每次一有新股发行的谣言传出,股市就会以大跌呈现,这种重融资、轻投资的市场格局,早已让这个市场不堪重负,随时都有崩溃的危险。2013年新股发行(简称IPO)暂停之后,证监会在多次辟谣的情况下,强调IPO将有大的改变。

表3-3　3种发行制度的比较

项　目	审　批　制	核　准　制	注　册　制
发行指标、额度	有	无	无
发行上市标准	有	有	无
主要推荐人	主管部门政府或行业	中介机构	中介机构
对发行做实质判断的主体	证监会	中介机构、证监会	中介机构
发行监管性质	证监会实质性审核	中介机构和证监会分担实质性审核职责	中介机构实质性审核、证监会形式审核

资料来源:证监会研究中心。

三、股票发行的条件

我国现行法律、行政法规对股票发行规定了一系列的条件,股票发行分为首次公开发行股票和上市公司发行新股。

(一)首次公开发行股票的条件

我国目前对主板市场和创业板市场的发行与上市规定的条件差异很大(见表 3-4)，主要原因在于主板市场和创业板市场发展的目标是不一样的，创业板主要是对中小高科技企业进行孵化；主板市场主要是一些相对成熟的企业融资和投资者参与的场所，两者的风险水平差异很大。

表 3-4　主板与创业板发行上市条件比较

内　容	A 股主板	A 股创业板
主体资格	(1)依法设立且合法存续的股份有限公司。(2)持续经营时间应当在 3 年以上(有限公司整体变更为股份公司可连续计算)。(3)发行人的注册资本已足额缴纳，发起人或者股东用做出资的资产的财产权转移手续已办完毕，发行人的主要资产不存在重大权属纠纷。(4)发行人的生产经营符合法律、行政法规和公司章程的规定，符合国家产业政策。(5)发行人最近 3 年内主营业务和董事、高级管理人员没有发生重大变化，实际控制人没有发生变更。(6)发行人的股权清晰，控股股东和受控股股东、实际控制人支配的股东持有的发行人股份不存在重大权属纠纷	依法设立且合法存续的股份有限公司。持续经营时间应当在 3 年以上(有限公司整体变更为股份公司可连续计算)；注册资本已足额缴纳，发起人或者股东用作出资的资产的财产权转移手续已办理完毕；主要资产不存在重大权属纠纷；股权清晰，控股股东和受控股股东、实际控制人支配的股东所持发行人的股份不存在重大权属纠纷
独立性	(1)发行人应当具有完整的业务体系和直接面向市场独立经营的能力。(2)发行人的资产完整。(3)发行人的人员独立。(4)发行人的财务独立。(5)发行人的机构独立。(6)发行人的业务独立。(7)发行人在独立性方面不得有其他严重缺陷	资产完整，业务及人员、财务、机构独立，具有完整的业务体系和直接面向市场独立经营的能力。与控股股东、实际控制人及其控制的其他企业间不存在同业竞争。企业主业突出及业务稳定性强，发行人应当主要经营一种业务，其生产经营活动符合法律、行政法规和公司章程的规定，符合国家产业政策及环境保护政策

内　容	A 股主板	A 股创业板
规范运行	(1)依法建立健全股东大会、董事会、监事会、独立董事、董事会秘书制度，相关机构和人员能够依法履行职责。(2)董事、监事和高级管理人员了解与股票发行上市有关的法律法规，知悉其法定义务和责任，知悉上市公司法定义务和责任。(3)董事、监事和高级管理人员符合法律、行政法规和规章规定的任职资格，且不得有违规或禁入等情形。(4)内部控制制度健全且被有效执行，能够合理保证财务报告的可靠性、生产经营的合法性、营运的效率与效果。(5)不存在发行人不得有的情形。(6)公司章程中已明确对外担保的审批权限和审议程序，不存在为控股股东、实际控制人及其控制的其他企业进行违规担保的情形。(7)发行人有严格的资金管理制度，不得有资金被控股股东、实际控制人及其控制的其他企业以借款、代偿债务、代垫款项或者其他方式占用的情形	(1)具有完善的公司治理结构，依法建立健全股东大会、董事会、监事会以及独立董事、董事会秘书、审计委员会制度。(2)董事、监事和高级管理人员了解股票发行上市相关法律法规，知悉上市公司及其董事、监事和高级管理人员的法定义务和责任；(3)最近两年董事、高级管理人员没有发生重大变化；(4)发行人的董事、监事和高级管理人员应当忠实、勤勉，具备法律、行政法规和规章规定的资格；(5)发行人最近两年内主营业务和董事、高级管理人员均没有发生重大变化，实际控制人没有发生变更。(6)与控股股东、实际控制人及其控制的其他企业间不存在同业竞争以及严重影响公司独立性或者显失公允的关联交易
财务与会计	(1)资产质量良好，资产负债结构合理，盈利能力较强，现金流量正常。(2)内部控制在所有重大方面是有效的，并由注册会计师出具了无保留结论的内部控制鉴证报告。(3)会计基础工作规范，财务报表的编制符合企业会计准则和相关会计制度的规定，在所有重大方面公允地反映了发行人的财务状况、经营成果和现金流量，并由注册会计师出具了无保留意见的审计报告。(4)发行人编制财务报表应以实际发生的交易或者事项为依据；在进行会计确认、计量和报告时应当保持应有的谨慎；对相同或者相似的经济业务，应选用一致的会计政策，不得随意变更	(1)最近两年连续盈利，最近两年净利润累计不少于 1000 万元，且持续增长；或者最近一年盈利，且净利润不少于 500 万元。(2)最近一年营业收入不少于 5000 万元，最近两年营业收入增长率均不低于 30%。(3)发行人应当具有持续盈利能力，不存在下列情形：①发行人的经营模式、产品或服务的品种结构已经或者将发生重大变化，并对发行人的持续盈利能力构成重大不利影响

内　容	A股主板	A股创业板
财务与会计	(5)发行人应完整披露关联方关系并按重要性原则恰当披露关联交易。关联交易价格公允,不存在通过关联交易操纵利润的情形。(6)发行人应当符合下列条件:①最近3个会计年度净利润均为正数且累计超过人民币3000万元;②最近3个会计年度经营活动产生的现金流量净额累计超过人民币5000万元;或者最近3个会计年度营业收入累计超过人民币3亿元;③发行前股本总额不少于人民币3000万元;④最近1期末无形资产(扣除土地使用权、水面养殖权和采矿权等后)占净资产的比例不高于20%;⑤最近1期末不存在未弥补亏损。(7)依法纳税,各项税收优惠符合相关法律法规的规定。发行人的经营成果对税收优惠不存在严重依赖。(8)不存在重大偿债风险,不存在影响持续经营的担保、诉讼以及仲裁等重大或有事项。(9)申报文件中不得有下列情形:①故意遗漏或虚构交易、事项或者其他重要信息;②滥用会计政策或者会计估计;③操纵、伪造或篡改编制财务报表所依据的会计记录或者相关凭证。(10)发行人不得有影响持续盈利能力的情形	②发行人的行业地位或发行人所处行业的经营环境已经或者将发生重大变化,并对发行人的持续盈利能力构成重大不利影响。③发行人在用的商标、专利、专有技术、特许经营权等重要资产或者技术的取得或者使用存在重大不利变化的风险。④发行人最近1年的营业收入或净利润对关联方或者有重大不确定性的客户存在重大依赖。⑤发行人最近1年的净利润主要来自合并财务报表范围以外的投资收益。⑥其他可能对发行人持续盈利能力构成重大不利影响的情形。(4)最近1期末净资产不少于2000万元,且不存在未弥补亏损。(5)发行后股本总额不少于3000万元
募集资金运用	(1)募集资金应有明确的使用方向,原则上应当用于主营业务。(2)募集资金数额和投资项目应当与发行人现有生产经营规模、财务状况、技术水平和管理能力等相适应。(3)募集资金投资项目应当符合国家产业政策、投资管理、环境保护、土地管理以及其他法律、法规和规章的规定。(4)董事会应当对募集资金投资项目的可行性进行认真分析,确信投资项目具有较好的市场前景和盈利能力,有效防范投资风险,提高募集资金使用效益。(5)募集资金投资项目实施后,不会产生同业竞争或者对发行人的独立性产生不利影响。(6)发行人应当建立募集资金专项存储制度,募集资金应当存放于董事会决定的专项账户	(1)发行人募集资金应当用于主营业务,并有明确的用途。(2)募集资金数额和投资项目应当与发行人现有生产经营规模、财务状况、技术水平和管理能力等相适应。(3)发行人应当建立募集资金专项存储制度,募集资金应当存放于董事会决定的专项账户

续表

内　容	A 股主板	A 股创业板
环保核查	(1)排放的主要污染物达到国家或地方规定的排放标准；(2)依法领取排污许可证，并达到排污许可证的要求；(3)企业单位主要产品主要污染物排放量达到国内同行业先进水平；(4)工业固体废物和危险废物安全处置率均达到 100%；(5)新、改、扩建项目"环境影响评价"和"三同时"制度执行率达到 100%，并经环保部门验收合格；(6)环保设施稳定运转率达到 95%以上；(7)按规定缴纳排污费；(8)产品及其生产过程中不含有或使用国家法律、法规、标准中禁用的物质以及我国签署的国际公约中禁用的物质	发行人应当主要经营一种业务，其生产经营活动符合法律、行政法规和公司章程的规定，符合国家产业政策及环境保护政策

(二)上市公司发行新股的条件

根据《证券法》第十三条的有关规定，上市公司公开发行新股，应当符合下列条件。

(1) 具备健全且运行良好的组织机构；

(2) 具有持续盈利能力，财务状况良好；

(3) 最近三年财务会计文件无虚假记载，无其他重大违法行为；

(4) 经国务院批准的国务院证券监督管理机构规定的其他条件。

中国证监会于 2006 年 5 月制定并发布《上市公司证券发行管理办法》，对上市公司发行证券的一般性条件及上市公司配股、增发，发行可转换债券、认股权证和债券分离交易的可转换公司债券以及非公开发行股票的条件做出了规定。

四、我国股票发行方式的演变

我国在股票发行方式方面的变动很多，按时间和方式种类大约可以分为以下几个。

1. 自办发行

从 1984 年股份制试点到 20 世纪 90 年代初期，这个阶段股票发行的特点是：第一，面值不统一，有 100 元的，有 50 元的，一般按照面值发行；第二，发行对象多为内部职工和地方性的公众；第三，发行方式多为自办发行，没有承销商，很少有中介机构参加。

2. 有限量发售认购证

1991—1992 年，股票发行采取有限量发售认购证方式。该方式存在明显的弊端，极易发生抢购风潮，造成社会动荡，出现私自截留申请表等徇私舞弊现象。因深圳"8·10 事件"，这种方式不再采用。

3. 无限量发售认购证

1992 年，上海率先采用无限量发售认购证摇号中签方式。这种方式基本避免了有限量发行方式的主要弊端，体现了"三公"原则。但是，认购量的不确定性会造成社会资源不必要的浪费，认购成本过高。

4. 无限量发售申请表方式以及与银行储蓄存款挂钩方式

1993 年 8 月 18 日，国务院证券委颁布的《1993 年股票发售与认购办法》规定，发行方式可以采用无限量发售申请表和与银行储蓄存款挂钩方式。

5. 上网竞价方式

该方式是指投资者通过证券交易所计算机交易网络系统进行竞价，确定股票实际发行价并完成发行的发行方式。只在 1994 年哈岁宝、厦门夏华、青海三普等几只股票进行过试点，因发行价格极易被机构操纵，之后没有被采用。

6. 全额预缴款、比例配售(1994 年)

这是储蓄存款挂钩方式的延伸，但它更方便，而且节省时间。它又包括两种方式："全额预缴、比例配售、余款即退"和"全额预缴、比例配售、余款转存"。

7. 上网定价抽签发行(1995—1997 年)

上网定价抽签发行类似于网下的"全额预缴、比例配售、余款即退"发行方式，只是一切工作均利用交易所网络自动进行，与其他曾使用过的发行方式比较，是最为完善的一种。这种发行方式效率高、成本低、安全快捷，避免了资金体外流动，完全消除了一级半市场，1996 年以来被普遍采用。

8. 基金及法人配售(1999—2000 年)

即在新股发行过程中，一边采用上网定价抽签发行方式发行，同时又给基金和法人机构优惠，允许他们按发行价格配售一定数量的新股。

上网发行是指投资者通过证券交易所计算机交易网络系统进行股票发行的方式。上网发行又分为上网竞价发行和上网定价发行。目前我国使用的股票询价发行本质上属于上网定价发行的一种。

9. 向二级市场投资者市值配售(2000 年)

2000 年 2 月《关于向二级市场投资者配售新股有关问题的通知》的出台将一级市场的定价行为和二级市场的投资行为相挂钩。向流通市场投资者配售，二级市场的投资者可以根据其持有上市流通证券的市值和折算的申购限量进行自愿申购。这一方式由于不需事先动用资金，中签者只需缴款认购即可。因此在2001—2005年的大熊市中，对新股的发行起到了异乎寻常的作用。

10. 股票询价制度(2004年至今)

2004年12月11日，中国证监会发布了《关于首次公开发行股票试行询价制度若干问题的通知》，规定首次公开发行股票的公司及其保荐机构应通过向询价对象询价的方式确定股票发行价格，从而确定了股票发行询价制度。2006年9月18日，中国证监会发布了《证券发行与承销管理办法》，对询价制度在实践的基础上进行了完善。

根据询价制度的规定，询价分为初步询价和累计投标询价两个阶段。初步询价是指发行人及其保荐机构向询价对象进行询价，并根据询价对象的报价结果确定发行价格区间及相应的市盈率区间。在深交所中小企业板上市的公司，可以通过初步询价直接定价，在主板市场上市的公司必须经过初步询价和累计投标询价两个阶段定价。

询价对象是指符合中国证监会规定条件的证券投资基金管理公司、证券公司、信托投资公司、财务公司、保险机构投资者和合格境外机构投资者，以及其他经中国证监会认可的机构投资者，即符合审核标准备忘录第18号的要求的投资者，询价对象的名称及联系方式等信息在中国证券业协会网站(www.sac.org.cn)公告。

询价对象可以自主决定是否参与初步询价，询价对象申请参与初步询价的，主承销商无正当理由不得拒绝。未参与初步询价或者参与初步询价但未有效报价的询价对象，不得参与累计投标询价和网下配售。初步询价结束后，公开发行股票数量在4亿股以下，提供有效报价的询价对象不足20家的，或者公开发行股票数量在4亿股以上，提供有效报价的询价对象不足50家的，发行人及其主承销商不得确定发行价格，并应当中止发行。

在初步询价阶段，保荐机构应向询价对象提供投资价值研究报告。投资价值研究报告应对影响发行价格的因素进行全面、客观的分析，至少应包括发行人所处的行业分析、盈利模式、经营状况、募集资金投资项目、同行业上市公司股票二级市场表现及市场整体走势等因素对发行人股票定价的影响。

在网下配售股份阶段，如果发行价格以上的申购总量大于拟向询价对象配售的股份数量，应对发行价格以上的全部有效申购进行同比例配售，询价对象应承诺将参与网下配售获配的股票锁定3个月以上，锁定期自发行人公开发行的股票上市之日起计算。

11. 上网发行资金申购(2006年)

2006年5月20日，沪深证券交易所分别颁布了股票上网发行资金申购实施办法，发行人通过证券交易所交易系统采用上网资金申购方式公开发行股票。2008年3月，在首发上市中首次尝试采用网下发行电子化方式，标志着我国证券发行中网下发行电子化的启动。

12. 二次发售机制(2001 年)

中国新股发行机制陆续引进了一些二次发售机制,如"绿鞋"机制和"回拨"机制。"绿鞋"机制又称"超额配售选择权",它是指发行人授予主承销商的一项选择权,获此授权的主承销商按同一发行价格超额发售不超过包销数额 15%的股份,在增发包销部分的股票上市之日起 30 日内,主承销商有权根据市场情况选择从集中竞价交易市场购买发行人股票,或者要求发行人增发股票,分配给对此超额发售部分提出认购申请的投资者。首次公开发行股票的数量在 4 亿股以上的,发行人和主承销商才可以在发行方案中采用超额配售选择权。

五、首次公开发行股票的程序

企业首次公开发行股票的程序如下。

(一)立项、聘请中介机构

这一阶段的主要工作是申请人聘请具有改组和主承销商经验的证券公司作为企业股份制改组的财务顾问,聘请会计师事务所、资产评估事务所、律师事务所等专业性机构,对其资产资信、财务状况等进行审计、评估,并就相关事项出具财务状况意见书、资产评估意见书以及法律意见书,保荐人负责对拟上市企业发行股票的辅导、报批、推荐、定价和承销等工作。

(二)企业改制,设立股份有限公司

这一阶段的主要工作包括:股份制改组的清产核资、产权界定、资产评估、报表审计、改组中的业绩计算;形成清晰的业务发展战略目标,合理配置存量资源;突出主营业务,形成核心竞争力和持续发展的能力;避免同业竞争,减少和规范关联交易;产权关系清晰,不存在法律障碍;建立公司治理结构并规范运作。

(三)进入辅导期

保荐人对拟上市公司进行辅导。经辅导机构申请,证监会派出机构对拟上市公司的改制、运行情况及辅导内容、辅导效果进行评估和调查,并出具调查报告。

(四)制作申报材料并内核

在这一阶段,由拟上市公司和所聘请的证券中介机构制作申请文件,研究招股说明书;审核主承销商质量、项目监控体系、保荐人制度等。

(五)报送申请股票发行文件

由发行保荐人向中国证监会申报股票发行文件。证监会在收到文件后 5 个工作日内做出是否受理的决定。

(六)证监会初审、审核、核准

发行人报送申请股票发行文件的同时将申请文件的招股意向书在证监会网站上预披露。保荐人向证监会提交发行保荐书,证监会对发行人申请文件的合规性进行初审,在 30 日内将初审意见函告发行人及保荐人。召开 7 人构成的发行审核委员会会议,以记名投票方式对股票发行申请进行表决,证监会根据表决结果出具核准或是不予核准的意见。

(七)询价、路演和上网资金申购发行与网下配售

发行申请经证监会核准。发行人根据证监会的安排,公告招股意向书。保荐人负责网上路演推介和询价。保荐机构向询价对象提供投资价值分析报告,询价分为初步询价和累计投标询价,询价区间及累计投标询价确定的发行价格等信息都要及时公告。完成上网资金申购发行与网下配售股票的股票发行过程。

(八)上市交易

发行人向拟上市交易所提交申请文件,同时保荐人向证券交易所提交上市保荐书以及证券交易所要求的其他与保荐业务有关的文件,上市申请获准后,发行人与交易所签订上市协议书,履行上市承诺,缴纳上市费用,刊登上市公告书,完成股票的上市。

(九)持续督导期

这一阶段的主要工作包括:公司治理和内部控制的合规性和有效性、公司募集资金使用的合规性和效益情况、公司与大股东及其他关联方的资金往来的合规性、公司重大关联交易、对外担保情况的合规性、公司信息披露的合规性、中国证监会规定及保荐协议约定的其他内容。持续督导期通过制订持续督导计划、定期沟通和现场检查等方式实现对上市公司的后期督导。

专栏 3-1 发行制度缺陷导致发行价很荒唐

2009 年 3 月 6 日,全国政协委员、证监会副主席范福春答记者问,在谈及新股发行制度改革的问题时表示,重点要解决长期以来由新股询价所形成的发行价与交易所上市交易之前集合竞价形成的交易基础价背离太大的问题。为此,范福春还举例说,去年手机上有一个段子:"问君能有几多愁,恰似 48 元满仓中石油",可见大家多不满,几个月交易证明,

那个开盘价是很荒唐的。

作为证监会副主席的范福春，能够正视"中石油开盘价很荒唐"的问题，这是监管部门的一大进步。不过，如何解决这个问题？范福春提出的"重点要解决由新股询价所形成的发行价与交易所上市交易之前集合竞价形成的交易基础价背离太大的问题"，这其实还只是一种表象，实质性的问题是整个新股发行制度存在严重弊端。

不难看出，中石油开盘价很荒唐，完全是因为新股发行制度很荒唐造成的，它涉及的是发行制度全方位的问题。因此，要避免中石油开盘价很荒唐这样的事情在股市中再次发生，就必须对新股发行制度进行全面的改革；要实行全流通的新股发行，让大小非(限)的持股成本与公众股的发行价格基本接轨；赋予大小非在上市首日上市流通的权利，这样新股发行价格的高企问题以及上市首日开盘价很荒唐的问题也就迎刃而解了。因此，要不要解决中石油开盘价很荒唐的问题，实不实行全流通发行就是最好的试金石。

(资料来源：每日经济新闻，2009年3月10日)

第三节　债券发行

一、公司债券发行

公司债券发行是指公司债券从发行者手中转换到债券投资者手中的过程。公司发行债券的实质是以负债方式向社会公众筹措资金。发行公司债券必须具备法定条件，这些条件涉及债券总额、债券利率水平、公司净资产数额、公司盈利水平、政府产业政策等。公司债券发行分为公募发行和私募发行。

按照债券的实际发行价格和票面价格的异同，债券的发行可分为平价发行、溢价发行和折价发行。①平价发行，是指债券的发行价格和票面额相等，因而发行收入的数额和将来还本数额也相等。前提是债券发行利率和市场利率相同，这在西方国家中比较少见。②溢价发行，是指债券的发行价格高于票面额，以后偿还本金时仍按票面额偿还。只有在债券票面利率高于市场利率的条件下才能采用这种方式发行。③折价发行，指债券发行价格低于债券票面额，而偿还时却要按票面额偿还本金。折价发行是因为规定的票面利率低于市场利率。

公司债券的发行方式包括直接发行和间接发行两种。直接发行是公司直接向投资者发行债券。其发行成本低，无须公开财务资料，但发行量和社会影响较小。间接发行是公司通过证券发行中介机构向投资者发行债券。具体方式有代销、余额包销和全额包销。

专栏 3-2　国债预发行

国债预发行是指以即将发行的记账式国债为标的进行的债券买卖行为，也就是在国债正式招标发行前特定期间买卖双方进行交易，并约定在国债招标后按约定价格进行资金和国债交收的交易行为。国债预发行业务也有助于降低国债承销商的承销风险，也有助于进一步改善国债市场价格发现功能，促进国债市场功能的充分发挥。

2013 年 3 月 22 日，财政部、人民银行和证监会联合发布了《关于开展国债预发行试点的通知》，明确了国债预发行业务的基本原则；7 月 8 日财政部、人民银行和证监会联合发布了《关于 7 年期国债开展预发行试点的通知》，明确 7 年期国债作为首批开展预发行试点的券种。

二、可转换债券发行

上市公司发行可转换公司债券，除应当符合《可转换公司债券管理暂行办法》第九条规定的条件外，还应当符合以下要求。

(1) 经注册会计师核验，公司最近 6 个会计年度加权平均净资产利润率平均在 10%以上；属于能源、原材料、基础设施类的公司可以略低，但是不得低于 7%。经注册会计师核验，公司扣除非经常性损益后，最近 3 个会计年度的净资产利润率平均值原则上不得低于6%。公司最近 3 个会计年度净资产利润率平均低于 6%的，公司应当具有良好的现金流量。最近 3 年内发生过重大重组的公司，以重组后的业务以前年度经审计的盈利情况计算净资产利润率。上市不满 3 年的公司，以最近 3 个会计年度平均的净资产利润率与股份公司设立后会计年度平均的净资产利润率相比较低的数据为准。

(2) 上市公司发行可转换公司债券前，累计债券余额不得超过公司净资产额的 40%，本次可转换公司债券发行后，累计债券余额不得高于公司净资产额的 80%。公司的净资产额以发行前一年经审计的年报数据为准。

三、融资券的发行条件

融资券有短期和长期之分。短期融资券是由企业发行的无担保短期本票。在我国，短期融资券是指企业依照《短期融资券管理办法》的条件和程序在银行间债券市场发行和交易并约定在一定期限内还本付息的有价证券，是企业筹措短期(1 年以内)资金的直接融资方式。偿还期限在 10 年以上的叫作长期融资券。

一般来说，融资券在银行间债券市场交易，个人投资者无法直接参与投资，机构投资者才能参与投资。

第四节　证券信用评级制度

一、证券信用评级的含义

证券信用评级，是指对评级对象的特定债券或相关债务在其有效期内及时偿付的能力和意愿的评估。它强调的是对企业特定的偿债能力所做的评级，而不是对企业的各个方面的风险做的综合评级，例如利率风险、投资风险、汇率风险等。信用评级是对企业的偿债能力和意愿的评估，它的指向是企业的负债，可以是全部的负债也可以是特定的负债。

二、证券信用评级的依据

进行信用评级主要依据如下内容。

(1) 经济环境。主要是宏观经济环境、企业在宏观经济中所处的地位和发展趋势、对本企业影响重大的相关产业的发展趋势、政府和企业的关系等。

(2) 市场环境。主要是产品在市场上的需求程度、企业在该行业中的地位、该企业产品的市场占有率、与同类企业或可替代企业竞争状况等。

(3) 企业素质。主要是企业自身的基本状况，包括管理者的素质、经营管理机制、企业职工素质、企业组织机构、科技创新能力等。

(4) 财务状况。主要是企业的财务政策及盈利能力、现金流量、债务水平、偿债能力的分析及预测。

(5) 债务担保。债务担保是信用评级所要考察的一项重要内容，担保人的可靠程度，对于被评级企业的信用等级可以起到重要影响。

三、证券信用评级的程序

信用评级是一项十分严肃的工作，评估的结果将决定一个企业的融资生命，是对一个企业或证券资信状况的鉴定书。因此，必须有严格的评估程序加以保证。评估的结果与评估的程序密切相关，评估程序体现了评估的整个过程，没有严格的评估程序，就不可能有客观、公正的评估结果。评估程序通常可以分为如图 3-2 所示的 7 个阶段。

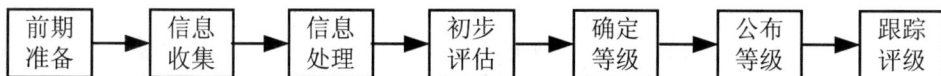

前期准备 → 信息收集 → 信息处理 → 初步评估 → 确定等级 → 公布等级 → 跟踪评级

图 3-2　信用评级程序

以上是独立的信用评级公司接受评估客户委托进行信用评级的一般程序，至于银行信贷部门评定企业信用等级或独立的信用评级公司对外进行无偿评级，评估程序就比较简单，不必征求客户意见，也不一定去现场召开座谈会，可以根据需要灵活掌握。

四、信用等级划分

信用评级机构是金融市场上一个重要的服务性中介机构，它是由专门的经济、法律、财务专家组成的对证券发行人和证券信用进行等级评定的组织。

目前国际上公认的最具权威性的信用评级机构，主要有美国标准·普尔公司和穆迪投资服务公司。上述两家公司负责评级的债券很广泛，包括地方政府债券、公司债券、外国债券等，由于他们占有详尽的资料，采用先进科学的分析技术，又有丰富的实践经验和大量专门人才，因此他们所做出的信用评级具有很高的权威性。

标准·普尔公司信用等级标准从高到低可划分为 AAA 级、AA 级、A 级、BBB 级、BB 级、B 级、CCC 级、CC 级、C 级和 D 级。穆迪投资服务公司信用等级标准从高到低可划分为 Aaa 级、Aa 级、A 级、Baa 级、Ba 级、B 级、Caa 级、Ca 级、C 级和 D 级。两家机构信用等级划分大同小异。前四个级别债券信誉高、风险小，是"投资级债券"；第五级开始的债券信誉低，是"投机级债券"。

标准·普尔公司和穆迪投资服务公司都是独立的私人企业，不受政府的控制，也独立于证券交易所和证券公司。他们所做出的信用评级不具有向投资者推荐这些债券的含义，只是供投资者决策时参考，因此，他们对投资者负有道义上的义务，但并不承担任何法律上的责任。

(一)A 级证券

A 级债券是最高级别的债券，其特点是：本金和收益的安全性最大；受经济形势影响的程度较小；收益水平较低，筹资成本也低。对于 A 级债券来说，利率的变化比经济状况的变化更为重要。因此，一般人们把 A 级债券称为信誉良好的"金边债券"，对特别注重利息收入的投资者或保值者是较好的选择。

(二)B 级债券

B 级债券对那些熟练的证券投资者来说特别有吸引力，因为这些投资者不情愿只购买收益较低的 A 级债券，而甘愿冒一定风险购买收益较高的 B 级债券。B 级债券的特点是：债券的安全性、稳定性以及利息收益会受到经济中不稳定因素的影响；经济形势的变化对这类债券的价值影响很大；投资者冒一定风险，但收益水平较高，筹资成本与费用也较高。因此，对 B 级债券的投资，投资者必须具有选择与管理证券的良好能力。对愿意承担一定风险，又想取得较高收益的投资者，投资 B 级债券是较好的选择。

(三)C 级和 D 级债券

C 级和 D 级是投机性或赌博性的债券。从正常投资角度来看，没有多大的经济意义，但对于敢于承担风险，试图从差价变动中取得巨大收益的投资者，C 级和 D 级债券也是一种可供选择的投资对象。

专栏 3-3　我国信用评估机构的发展

自 1987 年以来，我国信用评级机构从无到有、由小到大，经历了一个逐步发展的过程，大致经历了 4 个阶段。

第一阶段从 1987 年秋到 1989 年秋，各地组建资信评估机构，我国信用评级事业进入初创阶段。开始中国人民银行和国家体改委为统一规范证券市场，提出在各地组建评估机构的设想和要求。1988 年北京召开信用评级问题研讨会之后，中国工商银行调查信息部和中国农业银行信息部等单位制定了《企业信用评估试行办法》和《企业信用等级评定试行办法》。这个阶段，人民银行系统组建了 20 多家评估机构。参考国际做法，结合我国实际，初步制定了信用评级办法，大都侧重在各类企业的信用度评估。

第二阶段从 1989 年秋到 1990 年夏，各地评估机构清理整顿，评级业务处于原地踏步、萎缩阶段。鉴于当时中央"双紧"政策，1989 年 9 月下发《关于撤销人民银行设立的证券公司、信誉评级公司的通知》，资信评估公司一律撤销。这个阶段评估机构萎缩，评级业务处于维持状态。

第三阶段从 1990 年秋到 1992 年年底，信用评级事业进入以组建信誉评级委员会为基本模式开发业务的新发展阶段。明确规定了评估机构的性质、服务宗旨、业务范围、审批程序等问题，并由专家讨论后具体修改了评级指标体系的框架结构、评价重点、计算公式、文字体裁、要领含义等。

第四阶段从 1992 年 12 月到 1993 年年末，我国资信评估逐步走向成熟。1992 年 12 月，国务院下发《国务院关于进一步加强证券市场宏观管理的通知》，规定证券的发行必须经过严格财务审核、信用评级，按照产业政策的要求从严掌握。

本 章 小 结

证券市场是证券发行和交易的场所。

证券市场	它与一般商品交易市场在交易对象、交易目的、交易对象的价格决定、市场风险等方面都有所不同
股票发行	当前,世界各国采用最多、最普遍的方式是公开和间接发行,目前我国在股票发行中主要采用的是上网定价发行办法。发行可转换债券的公司应当按照其转换办法向债券持有人换发股票,但债券持有人对转换股票或者不转换股票有选择权
信用评级	目前国际上公认的最具权威性的信用评级机构,主要有美国标准·普尔公司和穆迪投资服务公司,它们对投资者只负有道义上的义务,不承担任何法律上的责任

案例思考

中国神华拟发行 18 亿 A 股

香港 H 股上市的七大能源股巨头之一的中国神华(1088.HK)昨晚在联交所发布公告,称董事会已于 2007 年 6 月 30 日做出决议,在取得股东大会、上交所和监管部门批准后,将向监管部门提出申请公开发售不超过 18 亿股 A 股。此次 A 股发行募集的资金将全部用于投资和更新煤炭、电力和运输系统以及收购国内和国外的战略资产等用途。

中国神华(1088.HK)在上周最后一个交易日(6 月 29 日)刚升破 10 天平均价,报 26.95 港元,升 1.7%。中国神华总股数为 180.90 亿股,其中母公司神华集团占 81.21%,即 146.914 亿股,H 股公众股东占 18.79%,即 33.986 亿股。

中国神华认为,A 股发行将建立新的融资平台,为公司业务的持续发展提供资金并进一步提升竞争力。董事会称,回归 A 股,将为股东带来利润收益,符合公司及股东的整体利益。

而基于 A 股发行的需要,董事会在公告中表示,建议修改公司章程、股东大会议事规则、董事会议事规则以及监事会议事规则。中国神华同时提醒,并不能保证一定会进行 A 股发行,有关 A 股发行的详情将适时披露。

1. 机构调高投资评级

受神华计划发行 A 股上市消息的影响,中银国际日前的研究报告对其唱好,将投资评级由"同步大市"调高至"优于大市"。中银国际认为,在下半年该股可能获母公司注入资金,目标价从 24.3 港元调高到 28.5 港元。

摩根大通日前发表报告指出,虽然 2007 年下半年煤价会继续上升可能导致神华每股盈利预测减少 4%,但仍然对神华资产为股东带来价值有信心,维持该股"增持"评级,目标价在 31 港元。

中国神华是在香港 H 股上市的七大能源股巨头之一,2007 年 3 月在《福布斯》杂志公布的"2007 年全球 2000 领先企业"排行榜中位列第 423。

神华旗下拥有多个能源基地,并且依靠铁路、港口织成了一张煤炭、油品运输网络。

2. 回归时间表

2005 年 6 月 15 日，中国神华能源股份有限公司在香港联交所上市，成为当时全球煤炭企业上市以来最大的 IPO，创造了当时国企海外上市市净率的最高纪录。

2007 年 4 月 17 日，神华集团执行董事、总裁凌文透露了中国神华回归 A 股以及母公司神华集团整体上市的计划，称将逐步向母公司收购煤矿、电力、煤制油资产，最终实现集团整体上市的目标。

2007 年 6 月，媒体披露，建行、中国石油、中国神华、中国电信 4 家大型红筹股票的 A 股计划均由国务院特别批准，采用的方式都是在 A 股市场发行新股。

根据以上资料理解股票发行程序及信用评级机构的作用。

(资料来源：广州日报，2007-07-03)

习 题

一、单选题

1. 股份有限公司的破产标准是(　　)。
   - A. 资产负债标准
   - B. 资不抵债标准
   - C. 盈亏平衡标准
   - D. 现金流量标准

2. 证券公司代发行人发售证券，在承销期结束后，将未出售的证券全部退还给发行人的承销方式称为(　　)。
   - A. 全额包销
   - B. 余额包销
   - C. 包销
   - D. 代销

3. 欧洲美元债券属于(　　)。
   - A. 本国债券
   - B. 外国债券
   - C. 欧洲债券
   - D. 武士债券

4. 全额包销方式未售出部分由(　　)持有。
   - A. 发行人
   - B. 发起人
   - C. 承销商
   - D. 董事会

5. 市盈率是指(　　)之间的比率。
   - A. 股票市价与每股股息
   - B. 股票市价与每股净资产
   - C. 股票市价与每股收益
   - D. 股票股息与每股收益

6. 在股份有限公司里，(　　)是指依照有关法律规定为设立公司而签署公司章程，向公司认购股份并履行公司设立职责的人。
   - A. 经理人
   - B. 董事长
   - C. 发起人
   - D. 股东

7. 设立股份有限公司时，当公司不能成立，设立行为所产生的债务及费用，由发起人负(　　)。
   - A. 连带责任
   - B. 全部责任
   - C. 出资额为限承担有限责任
   - D. 以上均不对

8. 发行监管制度的核心内容是股票发行(   )的归属。
    A. 决定权   B. 注册权   C. 审核权   D. 定价权

9. 2005年1月1日实行(   ),标志着我国公开发行股票市场化定价机制的初步建立。
    A. 首次公开发行股票询价制度   B. 上市保荐制度
    C. 上市审核制度   D. 股票定价制度

10. 1998年通过的《证券法》规定公司债券上市交易采用(   )。
    A. 审批制   B. 核准制   C. 审核制   D. 备案制

11. 证券公司的投资银行业务由(   )负责监管。
    A. 中国证监会   B. 中国证券业协会   C. 中国银监会   D. 中国保监会

12. (   )是指发行人申请发行证券,不仅要公开披露与发行证券有关的信息,符合《公司法》和《证券法》中规定的条件,而且要求发行人将发行申请报请证券监管部门决定的审核制度。
    A. 审批制   B. 注册制   C. 核准制   D. 以上都不对

13. 上市公司向原股东配售股份的,拟配售股份数量不应超过本次配售股份前股本总额的(   )。
    A. 10%   B. 20%   C. 30%   D. 40%

14. 股东大会就发行证券事项做出决议,必须经出席会议的股东所持表决权的(   )以上通过。
    A. 1/2   B. 1/3   C. 2/3   D. 全票

15. 上市公司发行新股,证监会收到申请文件后,在(   )个工作日内做出是否受理的决定。
    A. 3   B. 5   C. 7   D. 10

16. 股份有限公司的(   )是指依法持有股份有限公司股份的自然人或是法人,即公司股份的所有者。
    A. 股东   B. 经理人   C. 董事   D. 监事

17. 股东大会选举董事、监事,可以依照公司章程的规定或者股东大会的决议,实行(   )。
    A. 匿名投票制   B. 一人一票制   C. 累计投票制   D. 以上均不对

18. 股份有限公司年会应当于上一会计年度结束之日起的(   )个月内举行。
    A. 3   B. 6   C. 9   D. 10

19. 监事会每(   )个月至少召开一次会议。
    A. 3   B. 6   C. 9   D. 10

20. 股份有限公司的股权激励计划应该由出席股东大会会议的股东所持表决权(   )以上通过。
    A. 1/2   B. 1/3   C. 2/3   D. 3/4

二、多选题

1. 向证券监督管理机构提出股票上市交易申请时，应当提交(　　)等。
   A. 上市报告书　　　　　　　　B. 申请上市的股东大会决议
   C. 公司章程　　　　　　　　　D. 上市保荐书

2. 为保证股份有限公司的正常经营活动和保护公司债权人的利益，股份有限公司资本的确立应坚持(　　)原则。
   A. 资本确定　　　　　B. 资本维持　　　　C. 资本不变
   D. 资本保值　　　　　E. 资本增加

3. 股份一般具有(　　)的特点。
   A. 金额性　　　　　　B. 平等性　　　　　C. 不可分性　　　　D. 可转让性

4. 储蓄国债发行可采用(　　)方式发行。
   A. 包销　　　　　　　B. 代销　　　　　　C. 公开招标　　　　D. 分销

5. 股票发行费用主要包括(　　)。
   A. 中介机构费　　　　B. 上网费　　　　　C. 申报费　　　　　D. 税款

6. 在我国，股份有限公司的组织机构一般为(　　)。
   A. 股东大会　　　B. 董事会　　　　　C. 经理　　　　　　D. 监事会

7. 在股东大会的提案中，提案的内容应当属于股东大会职权范围，并且符合(　　)的有关规定。
   A. 法律　　　　B. 行政法律　　　　C. 公司章程　　　　D. 公司规章制度

8. 公司应当向聘用的会计师事务所提供真实，完整的(　　)，不得拒绝、隐匿、谎报。
   A. 会计凭证　　　　　　　　　B. 会计账簿
   C. 财务会计报告　　　　　　　D. 其他会计资料

9. 我国股票发行的发展变化具体表现在(　　)3个方面。
   A. 发行监管　　　B. 发行方式　　　　C. 发行定价　　　　D. 发行种类

10. (　　)不宜作为股份有限公司的发起人。
    A. 工会　　　　　　　　　　　B. 自然人
    C. 国家拨款的大学　　　　　　D. 法人

11. 保荐机构依法对发行人申请文件、证券发行募集文件进行核查，向(　　)出具保荐意见。
    A. 上市公司所在地工商管理机构　　　B. 证券业协会
    C. 中国证监会　　　　　　　　　　　D. 证券交易所

12. 审计意见分为(　　)几类。
    A. 无保留意见　　　　　　　　B. 非无保留意见
    C. 保留意见　　　　　　　　　D. 无法表示意见

13. 发行人在主板首次公开发行股票时，其独立性体现在发行人的(　　)。
　　A. 资产完整　　　B. 人员独立　　　C. 财务独立　　　D. 机构独立

14. 在主板上市公司 IPO 的核准程序包括申报、受理、初审和(　　)。
　　A. 预披露　　　　B. 披露　　　　　C. 发审委审核　　D. 决定

15. 申请上市的企业应符合相关文件的环保审查要求，其中列明的重污染行业包括(　　)。
　　A. 水泥　　　　　B. 酿造　　　　　C. 纺织　　　　　D. 采矿业

三、判断题

1. 股票发行采用代销方式，代销期限届满，向投资者出售的股票数量未达到拟公开发行股票数量80%的，为发行失败。　　　　　　　　　　　　　　(　　)

2. 如果上市公司对增发未做盈利预测的，证监会将不予核准其新股发行。(　　)

3. 股东大会通过发行议案后，公司应在2个工作日内公布股东大会的决议。(　　)

4. 上市公司股东大会发行新股决议有效期为6个月，决议失效后仍决定实施发行新股的，需要重新提交股东大会表决。　　　　　　　　　　　　　　(　　)

5. 发行申请人按照中国证监会颁布的《公开发行证券公司信息披露内容与格式准则》制作申请文件，由承销商推荐，并向中国证监会申报。　　　　　　(　　)

6. 新股发行时，发行人报送的申请文件必须在指定报刊或网站进行披露。(　　)

7. 公司配售股票的对象为全体股东。　　　　　　　　　　　　　　(　　)

8. 上市公司只有在接到中国证监会核准发行新股的通知后，方可公告配股说明书或招股意向书。　　　　　　　　　　　　　　　　　　　　　　　(　　)

9. 上市公司公开发行新股包括向原股东配售股份和向不特定对象公开募集股份。
　　　　　　　　　　　　　　　　　　　　　　　　　　　　　　(　　)

10. 上市公司申请增发新股募集资金量不超过公司上年度未经审计的净利润。(　　)

11. 私募发行的股票，股款缴纳和股份交收是同时完成的。　　　　　(　　)

12. 增发新股过程中的信息披露时间的起点是刊登招股说明书。　　　(　　)

13. 公司董事必须保证招股说明书的内容真实、完整、准确，并在其承销结束后有剩余。
　　　　　　　　　　　　　　　　　　　　　　　　　　　　　　(　　)

14. 获准配股的上市公司应当在股权登记日前至少2个工作日公告配股说明书。
　　　　　　　　　　　　　　　　　　　　　　　　　　　　　　(　　)

15. 公开发行新股的申请文件是上市公司为发行新股向证券交易所报送的必备文件。
　　　　　　　　　　　　　　　　　　　　　　　　　　　　　　(　　)

四、名词解释

证券市场　证券发行市场　证券发行　创业板

五、简答题

1. 简述主板市场的发行条件。
2. 简述创业板市场的发行条件。
3. 首次公开发行股票的程序。
4. 简述全额包销与余额包销的区别和联系。
5. 简述我国股票的主要发行方式。

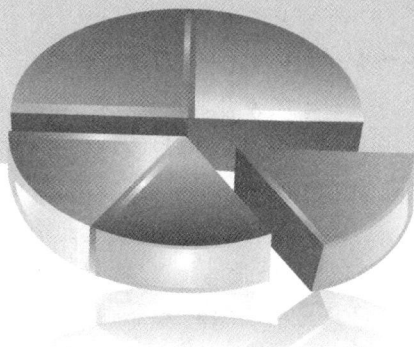

第四章

证 券 交 易

本章精粹：

- 证券交易概述
- 证券交易的程序
- 证券交易成本
- 股价指数

案例导入 印花税调整对股票市场的影响

经国务院批准，财政部、国家税务总局决定从 2008 年 9 月 19 日起，调整证券(股票)交易印花税征收方式，将现行的对买卖、继承、赠予所书立的 A 股、B 股股权转让书据按 1‰ 的税率对双方当事人征收证券(股票)交易印花税，调整为单边征税，即对买卖、继承、赠予所书立的 A 股、B 股股权转让书据的出让方按 1‰ 的税率征收证券(股票)交易印花税，对受让方不再征税。

深沪大盘再现历史罕见的全线涨停局面，深沪股指分别暴涨 9.00% 和 9.45%，挂牌交易的 1514 只个股悉数涨停，两市合计成交约 678.03 亿元。从盘面情况看，两市个股全线涨停，挂牌交易的 1514 只个股全部以涨停报收。另外两只新股川润股份(002272)和水晶光电(002273)涨幅分别达到 254.41% 和 232.24%。上证综合指数报收 2075.09 点，上涨 179.25 点，涨幅 9.45%，深证成指收盘 7154.00 点，上涨 590.93 点，涨幅 9.00%。为什么印花税的调整会导致股票市场出现如此大的变化呢？

关键词 证券交易　交易成本　交易程序　股价指数

第一节　证券交易概述

证券交易市场分为场内交易市场和场外交易市场。场内交易市场是指在证券交易所内进行交易，这是证券市场的核心；场外交易市场是指没有固定地点、分散的、非组织化的交易市场，具有很多的交易形式，是证券交易所的必要补充。

一、证券交易的原则

证券交易是指经国家允许的已发行的证券在证券市场上买卖或转让的活动。为了维护证券市场的稳定，各国的金融管理机构都对证券交易设立了一些具有共性的规定，要求交易各方必须共同遵守这些准则，这就是我们常说的证券交易的原则。证券交易原则是反映证券交易宗旨的一般法则，它贯穿于证券交易全过程。虽然各个国家和地区都有自己的表述方式，但是其基本内涵都是一致的。我国证券交易遵循的是公开、公平、公正原则，即"三公"原则。

(一)公开原则

公开原则是指证券交易是一种面向社会的、公开的交易活动，其核心要求是实现市场信息的公开化。因为只有这样，才能解决整个市场的信息不对称，投资者对于其购买的证券才有可能具有充分、真实、准确、完整的了解，才能在证券交易中做出正确的选择，实现对资产的最大保护。因此，这一原则要求证券交易参与各方应依法及时、真实、准确、完整地向社会发布自己的有关信息。公开原则是证券市场的核心，只有在公开的基础上才能有公平和公正。

(二)公平原则

公平原则是指参与证券交易的各方应当获得平等的机会。它要求证券交易活动中的所有参与者都有平等的法律地位，各自的合法权益都能得到公平保护。对于各交易主体不能因为其不同条件而给予不公平的待遇或者受到某些方面的歧视，要做到机会均等、平等竞争，使投资者能够在一个享有公平交易机会的市场环境下进行交易。

(三)公正原则

公正原则是指应公正地对待证券交易的参与各方以及公正地处理证券交易的事务。对于证券交易中的违法行为、证券交易时间和争议的处理都应该在公平、公开的基础上，公正地进行。这样有利于证券交易正常、有序地进行。这个原则在我国一系列的证券相关法律法规中都有所体现。

此外，在证券交易中还应当遵守法律、行政法规和部门规章及相关业务规则，遵循自愿、有偿、诚实信用原则。

二、证券交易市场的种类

证券交易市场是已发行证券买卖流通的市场，为已经从一级市场获得证券的投资者和想要购买已发行证券的投资者提供交易平台。在这个市场中证券在各个投资者之间流通转让时所获得的收益和损失，都由证券现在的持有者享有和承担，不再属于最初的发行公司。

(一)场内交易市场

场内交易市场又称证券交易所市场，是依据国家有关法律，经政府证券主管机关批准设立的集中进行证券交易的有形场所，是一个有组织、有固定地点的，在集中的时间内进行证券交易的市场，是整个证券市场的核心。在我国，根据《证券法》的规定，证券交易所是为证券集中交易提供场所和设施，组织和监督证券交易，实行自律管理的法人。证券交易所的设立由国务院决定。

证券交易所作为证券交易的场所，其本身并不持有证券，不进行证券买卖，也不能决定证券交易的价格。证券交易所应该秉持公开、公平、公正的原则，创造良好的市场环境，保证证券交易的正常进行。为此，在我国的《证券交易所管理办法》中，具体规定了证券交易所的职能和不得从事的事项。

(二)场外交易市场

场外交易市场即OTC(Over the Counter Market)，又称柜台交易市场或店头交易市场，指在交易所外由证券买卖双方当面议价成交的市场。它没有固定的场所，交易的证券以不在交易所上市的证券为主，在某些情况下也对在证券交易所上市的证券进行场外交易。场外交易市场是证券交易市场不可或缺的一部分，其历史早于证券交易所。在证券市场发达的国家，其证券成交量远远超过证券交易所的成交量，在证券交易市场中占有极其重要的位置。

(三)创业板市场

创业板市场，又称二板市场，是指专门协助高成长的新兴创新公司特别是高科技公司筹资并进行资本运作的市场。创业板市场是证券交易所主板市场以外的另一个证券市场，是一个具有前瞻性的市场，注重于公司的发展前景与增长潜力，其上市标准要低于主板市场。创业板市场具有以下特点。

(1) 以新兴创新公司的证券为交易对象。创业板市场的上市条件较主板市场要宽松，在经营年限、盈利水平等规定上较为放宽。

(2) 遵循买者风险自负的原则。由于在创业板市场交易的证券多为新兴企业发行，从某些方面看其虽具有较大的发展空间，但是其经营风险毕竟较成熟公司要大，所以创业板需要投资者对上市公司营业能力自行判断，坚持买者自负原则。

(3) 实行保荐人制度。对保荐人的专业资格和相关工作经验提出更高要求，该项制度是为了限制投资风险。

(4) 以"披露为本"作为监管方式。它对信息披露提出全面、及时、准确的严格要求，创业板市场对于信息披露的要求要高于主板市场。

三、证券交易方式

证券的发展历史就是证券交易的发展历史，从证券交易方式的发展来看，主要包括现货交易、期货交易、期权交易、信用交易和回购交易等。

(一)现货交易

1. 现货交易的含义

现货交易亦称现金现货交易，它是指证券的买卖双方在成交后，按照成交价格及时办理实物交割手续和资金清算的交易方式。即在证券交易成交后，买方付出现金取得证券，卖方付出证券取得现金，买卖双方当场结清。它是证券交易中最古老的交易方式，也是证券交易所采用的最基本、最常用的交易方式。但是，随着证券业的发展，由于交易数量的增加等多方面的原因使得当场交割有一定困难，因此，一般规定在成交后规定的较短时间内交割清算。在我国，《证券法》规定，证券交易均以现货交易的方式进行。我国证券交易所规定，我国证券交易实行 T+1 的结算制度。

2. 现货交易特点

现货交易的特点包括：成交和交割基本上同时进行；实物交易、钱券两清，即在交割时，卖方必须向买方转移证券，购买者必须支付现款；交易技术简单，易于操作，便于管理；投机性较小，由于成交与交割时间间隔短，价格波动空间有限，投机性和风险性较小。

(二)期货交易

1. 期货交易的含义

期货交易是指证券买卖双方成交后，按契约中规定的价格延期交割。期货交易是相对于现货交易而言的。现货交易是成交后即时履行合约的交易，期货交易则将订约与履行的时间分离开来。在期货交易中买卖双方签订合同，并就买卖股票的数量、成交的价格及交割期达成协议，买卖双方在规定的交割日期履行交割。在实际生活中，由于种种原因，股票的价格在契约签订时和交割时常常是不一致的，当股票价格上涨时，买者会以较小的本钱带来比较大的利益；当股票价格下跌时，卖者将会取得较多的好处。所以，这种本小利大的可能性，对买者和卖者都有强烈的吸引力。

2. 期货交易的特点

期货交易具有如下特点。

(1) 以小搏大。这是期货交易所使用的杠杆原理。在期货交易时，投资者只需要缴纳一定数量的保证金，即可以控制期货合约总值，在证券市场预期与其预测相似时，可以获得较大利润。

(2) 高报酬、高风险。期货交易的高报酬主要是由于其杠杆作用。例如，某合约总值为 1000，保证金为 10%，即 100，如果交割时期货的市场价格朝投资者预测方向变动 20%，即 200，那么说明在该合约中获利 200，相对于所缴纳的保证金来讲，盈利率高达 200%，所以说期货投资会带来高报酬。但是如果价格变化方向与预期相反，则高风险产生。

(3) 标准化合约。期货交易具有组织化和规范化的特征，期货交易必须在固定的期货交易所内进行，而期货合约是标准化的合约。这种标准化是指进行期货交易的商品的品级、数量、质量等都是预先规定好的，只有价格是变动的。这样，可大大简化交易手续，降低交易成本，最大限度地减少交易双方因对合约条款理解不同而产生的争议与纠纷。

(4) 保证金制度。期货交易需要缴纳一定的保证金。交易者在进入期货市场开始交易前，必须按照交易所的有关规定缴纳一定的履约保证金，并在交易过程中维持一个最低保证金水平，以便为所买卖的期货合约提供保证，同时也有利于证券市场的稳定。

(5) 交割期限相对固定。一般是 3、6、9 和 12 个月，最长的可以达到 2 年。

(三)期权交易

1. 期权交易的概念与特点

期权又称选择权，是指在确定的日期或在这个日期之前，按照事先确定的价格买卖特定商品或金融工具的权利。期权实际上是一种与专门交易商签订的契约，规定持有者有权在一定期限内按交易双方所商订的"协定价格"，购买或出售一定数量的证券。

期权交易就是买卖在未来一定时期内按一定价格买进或卖出一定数量证券或期货合约的权利的交易。期权交易的对象是买卖一定数量证券或合约的权利，这种权利通过买卖双方签订的合同而确定。期权合同赋予买方的是在确定的时间内按照一定的执行价格购买或售出证券(或合约)的权利，但并不承担必须购买或出售的义务。因此，期权购买者可以在该项期权合同到期时或之前行使、转卖或放弃这项权利。但对出售期权的专门交易商来说，则有义务按契约规定出售或购进股票，买方拥有权利而卖方是义务的代价是期权购买者要向期权卖方支付一笔费用即期权费(也称保险费)。证券的期权交易并不是以证券为标的物的交易，而是以期权为中介的投机技巧。

2. 期权交易的种类

期权交易可分为看涨期权交易和看跌期权交易。

(1) 看涨期权。看涨期权是指在期权有效期内，期权购买者按规定的履约价格和数量买进某种证券资产的权利。因为预期未来标的证券资产价格可能上涨，期权购买者可以从未来价格上涨中获利。

期权购买者购进这种看涨期权，是因为他对股票价格看涨，将来可获利。购进期权后，当股票市价高于履约价格加期权费用之和时，期权购买者可按协议规定的价格和数量购买股票，然后按市价出售，或转让看涨期权，获取利润；当股票市价在协议价格加期权费用之和之间波动时，期权购买者将受一定损失；当股票市价低于协议价格时，期权购买者的期权费用将全部消失，并将放弃看涨期权。因此，期权购买者的最大损失不过是期权费用加佣金。

(2) 看跌期权。看跌期权是在期权有效期内，期权购买者按规定的价格和数量卖出某种证券资产的权利。买主在购入看跌期权后，有权在规定的时间内，按照协议价格向期权出售者卖出一定数量的某种有价证券。因为，预期证券资产价格下跌时，期权购买者可以从未来价格下降中获利。一般来说，只有当证券行市有跌落的趋势时，人们才乐意购买看跌期权。因为在看跌期权有效期内，当证券价格下跌到一定程度后，买主行使期权才能获利。

3. 期权交易与期货交易的区别

期权交易与期货交易具有如下区别。

(1) 交易对象不同。期货交易的对象是合约所规定的证券；而期权交易的对象是买卖证券的权利，不是证券或合约本身。

(2) 交易方式不同。期货交易实行保证金交易，交易者只缴纳一定比例的保证金；期权交易是现金合约，成交时全额交付期权费。

(3) 履约方式不同。期货交易一般是通过对冲或平仓方式了结合约，实物交割比例低，且可以现金交割；期权交易的履约是买进或卖出一定证券或期货合约，也可放弃或转让履约权。

(4) 保障责任制度不同。期货交易要求交易双方都按规定缴纳保证金，并根据价格波动追加保证金；期权交易只要求期权卖出者缴纳保证金，期权购买者不需要缴纳保证金。

(5) 交易双方的权利与义务关系不同。期货交易权利和义务相同；期权交易的购买者拥有的是买卖证券的权利，卖出者是卖出或买进义务。

(6) 交易双方的风险与收益不同。期货交易双方获得的收益和承担的风险一样，机会均等；期权交易中购买者仅承担有限的风险，最大限度的风险是损失期权费，但对于期权卖出者承担的风险是无限的，收益是期权费。

(四)信用交易

1. 证券信用交易的含义及特征

证券信用交易，又称垫头交易，是指证券公司或金融机关供给信用，使投资人可以从事买空、卖空的一种交易制度。在这种方式下，股票的买卖者不使用自己的资金，而通过交付保证金得到证券公司或金融机关的信用，即由证券公司或金融机关垫付资金或证券，进行交易的行为。各国因法律不同，保证金数量也不同，大都在 30%，而我国要求保证金数量不少于 50%。

2. 证券信用交易的种类

证券信用交易分为两种形式，即保证金多头交易和保证金空头交易。

(1) 保证金多头交易。也叫保证金买进交易，即"融资"或"透资"交易。一般出现在证券市场呈现多头市场即"牛市"特征时。投资者预计证券市场行市将上涨并准备在现在价格较低时买进一定数量的证券，但手中的资金不足，这时其可以通过向证券经纪人交付一定比例保证金而取得经纪商垫付资金，再委托经纪商代理买入这种证券。待证券价格上涨时，投资者卖出该证券，证券商扣除买卖手续费和对投资者贷款的本息和，余下的即为投资者的收益。

(2) 保证金空头交易。又称卖空交易或"融券"交易，适用于证券市场呈现下跌即"熊市"特征明显时。是指投资者如果预测证券市场下跌，准备做某一证券的卖出投资，但手中并没有该种证券，其可通过向经纪人交付一定比率保证金后，从经纪人手中借入一定数量该证券并委托其卖出。如果该证券走势与投资者预期方向一致，则在一定价格时，委托券商再按市场价格买入同种类、相同数量的证券归还给经纪人，并支付相应的利息和手续费，买卖差额扣除一切费用后的余额计为投资者收益。

(五)回购交易

回购交易在我国主要指债券回购效果。

质押式回购交易是指融资方在将债券质押给融券方融入资金的同时，双方约定在将来某一交易日。

<hr />

专栏 4-1　股票的托管方式

(1)　上海市场的集中托管方式。上海证券交易所规定，在上交所上市的证券实行集中托管，即不论在任何券商处购买的股票，均由中国证券登记结算有限责任公司上海分公司托管，理论上来说没有办理指定交易的客户在任何券商处均可卖出，实际情况是不办理指定交易根本就不让投资者进行交易。

(2)　深圳市场的分散托管方式。深圳证券交易所规定，在深圳证券交易所上市交易的证券由证券公司托管，即在深圳证券交易所系统购买的股票由该证券公司负责保管并只能在该证券公司处卖出，如需在其他证券公司卖出则必须办理转托管转出手续。

第二节　证券交易的程序

证券的交易程序，是指在证券交易市场买进或者卖出证券的具体步骤。与证券的发行程序相比较，证券交易程序具有一定的复杂性。因为就证券交易市场而言，其包括场内交易市场和场外交易市场，不同的证券交易市场交易程序不尽相同。这里主要介绍我国场内交易，即证券交易所的证券交易程序，在证券交易所条件下的证券交易。

我国证券交易所的交易程序可分为开户、委托、竞价成交、结算等几个步骤。

一、开户

(一)A 股的开户程序

在我国，证券账户是指中国结算公司为申请人开出的记载其证券持有及变更的权利凭证。开立证券交易账户，是证券投资者在进行证券买卖前到证券公司开设证券账户和资金账户的行为。这是投资者进行证券交易的前提。因为各国的交易所规定，一般客户是不能直接进入证券交易所进行场内交易的，要委托证券商代为进行，而证券公司为了确定投资者的信用能力，同时也是为了便于日后的证券资金清算交割过户，就要求投资者按规定开立有关账户。因此，投资者要在证券交易所进行证券投资，首先必须选定一家可靠的经纪商，并在该证券商处办理开户手续，开设证券交易账户。证券交易账户根据规定包括证券账户和资金账户。

1. 开设证券账户

所谓的证券账户是存储、管理投资者所持证券的特别账户，无论是买方还是卖方其买卖的证券都存在此账户上。从某些角度讲，证券账户相当于投资者的证券存折，是证券登记机构为投资者设立的，用以准确记载投资者所持证券的种类、名称、数量及相应权益和变动情况的一种存折。证券账户有深圳、上海交易所的区别，按照不同的用途还可以分为人民币普通股票账户、人民币特种股票账户和证券投资基金账户。证券账户一经设立，即表明投资者已委托证券登记机构为其管理证券资料，办理登记、结算和交割业务。

我国的证券账户分为个人账户和法人账户两种。除了国家法规禁止的一些自然人和法人之外，其他任何自然人或法人持有效证件，均可到证券登记机构填写证券账户申请表，经审核后即可领取证券账户卡。按照我国现行的有关规定，证券商有权拒绝下列人员开户。

(1) 证券管理机关人员(不得开立股票账户)。

(2) 证券交易所管理人员(不得开立股票账户)。

(3) 证券业从业人员(不得开立股票账户)。

(4) 未成年人未经法定监护人的代理或允许者。

(5) 未经授权代理法人开户者。

(6) 其他法规规定不得拥有证券或参加证券交易的自然人。

个人开户时，必须由本人前往开户代办点填写自然人证券账户注册申请表，同时提供公安机关颁发的本人有效居民身份证及复印件。委托他人办理的，代办人还须出示其本人有效身份证件和开户人出具的授权委托书。

境内法人开户时，必须填写机构证券账户注册申请表，但所需提供的证件比较烦琐，主要有：工商行政管理机关颁发的法人营业执照副本及复印件(加盖公章)，法人代表证明书及其居民身份证，法定代表人《授权委托书》和依法指定合法的代理人的身份证及复印件等。

按照规定，每个投资者只能凭本人居民身份证开设一个证券账户，不得重复开户，禁止法人以个人名义开立账户买卖证券。一般的证券账户只能进行 A 股、基金和债券的现货交易，如需进行 B 股交易需另行开户和办理相关手续。

由于我国有上海证券交易所和深圳证券交易所，因此投资者如果希望参与两个证券交易所的证券交易，就必须同时办理这两个证券交易所的证券账户，以获得投资两个交易所上市证券的资格。证券账户全国通用，投资者可以在开通上海或深圳证券交易业务的任何一家证券营业部委托交易。

2. 开设资金账户

投资者拥有证券账户后，必须先选择一家证券营业部和托管银行开立资金账户，然后才能进行证券交易。资金账户是投资者在银行处开设的资金结算账户，用于存放投资人买入股票所需的资金和卖出股票取得的价款，开立资金账户必须由投资者本人办理。

个人开设资金账户须持本人有效身份证、军官证、护照等身份证明文件，开立法人账户，需同时提供企业营业执照副本复印件、法人授权委托书和经办人身份证。

当买入证券时，表现为证券账户上证券的增加，资金账户上现金的减少；当卖出证券时，表现为证券账户上证券的减少，资金账户上现金的增加。

(二)B 股的开户程序

投资者进行 B 股交易，必须开立 B 股账户。下面以沪市 B 股为例进行说明。

境内个人投资者办理 B 股开户必须是本人亲自办理，不得由他人代办，境内法人不允许办理 B 股开户。办理 B 股开户，投资者首先要凭本人有效身份证明文件到其原外汇存款银行将其现汇存款和外币现钞存款划入证券商在同城、同行的 B 股保证金账户，同时境内商业银行应当向境内居民个人出具进账凭证单，并向证券经营机构出具对账单；然后，投资者再凭本人有效身份证明和本人进账凭证单到证券经营机构开立 B 股资金账户，开立 B 股资金账户的最低金额为等值 1000 美元；之后凭刚开立的 B 股资金账户，到该证券经营机构申请开立 B 股股票账户。

凭 B 股资金账户证明，到境内具有经营 B 股资格的上海证交所会员申请开立 B 股股票账户。开户时须提交：本人有效身份证明文件、1000 美元以上的银行进账凭证、《上海 B 股境内居民个人开户登记申请表》以及上海证券交易所及登记公司认为需要提供的其他材料。境内居民个人开立 B 股股票账户，应按规定缴纳手续费。手续费按 19 美元/户标准收取。

境外从事 B 股交易的个人投资者申请开立 B 股账户这里不做说明。

二、委托

交易委托是指投资者决定买卖证券时，通过委托单、电话等形式向证券商发出买卖指令的过程。由于投资者不能进入交易所直接交易，所有的买卖都是通过证券商来完成的。投资者进行证券交易委托前，必须与证券公司签订委托协议。委托协议是一种格式合同，由中国证券业协会规定，主要有《风险提示书》、《证券交易委托代理协议》、《授权委托书》、《网上委托协议书》等。投资者向证券商下达委托指令时，须凭交易密码或证券账户卡，有时还需要资金账户和有效身份证件等。证券商没有收到明确的委托指令，不得动用投资者的资金和账户进行证券交易。

(一)委托内容

投资者在交易委托指令中，应当详细说明买卖方向、证券名称、买卖数量、证券代码及买卖价格等因素。

1. 证券账号

投资者在买卖上海证券交易所上市的证券时，必须填写在中国结算公司上海分公司开设的证券账户号码；买卖在深圳证券交易所上市的证券时，必须填写在中国结算公司深圳分公司开设的证券账户号码。

2. 日期

日期即投资者委托买卖的日期，填写年、月、日。

3. 证券代码或简称

上海、深圳两个证券交易所现有的交易品种包括 A 股、B 股、国债现货、国债回购、企业债券、基金等几种。证券简称通常为 4 个汉字，证券代码为 6 位数，每一只上市证券均拥有各自的证券代码，深市与沪市证券代码也有所不同，证券与代码一一对应，委托买卖的证券简称和证券代码必须一致。

4. 买卖方向

投资者在委托指令中必须明确表明委托买卖的方向。

5. 买入(卖出)的数量

证券交易是以"手"为交易单位的。"手"的概念来源于证券交易初期的一手交钱一手交货，现在已发展为标准手。标准手就是指由证券交易所统一规定的交易数量单位。如上海、深圳证券交易所规定：A 股以每 100 股为一标准手。委托买卖的数量通常为一手或一手的整数倍。数量不足一手的证券称为零股，零股只能在证券交易中一次性卖出。在买入证券的委托指令中成交数量必须是一手的整数倍。

6. 出价方式及委托价格

委托买卖证券出价方式一般分为市价委托和限价委托两种。市价委托即委托人向证券商发出买卖某种证券的指令时，只指定交易数量而不给出具体的交易价格，但要求按该委托进入交易大厅或交易撮合系统时以市场上最好的价格进行交易。这种委托的优点是成交迅速，能保证即时成交，但对投资者来说风险较大。限价委托是指委托人向证券经纪商发出买卖某种股票的指令时，对买卖的价格做出限定，即在买入股票时，限定一个最高价，只允许证券经纪人按其规定的最高价或低于最高价的价格成交；在卖出股票时，则限定一个最低价。如果当时证券的价格不符合限价要求，就应等待，直至符合限价要求时才成交。限价委托的最大特点是，股票的买卖可按照投资人希望的价格或者更好的价格成交，有利于投资人实现预期投资计划。这种委托方式风险较小，目前我国就采用这种方式。

7. 时间

时间是指投资者填写委托单的具体时点，也可由证券经纪商填写委托时点，是检查证券经纪商是否执行时间优先原则的依据。

8. 委托有效期

委托有效期是指客户委托买卖证券的有效期限，一般分为当日有效、3日有效、5日有效等。在有效期内证券商按照投资者委托的数量、价格买卖股票。如果在有效期内不能成交，委托便告失效。不过，如在有效期内委托人改变主意，可以撤销原委托。我国目前的委托时效一般是当日有效。

9. 签名

签名指投资者在委托单上相应栏目签上投资者姓名，以示对所做的委托负责。从目前来看，委托使用自助形式，所以密码相当于签名，凭密码进入账户即被认为投资者签名。

10. 其他内容

其他内容涉及委托人的身份证号码、资金账号等。

(二)委托方式

目前，我国证券交易的委托方式主要有柜台委托、电话委托和自助终端委托和网上委托。

1. 柜台委托

柜台委托是指投资者到证券部营业柜台填写书面买卖委托单，委托证券商代理买卖股票的方式。投资者填写的委托单内容中，必须写明证券账户号码，资金账户号码，委托人，买入或卖出方式，买卖证券的品种、数量、价格、日期等。投资者办理柜台委托时，须出示本人身份证(或代理人证件)和证券账户卡，法人委托还须出示法人证件(营业执照或其他证明文件)和法人证券账户卡。这种方式已经不再使用。

2. 电话委托

电话委托是指投资者通过拨打券商开设的专项委托电话线路而进行买卖申报的一种委托方式，无须到证券营业柜台填买卖委托单。投资者通过电话向证券商计算机系统输入委托指令，完成证券买卖委托和有关信息查询。

3. 自助终端委托

自助终端委托是指投资者通过证券商在其营业厅或专户室内设置的与证券商自动委托交易系统联结的计算机终端，按照系统发出的指示输入买入或卖出证券的委托指令，以完成证券买卖委托和有关信息查询的一种先进的委托方式。客户通过自助终端委托方式参与证券买卖的，证券商应当与其签订自助委托协议，明确双方权利和责任。

4. 网上委托

所谓网上证券交易，就是指券商通过数据专线将证券交易所的股市行情和信息资料通过网络实时发送，投资者通过自己的网络终端观看股市实时行情，分析个股，查阅上市公司资料和其他信息，委托下单买卖股票。这种方式可极大地方便投资者及时、准确和详细地了解市场状况以及下达买卖指令。网上证券交易是国际证券市场已经发展起来并日益成熟的新业务，是继电话委托推出的又一先进的远程委托方式。

在投资者选择网上委托时，可以选择使用计算机，也可以选择使用智能手机进行。从现在的情况来看，使用智能手机进行委托的安全性更高也更方便。

三、竞价成交

(一)竞价的方式

目前，我国证券交易所一般采用两种竞价方式，即在每日开盘时采用集合竞价方式，在日常交易中采用连续竞价方式。

1. 集合竞价

所谓集合竞价，是指每个交易日上午 9:25，交易所电脑主机对 9:15—9:25 接收的全部有效委托进行一次集中撮合处理的过程，在这个过程中产生对证券交易影响比较大的开盘价。这个价格的选取是在有效价格范围内选取使所有有效委托产生最大成交量的价位。如果有两个以上这样的价位，则依以下规则选取成交价位：高于选取价格的所有买方有效委托和低于选取价格的所有卖方有效委托能够全部成交；与选取价格相同的委托一方必须全部成交。如满足以上条件的价位仍有多个，则选取离上一交易日收盘价最近的价位。所有成交都以同一成交价成交。集合竞价中未能成交的委托，自动进入连续竞价。

2. 连续竞价

所谓连续竞价，是指对申报的每一笔买卖委托，由计算机交易系统按照以下两种情况产生成交价：最高买进申报与最低卖出申报相同，则该价格即为成交价格；买入申报高于卖出申报时，或卖出申报低于买入申报时，申报在先的价格即为成交价格。集合竞价结束、交易时间开始时(上午 9:30—11:30，下午 13:00—15:00)，即进入连续竞价，直至收市。连续竞价期间每一笔买卖委托进入计算机自动撮合系统后，当即判断并进行不同的处理，能成交者予以成交，不能成交者等待机会成交，部分成交者则让剩余部分继续等待。按照我国目前的有关规定，在无撤单的情况下，委托当日有效。若遇到股票停牌，停牌期间的委托无效。连续竞价有口头竞价、拍板竞价、专柜书面竞价、计算机终端申报竞价几种方式。

(二)成交规则

证券交易所对证券交易实行集中竞价成交，竞价成交是证券交易中最基本、最主要的程序，也是证券交易程序中的关键阶段。竞价成交须遵循以下原则。

1. 价格优先原则

较高价格买进申报优先于较低价格买进申报，较低价格卖出申报优先于较高价格卖出申报。例如，甲买入某种股票的申报价为 10 元，乙买入同种股票的申报价为 10.5 元，则乙优先成交；甲卖出某种股票的申报价为 20 元，乙卖出同种股票的申报价为 20.5 元，则甲优先成交。

2. 时间优先原则

在竞价过程中，如果买卖方向、价格相同，先申报者优先后申报者，先后顺序按交易主机接收申报的时间确定。

(三)竞价结果

通过交易所的交易主机完成竞价交易过程，竞价的结果有全部成交、部分成交和不成交 3 种可能情况。

四、结算

证券交易成交后，买卖双方将其应收应付的证券和价款经过核定计算后，买卖双方结清价款和交割证券的过程称为证券结算。

专栏 4-2　操盘委托技巧

一般一天股价会有波浪起伏，多数会有一段价格较低的时段，如果用较低的价格去委托买入往往能够以相对较低的价格买到股票。

例如投资者王杰按照前天收盘价格在当日早上开盘前用前天收盘价去委托买入，后来开盘高开高走；投资者认为买不到股票，匆忙撤单换成即时价格委托买入。后股价出现回调，收盘价格比该投资者委托买入价格还低。当然也有例外，当股价一直高开高走的情况下，当天就买不进的现象也会有，但这种情况相对比例较少。

第三节　证券交易成本

　　证券投资者在进行证券交易时，需支付委托手续费、佣金、过户费和印花税等费用。不同的费用收取标准和收取方法是不一样的。

　　委托手续费是证券公司经有关部门批准，在投资者办理委托买卖时，向投资者收取的，主要用于通信、设备、单证制作等方面的费用。由于券商之间的竞争日趋激烈，一些券商为吸引交易者，降低甚至免收交易者委托费，另一些券商则因当地证券营业网点少、交易者多的状况而收取委托费。

一、佣金

(一)佣金的定义

　　佣金是投资者在委托买卖证券成交后按成交金额一定比例支付的费用，是证券公司为客户提供证券代理买卖服务收取的费用。一般来说，证券公司收取的佣金中包括上海证券交易所收取的证券交易经手费和中国证监会收取的证券交易监管费。

(二)佣金的费率

　　A 股、B 股、证券投资基金的交易佣金实行最高上限向下浮动制度，证券公司向客户收取的佣金不得高于证券交易金额的 3‰。A 股、证券投资基金每笔交易佣金不足 5 元的，按 5 元收取；B 股每笔交易佣金不足 1 美元或 5 港元的，按 1 美元或 5 港元收取。债券类交易的佣金标准按照上海证券交易所和深圳证券交易所各自的规定收取。

(三)佣金的计算

　　例如，投资者张某以 4.50 元/股的价格买入 200 股工商银行的股票，需要缴纳的佣金是多少？如果买入 2000 股工商银行的股票需要缴纳的佣金是多少？佣金比率按 2‰计算。

　　买入 200 股工商银行佣金=4.50×200×2‰=1.80(元)，1.80 元≤5 元，佣金按 5 元/笔收取。

　　买入 2000 股工商银行佣金=4.50×2000×2‰=18(元)，佣金按 18 元/笔收取。

二、过户费

(一)过户费的定义

　　过户费是委托买卖的股票成交后，买卖双方为变更证券登记所支付的费用。证券交易的过户费由中国证券登记结算有限责任公司收取。目前上海的 A 股收取过户费；沪、深 B

股这项费用被称为交易结算费;深圳的 A 股、上市交易的证券投资基金、债券和权证免收
A 股的过户费。

(二)过户费的费率

在上海证券交易所,A 股的过户费费率为成交面额的 0.75‰;沪深 B 股交易结算费费率为成交金额的 0.5‰,中国结算深圳分公司收取的交易结算费最高不超过 500 港元。

三、印花税

(一)印花税的定义

印花税是根据国家税法规定,在 A 股和 B 股成交后投资者按照规定的税率征收的税金。按我国目前税收制度规定,股票成交后,国家税务机关应向卖出方收取印花税。

(二)印花税的税率

我国证券交易的印花税税率标准曾多次调整,现在执行印花税税率标准为 1‰,且为单边收取,即只对卖出方征收印花税,对买入方不征收印花税。印花税历次调整时间、调整幅度和对股票市场的影响如表 4-1 所示。

表 4-1　印花税历次调整时间、调整幅度和对股票市场的影响

调整时间	调整幅度	市场动态
2008 年 9 月 19 日	单边征收,税率 1‰	沪深股市 19 日强势反弹,涨幅超过或达到 9%
2008 年 4 月 24 日	从 3‰调整为 1‰	沪指大涨 302 点,冲击 3600 点涨幅达 9.25%
2007 年 5 月 30 日	从 1‰调整为 3‰	12346 亿元市值在一日间被蒸发
2005 年 1 月 23 日	从 2‰调整为 1‰	行情一路走高,出现明显牛市特征
2001 年 11 月 16 日	从 4‰调整为 2‰	股市产生一波 100 多点的波段行情
1999 年 6 月 1 日	B 股印花税降为 3‰	上证 B 指一月内涨幅达 50%
1998 年 6 月 12 日	从 5‰下调至 4‰	此后股指跌幅达到 30%
1997 年 5 月 12 日	从 3‰上调至 5‰	此后股指跌幅达到 30%
1992 年 6 月 12 日	按 3‰税率缴纳印花税	指数跌幅超 70%
1991 年 10 月	深市调至 3‰,沪市开始双边征收 3‰	大牛市行情启动,半年后上证指数从 180 点飙升至 1429 点,升幅高达 694%
1990 年 11 月 23 日	深市对买方开征 6‰印花税	
1990 年 6 月 28 日	深市对卖方开征 6‰印花税	

(三)印花税的计算

例如，投资者张某以 5.00 元/股的价格卖出 200 股工商银行的股票，需要交纳的印花税是多少？

$$印花税=5.00×200×1‰=1(元)$$

即印花税为 1 元。

四、盈亏计算

例如，某投资者以 15.50 元/股价格买入 2000 股招商银行股票(佣金比率为成交金额的 2‰，其他费率按规定收取)。

(1) 投资者以多少元卖出能保证不亏损？

(2) 如果投资者以 18.00 元价格卖出 2000 股，共盈利多少元？

解：

(1) 设投资者卖出价格为 P 元/股

$$(P-15.50)×2000 \geqslant 15.50×2000×2‰+1×2000×0.75‰×2+P×2000×(2‰+1‰)$$

$$2000P-31000 \geqslant 65+6P$$

$$1994P \geqslant 31065$$

$$P \geqslant 15.58(元/股)$$

即投资者卖出价格高于 15.58 元即可保证不亏损。

(2) 盈利=(18-15.50)×2000-[15.50×2000×2‰+1×2000×0.75‰×2+18×2000×(2‰+1‰)]

=5000-173=4827(元)

即投资者共盈利 4827 元。

专栏 4-3 调整证券交易佣金收取标准的通知

为规范证券市场的收费行为，维护投资者的合法权益，促进证券市场的发展，依据《中华人民共和国证券法》、《中华人民共和国价格法》等法律法规，现就证券交易佣金收取标准的有关问题通知如下。

(1) A 股、B 股、证券投资基金的交易佣金实行最高上限向下浮动制度，证券公司向客户收取的佣金(包括代收的证券交易监管费和证券交易所手续费等)不得高于证券交易金额的 3‰，也不得低于代收的证券交易监管费和证券交易所手续费等。A 股、证券投资基金每笔交易佣金不足 5 元的，按 5 元收取；B 股每笔交易佣金不足 1 美元或 5 港元的，按 1 美元或 5 港元收取。

(2) 国债现券、企业债(含可转债)、国债回购，以及今后出现的新的交易品种，其交易佣金标准由证券交易所制定并报中国证监会和国家计委备案，备案 15 天内无异议后实施。

(3) 证券公司收取的证券交易佣金是证券公司为客户提供证券代理买卖服务收取的报酬。如证券公司向客户提供代理以外的其他服务(如咨询等),可由双方本着平等、自愿、公平、诚实信用的原则协商确定收取标准。

(4) 证券公司以在证券交易时向客户收取的佣金为计征营业税营业额,如果证券公司给客户的折扣额与向客户收取的佣金额在同一张证券交易交割凭证上注明的,可按折扣后的佣金额征收营业税; 如果将折扣额另开证券交易交割凭证或发票的,不论其在财务上如何处理,均不得从佣金计税营业额中将折扣额扣除。

(5) 证券公司必须严格遵守国家财经纪律,不得采用现金返佣、赠送实物或礼券、提供非证券业务性质的服务等不正当竞争方式吸引投资者进行证券交易,禁止证券公司将机构投资者缴纳的证券交易佣金直接或间接返还给个人。

(6) 各证券公司应根据自身的实际情况制定本公司的佣金收取标准,报公司注册地中国证监会派出机构及营业地证监会派出机构、营业地价格主管部门、营业地税务部门备案,并在营业场所公布。证券公司改变佣金收取标准,必须在完成上述备案、公布程序后方可执行。

(7) 证券公司违反本通知规定向投资者收取佣金,或不及时向证券监督管理机构、税务部门报备佣金收取办法,或不及时在营业场所公布佣金收取办法,或未按公司公开的佣金收取办法收取佣金的,中国证监会和有关价格、税务管理部门将依法对其进行查处。

(资料来源: 国家税务局网站,2002 年 4 月 14 日)

第四节　股价指数

在证券市场的交易过程中,由于股票的市场价格受多种因素影响,使得股票价格瞬息万变,投资者面临着很大的价格风险。为了描述和反映股票价格水平及变动趋势,适应变化所带来的情况和需要,股价平均数和股票价格指数应运而生。股价平均数和股票价格指数是衡量股票市场总体价格水平及其变化趋势的尺度,也是反映一个国家或地区社会政治经济发展状况的灵敏信号。

一、股价指数的概念及作用

(一)股价指数的概念

股票价格指数,简称股价指数,是指由特定金融服务机构编制的,将股票市场上一些有代表性的公司发行的股票交易价格进行平均计算和动态对比后得出的数值,是对股市动态的综合反映。它能从总体上来反映股市总体价格或某类股价走势,因此是反映市场经济状况的"晴雨表"。

编制股票指数，通常以某年某月为基础，以这个基期的股票价格作为基础即基期值，用以后各时期的股票价格和基期价格比较，计算出升降的百分比，就是该时期的股票指数。投资者根据指数的升降，可以判断出股票价格和股票市场的变动趋势，及时做出调整。为了能够让投资者实时地了解股市的动向，追踪股市走向，几乎所有的股市都是在股价变化的同时即时公布股票价格指数。

股票价格指数具有代表性，即列入股价指数计算公式的股票样本应该能够代表整个市场或某一行业的股价水平，能够及时迅速地反映整个市场或某一行业的股价变动的特点。

(二)股价指数的作用

股价指数是投资者掌握股市现状和分析、判断股市变动趋势的非常重要的尺度和信号，是股票市场的一项重要指标。其主要作用如下。

(1) 股价指数是反映股市行情的"指示器"。由于股价指数就是股票价格变动的相对数，所以它的最基本作用就是反映股价水平的涨落情况，是表明股市变动的重要指标。通过它，人们可以了解不同国家和地区各个时期的股市变动的情况。

(2) 股价指数可为投资者提供必不可少的信息。一方面它能反映股份公司的经营业绩情况，一般来说，股价指数上升，表示企业目前经营业绩好，未来收益大，具有发展前景；反之，股价指数下跌，则表明企业的经营效果不佳，未来的收益小，或者表明企业目前的经营效果虽然较好，但在今后可能处于萎缩状态；另一方面投资者可以利用股价技术分析成功地预测股价指数上升或下跌的转折点，据此选择买进或卖出的时机。

(3) 股价指数是整个经济的"晴雨表"。股价指数在编制时，一般都选择当地有代表性、实力雄厚的上市公司的股票作为样本，用这些公司的股价变动反映股市的股价水平，而这些公司的经营业绩又反映了该国家或地区的经济状况，故股价指数是观察分析经济的重要参考依据。一般来说，在经济繁荣时，股价指数总会以较快的速度上涨；在经济复苏时，其上涨速度就慢；在经济萧条时，股价指数则会逐渐下降；在经济危机时，股价指数则会大幅度下降。

二、 股价指数的计算

在实际过程中，我们在计算股价指数时，往往把股价指数和股价平均数分开计算，这主要是根据二者在股市中所代表的含义和所起的作用而做出的。按定义，股价指数即股价平均数。但从两者对股市的实际作用而言，股价平均数是反映多种股票价格变动的一般水平，通常以算术平均数表示，人们通过对不同的时期股价平均数的比较，可以认识多种股票价格变动水平。而股票指数是反映不同时期的股价变动情况的相对指标，也就是将第一时期的股价平均数作为另一时期股价平均数的基准的百分数，通过股票指数，人们可以了解计算期的股价比基期的股价上升或下降的百分比率。

股票指数是反映不同时点上股价变动情况的相对指标，是报告期的股价与某一基期相比较的相对变化数。通常是将报告期的股票价格与给定的基期价格相比，并将两者的比值乘以基期的指数值，即为该报告期的股票指数。股票指数的计算方法有以下几种。

(一)简单算术平均法

简单算术平均法是，先计算各样本股的个别指数，再加总求算术平均数。其计算公式为

$$P' = \frac{1}{n}\sum_{i=1}^{n}\frac{P_{1i}}{P_{0i}} \times 基期值$$

式中：P'——股票价格指数；

n——样本数；

P_{1i}——计算期第 i 种股票价格；

P_{0i}——基期第 i 种股票价格。

例如，假设某股市 4 种样本股票的交易资料如下，基期值为 1000，如表 4-2 所示，计算股价指数。

表 4-2　某股市 4 种样本股票交易表

项目 种类	股价/元		交 易 量	
	基期(P_0)	报告期(P_i)	基期(Q_0)	报告期(Q_i)
A	4	6	80	120
B	6	10	120	180
C	12	16	100	120
D	12	18	150	200

$$股价指数 = \frac{1}{4} \times \left(\frac{6}{4}+\frac{10}{6}+\frac{16}{12}+\frac{18}{12}\right) \times 1000 = 1500$$

说明报告期的股价比基期上升了 500 个百分点。

(二)综合算术平均法

综合算术平均法是将样本股票基期价格和计算期价格分别加总，然后再求出股价指数。其计算公式为

$$P' = \frac{\sum_{i=1}^{n}P_{1i}}{\sum_{i=1}^{n}P_{0i}} \times 基期值$$

例如，参照上一案例，以综合算术平均法计算股价指数。

$$股价指数 = \frac{6+10+16+18}{4+6+12+12} \times 1000 = 1470.59$$

即报告期的股价比基期上升了470.59个百分点。

(三)几何平均法

几何平均法是一种分别把基期和报告期的股价相乘，再分别将乘积开 n 次方，将所得数字进行比较的股价指数计算方法。其计算公式为

$$P' = \frac{\sqrt[n]{P_{11}P_{12}\cdots P_{1n}}}{\sqrt[n]{P_{01}P_{02}\cdots P_{03}}} \times 基期值$$

(四)加权股价指数

前面所介绍的 3 种计算方法，在计算时都只考虑到样本股票的价格，这样很难真实地反映股市价格变动情况，这时就需要将样本股票的发行量或交易量作为权数加以计算，来弥补其不足。根据权数选择的不同，有以下几种计算方式。

1. 基期加权股价指数

基期加权股价指数又称拉斯贝尔指数，是采用基期发行量或成交量作为权数，其计算公式为

$$P' = \frac{\sum_{i=1}^{n} P_{1i}Q_{0i}}{\sum_{i=1}^{n} P_{0i}Q_{0i}} \times 基期值$$

例如，参照表4-2，计算该股市基期加权股价指数，基期值为1000。

$$基期加权股价指数 = \frac{6\times80+10\times120+16\times100+18\times150}{4\times80+6\times120+12\times100+12\times150} \times 1000 = 1480.20$$

即该股市这一交易日的基期加权股价指数为1480.20点，较基期上升了480.20点。

2. 报告期加权股价指数

报告期加权股价指数又称派许指数，采用计算期发行量或成交量作为权数。其适用性较强，使用较广泛，很多著名股价指数，如标准·普尔指数等都使用这一方法，我国也采用这种计算方式。其计算公式为

$$P' = \frac{\sum_{i=1}^{n} P_{1i}Q_{1i}}{\sum_{i=1}^{n} P_{0i}Q_{1i}} \times 基期值$$

例如，参照表 4-2，计算该股市报告期加权股价指数，基期值为 1000。

$$报告期加权股价指数=\frac{6\times120+10\times180+16\times120+18\times200}{4\times120+6\times180+12\times120+12\times200}\times1000=1488.89$$

即该股市这一交易日的报告期加权股价指数为 1488.89 点，较基期上升了 488.89 点。

3. 几何加权股价指数

几何加权股价指数又称费雪公式，是对两种指数做几何平均，主要是为了调和交易量在基期和报告期的不同影响。但是，由于计算复杂，很少被实际应用。其计算公式为

$$P'=\sqrt{\frac{\sum_{i=1}^{n}P_{1i}Q_{0i}}{\sum_{i=1}^{n}P_{0i}Q_{0i}}\cdot\frac{\sum_{i=1}^{n}P_{1i}Q_{1i}}{\sum_{i=1}^{n}P_{0i}Q_{1i}}}\times基期值$$

三、我国的股价指数体系

(一)综合指数

综合指数是指可以将股票价格指数划分为全部上市股票价格指数，是把所有的股票即刻价格加权平均。

我国主要有上证综合指数、上证 180 指数、沪深 300 指数、深证综合指数、深圳成分指数、上证基金指数和深圳基金指数等。

1. 上证综合指数

上证综合指数是上海证券交易所股票价格综合指数的简称，是由上海证券交易所编制的股票指数，该股票指数的样本为所有在上海证券交易所挂牌上市的股票，于 1991 年 7 月 15 日开始编制和公布的，以 1990 年 12 月 19 日为基期，基期值为 100，以全部的上市股票为样本，以股票发行量为权数进行编制，其中新上市的股票在挂牌的第二天纳入股票指数的计算范围。具体计算办法是以基期和计算日的股票收盘价(如当日无成交，沿用上一日收盘价)分别乘以发行股数，相加后求得基期和计算日市价总值，再相除后即得股价指数。遇上市股票增资扩股或新增(删除)时，则须相应进行修正。

2. 深证综合指数

深证综合指数全称为深圳证券交易所股票价格综合指数，是由深圳证券交易所于 1994 年 4 月 4 日开始编制发布的综合指数。该指数以 1991 年 4 月 3 日为基期，基期值为 100。该股票指数的计算方法基本与上证指数相同，其样本为所有在深圳证券交易所挂牌上市的股票，权数为股票的总股本。由于以所有挂牌的上市公司为样本，其代表性非常广泛，且它与深圳股市的行情同步发布，是股民和证券从业人员研判深圳股市股票价格变化趋势必

不可少的参考依据。

(二)成分指数

1. 上证 180 指数

上证成分指数，简称上证 180 指数，是上海证券交易所编制的一种成分股指数。2002年 7 月 1 日起，发布了上证 180 指数。

上证 180 指数是以 2002 年 6 月 28 日的上证 30 指数收盘点(3299.05 点)为基点。在成分股的选择上，剔除了那些上市时间不足一个季度的股票，暂停上市股票，经营状况异常或最近财务报告严重亏损的股票，股价波动较大、市场表现明显受到操纵的股票，其他经专家委员会认定的应该剔除的股票，根据总市值、流通市值、成交金额和换手率对股票进行综合排名，按照各行业的流通市值比例分配样本只数，按照行业的样本分配只数，选择在本行业排名靠前、具有代表性的、规模适当、流动性强的股票为样本，共计 180 只股票。而且根据样本稳定性和动态跟踪相结合的原则，上海证券交易所每半年调整一次成分股，每次调整比例一般不超过 10%。有特殊情况时也可能对样本进行临时调整。

上证 180 指数为未来的全国统一指数做好了准备，同时为进一步推出指数衍生产品打下了一定的基础。上证 180 指数将成为衡量股票投资业绩的基准指数，对于推动指数基金产品具有重要的作用。

2. 深证成分股指数

深证成分股指数，是深圳证券交易所编制的一种成分股指数，是从上市的所有股票中抽取具有市场代表性的 40 家上市公司的股票作为计算对象，并以流通股为权数计算得出的加权股价指数，综合反映深交所上市 A、B 股的股价走势。深证成分股指数包括深证成分指数、成分 A 股指数、成分 B 股指数、工业分类指数、商业分类指数、金融分类指数、地产分类指数、公用事业指数、综合企业指数共 9 项。成分股指数以 1994 年 7 月 20 日为基日，基日指数为 1000 点。

深圳证交所选取成分股时，以有一定的上市交易时间、有一定的上市规模、有一定的市场流动性为衡量标准，再根据公司股票流通市值、成交额、在一段时间内的平均市盈率，公司的行业代表性及其成长性，公司的财务状况和经营业绩(考察过去 3 年)，公司两年内的规范运作情况，公司的地区、板块代表性等指标选取样本股。

3. 沪深 300 指数

沪深 300 指数是以上海和深圳证券市场中选取 300 只 A 股作为样本编制而成的成分股指数。其是由沪深证券交易所于 2005 年 4 月 8 日联合发布的，由中证指数有限公司编制，反映 A 股市场整体走势的指数。该指数以 2004 年 12 月 31 日为基期，基点为 1000 点，其计算是以调整股本为权重，采用派许加权综合价格指数公式进行计算。沪深 300 指数的成分股原则上每半年调整一次，每次调整的比例不超过 10%。编制目标是反映中国证券市场股票价格变动的概貌和运行状况，并能够作为投资业绩的评价标准，为指数化投资和指数衍生产品创新提供基础条件。

此外，还有上证 50 指数、上证红利指数、深 100 指数和中小企业板指数等，这里就不一一介绍了。

四、世界著名的股价指数

(一)道·琼斯股价指数

道·琼斯股票指数，全称为股票价格平均数，它是世界上历史最为悠久、最享盛誉和最有影响力的股票指数，是由美国道·琼斯公司计算并在《华尔街日报》上公布。它是在 1884 年 7 月 3 日由道·琼斯公司的创始人查理斯·道创设的。到 1929 年，道·琼斯股票价格平均指数所包含的股票达到 65 种，并一直延续至今。

道·琼斯股票价格平均指数是目前世界上影响最大、最有权威性的一种股票价格指数，被认为是反映美国政治、经济和社会状况最灵敏的指标。

(二)标准·普尔 500 指数

标准·普尔 500 指数英文简写为 S&P 500 Index，是记录美国 500 家上市公司的一个股票指数。除了道·琼斯股票价格指数外，标准·普尔股票价格指数在美国也很具影响力，它是美国最大的证券研究机构即标准·普尔公司编制的股票价格指数。标准·普尔 500 指数覆盖的所有公司，都是在美国主要交易市场，如纽约证券交易所、NASDAQ 交易的上市公司。与道琼斯指数相比，标准·普尔 500 指数包含的公司更多，因此风险更为分散，能够反映更广泛的市场变化。

(三)《金融时报》指数

《金融时报》指数是英国最具权威性的股价指数，《金融时报》股票价格指数的全称是"伦敦《金融时报》工商业普通股股票价格指数"，由《金融时报》编制和公布。这一指数包括 3 种：一是《金融时报》工业股票指数，又称 30 种股票指数，它以 1935 年 7 月 1 日为基期，基期指数为 100，该股票价格指数包括在英国工商业中挑选出来的具有代表性的 30 家公开挂牌的普通股股票，由于这 30 家公司股票的市值在整个股市中所占的比重大，具有一定的代表性，因此该指数以能够及时显示伦敦股票市场情况而闻名于世；二是 100 种股票交易指数，又称"FT-100 指数"，该指数自 1984 年 1 月 3 日起编制并公布，基期指数为 1000，这一指数挑选了 100 家有代表性的大公司股票，通过伦敦股票市场自动报价计算机系统，可随时得出股票市价并每分钟计算一次；三是综合精算股票指数，该指数从伦敦股市上精选 700 多种股票作为样本股加以计算，它自 1962 年 4 月 10 日起编制和公布，并以这一天为基期，令基期指数为 100。

(四)日经股价指数

日经股价指数，也称日经道·琼斯股价指数，是由日本经济新闻社编制并公布的反映日本股票市场价格变动的股票价格平均数。该指数从 1950 年 9 月开始编制，最初根据东京证券交易所第一市场上市的 225 家公司的股票算出修正平均股价，当时称为"东证修正平均股价"。1975 年 5 月 1 日，日本经济新闻社向道·琼斯公司买进商标，采用美国道·琼斯公司的修正法计算，这种股票指数也就改称"日经道·琼斯平均股价"。 1985 年 5 月 1 日在合同期满 10 年时，经两家商议，将名称改为"日经平均股价"。

(五)恒生指数

香港恒生指数是香港股票市场上历史最久、影响最大的股票价格指数，由香港恒生银行于 1969 年 11 月 24 日起编制公布，是系统反映香港股票市场行情变动最有代表性和影响最大的指数，它把从香港 500 多家上市公司中挑选出来的 33 家有代表性且经济实力雄厚的大公司股票作为成分股。

由于恒生指数具有基期选择恰当、成分股代表性强、计算频率高、指数连续性好等特点，不论股票市场狂升或猛跌，还是处于正常交易水平，恒生股票价格指数基本上能反映整个股市的活动情况，因此一直是反映、衡量香港股市变动趋势的主要指标。

专栏 4-4 综合指数与成分股指数

按照编制股价指数时纳入指数计算范围的股票样本数量，可以将股价指数划分为全部上市股票价格指数(即综合指数)和成分股指数。上海证券交易所和深圳证券交易所发布的综合指数基准日指数均为 100 点，而两所发布的成分指数基准日指数都为 1000 点。

综合指数是指将指数所反映的价格走势涉及的全部股票都纳入指数计算范围，如深交所发布的深证综合指数，就是把全部上市股票的价格变化都纳入计算范围，深交所行业分类指数中的农林牧渔指数、采掘业指数、制造业指数、信息技术指数等则分别把全部的所属行业类上市股票纳入各自的指数计算范围。

成分股指数是指从指数所涵盖的全部股票中选取一部分较有代表性的股票作为指数样本，称为指数的成分股，计算时只把所选取的成分股纳入指数计算范围。

在实践中，上市公司经常会有增资和拆股、派息等行为，使股票价格产生除权、除息效应，失去连续性，不能进行直接比较。因此在计算股价指数时也要考虑到这些因素的变化，及时对指数进行校正，以免股价指数失真。

本 章 小 结

证券交易	证券交易市场	证券交易市场分为场内交易市场和场外交易市场，场内交易市场在证券交易所内进行交易，这是证券市场的核心；场外交易市场指没有固定地点、分散的、非组织化的交易市场，具有很多的交易形式，是证券交易所的必要补充
	证券交易原则	我国证券交易遵循的是公开、公平、公正原则，公开原则是证券市场的核心，只有在保证公开原则的基础上才能有公平和公正，促进证券市场的良好发展
	证券交易方式	证券交易方式包括现货交易、期货交易、期权交易、证券信用交易和证券回购交易。证券的交易程序可分为开户、委托、竞价成交、清算、交割、过户等几个步骤。证券投资者在进行证券交易时，需支付委托手续费、佣金、过户费和印花税等费用。不同的费用收取标准和收取方法是不一样的
	股价指数及其种类	股票指数是反映不同时点上股价变动情况的相对指标，是报告期的股价与某一基期相比较的相对变化数。通常是将报告期的股票价格与给定的基期价格相比，并将两者的比值乘以基期的指数值，即为该报告期的股票指数。我国主要股价指数包括上证综合指数、深证综合指数、上证180指数、上证50指数、上证红利指数、深证成分股指数、深证100指数、中小企业板指数、沪深300指数

❓ 案例思考

保底条款不保底

2003年，A公司与某证券公司先后签订两份《委托国债投资管理合同》。约定A公司的441万元资金全权委托证券公司买卖国债，年投资收益率均为3%，不足3%部分由证券公司支付，超额部分作为管理费归证券公司享有。后因证券公司到期未归还委托代理资金，A公司遂诉请法院判令证券公司返还钱款。

理财纠纷案件过程中，法院确立审理原则包括：①宜适当限制受托理财主体范围，以维护金融安全，合法的受托理财主体限于个人和证监会批准的综合类券商；②宜认定保底条款无效，以引导正确投资理念，即委托人应承担投资风险。

最终，人民法院依法判令证券公司偿还A公司人民币441万元，对保底条款约定未予支持。

习　题

一、单选题

1. （　　）是指经国家允许的已发行的证券在证券市场上买卖或转让的活动。
　　A. 股票交易　　　　B. 证券交易　　　C. 基金交易　　　　D. 债券交易

2. （　　）是指参与证券交易的各方应当获得平等的机会。它要求证券交易活动中的所有参与者都有平等的法律地位，各自的合法权益都能得到公平保护。
　　A. 公平原则　　　　B. 公开原则　　　C. 公正原则　　　　D. 公允原则

3. 证券的发展历史就是证券交易的发展历史，从证券交易方式的发展来看，主要包括现货交易、期货交易、期权交易、（　　）和回购交易等。
　　A. 股票交易　　　　B. 掉期交易　　　C. 夜市交易　　　　D. 信用交易

4. （　　）就是买卖在未来一定时期内按一定价格买进或卖出一定数量证券或期货合约的权利的交易。
　　A. 期权交易　　　　B. 期货交易　　　C. 掉期交易　　　D. 远期交易

5. （　　）是指在期权有效期内，期权购买者按规定的履约价格和数量买进某种证券资产的权利。
　　A. 欧式期权　　　　B. 看跌期权　　　C. 美式期权　　　　D. 看涨期权

6. （　　）适用于证券市场呈现下跌即"熊市"特征明显时。是指投资者如果预测证券市场下跌，准备做某一证券的卖出投资，但手中并没有该种证券，其可通过向经纪人交付一定比率保证金后，从经纪人手中借入一定数量该证券并委托其卖出。
　　A. 保证金多头交易　B. 多头平仓　　　C. 保证金空头交易　D. 空头平仓

7. 上海、深圳证券交易所规定 A 股以每（　　）一标准手。
　　A. 100 股　　　　　B. 100 份　　　C. 1000 元　　　　D. 10 张

8. 目前上海的 A 股收取过户费；沪、深 B 股这项费用被称为（　　）。
　　A. 交易佣金　　　　B. 交易结算费　　C. 交易监管费　　　D. 交易经手费

9. （　　）是投资者掌握股市现状和分析、判断股市变动趋势的非常重要的尺度和信号，是股票市场的一项重要指标。
　　A. 股票市场　　　　B. 成交量　　　C. 成交股数　　　　D. 股价指数

10. （　　）是指可以将股票价格指数划分为全部上市股票价格指数，并把所有的股票即刻价格加权平均。
　　A. 成分指数　　　　B. 综合指数　　　C. 股价指数　　　　D. 行业指数

11. 股价指数在编制时，一般都选择当地有代表性、实力雄厚的上市公司的股票作为样本，用这些公司的股价变动反映股市的股价水平，而这些公司的经营业绩又反映了该国家或地区的经济状况,故股价指数是观察分析经济的重要参考依据,这反映股价指数的(   )功能。

      A. 股价指数是反映股市行情的"指示器"

      B. 股价指数可为投资者提供必不可少的信息

      C. 股价指数是整个经济的"晴雨表"

      D. 行业发展水平

12. 期货交易的高报酬主要是由于其(   )作用。

      A. 杠杆   B. 套利   C. 投机   D. 套期保值

13. (   )是指证券的买卖双方在成交后,按照成交价格及时办理实物交割手续和资金清算的交易方式。

      A. 远期交易   B. 现货交易   C. 期权交易   D. 掉期交易

14. 场外交易市场即又称(   ),指在交易所外由证券买卖双方当面议价成交的市场。

      A. 私下交易市场   B. 店头交易市场

      C. 非交易所交易   D. 海外交易

15. (   )原则是指应公正地对待证券交易的参与各方以及公正地处理证券交易的事务。

      A. 公开   B. 公平   C. 公正   D. 公允

16. 世界上最早、最有影响的股价指数是(   )。

      A. 道·琼斯股价指数   B. 恒生指数

      C. 日经指数   D. 纳斯达克指数

17. 证券交易中的核心原则是(   )。

      A. 公平原则   B. "三公"原则

      C. 公开原则   D. 公正原则

18. 下列债券中可以在交易所上市流通的是(   )。

      A. 实物债券   B. 凭证式债券   C. 记账式债券   D. 企业债券

19. 加权股价指数的计算中,以基期的交易量或发行量为权数计算的加权股价指数是(   )。

      A. 拉氏指数   B. 派许指数   C. 费雪指数   D. 平均指数

20. 我国的证券交易所包括深圳证券交易所和(   )。

      A. 上海证券交易所   B. 北京证券交易所

      C. 重庆证券交易所   D. 天津证券交易所

二、多选题

1. 证券交易所内交易成交规则中,买卖成交的基本规则是(   )。

      A. 价格优先原则   B. 市价优先原则

  C. 时间优先原则　　　　　　　　　　D. 客户优先原则

2. 委托单的基本要素包括(　　)。

  A. 数量　　　　　B. 指数　　　　　C. 价格　　　　　D. 签名

3. 证券上市可以(　　)。

  A. 扩大社会影响　　　　　　　　　　B. 有利于筹集资本

  C. 有助于财务信息保密　　　　　　　D. 增强投资者的购买意愿

4. 我国上海证券交易所中连续竞价的时间是(　　)。

  A. 9:30—11:30　　　　　　　　　　B. 9:15—9:25

  C. 13:00—14:57　　　　　　　　　　D. 13:00—15:00

5. 目前，我国证券交易所一般采用两种竞价方式，即在每日开盘时采用(　　)方式，在日常交易中采用(　　)方式。

  A. 集合竞价　　　　B. 连续竞价　　　　C. 竞价交易　　　　D. 议价交易

6. 通过交易所的交易主机完成竞价交易过程，竞价的结果有(　　)3 种可能情况。

  A. 全部成交　　　　B. 部分成交　　　　C. 不成交　　　　D. 次日成交

7. 世界著名的股价指数包括道·琼斯股价指数、(　　)等。

  A. 标准·普尔 500 指数　　　　　　　B. 《金融时报》指数

  C. 日经股价指数　　　　　　　　　　D. 恒生指数

8. A 股、证券投资基金每笔交易佣金不足 5 元的，按 5 元收取；B 股每笔交易佣金不足最低佣金的，按(　　)美元或(　　)港元收取。

  A. 1　　　　　　　B. 3　　　　　　　C. 5　　　　　　　D. 10

9. 期货合约的交易期限一般是(　　)个月，最长的可以达到 2 年。

  A. 3　　　　　　　B. 6　　　　　　　C. 9　　　　　　　D. 12

10. 证券信用交易分为(　　)等形式。

  A. 保证金多头交易　　　　　　　　　B. 保证金空头交易

  C. 期货交易　　　　　　　　　　　　D. 期权交易

11. 期货交易具有如下(　　)和交割期限相对固定等特点。

  A. 以小搏大　　　　　　　　　　　　B. 高报酬、高风险

  C. 标准化合约　　　　　　　　　　　D. 保证金制度

12. 我国证券交易所的交易程序可分为(　　)等几个步骤。

  A. 开户　　　　　　B. 委托　　　　　C. 竞价成交　　　　D. 结算

13. 按照不同的用途还可以分为(　　)。

  A. 人民币普通股票账户　　　　　　　B. 人民币特种股票账户

  C. 证券投资基金账户　　　　　　　　D. 债券账户

14. 目前，我国证券交易的委托方式主要有(　　)。

  A. 柜台委托　　　　B. 电话委托　　　　C. 自助终端委托　　　　D. 网上委托

15. 我国深圳证券交易所中集合竞价的时间是(　　)。

A. 9:15—9:25　　　　　　　　　　　　B. 9:20—9:25

C. 13:00—15:00　　　　　　　　　　　 D. 14:57—15:00

三、判断题

1. 竞价成交包括连续竞价和集合竞价。　　　　　　　　　　　　　　　(　)

2. 我国目前投资者可以进行市价委托。　　　　　　　　　　　　　　　(　)

3. 由证券交易所或金融服务机构编制的、反映不同时点上股价变动情况的价格平均数就是股票指数。　　　　　　　　　　　　　　　　　　　　　　　　　　　(　)

4. 我国目前投资者只能进行当日限价委托。　　　　　　　　　　　　　(　)

5. 投资者凭 B 股资金账户证明,到境内具有经营 B 股资格的上海证交所会员申请开立 B 股股票账户。　　　　　　　　　　　　　　　　　　　　　　　　　(　)

6. 期货交易双方获得的收益和承担的风险一样,机会均等;期权交易中购买者仅承担有限的风险,最大限度的风险是损失期权费,但对于期权卖出者承担的风险是无限的,收益是期权费。　　　　　　　　　　　　　　　　　　　　　　　　　　　　(　)

7. 在竞价过程中,如果买卖方向、价格相同,先申报者优先后申报者,先后顺序按交易主机接收申报的时间确定交易次序。　　　　　　　　　　　　　　　　(　)

8. A 股、B 股、证券投资基金的交易佣金实行最高上限向下浮动制度,证券公司向客户收取的佣金不得高于证券交易金额的 3‰。　　　　　　　　　　　　　(　)

9. 期货交易要求交易双方都按规定缴纳保证金,并根据价格波动追加保证金;期权交易只要求期权卖出者缴纳保证金,期权购买者不需要缴纳保证金。　　　　(　)

10. 期货交易实行保证金交易,交易者只缴纳一定比例的保证金;期权交易是现金合约,成交时全额交付期权费。　　　　　　　　　　　　　　　　　　　　(　)

11. 期货交易的对象是合约所规定的证券;而期权交易的对象是买卖证券的权利,不是证券或合约本身。　　　　　　　　　　　　　　　　　　　　　　　(　)

12. 期货交易一般是通过对冲或平仓方式了结合约,实物交割比例低,且可以现金交割;期权交易的履约是买进或卖出一定证券或期货合约,也可放弃或转让履约权。(　)

13. 投资者张某以 4.50 元/股的价格买入 200 股工商银行的股票,需要缴纳的佣金是 5元(佣金比率按 2‰计算)。　　　　　　　　　　　　　　　　　　　　(　)

14. 期货交易权利和义务相同;期权交易的购买者拥有的是买卖证券的权利,卖出者是卖出或买进义务。　　　　　　　　　　　　　　　　　　　　　　　(　)

15. 日经股价指数是由日本经济新闻社编制并公布的反映日本股票市场价格变动的股票价格平均数。　　　　　　　　　　　　　　　　　　　　　　　　　(　)

四、名词解释

证券交易　场内交易市场　公开原则　股价指数　信用交易　回购交易

五、简答题

1. 证券交易方式和种类包括哪些?
2. 我国主要股价指数包括哪些?
3. 集合竞价的原则包括哪些?
4. 简述证券交易程序。
5. 证券交易费用包括哪些? 怎样计算?
6. 证券交易原则包括哪些?

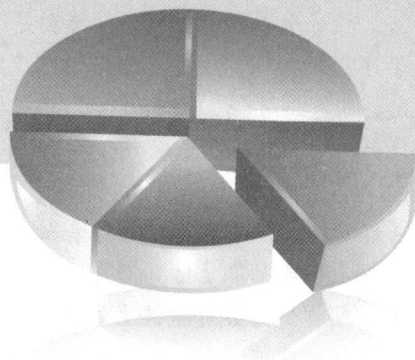

第五章

证券投资收益风险

本章精粹:

- 金融危机与证券投资
- 证券投资收益
- 证券投资风险

案例导入 证券投资的风险

投资者参与证券投资,特别是金融期货投资需要具备一定的条件,根据《关于修改〈关于建立股指期货投资者适当性制度的规定(试行)〉的决定》(证监会公告〔2013〕32号)的规定,期货公司会员只能为符合下列标准的自然人投资者申请开立交易编码,第一条便是"申请开户时保证金账户可用资金余额不低于50万元"。此外,期货公司会员为自然人投资者向交易所申请开立交易编码前,应当确认该投资者具备金融期货仿真交易经历或者期货交易经历。具体要求为:具备金融期货基础知识,通过相关测试;具有累计10个交易日、20笔以上的金融期货仿真交易成交记录,或者最近三年内具有10笔以上的期货交易成交记录等。期货公司会员除按上述标准对投资者进行审核外,还应当按照交易所制定的投资者适当性制度操作指引,对投资者的基本情况、相关投资经历、财务状况和诚信状况等进行综合评估,不得为综合评估得分低于规定标准的投资者申请开立交易编码。

为什么要对投资者设立投资门槛,进行适当性管理?有多少人了解证券投资的风险?面对"股市有风险,投资需谨慎"的风险警告,投资者认真思考了吗?

关键词 投资收益 投资风险 金融危机 风险防范

第一节 金融危机与证券投资

一、历次大型金融危机

金融危机又称金融风暴,是指一个国家或几个国家与地区的全部或大部分金融指标(如短期利率、货币资产、证券、房地产、土地(价格)、商业破产数和金融机构倒闭数)的急剧、短暂和超周期的恶化。国际金融危机主要表现为货币危机,具体表现为市场流动性不足,信用紧缩,市场停滞,交易大量减少,市场恐慌性抛售,信心崩溃。

金融危机的特征是人们基于对经济未来将更加悲观的预期,整个区域内货币币值出现幅度较大的贬值,经济总量与经济规模出现较大的损失,经济增长受到打击。往往伴随着企业大量倒闭,失业率提高,社会普遍的经济萧条,甚至有些时候伴随着社会动荡或国家政治层面的动荡。

(一)1907年银行危机

1907年10月,美国银行危机爆发,纽约一半左右的银行贷款都被高利息回报的信托投资公司作为抵押投在高风险的股市和债券上,整个金融市场陷入极度投机状态。

首先是新闻舆论导向开始大量出现宣传新金融理念的文章。当时有一篇保罗·沃尔克(Paul A. Volcker)的文章，题目是"我们银行系统的缺点和需要"，从此保罗成为美国倡导中央银行制度的首席吹鼓手。

此后不久，雅各布·希夫(Jacob Henry Schiff)在纽约商会宣称："除非我们拥有一个足以控制信用资源的中央银行，否则我们将经历一场前所未有而且影响深远的金融危机。"

(二)1929 年大崩溃

1929 年大崩溃是华尔街有史以来形势最为严峻的股市暴跌。1922—1929 年，美国空前的繁荣和巨额报酬让不少美国人卷入华尔街狂热的投机活动中，股票市场急剧升温，最终导致股灾，引发了美国乃至全球的金融危机。

(三)1987 年黑色星期一

1987 年 10 月 19 日，因为不断恶化的经济预期和中东局势的不断紧张，造就了华尔街的大崩溃。这便是"黑色星期一"。标准·普尔指数下跌了 20%，无数人陷入了痛苦。

(四)1994 年墨西哥金融危机

1994—1995 年，墨西哥发生了一场比索汇率狂跌、股票价格暴泻的金融危机。不仅导致拉美股市的暴跌，也让欧洲股市指数、远东指数及世界股市指数出现不同程度的下跌。

(五)1997 年亚洲金融危机

1997 年 7 月，泰国宣布放弃固定汇率制，实行浮动汇率制，从而引发了一场遍及东南亚的金融风暴。香港恒生指数大跌，韩国也爆发金融风暴，日本一系列银行和证券公司相继破产。东南亚金融风暴演变为亚洲金融危机。

(六)2008 年 9 月美国次贷风暴

雷曼兄弟破产，美林银行贱卖，摩根士丹利寻求合并，美国次贷风暴掀起的浪潮一波高过一波，美国金融体系摇摇欲坠，世界经济面临巨大压力。

(七)2009 年以来的欧债危机

2009 年 12 月始于希腊的债务危机，全称欧洲主权债务危机，从 2010 年起开始蔓延至欧洲其他国家，伴随着德国等欧元区的龙头国开始受到危机的影响，欧元大幅下跌，整个欧元区正面临前所未有的挑战。这次危机仍在持续，不仅严重影响了欧洲的经济秩序，还威胁到了欧盟及欧元区各国的团结。

1) 欧债危机产生的原因

这场危机不像美国次贷危机那样一开始就来势汹汹，但在其缓慢的进展过程中，随着产生危机国家的增多与问题的不断浮现，加之评级机构不时的评级下调行为，目前已经成为牵动全球经济神经的重要事件。政府失职、过度举债、制度缺陷等问题的累积效应最终导致了这场危机的爆发。在欧元区17国中，以葡萄牙、爱尔兰、意大利、希腊与西班牙等五个国家(以下简称"PIIGS五国")的债务问题最为严重。

2) 过度举债

政府部门与私人部门的长期过度负债行为，是造成这场危机的直接原因。欧盟《稳定与增长公约》规定，政府财政赤字不应超过国内生产总值的3%，而在危机形成与爆发初期的2007—2009年，政府赤字数额急剧增加。以希腊为例，从2001年加入欧元区到2008年危机爆发前夕，希腊年平均债务赤字达到了5%，而同期欧元区数据仅为2%；希腊的经常项目赤字年均为9%，同期欧元区数据仅为1%。2009年，希腊外债占GDP比例已高达115%，这个习惯于透支未来的国家已经逐渐失去了继续借贷的资本。这些问题在PIIGS五国中普遍存在。

即使到了2013年，据欧盟统计局2013年7月22日公布的数据显示，欧元区17个国家的第一度末政府债务占国内生产总值(GDP)比例再次攀升，创下历史新高。其中爱尔兰、葡萄牙、西班牙均触及纪录高位，希腊的债券比率虽低于峰值水平，但是环比仍然上升。截至3月底，欧元区政府债务占GDP的比例提高至92.2%，去年12月底为90.6%，去年9月底为89.9%。该数据显示欧元区债务加速累积，原因也在于欧元区经济产出持续萎缩。当巨额的政府预算赤字不能用新发债务的方式进行弥补时，债务危机就会不可避免地爆发。

3) 政府失职

PIIGS五国经历如此严重的危机，但政府反应迟缓，虽然五国政府在危机前与危机中的表现不尽相同，但其失职行为是危机的重要助推因素。首先，为了追逐短期利益，在大选与民意调查中取悦民众，政府采用"愚民政策"，采取了"饮鸩止渴"的行为。例如，希腊政府在2009年之前隐瞒了大量的财政亏空。其次，一些政府试图通过各种途径逃避欧盟委员会与欧洲央行的监管处罚。德国、法国等经济发展"龙头"曾是这方面的负面典型，而其他国家也随之纷纷效仿。再次，以爱尔兰、西班牙为代表的一些国家政府放任国内经济泡沫膨胀，一旦泡沫破灭，又动用大量的纳税人财富去救助虚拟经济，导致经济结构人为扭曲。最后，政府首脑过于畏首畏尾，不敢采取果断措施将危机扼杀于"萌芽状态"。例如，意大利政府在2009年赤字达到5.3%时没有采取果断行动，而是一味拖延，导致了目前危机升级的局面。

4) 制度缺陷

欧元区的制度缺陷在本次危机中也有所显现。根据欧元区的制度设计，各成员国没有货币发行权，也不具备独立的货币政策，欧洲央行负责整个区域的货币发行与货币政策实施。在欧洲经济一体化进程中，统一的货币使区域内的国家享受到了很多好处，在经济景气阶段，这种安排促进了区域内外的贸易发展，降低了宏观交易成本。然而，在风暴来临时，陷入危机的国家无法因地制宜地执行货币政策，进而无法通过本币贬值来缩小债务规模和增加本国出口产品的国际竞争力，只能通过紧缩财政、提高税收等压缩总需求的办法增加偿债资金来源，这使原本就不景气的经济状况雪上加霜。冰岛总统近日指出，冰岛之所以能够从破产的深渊中快速反弹，就是因为政府和央行能够以自己的货币贬值，来推动本国产品出口，这是任何欧元区国家无法享受的"政策福利"。而英国政府也多次重申不会加入欧元区。

二、"后金融危机时代"国际金融体系的发展

由美国金融危机和欧债危机引发的全球金融危机充分暴露了现行国际金融体系的缺陷和弊端，危机也表明了改革国际金融体系、构建国际金融新秩序的极端重要性。经过多次 G20 峰会的协调和磋商，各经济体对改革国际金融体系阐述了各自的看法，并在某些方面达成了部分共识，包括加强 IMF 在国际金融监管中的作用，充实 IMF 的资金实力，提升发展中国家在国际金融机构中的话语权和代表性等。尽管这些改革的具体措施还有待进一步明确，但总体方向和思路已经形成。但与此同时，各国出于对自身战略利益的考虑，难免在一些重要问题上存在着分歧。在改革国际金融体系问题上，各方分歧的焦点主要集中于在后金融危机时代国际金融体系之中的地位问题。新兴市场和发展中国家的改革思路有其合理性，目前已在许多方面达成了共识。例如，在 IMF 改革过程中，新兴市场和发展中国家所占的配额比例将至少会提高 5%，发展中国家和经济转型国家在世界银行的投票权也将至少增加 3%。但是，欧洲国家和美国之间的分歧较为严重，欧盟提出的加强金融监管，特别是关于金融机构从业人员严格的薪酬限制的建议并没有得到美国的全力支持；而对金融交易税的提出，美国财长盖特纳也认为时机并未成熟。显而易见，美国之所以对欧盟的建议反应冷淡，主要原因就在于美国力图维护其在全球金融市场中的比较优势；在 IMF 的话语权争夺方面，欧美双方也互不相让、各执一词，美国要求减少欧洲国家在 IMF 中理事会的席位，而欧洲国家却拿美国的一票否决权来反向施压。欧美国家作为当前国际金融体系之中的重要力量，两者之间的严重分歧无疑会阻碍国际金融体系改革的顺利推进。

专栏 5-1　金融危机下的理财专栏

在生活中，要小心滞纳金。这就需要清楚各种账单缴纳的最后期限，尽量在最后一天之前把各种账单结清，免得留下滞纳金这个尾巴。不要小看这些滞纳金，如果晚缴费的时间够长，滞纳金甚至会超过本来要交的费用。何况，不按时缴费，还可能会因此被加入信用黑名单，更加得不偿失。

尽量将钱存为定期。每个月拿到工资后，必定有一部分(至少是工资的 1/3)是用来存的，而且要存成定期，强迫自己按照预算花钱。虽然最近存款利率下调幅度很大，但定期的利率会永远大于活期存款。

只刷一张信用卡或者干脆冻结它。若有必须开支，请只刷一张信用卡。因为积分是终

身相随的,与其在很多张卡上留下不多的积分,还要费心思去记下不同银行信用卡每个月不同的还款日(过期不还超过一段时间就要计算利息了),还不如做某一个银行的忠实卡主,提高积分换点实惠的东西,也好不断调高信用额度。

存小钱,买大件。存钱罐一直是一种保存零钱的好方法,不过现在越来越少的交易会产生零钱了。即便如此,将手头的零钱存起来仍会带给你一份惊喜,尤其是在零钱不盛行的北方地区。将零钱存进一个账户里,这个办法连美国银行都在使用。这个方法类似于经典的"信封"诀窍,而又不失现代社会的便利性。

第二节　证券投资收益

证券投资收益是众多投资者进行证券投资的核心目标,但是不同的证券品种其收益构成也是差异巨大。

一、股票投资的收益

获得股票投资收益是投资者参与股票投资的最主要的目的,其他的投资目的其实都是为这个目的服务的。

(一)股票投资收益的分类

一般情况下,按照股票投资收益的来源划分可以有两大类:一类是红利收益;另一类是资本收益。

1. 红利收益

红利收益是投资者购买股票后在一定的时期内获得的按持股比例分配的收益。是投资者购买股票后成为公司的股东,以股东的身份,按照持股的多少,从公司获得相应的股利,包括股息、现金红利和红股等。

2. 资本收益

资本收益是因持有的股票价格上升所形成的资本增值,也就是投资者利用低价进高价出所赚取的差价利润,这正是目前我国绝大部分投资者投资股票的直接目的。资本收益的形式多种多样。例如,投资者购买股票成为股东后,可以参加公司的股东大会,查阅公司的有关数据资料,获取有关企业的更多信息,在一定程度上参与企业的经营决策,在企业重大决策中有一定的表决权,这在一定程度上可以满足投资者的参与感;大额投资者购买到一定比例的公司股票后,可以进入公司的董事会,可影响甚至决定公司的经营活动。此外,国外的一些上市公司还规定,凡股东购买本公司商品均可得到一定折扣优惠等。我们这里研究股票投资收益时，主要以红利收益为主，暂不考虑资本收益。

(二)股票投资收益率

衡量一只股票投资收益的多少，一般用投资收益率来说明，即投资收益与最初投资额的百分比率。由于股票与其他证券的收益不完全一样，因此，其收益率的计算也有较大的差别。计算股票的收益，通常有两个指标：股票收益率和持有期收益率。通过收益率的计算，能够充分把握股票投资收益的具体情况。

1. 股票收益率

股票收益率又称本期股利收益率，是股份公司以现金派发股利与本期股票价格的比率。用公式表示为

$$本期股利收益率 = \frac{年现金股利}{本期股票价格} \times 100\%$$

其中，本期股票价格指证券市场上的该股票的当日收盘价，年现金股利指上一年每一股股票获得的股利，本期股利收益率表明以现行价格购买股票的预期收益。

2. 持有期收益率

持有期收益率是指投资者买入股票持有一定时期后又卖出该股票，在投资者持有该股票期间的收益率。用公式表示为

$$持有期收益率 = \frac{出售价格 - 购买价格 + 现金股利}{购买价格} \times 100\%$$

投资者要提高股票投资的收益率，关键在于选择购买何种股票以及在何时买进或卖出股票。任何股票投资者都希望自己能买到盈利丰厚、风险小的股票，因此，在做出投资决策时，一般要考虑投资对象的企业属性和市场属性。

二、债券投资的收益

一般来说，投资者在做出债券投资前须考虑信贷评级、利率与年限之间的关系、债券价格与利息率之间的关系、债券的流通性、债券的发行条款及市场宏观因素等。

债券的投资收益包括利息、价差和利息再投资所得的利息收入。这些收入之和是名义收益，即

　　　　投资债券的名义收益 = 面值×持有年数×债券年利率 + 价差 + 利息再投资收入

需要特别说明的是，这里的价差在债券溢价发行的时候应该是负值。但实际上，收益是一个社会范畴的概念，它必须综合考虑物价水平的变化，或者说是通货膨胀因素，所以，计算实际收益时，还必须剔除通货膨胀率或价格指数，即

　　　　　　实际收益 = 名义收益/价格指数

具体到每种交易的收益率的计算,则可分为以下几种情况。

(一)名义收益率和实际收益率

名义收益率等于债券年利息收入与债券面值的比值,其计算公式为

$$名义收益率=\frac{年利息收入}{债券面值}\times100\%$$

名义收益率即是票面利率。实际收益率需剔除通货膨胀率或价格指数的影响,其计算公式为

$$实际收益率=\frac{1+名义收益率}{1+通货膨胀率}-1$$

或者,实际收益率$=\dfrac{名义收益率-通货膨胀率}{1+通货膨胀率}$

例如,某债券面值 100 元,期限 10 年,每年末付息 6 元,目前的通货膨胀率是 3%,该债券的名义收益率、实际收益率各是多少?

名义收益率=6÷100=6%。

实际收益率=(1+6%)÷(1+3%)-1=(6%-3%)÷(1+3%)=2.91%。

(二)即期收益率

即期收益率也称现行收益率,它是指投资者当时所获得的收益与投资支出的比率。其计算公式为

$$即期收益率=\frac{年利息收入}{投资支出}\times100\%$$

通过这个公式可以知道,只有在债券发行价格和债券面值保持相同时,其名义收益率才会等于即期收益率。

例如,某债券面值为 100 元,票面年利率为 6%,发行时以 95 元出售,那么在购买的那一年投资人的收益率是多少?

即期收益率=100×6%÷95×100%=6.32%

(三)持有期收益率

由于债券在买进后,可以不等到偿还到期就卖出,所以就产生了计算债券拥有期的收益率问题。其计算公式为

持有期收益率=[年利息+(卖出价格-买入价格)÷持有年数]÷买入价格×100%

例如,某债券面值为 100 元,年利率为 6%,期限 5 年,投资者以 95 元买进,投资者预计 2 年后会涨到 98 元并在那时卖出,求出持有期收益率。

持有期收益率=[100×6%+(98-95)÷2]÷95×100%=7.89%

(四)认购者收益率

从债券新发行就买进，持有到偿还期满还本付息，这期间的收益率即为认购者收益率。其计算公式为

$$认购者收益率=[年利息收入+(面额-发行价格)÷偿还期限]÷发行价格×100\%$$

例如，某债券面值为 100 元，年利率为 6%，期限 5 年，投资者以 99 元买进，问认购者收益率为多少？

$$认购者收益率=[100×6\%+(100-99)÷5]÷99×100\%=6.26\%$$

从以上对各种收益率的计算可以看出，影响债券投资收益的最直接的因素是利率的差别。

投资者在衡量有关债券投资的风险时，可参照评级机构对所选债券发行人的信贷评级。一般情况下，信贷评级较高的债券所给予的息率相对会较低。一般而言，债券利率越高，债券收益也越高；反之，收益越低。形成收益差别的主要原因是利率、残存期限、发行者的信用度和市场属性等。当债券价格高于其面值时，债券收益率低于票面利息率。反之，则高于票面利息率。还本期限越长，票面利息率越高。

市场供求、货币政策和财政政策对债券价格产生的影响，也会直接影响到投资者的成本，成本越高则收益率越低，成本越低则收益率越高，所以除了利率差别会影响投资者的收益之外，市场供求、货币政策和财政政策也是考虑投资收益时不可忽略的因素。

三、基金投资的收益

基金投资的收益是基金资产在运作过程中所产生的超过自身价值的部分。具体地说，基金收益包括基金投资所得红利、股息、债券利息、买卖证券差价、存款利息和其他收入。

(一)红利

红利是指基金因购买公司股票而享有对该公司净利润进行分配的所得。一般而言，公司对股东的红利分配有现金红利和股票红利两种形式。基金作为长线投资，其主要目标在于为投资者获取长期、稳定的回报，红利是构成基金收益的一个重要部分。股票的红利多少，是基金管理人衡量投资组合的一个重要标准。

(二)股息

股息是指基金因购买公司的优先股权而享有对该公司净利润进行分配的所得。股息通常是按一定的比例事先规定的，也是股息与红利的主要区别。与红利相同，股息高低也是基金管理人选择投资组合的重要标准。

(三)债券利息

债券利息是指基金资产因投资于不同种类的债券(国债、地方政府债券、企业债、金融债等)而定期取得的利息。我国《证券投资基金管理暂行办法》规定,一只基金投资于国债的比例不得低于该基金资产净值的 20%,由此可见,债券利息也是构成投资回报的不可或缺的组成部分。

(四)买卖证券差价

买卖证券差价是指基金资产投资于证券而形成的价差收益,通常称作资本利得。

(五)存款利息

存款利息是指基金资产的银行存款利息收入,这部分收益仅占基金收益很小的一部分。开放式基金由于必须随时准备支付基金持有人的赎回申请,因此必须保留一部分现金存在银行。

(六)其他收入

其他收入是指运用基金资产而带来的成本或费用的节约额,如基金因大额交易而从证券商处得到的交易佣金优惠等杂项收入。这部分收入通常数额很小。

───── 专栏 5-2　浮动盈亏 ─────

交易软件根据当日交易的价格,计算持仓股票的浮动盈亏。浮动盈亏的计算方法是:浮动盈亏=(当天交易价格-买入价格)×买入数量-交易成本。如果是正值,则表明持仓股票为浮动盈利;如果是负值,则表明持仓股票浮动亏损。投资者卖出以后将浮动盈亏转为实际盈亏。

第三节　证券投资风险

一、股票投资的风险

(一)投资风险概述

1. 风险的含义

风险是指因对未来行为的决策及客观条件的不确定性而可能引起的后果与预定目标发生多种负偏离的综合。在实际中,预测结果的可变性包括变好变坏两个方面,每一个方面又可能存在多种情况，每一种情况发生的可能性也是各不相同的，为了反映预测结果的这种多样复杂的可变性，风险概念一般被定义为"各个可能结果的概率分布"。概率分布得越密集，可变性越小，风险就越小。一种投资行为的风险大小，取决于该投资的各种可能的收益率及各收益率发生的可能性所分布的密集程度，分布越密集，实际结果与预期结果的偏差就可能越小，从而风险就越小。

2. 股票投资风险

股票投资风险是指投资者预期股票投资收益的不确定性。从股票投资风险的定义来看，股票投资风险包括两种：一种是投资者的收益为负值造成的损失；另一种是投资者的收益与本金和的购买力低于期初投入资金的购买力而造成的损失。

投资者的收益和本金的购买力损失，主要来自通货膨胀。在物价大幅度上涨、出现通货膨胀时，尽管投资者的名义收益和本金不变，或者有所上升，但是只要收益的增长幅度小于物价的上升幅度，投资者的收益和本金的购买力就会下降，通货膨胀侵蚀了投资者的实际收益。

(二)股票投资风险的分类

在股票投资中投资者面临的风险可以分成系统性风险和非系统性风险两大类。

1. 系统性风险

系统性风险又称市场风险，也称不可分散风险，是指由于某种因素的影响和变化，导致股票市场上绝大多数股票价格的下跌，从而给股票持有人带来损失的可能性。系统性风险的诱因发生在企业外部，上市公司本身无法控制它，其带来的影响面一般都比较大。系统性风险是由股票市场的共同因素影响的，比如利率、通货膨胀、经济周期波动等原因。另外系统风险对市场上所有的股票投资者都会产生影响。从风险的来源看，系统风险主要有以下几种不同的形式。

(1) 购买力风险。购买力风险又称通货膨胀风险，是指由于通货膨胀引起的投资者实际收益率的不确定。证券市场是企业与投资者直接融资的场所，因而社会货币资金的供给总量成为决定证券市场供求状况和影响证券价格水平的重要因素，当货币资金供应量增长过猛、出现通货膨胀时，证券的价格也会随之发生变动。

(2) 利率风险。这里所说的利率是指银行信用活动中的存贷款利率。由于利率是经济运行过程中的一个重要经济杠杆，它会经常发生变动，从而会给股票市场带来明显的影响。一般来说，银行利率上升，股票价格下跌；反之亦然。其主要原因有两方面：第一，人们持有金融资产的基本目的，是获取收益，在收益率相同时，他们则乐于选择安全性高的金融工具，在通常情况下，银行储蓄存款的安全性要远远高于股票投资，所以，一旦银行存款利率上升，资金就会从证券市场流出，从而使证券投资需求下降，股票价格下跌，投资收益率因此减少；第二，银行贷款利率上升后，信贷市场银根紧缩，企业资金流动不畅，利息成本提高，生产发展与盈利能力会随之削弱，企业财务状况恶化，造成股票市场价格下跌。

(3) 汇率风险。汇率与证券投资风险的关系主要体现在两方面：一是本国货币升值有利于以进口原材料为主从事生产经营的企业，不利于产品主要面向出口的企业，因此，投资者看好前者、看淡后者，就会引发股票价格的涨落。本国货币贬值的效应正好相反。二是对于货币可以自由兑换的国家来说，汇率变动也可能引起资本的输出与输入，从而影响国内货币资金和证券市场供求状况。

(4) 宏观经济风险。宏观经济风险主要是由于宏观经济因素的变化、经济政策变化、经济的周期性波动，以及国际经济因素的变化给股票投资者可能带来的意外收益或损失。

宏观经济因素的变动会给证券市场的运作以及股份制企业的经营带来重大影响，如经济体制的转轨、企业制度的改革、加入世界贸易组织、人民币的自由兑换等，莫不如此。

(5) 社会、政治风险。稳定的社会、政治环境是经济正常发展的基本保证，对证券投资者来说也不例外。倘若一国政治局势出现大的变化，如政府更迭、国家首脑健康状况出现问题、国内出现动乱、对外政治关系发生危机等，都会在证券市场上产生反响。此外，政界人士参与证券投机活动和证券从业人员内幕交易一类的政治、社会丑闻，也会对证券市场的稳定构成很大威胁。

2. 非系统性风险

非系统性风险是指由某种特殊因素导致的、只影响部分或个别股票投资损益的风险。非系统性风险只对个别公司或行业的股票产生影响，与股票市场总价格的变动不存在系统性、全局性的联系，为防范非系统性风险的发生，一般可采取股票组合投资的方法进行防范，因此非系统性风险也称为可分散风险。非系统性风险的来源主要有以下几种。

(1) 经营风险。是指公司经营不善导致损失的风险。公司经营不善，是对投资者一种很大的威胁。它不仅能导致投资者无法获取投资收益，甚至有可能使本金遭受损失。构成经营风险的主要因素是公司本身的管理水平、技术能力、经营方向、产品结构等。

(2) 财务风险。是指公司资金困难引起的风险。一个上市公司财务风险的大小，可以通过该公司资产负债率的多少来反映。企业资产负债率高，则风险大；反之风险则小。因为借贷资金的利息是固定的，无论公司盈利如何，都要支付规定的利息；而股票资金的股息是不确定的，它要视公司的盈利情况来确定。因此，债务负担重的公司比起没有借贷资金的公司，其风险更大。

(3) 信用风险。信用风险也称违约风险，指不能按时向证券持有人支付本息而给投资者造成损失的可能性。此风险主要针对债券投资品种，对于股票只有在公司破产的情况下才会出现。造成违约风险的直接原因是公司财务状况不好，最严重的是公司破产。

(4) 道德风险。道德风险主要指上市公司管理者的道德风险。上市公司的股东和管理者是一种委托代理关系。由于管理者和股东追求的目标不同，尤其在双方信息不对称的情况下，管理者的行为可能会对股东的利益造成损害。

(三)股票投资风险的防范

一般来说，根据不同的股票投资风险种类可以采用不同的方法进行防范。对于系统性风险一般可以采取在现货市场和期货市场进行对冲的方式来防范；而对于非系统性风险一般采用分散投资的方式来防范。

1. 资产类型分散

资产类型分散是指对不同的资产类型投资时，资金要在股票、债券和其他货币市场方面进行分配，构成一个投资组合。不同类型的资产在投资组合中所占的比例要根据投资者的具体情况来确定，从而能在很大程度上分散风险。

2. 行业分散

行业分散是指在相同类型资产里面的不同行业中进行分散投资。不同的行业对经济周期的不同阶段有着不同的表现，其股价也会发生相应的变化。比如，金融服务业在经济周期的复苏阶段的初期通常发展迅速，银行类的股票在这个时候通常会表现比较好，而矿业类股票通常在经济周期的复苏阶段的末期股价增长较快。

3. 公司分散

公司分散是指在相同行业的不同公司之间进行投资。因为即使是同一个行业也是不尽相同的，此时这个公司表现得好一些，彼时另一个公司发展得快一些，所以在不同公司之间进行分散投资可以很好地防范由于经营等原因而导致的投资风险。

4. 投资风格分散

投资风格分散是指在不同的投资管理风格之间进行分散。有两种相对的投资管理风格，一种叫主动型，另一种叫被动型。主动管理型的目标是通过证券的选择和投资时间的选择来获得超过一个特定的指数或者是业绩比较标准的回报。而被动型投资不期望通过积极的投资组合管理来获得超过市场的回报。两个被最广泛认可的被动投资策略就是指数型投资和购买以后长期持有。投资者可以将自己的资金分成主动和被动两部分进行分散投资。

5. 地域分散

随着我国开通 QDII(合格境内机构投资者)以后，我国的证券投资者可以通过全球化的投资来分散风险。全球化投资的一个重要好处就是可以通过在全球范围的分散投资来进一步提高投资收益的稳定性。因为只在中国范围内进行投资，即使我们把上海、深圳的股票全买了，还是要面对一个中国股票市场大幅波动的风险，这个风险是没法通过国内的分散投资来抵消的，而这个风险却可以通过在全球范围的分散投资来降低。

二、债券投资的风险

债券投资是投资者通过购买各种债券进行的对外投资，它是证券投资的一个重要组成部分。一般来说，债券按其发行主体的不同，分为政府债券、金融债券和公司债券。债券投资的风险是指债券预期收益变动的可能性及变动幅度，债券投资的风险是普遍存在的。与债券投资相关的所有风险称为总风险，总风险可分为可分散风险和不可分散风险。债券投资风险的表现形式包括以下几种。

(一)政策风险

政策风险是指政府有关债券市场的政策发生重大变化或是有重要的举措、法规出台，引起债券价格的波动，从而给投资者带来的风险。政府对本国债券市场的发展通常有一定的规划和政策，以指导市场的发展和加强对市场的管理。政府关于债券市场发展的规划和政策应该是长期稳定的，在规划和政策既定的前提条件下，政府应运用法律手段、经济手段和必要的行政管理手段引导债券市场健康、有序地发展。

(二)税收风险

对于投资免税的政府债券的投资者面临着税率下调的风险，税率越高，免税的价值就越大，如果税率下调，免税的实际价值就会相应减少，则债券的价格就会下降；对于投资于免税债券的投资者，如果所购买的债券被有关税收征管当局取消免税优惠，则会造成收益的损失。

(三)利率风险

利率风险是指由市场利率的可能性变化给投资者带来收益损失的可能性。债券是一种法定的契约，大多数债券的票面利率是固定不变的，当市场利率上升时，会吸引一部分资金流向银行储蓄等其他金融资产，减少对债券的需求，债券价格将下跌；当市场利率下降时，一部分资金流回债券市场，增加对债券的需求，债券价格将上涨。同时，投资者购买的债券离到期日越长，则利率变动的可能性越大，其利率风险也相对越大。

(四)通货膨胀风险

由于投资债券的实际收益率=名义收益率-通货膨胀率，在通货膨胀的条件下，随着商品价格的上涨，债券价格也会上涨，投资者的货币收入有所增加，会使他们忽视通货膨胀风险的存在，并产生一种错觉。其实，由于货币贬值，货币购买力水平下降，债券的实际收益率也会下降，当货币的实际购买能力下降时，就会造成有时候即使我们的投资收益在量上增加了，但在市场上能购买的东西却相对减少。当通货膨胀率上升到超过债券利率水平时，则债券的实际购买力就会下降到低于原来投资金额的购买力。

(五)信用风险

债券发行人在债券到期时无法还本付息，而使投资者蒙受损失的风险为信用风险。这种风险主要表现在公司债券中，公司如果由于某种原因不能完全履约支付本金和利息，则债券投资者就会承受较大的亏损，就算公司的经营状况非常良好，也不能排除它存在财务状况不佳的可能性，若真有这种可能，该公司的还本付息能力就会下降，可能导致其不能按约定偿还本息，从而产生信用风险。

(六)赎回风险

对于有赎回性条款的债券，常常有强制收回的可能，而这种可能又常常是市场利率下降、投资者按债券票面的名义利率收取实际增额利息的时候，而发行公司提前收回债券，投资者的预期收益就会遭受损失，从而产生赎回性风险。

(七)再投资风险

由于购买短期债券，将会产生再投资风险。例如，长期债券利率为 10%，短期债券利率为9%，为减少风险而购买短期债券。但在短期债券到期收回现金时，如果利率降低到6%，就不容易找到高于6%的投资机会，从而产生再投资风险。因此在利率呈现下降趋势时，投资者应该投资长期债券。

(八)转让风险

当投资者急于将手中的债券转让出去，有时候不得不在价格上打点折扣，或是要支付一定的佣金，因这种付出所带来的收益变动就产生了转让风险。

(九)转换风险

若投资者购买的是可转换债券，当其转成股票后，股息就不是固定的了，股价的变动与债券相比，既具有频繁性又具有不可预测性，投资者的投资收益在经过这种转换后，其产生损失的可能性将会增大，可转换风险因此产生。

在进行投资之前，投资者应通过各种渠道了解和掌握各种信息，从宏观和微观两方面去分析投资对象可能带来的风险。从宏观方面，必须准确分析政治、经济、社会因素的变动情况；了解经济运行的周期性特点、宏观经济政策特别是财政政策和货币政策的变动趋势；关注银行利率的变动以及影响利率的各种因素的变动。从微观方面，要把握影响国债或公司债券价格变动的各种因素。对公司债券的投资者来说，应充分了解企业的信用等级状况、发展前景和经营管理水平、产品的市场占有情况，其中公司的信用等级状况可由专业的债券信用等级评定机构完成，其余的各种因素必须依靠投资者在充分掌握相关信息后，才能得出较为准确的风险判断结果。

三、基金投资的风险

证券投资基金作为一种独特的金融产品，能够提供专家理财等服务，对普通投资者来说是参与证券市场、节省时间的较好工具。但是，基金与其他任何金融产品一样，都是有风险的。基金投资的风险主要包括：基金不能完全消除投资风险；基金管理人并不能减低系统风险；法规和基金契约制约了基金控制风险的能力；市场状况制约基金管理人对风险的控制能力等。

专栏5-3　寻求收益与风险的平衡

如何合理分配自身的财产？理财规划师将根据你的消费习惯和风险价值观、收入多少及稳定性、年龄阶段和家庭构成等诸多因素，协助你将自身财产合理分配在如下两个领域：保障类资产，包括无风险可自由动用资产(储蓄和现金等)和保险类资产(人身保险和财产保险)；风险类资产，包括低风险资产(债券和票据等)、中等风险资产(基金等)、高风险资产(房地产和股票等)、极高风险资产(期货和衍生品等)。

一般情况下，保障类资产是所有个人财产中必需的组成部分，这类资产数量的多少直接决定了你的风险可承受能力。但是，随着个人财产的增加，保障类资产的比重呈现不断下降趋势。因此，稳健的投资者通常采取的理财办法是：保持保障类资产的绝对值，通过新投入和复利增长不断增加风险类资产的相对值。这样将有效地平衡风险和收益间的关系，实现相对完美的个人财务自由。

在配置合理的保障类资产之后，如何实现风险类资产的保值增值成为关键因素。股票市场没有保赚不赔的投资策略。如果排除股市短期中的投机和泡沫因素，从长期来看，股市仍然是最佳的风险资产配置场所。现在的问题在于：什么样的投资策略才能够有效避免股市投机带来的泡沫化损失？如何合理评估大盘和个股的合理价值区间？如何尽量减少交易成本和机会成本，最大限度地享受复利增长的成果？投资者需要有建立合适的长期趋势性仓位(即决定每年投入多少资金于股市和合理的股票资产规模)的决心和信心。这又取决于如下两个方面。

首先，决心来自对宏观经济趋势的准确判断，这决定了投资者长期趋势性仓位的总体规模。

其次，信心来自对产业发展趋势的判断，这将使你有机会战胜大盘。在根据宏观经济趋势确定长期投资仓位之后，投资者需要进一步寻找未来经济发展中的行业亮点，这是一项难度更大，也是收获更多的工作。

总之，决定长期趋势性仓位的主要因素并非股市短期的涨跌，而是宏观经济和主导产业的发展趋势。

本 章 小 结

证券投资收益风险	2009 年欧债危机爆发原因	2009 年欧债危机爆发的原因很可能是以下 3 个方面：首先，政府部门与私人部门的长期过度负债行为，是造成这场危机的直接原因；其次，政府失职行为是危机的重要助推因素；最后，欧元区的制度缺陷在本次危机中也有所体现。这次危机也表明了改革国际金融体系、构建国际金融新秩序的极端重要性
	股票投资收益	股票投资收益的来源划分可以有两大类：一类是红利收益；另一类是资本收益。债券投资收益率可分为以下几种情况：名义收益率、即期收益率、持有期收益率、认购者收益率。基金收益包括基金投资所得红利、股息、债券利息、买卖证券差价、存款利息和其他收入
	股票投资风险	股票投资中使投资者面临的风险可以分成系统性风险和非系统性风险两大类。系统性风险主要有购买力风险、利率风险、汇率风险、宏观经济风险和社会、政治风险。非系统性风险的来源主要有经营风险、财务风险、信用风险和道德风险。债券投资风险的表现形式包括政策风险、税收风险、利率风险、通货膨胀风险、信用风险、赎回风险、再投资风险、转让风险和转换风险

案例思考

8·16 光大证券乌龙指事件

2013 年 8 月 16 日上午 11 时 05 分，上证指数一改死气沉沉的盘面，指数曲线直线拉起，三分钟内上证指数暴涨超过 5%。因为这一天是周五加之是 8 月股指期货合约的交割日。一时间，场内"利好消息说"和"阴谋说"传得沸沸扬扬。"利好消息说"有传优先股政策实施的，有传蓝筹要实行 T+0 的，也有传降低印花税的。阴谋说有大资金企图干扰期指交割日结算价的等。几分钟后，有媒体指出，指数异动是由于光大证券乌龙指引起的，但市场并不相信，指数继续上涨。中午，光大证券董秘声称"乌龙指"子虚乌有，使得该事件更加扑朔迷离，这严重干扰了市场部分人士的判断。午后开市，光大证券停牌，同时发布公告称，光大证券策略投资部门自营业务在使用其独立的套利系统时出现问题，公司正在进行相关核查和处置工作。至此，此次指数异常波动被确认为光大证券"乌龙指"所导致。投资者在得知真相后，人心涣散，指数逐级回落，至收盘，上证指数收跌 0.64%。

2013 年 8 月 16 日上午的乌龙事件中共下单 230 亿，成交 72 亿，涉及 150 多只股票。按照 8 月 16 日的收盘价，上述交易的当日盯市损失约为 1.94 亿元。承担此次乌龙事件后，将对光大证券8月业绩产生巨大影响。8月16日，中金所盘后持仓数据显示，光大期货席位大幅增空7023手，减多50手，涉及金额达48亿左右。2013年8月16日上午11点06分左右，上证指数瞬间飙升逾100点，最高冲至2198.85点。沪深300成分股中，总共71只股票瞬间触及涨停，且全部集中在上海交易所市场。其中沪深300权重比例位居前二的民生银行、招商银行均瞬间触及涨停。从立时冲击涨停的71只股票来看，主要集中在金融、交运设备、公用事业等低估值、高股息率板块，其中22只金融股触及涨停。需注意的是，沪市银行板块中，除建设银行未触及涨停外，其余均碰及涨停。事件发生后，南方基金、泰达宏利基金、申万菱信基金纷纷表示对自己旗下基金持有的光大证券股票估值进行下调，下调幅度超过10%。光大证券18日发布公告，详细披露"8·16"事件过程及原因，称当日盯市损失约为1.94亿元人民币，并可能因此事件面临监管部门的警示或处罚，公司将全面检讨交易系统管理。

触发原因是系统缺陷。光大证券策略投资部使用的套利策略系统出现了问题，该系统包含订单生成系统和订单执行系统两个部分。核查中发现，订单执行系统针对高频交易在市价委托时，对可用资金额度未能进行有效校验控制，而订单生成系统存在的缺陷，会导致特定情况下生成预期外的订单。由于订单生成系统存在的缺陷，导致在11时05分08秒之后的2秒内，瞬间重复生成26082笔预期外的市价委托订单；由于订单执行系统存在的缺陷，上述预期外的巨量市价委托订单被直接发送至交易所。问题出自系统的订单重下功能，具体错误是：11点2分时，第三次180ETF套利下单，交易员发现有24个个股申报不成功，就想使用"重下"的新功能，于是程序员在旁边指导着操作了一番，没想到这个功能没实盘验证过，程序把买入24个成分股，写成了买入24组180ETF成分股，结果生成巨量订单。光大证券"8·16乌龙事件"令不少投资者蒙受损失，不少地方有散户起诉相关机构。不过，从目前情况来看，结果谈不上乐观。据报道，上海、广州、温州等地都有股民发起诉讼，但困难重重，结果如何仍难预料。

思考题：结合该次事件理解"买者自负"原则，从中你有哪些体会？

(资料来源：互动百科，http://baike.com/wiki/8.16)

习 题

一、单选题

1. 投资基金因投资各种有价证券所获得的差价收入称为(　　)。
   A. 股息收入　　B. 利息收入　　C. 资本利得　　　　D. 财产收益
2. 在证券市场上，资金盈余者可以通过(　　)证券而实现投资。
   A. 卖出　　　　B. 买空　　　　C. 卖空　　　　　　D. 买入

3.　具有安全性高、流通性强、收益稳定及免税待遇等几个特征的有价证券最有可能是(　　)。

    A. 金融债券　　　　B. 公债　　　　　　C. 公司债券　　　　D. 证券投资基金

4.　上市证券又称(　　)，是经证券主管机关核准，并在证券交易所注册登记，获得在交易所内公开买卖资格的证券。

    A. 非挂牌证券　　　B. 挂牌证券　　　　C. 二级市场证券　　D. 一级市场证券

5.　债券投资中的资本收益指的是(　　)。

    A. 债券票面利率与债券本金的乘积

    B. 买入价与卖出价之间的差额，且买入价大于卖出价

    C. 买入价与卖出价之间的差额，且买入价小于卖出价

    D. 债券持有到期获得的收益

6.　年利息收入与债券面值的比率是(　　)。

    A. 直接收益率　　　B. 到期收益率　　　C. 票面收益率　　　D. 名义收益率

7.　以下不属于股票收益来源的是(　　)。

    A. 现金股息　　　　B. 股票股息　　　　C. 资本利得　　　　D. 利息收入

8.　以下不属于系统风险的是(　　)。

    A. 市场风险　　　　B. 利率风险　　　　C. 违约风险　　　　D. 购买力风险

9.　某企业于2004年4月1日以98000元购得面值为10000元的新发行债券，票面利率为12%，两年后一次还本，每年支付一次利息，该公司若持有该债券至到期日，其认购者收益率为(　　)。

    A. 22%　　　　　　B. 16%　　　　　　C. 18%　　　　　　D. 20%

10.　下列各项中，不属于证券投资风险的是(　　)。

    A. 违约风险　　　　B. 流动性风险　　　C. 经营风险　　　　D. 期限风险

11.　一般而言，证券风险最小的是(　　)。

    A. 政府证券　　　　B. 金融证券　　　　C. 公司证券　　　　D. 股票

12.　投资于国库券时可不必考虑的风险是(　　)。

    A. 利率风险　　　　B. 违约风险　　　　C. 购买力风险　　　D. 再投资风险

13.　投资者由于市场利率变动而遭受损失的风险是(　　)。

    A. 购买力风险　　　B. 利率风险　　　　C. 违约风险　　　　D. 变现力风险

14.　对于购买力风险，下列说法正确的是(　　)。

    A. 投资者由于证券发行人无法按期还本付息带来的风险

    B. 投资者由于利息率的变动而引起证券价格变动带来的风险

    C. 由于通货膨胀而使证券到期或出售时所获得的资金购买力下降的风险

    D. 投资者需要将有价证券变现而证券不能立即出售的风险

15. 在投资人想出售有价证券获取现金时，证券不能立即出售的风险是(　　)。
    A. 流动性风险　　　B. 期限性风险　　　　C. 违约风险　　　　　D. 购买力风险
16. 由于通货膨胀使证券出售时所获得的货币资金的购买力降低的风险属于(　　)。
    A. 购买力风险　　　B. 期限性风险　　　　C. 流动性风险　　　　D. 利息率风险
17. 企业把资金投资于国库券，可不必考虑的风险是(　　)。
    A. 再投资风险　　　B. 违约风险　　　　　C. 购买力风险　　　　D. 利率风险
18. 下列说法中正确的是(　　)。
    A. 国库券没有利率风险　　　　　　　　　B. 公司债券只有违约风险
    C. 国库券和公司债券均有违约风险　　　　D. 国库券没有违约风险，但有利率风险
19. (　　)引起的风险属于不可分散风险。
    A. 银行调整利率水平　　　　　　　　　　B. 公司劳资关系紧张
    C. 公司诉讼失败　　　　　　　　　　　　D. 公司财务出现问题
20. 下列各项中违约风险最大的是(　　)。
    A. 公司债券　　　　B. 国库券　　　　　　C. 金融债券　　　　　D. 地方政府债券

二、多选题

1. 基金收益是基金资产在运作过程中所产生的超过自身价值的部分。具体地说，基金收益包括基金投资所得(　　)。
    A. 红利　　　　　　B. 股息　　　　　　　C. 债券利息　　　　　D. 买卖证券价差
2. 系统性风险是指由于某种因素的影响和变化，导致股票市场上绝大多数股票价格的下跌，从而给股票持有人带来损失的可能性。从风险的来源看，系统风险主要有(　　)。
    A. 购买力风险　　　B. 利率风险　　　　　C. 汇率风险　　　　　D. 宏观经济风险
3. 非系统性风险是指由某种特殊因素导致的，只影响部分或个别股票投资损益的风险。非系统性风险只对个别公司或行业的股票发生影响，与股票市场总价格的变动不存在系统性、全局性的联系。非系统性风险的来源主要有(　　)。
    A. 经营风险　　　　B. 财务风险　　　　　C. 信用风险　　　　　D. 道德风险
4. 债券投资风险的表现形式包括(　　)。
    A. 政策风险　　　　B. 税收风险　　　　　C. 利率风险　　　　　D. 通货膨胀风险
5. 以下可以成为债券投资收益的来源的是(　　)。
    A. 债券的年利息
    B. 将债券以高于开始的购买价格卖出
    C. 将债券以低于开始的购买价格卖出
    D. 债券的本金收回
6. 股票投资收益的来源有(　　)。
    A. 现金股息　　　　B. 资本利得　　　　　C. 送股　　　　　　　D. 配股

7. 以下属于系统风险的是(　　)。
   A. 利率风险　　　　B. 市场风险　　　C. 违约风险　　　D. 购买力风险
8. 以下属于非系统风险的是(　　)。
   A. 购买力风险　　　B. 违约风险　　　C. 经营风险　　　D. 财务风险
9. 以下关于购买力风险,说法正确的是(　　)。
   A. 购买力风险属于系统性风险
   B. 购买力风险可以通过资产组合进行规避
   C. 购买力风险无论如何都不可以得到减轻
   D. 购买力风险就是通货膨胀带来的风险
10. 与股票投资相比,债券投资的主要缺点有(　　)。
   A. 购买力风险大　　　　　　　　B. 变现力风险大
   C. 没有经营管理权　　　　　　　D. 投资收益不稳定
11. 证券投资的收益包括(　　)。
   A. 现价与原价的价差　　　　　　B. 股利收益
   C. 债券利息收益　　　　　　　　D. 出售收入
12. 由影响所有公司的因素引起的风险,可以称为(　　)。
   A. 可分散风险　　　　　　　　　B. 市场风险
   C. 不可分散风险　　　　　　　　D. 系统风险
14. 下列各种风险属于系统性风险的是(　　)。
   A. 宏观经济状况的变化　　　　　B. 国家货币政策的变化
   C. 公司经营决策失误　　　　　　D. 税收法律变化
15. 投资于债券所需承担的风险有(　　)。
   A. 购买力风险　　　B. 违约风险　　　C. 利率风险　　　D. 变现力风险

三、判断题

1. 财产股息是用债券或应付票据作为股息分派给股东的。　　　　　　　　　(　　)
2. 上市股票是一般投资者最关心的一类股票。　　　　　　　　　　　　　(　　)
3. 只要平价发行债券,其持有期收益率与票面利率总是相等的。　　　　　(　　)
4. 影响证券投资的主要因素是安全性。　　　　　　　　　　　　　　　　(　　)
5. 国库券既没有违约风险,又没有利率风险。　　　　　　　　　　　　　(　　)
6. 如果一项资产能在短期内按市价大量出售,则该种资产的流动性较好。　(　　)
7. 有价证券通常可分为货币证券和资本证券两大类。　　　　　　　　　　(　　)
8. 收益、风险及时间是构成证券投资的三大基本要素。　　　　　　　　　(　　)
9. 债券投资收益率是在一定时期内所得收入与债券面值之间的比率。　　　(　　)
10. 由于公司内部的因素造成的投资收益的可能变动,属于系统性风险。　　(　　)

11. 利率风险对于所有类型的证券的影响都是一样的。　　　　　　　　　（　　）

12. 债券的票面利率是评价债券收益的标准。　　　　　　　　　　　　　（　　）

13. 因为股票本身具有价值，所以它才能给股票投资者带来报酬。　　　　（　　）

14. 股票投资的经营风险是无法避免的，不能用分散投资来回避，而只能靠更高的报酬率来补偿。　　　　　　　　　　　　　　　　　　　　　　　　　　　　　　（　　）

15. 股票带给持有人的现金流入有两部分，一是股利收入，二是资本利得。一般投资者最为关心的是前者。　　　　　　　　　　　　　　　　　　　　　　　　　　（　　）

四、名词解释

金融危机　证券投资收益　系统性风险　资本收益　经营风险

五、简答题

1. 2009 年欧债危机爆发的原因是什么？

2. 如何对股票投资风险进行防范？

3. 股票投资的收益包括哪些？

4. 系统性风险包括哪些？

5. 非系统性风险包括哪些？

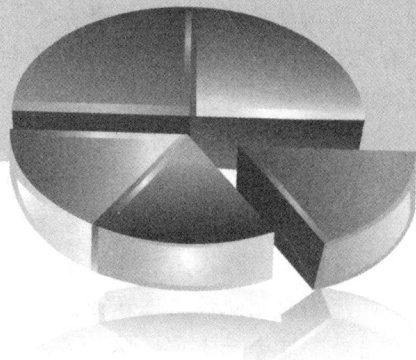

第六章

证券市场组织机构

本章精粹:

- 证券公司
- 中国结算公司
- 中国证监会
- 证券交易所
- 证券业协会

案例导入 海南凯立状告证监会

海南凯立经国家民族事务委员会推荐，1998年6月，在通过海南省证管办审核后，海南凯立向中国证监会正式提交了向社会公开发行股票的申请及相关材料。中国证监会在收到申请材料后，先后两次到海南凯立进行调查审核，海南凯立介绍了公司的经营情况。

2000年4月28日，中国证监会正式发函，认定"该公司发行预选申报材料前三年财务会计资料不实，不符合发行上市的有关规定"，决定退回海南凯立的预选申报材料。

证监会和海南凯立双方在海南凯立的会计资料的真实性上，产生了重大分歧。海南凯立向北京市高级人民法院提出上诉，2000年8月16日，该院通知受理此案。

海南凯立此举在证券业引起轩然大波。因为在一些人看来，把证监会告上法庭，等于"自绝"其今后上市的路。另外，中国企业第一次状告证监会，也引起了人们对于公司上市方面"阳光作业"和建立健全申诉制度等一些重大问题的思索。同时也让人联想到证券市场是怎么运作的？证券市场的参与者在这里都起到什么作用？

关键词 证券市场　证券公司　中介机构　交易所　监管机构

第一节　证　券　公　司

证券公司是指依照法律法规设立的经营证券业务的有限责任公司或者股份有限公司。在我国，设立证券公司必须经国务院证券监督管理机构审查批准。世界各国对证券公司的划分和称呼不尽相同，美国的通俗称谓是投资银行；英国则称商人银行。以德国为代表的一些国家实行金融业的混业经营，通常由银行设立公司从事证券业务经营。日本和中国等一些国家把专营证券业务的金融机构称为证券公司。

一、我国证券公司现状

截至2012年年底我国共有证券公司114家，各家公司的素质千差万别，盈利能力和抗风险能力也都不一样。

中国证券业协会公布了2012年度证券公司证券经纪、承销业务的排名情况。排名指标包括证券公司代理买卖证券业务净收入排名、证券公司股票主承销家数排名、证券公司净资产排名、证券公司客户资产托管排名等指标。具体下面具体选择证券公司代理买卖证券业务净收入和股票主承销家数排名情况，如表6-1和表6-2所示。

表 6-1 2012 年度证券公司代理买卖证券业务净收入排名   单位：万元

序　号	证券公司	代理买卖证券业务净收入
1	银河证券	261955
2	中信证券(中信证券浙江、中信万通)	250459
3	国泰君安	239684
4	华泰证券	239271
5	国信证券	236251
6	广发证券	227926
7	申银万国	213973
8	海通证券	211573
9	中信建投	170271
10	招商证券	156425
11	齐鲁证券	153434
12	光大证券	128245
13	中投证券	121911
14	安信证券	113397
15	方正证券	91509

资料来源：证券业协会网站。

表 6-2 2012 年度证券公司股票主承销家数排名

序　号	证券公司	股票主承销家数
1	中信证券	29
2	国信证券	28
3	广发证券	16
4	平安证券	16
5	中信建投	12
6	国金证券	12
7	国泰君安	11
8	中金公司	11
9	华泰证券(华泰联合证券)	11
10	民生证券	11
11	招商证券	10
12	海通证券	8
13	瑞银证券	7
14	宏源证券	7
15	西南证券	6

资料来源：证券业协会网站。

表 6-1 和表 6-2 说明我国证券公司大致状况，各项业务之间差异较大，主要是前 15 大证券公司进行多业务的竞争，那些中小型券商的生存环境并不理想，未来发展前景也存在大量变数。为此我国需要严格的证券公司监管体制。

实施创新试点类、规范类证券公司评审，是在证券公司综合治理期间根据业内的呼吁与建议开展的证券公司治理措施。简单点说，规范类的证券公司是最低的要求，达不到规范就要被清理出去，达到创新类的券商意味着该公司可以申请新的业务，比如在权证创设上，只有达到创新类的证券公司才有资格，规范类证券公司不能做这个业务。截止到 2007 年 8 月 28 日，创新试点类、规范类证券公司的评审工作已圆满结束，证券公司将按照新的分类监管办法转入常规监管。

进入常规监管后将证券公司进行分类监管，共分为 A、B、C、D 等级别。截至 2008 年有 31 家券商获得 A 级及 AA 级，其中 AA 级券商 10 家，A 级券商 21 家，最高评级 AAA 级仍无券商获得。

AA 级的券商分别是国信证券、海通证券、中信证券、华泰证券、申银万国、国泰君安、中金公司、光大证券、招商证券、财通证券。评级标准延续了 2007 年监管部门对券商的新分类监管方法。评级结果，将是监管机构对证券公司实施分类监管、区别对待的监管政策，并作为确定新业务、新产品试点范围和推广顺序的依据。

二、证券公司业务

证券公司的业务一直处于不断创新之中，我国的证券公司业务与国际大投行的业务差别很大，我国证券公司的主要业务包括证券承销与保荐、经纪、自营、投资咨询和财务顾问、资产管理、融资融券等业务。

(一)证券承销与保荐业务

证券承销是指证券公司代理证券发行人发行证券的行为，发行人向不特定对象公开发行的证券，法律、行政法规规定应当由证券公司承销的，发行人应当同证券公司签订承销协议。

证券承销业务采取代销或者包销方式。证券代销是指证券公司代发行人发售证券，在承销期结束时，将未售出的证券全部退还给发行人的承销方式。证券包销是指证券公司将发行人的证券按照协议全部购入或者在承销期结束时将售后剩余证券全部自行购入的承销方式。

发行人申请公开发行股票、可转换为股票的公司债券，依法采取承销方式的，或者公开发行法律、行政法规规定实行保荐制度的其他证券的，应当聘请具有保荐资格的机构担任保荐人。证券公司履行保荐职责应按规定注册登记为保荐机构。保荐机构负责证券发行的主承销工作，依法对公开发行募集文件进行核查，向中国证监会出具保荐意见。

(二)证券经纪业务

证券经纪业务又称代理买卖证券业务，是指证券公司接受客户委托代客户买卖有价证券的行为。

证券公司办理经纪业务，应当置备统一制定的证券买卖委托书，供委托人使用。采取其他委托方式的，必须做出委托记录。客户的证券买卖委托，不论是否成交，其委托记录应当按照规定的期限，保存于证券公司，一般要求保存 20 年以上。

证券公司接受证券买卖的委托，应当根据委托书载明的证券名称、买卖数量、出价方式、价格幅度等，按照交易规则代理买卖证券，如实进行交易记录；买卖成交后，应当按照规定制作买卖成交报告单交付客户。证券交易中确认交易行为及其交易结果的对账单必须真实，并由交易经办人员以外的审核人员逐笔审核，保证账面证券余额与实际持有的证券相一致。

(三)证券自营业务

证券自营业务是指证券公司为本公司买卖证券、赚取差价并承担相应风险的行为。证券自营活动有利于活跃证券市场，维护交易的连续性。但是，由于证券公司在交易成本、资金实力、获取信息以及交易的便利条件等方面都比投资大众占有优势，因此，在自营活动中容易存在操纵市场和内幕交易等不正当行为。加之证券市场的高收益性和高风险性特征，证券公司的自营业务具有一定的投机性，业务风险较大。为此，许多国家都对证券经营机构的自营业务制定法律法规，进行严格管理。

证券公司的自营业务必须以自己的名义、通过专用自营席位进行，并由非自营业务部门负责自营账户的管理，包括开户、销户、使用登记等。证券公司应建立健全自营账户的审核和稽核制度，严禁出借自营账户、使用非自营席位变相自营、账外自营。对自营资金执行独立清算制度。自营业务资金的出入必须以公司名义进行，禁止以个人名义从自营账户中调入调出资金，禁止从自营账户中提取现金。

(四)证券投资咨询和财务顾问业务

1. 证券投资咨询业务

证券投资咨询业务是指证券公司及其相关业务人员运用各种有效信息，对证券市场或个别证券的未来走势进行分析预测，对投资证券的可行性进行分析评判；为投资者的投资决策提供分析、预测、建议等服务，倡导投资理念，传授投资技巧，引导投资者理性投资的业务活动。根据服务对象的不同，证券投资咨询业务又可进一步细分为面向公众的投资咨询业务，为签订了咨询服务合同的特定对象提供的证券投资咨询业务，为本公司投资管理部门、投资银行部门提供的投资咨询服务。

2. 财务顾问业务

财务顾问业务是指与证券交易、证券投资活动有关的咨询、建议、策划业务。具体包括为企业申请证券发行和上市提供改制改组、资产重组、前期辅导等方面的咨询服务；为上市公司重大投资、收购兼并、关联交易等业务提供咨询服务；为法人、自然人及其他组织收购上市公司及相关的资产重组、债务重组等提供咨询服务；为上市公司完善法人治理结构、设计经营层股票期权、职工持股计划、投资者关系管理等提供咨询服务；为上市公司再融资、资产重组、债务重组等资本营运提供融资策划、方案设计、推介路演等方面的咨询服务；为上市公司的债权人、债务人对上市公司进行债务重组、资产重组、相关的股权重组等提供咨询服务以及中国证监会认定的其他业务形式。

(五)证券资产管理业务

证券资产管理业务是指证券公司根据有关法律、法规和投资委托人的投资意愿，作为管理人，与委托人签订资产管理合同，将委托人委托的资产在证券市场上从事股票、债券等金融工具的组合投资，以实现委托资产收益最大化的行为。

证券公司从事客户资产管理业务，应当按规定向中国证监会申请客户资产管理业务资格。经中国证监会批准，证券公司可以从事为单一客户办理定向资产管理业务、为多个客户办理集合资产管理业务、为客户办理特定目的的专项资产管理业务。

(六)融资融券业务

融资融券业务是指向客户出借资金供其买入上市证券或者出借上市证券供其卖出，并收取担保物的经营活动。

证券公司开展融资融券业务试点必须经中国证监会批准。证券公司开展融资融券业务试点应当建立完备的管理制度，操作流程和风险识别、评估与控制体系，确保风险可测、可控、可承受。证券公司应当健全业务隔离制度，确保融资融券业务与证券资产管理、证券自营、投资银行等业务在机构、人员、信息、账户等方面相互分离。证券公司应当对融资融券业务实行集中统一管理，融资融券业务的决策和主要管理职责应当由证券公司总部承担。证券公司应当建立融资融券业务的决策与授权体系，此体系原则上按照董事会—业务决策机构—业务执行部门—分支机构的架构设立和运行。

三、证券营销

(一)证券营销的概念

1. 证券营销

证券营销是指证券公司向客户销售证券类金融产品或相关服务的活动，包括品牌推广、客户招揽、产品推介和销售及客户服务等。证券营销的参与主体包括证券公司、营销人员和客户等。关于证券公司本节中已经进行重点介绍，这里不做说明，下面重点分析营销人员和客户。

2. 营销人员

营销人员是证券公司营销活动的具体实施者，具体从事客户招揽和客户服务等营销活动。在我国，证券公司的营销人员分为两类。第一类是证券公司内部营销人员。这类人员与证券公司之间是雇佣关系，是证券公司的正式员工，可以根据证券公司的岗位职责安排从事客户招揽、证券类金融产品销售、客户服务等营销活动。第二类是证券经纪人。根据国务院 2008 年 4 月 23 日颁布并于 6 月 1 日正式实施的《证券公司监督管理条例》(简称《监管条例》)第三十八条的规定，证券公司可以委托证券公司以外的人员作为证券经纪人，代理其进行经纪业务的客户招揽、客户服务等活动。因此，证券经纪人与证券公司之间是一种委托代理关系，而非雇佣关系，证券经纪人代理的营销范围仅限于证券经纪业务的客户招揽和客户服务。

3. 客户

客户是证券类金融产品和服务的消费者，证券公司的客户分为两大类，即证券发行者和证券投资者。证券发行者不是经纪业务的内容，这里不进行讨论；证券投资者即指投资于证券市场进行证券买卖的各种行为主体，一般可分为个人投资者和机构投资者两类。

(1) 个人投资者。个人投资者是指进行证券投资和购买金融产品的自然人，他们是证券市场最广泛的投资者，也是证券公司营销的社会公众客户群体。个人投资者具有以下特点：数量众多，单个投资者的资金量一般较少，专业知识、投资技术、收集和分析信息、风险控制能力较弱等。由于个人投资者的上述特征，为保护个人投资者的合法权益，证券监管机构普遍要求证券公司应该遵守"适应性"原则，即证券公司销售的证券类金融产品和提供的服务应当与所了解客户的情况相适应。

(2) 机构投资者。机构投资者是指进行证券投资的机构法人。一般具有资金量大、投资管理严格、收集和分析信息的能力强等特点。我国的机构投资者主要有政府机构、公司、事业法人、金融机构、企业年金、社保基金和投资基金等，其中金融机构主要包括证券公司、商业银行和保险公司等。证券公司通常安排固定的投资顾问为机构投资者提供"一对一"的专人服务。

证券公司营销人员要根据客户的不同需求提供多样化的产品和服务供客户选择，根据产品的类型、风险收益特征，并结合客户的资产情况、投资经验和投资偏好等情况，为客户提供适当的证券产品和服务，并充分向客户提示证券投资风险。

(二)证券营销的特点

1. 专业性营销

证券营销涉及股票、债券、基金、金融衍生品和货币市场工具等综合性知识，与一般有形产品的营销相比，证券营销对营销人员的专业知识水平有更高的要求，既要掌握营销的有关知识，又要掌握证券投资的有关知识。

2. 适应性营销

证券公司营销的产品及服务具有投资价值和收益性的同时，也存在诸多投资风险，所以进行证券营销过程中必须了解客户的身份、资产状况、投资经验和投资偏好等情况，并根据客户情况向客户推荐相应的证券产品及服务。

3. 持续性营销

投资者购买证券产品及相关服务是为了满足其资产保值、增值的目的，并且这一过程是个长期的过程。客户的任何一次证券交易行为都与证券公司是密切相关的，表明证券营销是个长期和持续性的活动。

(三)证券营销活动

与一般公司营销类似，证券营销的内容也包括产品设计、定价策略、品牌及广告策划及营销渠道选择等。具体而言，证券营销活动主要包括客户招揽、证券产品及服务销售和客户服务3个方面。

1. 客户招揽

目标市场与营销渠道选择是招揽客户的前提和基础；客户关系建立是客户招揽的保证；客户促成是证券营销的关键环节。

2. 证券产品及服务销售

证券公司在开展证券营销时，既可以营销本公司提供的证券服务及与证券业务相联结的其他服务产品，如本公司设计的证券服务综合产品、集合理财产品、专项理财产品等资产管理业务类产品、投资咨询服务产品等，也可以受他人委托代销其他公司产品及服务。目前，按照我国相关证券市场法律法规的规定，证券公司在开展证券营销业务过程中，可以代销基金产品或开展期货中间介绍业务。

3. 客户服务

客户服务是证券公司营销的重要组成部分，贯穿于证券公司营销活动的始终。证券公司通过营销人员开发市场、招揽客户，仅仅是证券公司营销业务拓展的第一步。证券公司及其营销人员只有通过提供优质的服务，才能建立与客户端的长期关系，奠定有广度和深度的客户基础，才能达到业务拓展和提升市场占有率的目标。在证券营销中，客户服务主要包括交易通道服务、有形服务和信息咨询服务等附加服务。

专栏 6-1　信用违约掉期对金融危机的影响

金融危机对美国金融业造成重创，所产生的影响远远超出人们的预期，已经演变成波及全球的百年难遇的金融危机。当人们探究原因时，纷纷把造成此次金融危机的元凶指向信用违约掉期交易。市场规模高达数十万亿美元的 CDS 市场的垮台，直接引发了本次金融危机，除了吞噬多家美国金融机构外，还引发了全球金融恐慌和整个金融市场流动性短缺。

信用违约掉期(CDS)是 1995 年由摩根大通首创，由信用卡贷款所衍生出来的一种金融衍生产品，它可以被看作一种金融资产的违约保险，所以 CDS 也就是贷款违约保险。债权人通过 CDS 这种合同将债务风险出售，合约价格就是保费。购买信用违约保险的一方被称为买方，承担风险的一方被称为卖方，双方约定如果金融资产没有出现合同定义的违约事件，则买家向卖家定期支付"保险费"，而一旦发生违约，则卖方承担买方的资产损失。如果买入的 CDS 合同被投资者定价太低，当贷款违约率上升时，这种"保费"就上涨，随之增值。简而言之，即买方买入信用违约掉期合约，支付"保险费"，卖出信用风险；卖方卖出信用违约掉期合约，收取"保险费"，买入信用风险。

信用违约掉期交易后来的发展已经远远超出信用违约掉期设计的初衷，实际上已经异化成了信用保险合约买卖双方的对赌行为，买卖双方都可以与需要信用保险的金融资产毫无关系，他们赌的就是信用违约事件是否会出现。

信用违约掉期交易引爆金融危机，究其原因就是信用违约掉期交易存在着制度性缺陷。信用违约掉期交易完全是柜台交易，是场外交易，没有任何政府监管，没有中央清算系统，没有集中交易的报价系统，没有准备金要求，没有风险对手的监控追踪，缺乏连续交易的透明市场为信用违约掉期交易定价，流动性非常差，一切都是在一个不透明的情况下，以一种信息不对称的形式在运作，目的就是使交易商们获得最高的收益。

(资料来源：期货日报，2009 年 2 月 27 日)

第二节 中国结算公司

一、中国结算公司简介

我国《证券法》规定,证券登记结算机构是为证券交易提供集中登记、存管与结算服务,不以营利为目的的法人。其具体业务范围和职能包括:证券账户、结算账户的设立和管理,证券的存管和过户,证券持有人名册登记及权益登记,证券和资金的清算交收及相关管理,受发行人的委托派发证券权益,提供与证券登记结算业务有关的查询、信息、咨询和培训服务,中国证监会批准的其他业务。

中国证券登记结算有限责任公司是我国的证券登记结算机构。中国结算公司在上海和深圳两地各设一个分公司,其中上海分公司主要针对上海证券交易所的上市证券,为投资者提供证券登记结算服务;深圳分公司主要针对深圳证券交易所的上市证券,为投资者提供证券登记结算服务。

二、中国结算公司的开户系统

中国证券登记结算有限责任公司目前设有证券登记结算系统、开放式基金注册登记系统和非上市股份有限公司股份转让账户系统等。

(一)证券账户开户

证券登记结算系统指中国证券登记结算有限责任公司证券登记结算系统。这一系统是上海证券交易所和深圳证券交易所上市证券的登记系统。

(二)开放式基金开户

开放式基金注册登记系统指中国证券登记结算有限责任公司开放式基金登记结算系统。一般来说,该系统是登记开放式基金的,但开放式基金还有一部分登记在基金管理公司的登记注册系统中。

(三)非上市股份有限公司股份转让账户系统开户

代办股份转让是证券公司以其自有或租用的业务设施,为非上市股份公司提供股份转让服务。参与代办股份转让的投资者要开立非上市股份有限公司股份转让账户。

为妥善解决原 STAQ、NET 系统挂牌公司流通股的转让问题,2001 年 6 月 12 日经中国证监会批准,中国证券业协会发布《证券公司代办股份转让服务业务试点办法》,代办股份转让工作正式启动,7 月 16 日第一家股份转让公司挂牌。为解决退市公司股份转让问题,

2002 年 8 月 29 日起退市公司纳入代办股份转让试点范围。

截至 2012 年年底，在代办股份转让系统挂牌的公司有 80 家，总市值 96 亿元人民币，A 类股份流通市值为 65 亿元人民币，B 类股份流通市值为 3.42 亿美元。

专栏 6-2　开立股份转让账户需要提供的资料和需缴纳的费用

投资者开立股份转让账户需提供的资料如下。

(1) 境内个人：中华人民共和国居民身份证(以下简称身份证)及复印件。委托他人代办的，还须提交经公证的委托代办书、代办人身份证及复印件。

(2) 境外个人：有效身份证明文件及复印件。委托他人代办的，还须提交经公证的委托代办书、代办人有效身份证明文件及复印件。

(3) 境内机构：企业法人营业执照或注册登记证书及复印件或加盖发证机关印章的复印件、法定代表人证明书、法定代表人身份证复印件、法定代表人授权委托书、经办人身份证及复印件。

(4) 境外机构：注册登记证明文件或其他具同等法律效力的并能证明该机构设立的有效证明文件及复印件、董事会或董事、主要股东或有权人士的授权委托书、授权人有效身份证明文件复印件、经办人有效证明文件及复印件。

开户费用：境内个人每户 30 元人民币，境内机构每户 100 元人民币；境外个人每户 4 美元，境外机构每户 15 美元。

(资料来源：中国证监会网站，2001 年 6 月 12 日)

第三节　中国证监会

一、中国证监会简介

中国证监会成立于 1992 年 10 月。经国务院授权，中国证监会依法对全国证券期货市场进行集中统一监管。在全国各省和直辖市设有地方派出机构，中国证监会实行垂直领导，不受地方政府的制约。

中国证监会设在北京，现设主席 1 人，副主席若干人；内设职能部门若干个；根据《证券法》第十四条的规定，中国证监会还设有股票发行审核委员会，委员由中国证监会专业人员和所聘请的会外有关专家担任。

二、中国证监会的监管

依据我国的法律法规，中国证监会在对证券市场实施监督管理中履行下列职责，并保证证券市场健康发展。

(1) 研究和拟定证券期货市场的方针政策、发展规划；起草证券期货市场的有关法律、法规；制定证券期货市场的有关规章、规则和办法。

(2) 垂直领导全国证券监管机构，对证券期货市场实行集中统一监管。管理有关证券公司的领导班子和领导成员，负责有关证券公司监事会的日常管理工作。

(3) 监管股票、可转换债券、证券公司债券和国务院确定由证监会负责的债券和其他证券的发行、上市、交易、托管和结算；监管证券投资基金活动；批准企业债券的上市；监管上市国债和企业债券的交易活动。

(4) 监管境内期货合约的上市、交易和清算；按规定监督境内机构从事境外期货业务。

(5) 监管上市公司及其按法律法规必须履行有关义务的股东的证券市场行为。

(6) 管理证券期货交易所；按规定管理证券期货交易所的高级管理人员；归口管理证券业协会和期货业协会。

(7) 监管证券期货经营机构、基金管理公司、证券登记结算公司、证券期货投资咨询机构、证券资信评级机构；与中国人民银行共同审批基金托管机构的资格并监管其基金托管业务；制定上述机构高级管理人员任职资格的管理办法并组织实施；指导中国证券业、期货业协会开展证券期货从业人员的资格管理。

(8) 监管境内企业直接或间接到境外发行股票、上市；监管境内机构到境外设立证券机构；监管境外机构到境内设立证券机构、从事证券业务。

(9) 监管证券期货信息传播活动，负责证券期货市场的统计与信息资源管理。

(10) 会同有关部门审批会计师事务所、资产评估机构及其成员从事证券期货中介业务的资格并监管其相关的业务活动；监管律师事务所、律师从事证券期货相关业务的活动。

(11) 依法对证券期货违法违规行为进行调查、处罚。

(12) 归口管理证券期货行业的对外交往和国际合作事务。

(13) 国务院交办的其他事项。

━━━━━ **专栏 6-3　2009 年 4 月 13 日起证券经纪人须持证执业** ━━━━━

自 2009 年 4 月 13 日起，《证券经纪人管理暂行规定》(以下简称《暂行规定》)正式施行，证券经纪人取得证券经纪人证书方可执业，投资者要增强自我保护意识，主动查验证书载明的相关信息。

根据《暂行规定》及有关自律规则的要求，证券经纪人应当通过所服务的证券公司向中国证券业协会办理执业注册登记，并领取由所服务的证券公司颁发的证券经纪人证书，之后方可执业。证券经纪人要在执业过程中主动向客户出示证书。其执业活动不得超出证书载明的代理权限范围，不得有下列行为：①替客户办理账户开立、注销、转移，证券认购、交易或者资金存取、划转、查询等事宜；②提供、传播虚假或者误导客户的信息，或者诱使客户进行不必要的证券买卖；③与客户约定分享投资收益，对客户证券买卖的收益或者赔偿证券买卖的损失做出承诺；④采取贬低竞争对手、进入竞争对手营业场所劝导客户等不正当手段招揽客户；⑤泄露客户的商业秘密或者个人隐私；⑥为客户之间的融资提供中介、担保或者其他便利；⑦为客户提供非法的服务场所或者交易设施，或者通过互联网络、新闻媒体从事客户招揽和客户服务等活动；⑧委托他人代理其从事客户招揽和客户服务等活动；⑨损害客户合法权益或者扰乱市场秩序的其他行为。

证券经纪人的执业行为直接关系到广大投资者的切身利益。投资者要增强自我保护意识，在接受证券经纪人的宣传、推介和服务时，主动查验证券经纪人证书，仔细阅读证书载明信息，了解证券经纪人身份、服务的证券公司及其证券营业部、代理权限、代理期间、执业地域范围及禁止行为，发现证券经纪人涉嫌违规执业等问题的，应拒绝接受其宣传、推介和服务，并可向中国证监会及其派出机构、中国证券业协会举报。

对证券经纪人证书及其载明信息的真实性，投资者可通过中国证券业协会网站查询、核实，也可通过现场、电话、网络等方式向该证书载明的证券公司查询、核实。

为配合《暂行规定》的实施，中国证券业协会已发布了《中国证券业协会证券经纪人执业规范(试行)》、《中国证券业协会证券经纪人执业注册登记暂行办法》等自律规则。目前，与证券经纪人管理有关的监管和自律规则基本出齐，经中国证监会派出机构核查认可，具备规定条件的证券公司，可依法委托证券经纪人从事客户招揽和客户服务等活动。

(资料来源：中国证监会网站，2009 年 4 月 12 日)

第四节　证券交易所

一、证券交易所简介

证券交易所是指依相关法律规定条件设立的，不以营利为目的，为证券的集中和有组织的交易提供场所、设施，履行国家有关法律、法规、规章、政策规定的职责，实行自律性管理的法人。证券交易所市场又称场内交易市场，是指有组织的，在一定的场所、一定的时间，按一定的规则集中买卖已发行证券而形成的市场。在我国，根据《证券法》的规定，证券交易所是为证券集中交易提供场所和设施，组织和监督证券交易，实行自律管理的法人。证券交易所的设立和解散，由国务院决定。

二、证券交易所的性质

从目前世界范围来看，证券交易所可以分为公司制证券交易所和会员制证券交易所两类。我国的证券交易所都是会员制的。

(一)公司制证券交易所

公司制证券交易所是以营利为目的,提供交易场所和服务人员,以便利证券商的交易与交割的证券交易所。从股票交易实践可以看出,这种证券交易所要收取发行公司的上市费与证券成交的手续费,其主要收入按照买卖成交额的一定比例收取。经营这种交易所的人员不能参与证券买卖,从而在一定程度上可以保证交易的公平。

公司制证券交易所治理结构中设有股东大会、董事会、监事会和总经理。其中总经理向董事会负责,负责证券交易所的日常事务。

(二)会员制证券交易所

会员制证券交易所是不以营利为目的,由会员自治自律、互相约束,参与经营的会员可以参加股票交易中的股票买卖与交割的交易所。这种交易所的手续费和上市费用较低,但由于经营交易所的会员本身就是股票交易的参加者,因而在股票交易中难免出现交易的不公正性。同时,因为参与交易的买卖方只限于证券交易所的会员,新会员的加入一般要经过原会员的一致同意,这就形成了一种事实上的垄断,不利于提供服务质量和降低收费标准。会员制证券交易所中设有会员大会、理事会、监事会和总经理。总经理负责日常事务处理。

三、证券交易所的禁止行为

我国的相关法律法规中规定证券交易所不得直接或者间接从事下列事项。

(1) 以营利为目的的业务。

(2) 新闻出版业。

(3) 发布对证券价格进行预测的文字和资料。

(4) 为他人提供担保。

(5) 未经中国证监会批准的其他业务。

不管是会员制还是公司制证券交易所,都具有严密的组织和规章制度,凡参加者都需具备一定的条件,有一定的审批手续。我国上海证券交易所和深圳证券交易所都采用会员制,设会员大会、理事会、专门委员会和总经理。理事会是证券交易所的决策机构,理事会下面可以设立其他专门委员会。证券交易所设总经理,负责日常事务。总经理由国务院证券监督管理机构任免。

—————— 专栏 6-4　投机权证一天用 820 元赚 56 万元 ——————

南京华泰证券大桥南路营业部的股民张浩在 2006 年 8 月 1 日市价委托规则出台后,就发现权证交易过程中使用市价交易存有漏洞,于是他几乎每个交易日都会挂出 1 厘钱的多个权证买单。2007 年 2 月 28 日这天，用 820 元买进 820000 份海尔认沽权证并成交，成交价格为 0.001 元/份。当日该权证的收盘价是 0.699 元，算起来该投资者当天赚取 56 万元之巨，一时成为证券市场投资证券衍生产品的神话。

第五节　证券业协会

一、中国证券业协会简介

中国证券业协会是依据《中华人民共和国证券法》和《社会团体登记管理条例》的有关规定设立的证券业自律性组织，是非营利性社会团体法人，接受中国证监会、国家民政部的业务指导、监督、管理。

中国证券业协会成立于 1991 年 8 月 28 日。在中国证券市场的起步阶段，协会在普及证券知识、开展国际交流以及提供行业发展信息等方面做了大量服务工作；1999 年，按照《中华人民共和国证券法》的要求，协会进行了改组，在行业自律方面开始了有益的探索；2002 年 7 月，适应市场发展和证券行业的要求，协会召开了第三次会员大会，组成新一届协会领导机构。为充分发挥协会自律、传导、服务等多项职能，促进证券业进一步规范发展，协会修订并完善了章程等一系列自律规则，初步建立起行业自律的框架，协会进入了新的历史发展时期。

中国证券业协会的最高权力机构是由全体会员组成的会员大会，理事会为其执行机构。协会实行会长负责制，设专职会长 1 名，会长由中国证监会提名，并由协会理事会选举产生。协会对会员进行分类管理，会员分为证券公司类、证券投资基金管理公司类、证券投资咨询机构类和特别会员类 4 类，会员入会实行注册制。

二、证券业协会的职责

中国证券业协会的宗旨包括在国家对证券业实行集中统一监督管理的前提下，进行证券业自律管理；发挥政府与证券行业间的桥梁作用；为会员服务，维护会员的合法权益；维持证券业的正当竞争秩序，促进证券市场的公开、公平、公正，推动证券市场的健康稳定发展。证券业协会履行下列职责。

（1）教育和组织会员执行证券法律、法规，向中国证监会反映会员在经营活动中的问题、建议和要求。

（2）制定证券业自律规则、行业标准和业务规范，并监督实施。

（3）依法维护会员的合法权益。

（4）监督、检查会员的执业行为，对违反章程及自律规则的会员给予纪律处分。

（5）对会员之间、会员与客户之间发生的纠纷进行调解。

(6) 收集、整理证券信息，建立行业诚信记录和诚信评价制度。开展会员间的业务交流，组织会员就证券业的发展进行研究，推动业务创新。

(7) 组织证券从业人员资格考试，负责证券从业人员执业资格注册及管理。

(8) 对证券从业人员进行持续教育和业务培训，提高从业人员的业务技能和执业水平。

(9) 开展证券业的国际交流和合作。

(10) 法律、法规规定或中国证监会赋予的其他职责。

三、证券从业考试

(一)考试类型

证券从业资格是进入证券行业的必备证书，是进入银行及非银行金融机构、上市公司、会计公司、投资公司、大型企业集团、财经媒体、政府经济部门的重要参考，是个人财商水平的一个体现，是个人进行投资获利的知识工具。

证券行业无论在国内、国外都是"金领"的职业。证券投资大师巴菲特曾经说过："如果一个即将毕业的工商管理硕士问我：'如何才能很快致富？'我会一只手捂着鼻子，一只手指着华尔街。"

中国的"华尔街"对每一个有志者开放了，证券业是距离金钱财富最直接的行业，知识和能力是跨入这个行业、实现人生价值的重要保证。

1. 证券从业考试的类别

证券从业资格包括三大类共有 6 种，分别是证券从业资格、基金销售从业资格和经纪人业务资格等。其中证券从业资格包括证券交易资格、证券投资基金资格、证券投资分析资格、证券发行与承销资格；从业人员可以根据自己的实际情况和所从事的岗位选择相应的从业资格考试。考试成绩合格将取得成绩合格证书，考试成绩长期有效。

1) 证券从业人员资格考试

证券从业人员资格考试共有 5 个科目，分别包括 1 个基础科目《证券市场基础知识》和 4 个专业科目，专业科目包括《证券交易》、《证券投资基金》、《证券投资分析》和《证券发行与承销》。通过《证券市场基础知识》加上相应专业科目分别获得证券交易资格、证券投资基金资格、证券投资分析资格、证券发行与承销资格。通过《证券市场基础知识》及两门以上(含两门)专业科目考试的或已经持有两种(含两种)以上资格证书的，可获得一级专业水平级别认证证书；通过《证券市场基础知识》及 4 门以上(含 4 门)专业科目考试的或已经持有 4 种资格证书的，可获得二级专业水平级别认证证书。

2) 证券经纪人专项考试

2008 年为解决证券公司客户经理中大部分人员没有证券从业资格证的问题，专门开设了证券经纪人专项考试，通过这一资格考试可以从事证券营销业务，但不能从事其他证券业务。本考试只有《证券经纪业务营销基础知识与实务》一个科目，但如果已经获取证券交易从业人员资格可以不参加此项考试。

3) 基金销售人员从业资格考试

2008 年为解决商业银行等金融机构销售基金的从业人员资格问题，专门开设了证券投资基金销售人员从业考试，通过这一资格考试可以从事证券投资基金销售业务，但不能从事其他证券业务。本考试只有《证券投资基金销售基础知识》一个科目，但如果已经获取基金从业人员资格可以不参加此项考试。

2. 证券从业人员考试报名条件

证券从业人员考试报名条件如下。

(1) 报名截止日年满 18 周岁。

(2) 具有高中或国家承认相当于高中以上文凭。

(3) 具有完全民事行为能力。

(二)考试时间

从近年情况来看，证券从业系列考试每年组织 4 次考试，分别是每年 3 月、5 月或 6 月、9 月、11 月或 12 月举行；另从 2013 年起增加预约考试，根据报名情况在其他时间不定期举行考试，满足考生学习要求。从 2013 年情况来看，考试题型包括 3 种，分别是单选题、多选题和判断题，其中单选题 60 道题，每道题 0.5 分，共 30 分；多选题 50 道，每道题 1 分，共 50 分；判断题 40 道，每道题 0.5 分，共 20 分。总共 150 道题，100 分，考试成绩达到 60 分为通过。单科考试时间为 120 分钟。

专栏 6-5 私募股权基金的资产管理创新形式

私募股权投资，简称 PE，是指投资于非上市股权或者上市公司非公开交易股权的一种投资方式。私募股权投资的资金来源，既可以向社会不特定公众募集，也可以采取非公开发行方式，向有风险辨别和承受能力的机构或个人募集。由于私募股权投资的风险较大，信息披露不充分，故往往采取非公开募集的形式。近年来，出于对流动性、透明度和募集资金的考虑，上市的私募股权投资基金的数量有所增多。2007 年 6 月在纽交所上市的黑石集团就是一个例子。

私募股权投资基金的投资方向是企业股权而非股票市场，即它购买的是股权而非股票，PE 的这个性质客观上决定了较长的投资回报周期。私募股权基金主要通过上市(IPO)、被收购或与其他公司合并、重组等方式退出。私募股权投资基金与私募证券投资基金(私募基金)是两种名称上容易混淆，但实质完全不同的基金。

私募股权投资基金的主要组织形式是有限合伙制，其中私人股权投资公司作为普通合伙人，基金整体作为有限合伙存在。基金主要从有限合伙人处募集款项，并由普通合伙人做出全部投资决策。基金在其存续周期中一般会做出 15～25 项不同的投资，每项投资的金额一般不超过基金总金额的 10%。普通合伙人报酬的主要来源是基金管理费，另外还包括业绩佣金。一般情况下，普通合伙人可获得基金总额 2%～4% 的年度管理佣金以及 20% 的基金利润。私人股权投资基金的投资回报率常超过 20%，如从事杠杆收购或早期投资则回报率有望更高。

本 章 小 结

证券市场组织机构	证券公司及各国的不同称谓	证券公司是指依照法律法规设立的经营证券业务的有限责任公司或者股份有限公司。在我国，设立证券公司必须经国务院证券监督管理机构审查批准。世界各国对证券公司的划分和称呼不尽相同，美国的通俗称谓是投资银行；英国则称商人银行。以德国为代表的一些国家实行金融业的混业经营，通常由银行设立公司从事证券业务经营。日本和中国等一些国家把专营证券业务的金融机构称为证券公司
	证券公司业务	我国允许证券公司从事的业务包括证券经纪业务、证券承销业务、证券自营业务、资产管理业务、保荐业务、证券投资咨询业务及与证券交易、证券投资活动有关的财务顾问等业务。截至 2008 年年底我国共有证券公司 107 家，各家公司的素质千差万别，盈利能力和抗风险能力也都不一样
	证券营销及其特点	证券营销是指证券公司向客户销售证券类金融产品或相关服务的活动，包括品牌推广、客户招揽、产品推介和销售及客户服务等。证券营销的参与主体包括证券公司、营销人员和客户等。证券营销的特点包括专业性、适应性和持续性营销。证券营销活动主要包括客户招揽、产品及服务销售和客户服务 3 个方面
	结算公司及登记系统	中国证券登记结算有限责任公司是我国的证券登记结算机构。中国结算公司在上海和深圳两地各设一个分公司，其中上海分公司主要针对上海证券交易所的上市证券，为投资者提供证券登记结算服务；深圳分公司主要针对深圳证券交易所的上市证券，为投资者提供证券登记结算服务。中国证券登记结算有限责任公司目前设有 3 个登记系统，分别是证券登记结算系统、非上市股份有限公司股份转让账户系统和开放式基金注册登记系统
	从业考试种类	证券从业资格包括证券交易资格、证券投资基金资格、证券投资分析、证券发行与承销资格、基金销售从业资格和经纪人业务资格等

案例思考

"绿鞋"制度

"绿鞋"制度是超额配售选择权的俗称，业界也称之为"绿鞋"期权，是指发行人在与主承销商订立的承销协议中，给予主承销商一项期权，使其有权在股票发行后30天内，以发行价从发行人处购买额外发行的不超过原发行数量 15%的股票。国外在股票发行承销协议中，承销商会与发行人约定一个价格稳定期，一般不超过 30 天。在稳定期内，为稳定股价，承销商有义务在市场上买入其承销的股票。稳定股价的主要手段即行使超额发售权。得到这项期权之后，主承销商可以按原定发行量的115%销售股票。当股票十分抢手、发行后股价上扬时，主承销商即以发行价行使"绿鞋"期权，从发行人处购得不超过原发行额度 15%的股票，以对冲其超额发售的空头头寸，并收取超额发售的费用，此时实际发行数量不超过原定发行规模的115%。当股票受到冷落、发行后股价下跌时，主承销商将不行使该期权，而是从市场上购回超额发行的股票以支撑价格并对冲空头头寸，此时实际发行数量与原定数量相等。由于此时市价低于发行价，主承销商也不会受到损失。而从市场购回15%发行量的股票，相当于主承销商托市，对稳定股价、保护新股投资者会起到很大的作用。在过去的 20 年，超额发售权这一方法在新股发行中已成为近乎标准的做法，在发达资本市场的首次公开发行股票和上市公司增发新股中广泛使用。由于超额配售选择权的做法源于1963 年美国一家名为波士顿绿鞋制造公司的股票发行，因此超额配售选择权又俗称"绿鞋"。

工商银行在 A 股发行中首次使用"绿鞋"制度。工商银行发行主承销商于 2006 年 10 月 24 日按本次发行价格向投资者超额配售 19.5 亿股股票，占本次初始发行规模的 15%，超额配售后总配售规模为 149.5 亿股。超额配售的股票通过向本次发行的部分战略投资者延期交付的方式获得，全部面向网上资金申购发行。

本次发行的股票上市交易日 2006 年 10 月 27 日至 2006 年 11 月 16 日期间，中国国际金融有限公司作为本次发行具体实施"绿鞋"操作的主承销商，未从集中交易市场买入本次发行的股票。11 月 16 日后，中国国际金融有限公司不再利用本次发行超额配售所获得的资金从集中交易市场买入本次发行的股票。工商银行 A 股超额配售选择权于 2006 年 11 月 16 日行使，超额发行 A 股股票对应的募集资金净额约 59.44 亿元人民币将全部用于补充发行人资本金。

主承销商于 2006 年 11 月 16 日全额行使超额配售选择权，发行人按照本次发行价格 3.12 元人民币，在初始发行 130 亿股 A 股的基础上超额发行 19.5 亿股 A 股，占本次发行初始发行规模的 15%。发行人因此增加的募集资金总额为 60.84 亿元人民币，连同初始发行 130 亿股 A 股对应的募集资金总额 405.6 亿元人民币，本次发行最终募集资金总额为 466.44 亿元人民币，扣除发行费用后的募集资金净额约为 455.79 亿元人民币。

超额发行的股票已于 2006 年 11 月 16 日登记于延期交付的战略投资者的股票账户中。战略投资者获配股票的 50%自本次发行的股票上市交易日(2006 年 10 月 27 日)起锁定 12 个月，50%锁定 18 个月。

习 题

一、单选题

1. ( )是指证券公司代理证券发行人发行证券的行为，发行人向不特定对象公开发行的证券，法律、行政法规规定应当由证券公司承销的，发行人应当同证券公司签订承销协议。

    A. 证券承销　　　　B. 证券发行　　　　　C. 证券上市　　　　D. 上市公司

2. 证券经纪业务又称( )业务，是指证券公司接受客户委托代客户买卖有价证券的行为。

    A. 证券市场　　　　B. 代理买卖证券　　　C. 证券上市　　　　D. 证券交易

3. 客户的证券买卖委托，不论是否成交，其委托记录应当按照规定的期限，保存于证券公司，一般要求保存( )年以上。

    A. 5　　　　　　　　B. 10　　　　　　　　C. 20　　　　　　　　D. 30

4. ( )是指证券公司代发行人发售证券，在承销期结束时，将未售出的证券全部退还给发行人的承销方式。

    A. 证券代销　　　　B. 全额报销　　　　　C. 余额包销　　　　D. 余券即退

5. 证券公司的自营业务必须以( )的名义、通过专用自营席位进行，并由非自营业务部门负责自营账户的管理，包括开户、销户、使用登记等。

    A. 公司　　　　　　B. 市场　　　　　　　C. 客户　　　　　　D. 自己

6. ( )是指证券公司向客户销售证券类金融产品或相关服务的活动，包括品牌推广、客户招揽、产品推介和销售及客户服务等。

    A. 证券销售　　　　B. 证券发行　　　　　C. 证券交易　　　　D. 证券营销

7. ( )是指证券公司将发行人的证券按照协议全部购入或者在承销期结束时将售后剩余证券全部自行购入的承销方式。

    A. 证券包销　　　　B. 证券发行　　　　　C. 证券上市　　　　D. 证券过户

8. ( )是证券类金融产品和服务的消费者，证券公司的客户分为证券发行者、证券投资者两大类。

    A. 国家　　　　　　B. 客户　　　　　　　C. 公司　　　　　　D. 银行

9. ( )可以分为会员制和公司制两类。

    A. 中国证监会　　　B. 证券业协会　　　　C. 证券交易所　　　D. 上市公司

10. 整个证券市场的核心是(　　)。
   A. 证券发行人　　B. 证券交易所　　　　C. 中国证监会　　D. 国务院
11. 会员制证券交易所的最高权力机构是(　　)。
   A. 董事会　　　　B. 监察委员会　　　　C. 理事会　　　　D. 会员大会
12. 中国证监会对其下属的证券期货监管机构实行(　　)领导。
   A. 垂直　　　　　B. 水平　　　　　　　C. 纵向　　　　　D. 横向
13. 我国上海证券交易所每日收市前最后一分钟的加权平均价格称为(　　)。
   A. 开盘价　　　　B. 收盘价　　　　　　C. 最高价　　　　D. 最低价
14. 上海证交所 A 股交易佣金是按成交金额的不高于(　　)收取。
   A. 0.3%　　　　　B. 0.4%　　　　　　　C. 0.2%　　　　　D. 0.5%
15. S 股的上市地点为(　　)。
   A. 纽约证券交易所　　　　　　　　　B. 新加坡证券交易所
   C. 香港证券交易所　　　　　　　　　D. 伦敦证券交易所

二、多选题

1. 我国证券公司的主要业务包括(　　)、财务顾问、资产管理和融资融券等业务。
   A. 证券承销与保荐　　　　　　　　　B. 经纪
   C. 自营　　　　　　　　　　　　　　D. 投资咨询
2. 根据服务对象的不同，证券投资咨询业务又可进一步细分为(　　)。
   A. 面向公众的投资咨询业务
   B. 为签订了咨询服务合同的特定对象提供的证券投资咨询业务
   C. 为本公司投资管理部门
   D. 投资银行部门提供的投资咨询服务
3. 证券营销是指证券公司向客户销售证券类金融产品或相关服务的活动，包括(　　)等。
   A. 品牌推广　　B. 客户招揽　　　C. 产品推介　　D. 销售及客户服务
4. 在我国，证券公司的营销人员分为(　　)两类。
   A. 证券公司内部营销人员　　　　　　B. 证券经纪人
   C. 客户经理　　　　　　　　　　　　D. 客户服务人员
5. 客户是证券类金融产品和服务的消费者，证券公司的客户分为(　　)两大类。
   A. 证券发行者　　B. 国家　　　C. 证券投资者　　D. 银行
6. 证券营销的特点包括(　　)。
   A. 市场性营销　　B. 专业性营销　　C. 适应性营销　　D. 持续性营销
7. 中国证券登记结算有限责任公司目前设有(　　)等。
   A. 资金结算系统　　　　　　　　　　B. 证券登记结算系统

C. 开放式基金注册登记系统　　　　D. 非上市股份有限公司股份转让账户系统

8. 从目前世界范围来看，证券交易所可以分为(　　)证券交易所两类。

    A. 注册制　　　　B. 公司制　　　　C. 会员制　　　　D. 审批制

9. 会员制证券交易所中设有(　　)。

    A. 会员大会　　　B. 理事会　　　　C. 监事会　　　　D. 总经理

10. 证券从业人员资格考试共有 5 个科目，分别包括 1 个基础科目《证券市场基础知识》和(　　)4 个专业科目。

    A. 证券交易　　　　　　　　　　B. 证券投资基金

    C. 证券投资分析　　　　　　　　D. 证券发行与承销

11. 证券公司的业务一直处于不断创新之中，我国的证券公司业务与国际大投行的业务差别很大，我国证券公司的主要业务包括(　　)等业务。

    A. 证券承销与保荐业务　　　　　B. 证券经纪业务

    C. 证券自营业务　　　　　　　　D. 证券投资咨询业务

12. 证券营销的特点包括(　　)。

    A. 专业性　　　　B. 适应性　　　　C. 持续性　　　　D. 品牌性

13. 我国的相关法律法规中规定证券交易所不得直接或者间接从事的事项包括(　　)。

    A. 以营利为目的的业务

    B. 新闻出版业

    C. 发布对证券价格进行预测的文字和资料

    D. 为他人提供担保

14. 证券从业资格包括(　　)。

    A. 证券从业人员资格考试　　　　B. 证券经纪人专项考试

    C. 基金销售人员从业资格考试　　D. 银行业从业考试

15. 上海证交所 A 股交易过户费费率和印花税税率分别是(　　)。

    A. 0.00075　　　B. 0.001　　　　C. 0.2　　　　D. 0.5

三、判断题

1. 我国的股票发行实行注册制并配之以发行审核制度和保荐人制度。　　　(　　)

2. 证券承销是各类证券公司的一项重要业务。　　　　　　　　　　　　(　　)

3. 中国证券登记结算有限公司是不以营利为目的的法人。　　　　　　　(　　)

4. 由证券交易所或金融服务机构编制的，反映不同时点上股价变动情况的价格平均数就是股票指数。　　　　　　　　　　　　　　　　　　　　　　　　　　(　　)

5. 证券市场的构成要素包括证券市场的主体、证券市场的客体、证券市场的中介机构和证券市场的监管机构。　　　　　　　　　　　　　　　　　　　　　　(　　)

6. 事前监管是对操纵市场行为实施监管的唯一手段。　　　　　　　　　(　　)

7. 目前世界上大多数国家的证券交易所均采取会员制。 （ ）

8. 目标市场与营销渠道选择是招揽客户的前提和基础。 （ ）

9. 会员制证券交易所是以营利为目的，提供交易场所和服务人员，以便利证券商的交易与交割的证券交易所。 （ ）

10. 证券从业人员考试报名条件包括报名截止日年满 16 周岁、具有高中或国家承认相当于高中以上文凭和具有完全民事行为能力。 （ ）

11. 客户促成是客户招揽的保证。 （ ）

12. 中国证监会实行垂直领导，不受地方政府的制约。 （ ）

13. 证券登记结算系统指中国证券登记结算有限责任公司为沪深两市投资者办理证券登记结算的系统。 （ ）

14. 客户关系建立是证券营销的关键环节。 （ ）

15. 证券营销的参与主体包括证券公司、上市公司和客户等。 （ ）

四、名词解释

证券公司　证券业协会　证券交易所　证券营销　证券承销

五、简答题

1. 什么是证券公司？证券公司的现状怎样？

2. 证券公司的业务都有哪些？在各国的称谓各是什么？

3. 证券营销包括哪些内容？有什么特点？

4. 我国证券市场的参与机构都包括哪些？

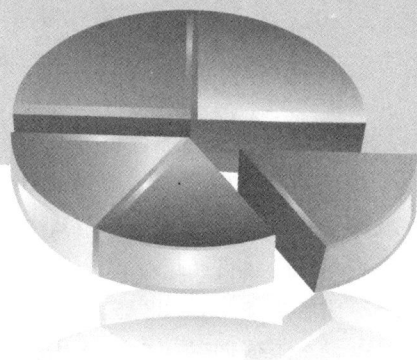

第七章

证券投资的基本分析

本章精粹:

- 证券投资分析概述
- 宏观分析
- 行业分析
- 公司分析

案例导入　全球股市同此凉热

2013 年第三季度，全球股市呈现集体震荡上行的态势。美国股市连创新高，但波动较大；欧洲股市强劲增长；日本股市涨势稳健；新兴市场股市先抑后扬。

造成这种局面的原因主要有 3 个方面：从宏观经济的因素看，是由于美国、欧洲和日本等发达经济体经济数据总体向好，中国经济快速企稳反弹的形势超出市场预期，奠定了市场走强的坚实基础；从影响市场的消息面因素看，萨默斯退出、耶伦被提名为下一届美联储主席以及美联储暂不缩减量化宽松规模刺激股市不断走强；从资金流向的因素看，随着市场风险偏好的增强，资金从债券等市场源源不断流入全球各大股市。截至 10 月 15 日，全球股市市值为 58.88 万亿美元，较 7 月初大幅增加 2.55 万亿美元。其中 9 月末的全球股票市场总市值创下有史以来月度第二高峰，仅比美国次贷危机之前(2007 年 10 月)创下的 62.8 万亿美元少 3.3%。

本章通过介绍证券投资分析的基本面分析法，阐明证券价格受多种因素的影响而波动。投资者应培养敏锐的触角，广泛搜集经济活动中的各种数据，从而做出准确的投资决策。

(资料来源：中国经济新闻网，http://www.cet.com.cn，2013 年 10 月 23 日)

关键词　证券投资分析　宏观分析　行业分析　公司分析

第一节　证券投资分析概述

一、证券投资分析的概念及意义

证券投资分析是人们通过各种专业性分析方法和分析手段，对影响证券价值或价格的各种信息进行综合分析，并判断其对证券价值或价格发生作用的方向和力度。证券投资分析是投资决策的依据，是证券投资过程中不可或缺的组成部分。证券投资分析的重要意义表现在以下几个方面。

(一)有利于提高投资决策的科学性

投资决策贯穿于整个投资过程，其正确与否关系到投资的成败，科学的投资决策无疑有助于提高投资的成功概率。由于资金拥有量及其他条件的不同，不同的投资者会拥有不同的风险承受能力、收益要求和投资周期。同时，由于受到各种相关因素的作用，每一种证券的风险-收益特性并不是一成不变的。因此，在投资决策时，投资者应当正确认识每一种证券的特点，选择同自己的要求相匹配的投资对象，并制定相应的投资策略。进行证券投资分析正是使投资者正确认知证券风险性、收益性、流动性和时间性的有效途径。减少投资决策的盲目性，是投资者科学决策的基础。

(二)有利于正确评估证券的投资价值

投资者之所以对证券进行投资，是因为证券具有一定的投资价值。证券的投资价值受多种因素的影响，并随着这些因素的变化而发生相应的变化。例如债券的投资价值会随着市场利率的调整而变化；影响股票投资价值的因素复杂得多，宏观经济运行态势、行业发展形势和公司经营管理水平等多方面因素共同发生作用，使得股票投资价值发生变化。投资者在决定投资某种证券前，首先应该认真评估该证券的投资价值。只有当证券处于投资价值区域时，投资该证券才是有的放矢，否则可能会导致投资失败。而证券投资分析正是通过对可能影响证券投资价值的各种因素进行综合分析，来判断这些因素及其变化可能会对证券投资价值带来的影响，因此它有利于投资者正确评估证券的投资价值。

(三)有利于降低投资者的投资风险

投资者从事证券投资是为了获得投资回报，但这种回报是以承担相应风险为代价的。一般来说，预期收益水平和风险之间存在一种正相关关系。预期收益水平越高，投资者所要承担的风险也就越大；反之也就越小。然而，每一种证券都有自己的风险-收益特性，而这种特性又会随着各相关因素的变化而变化。因此，对于某些具体的证券而言，由于判断失误，投资者在承担较高的风险的同时却未必能获得较高的收益。理性投资者通过证券投资分析来考察每一种证券的特性及其变化规律，就可以较为准确地确定哪些证券风险较大，哪些证券风险较小，从而避免承担不必要的风险。从这个角度讲，证券投资分析有利于降低投资者的投资风险。

二、证券投资分析的流派

证券投资分析起源于美、英等金融发达国家，由于建立在不同的证券投资理念之上，经过发展，形成了不同的分析流派，并且建立起一套相应的分析方法。

(一)证券投资理念

1. 价值型投资理念

价值型投资理念是一种风险相对分散的市场投资理念。其存在的前提是证券的市场价值是潜在的、客观的，依靠的工具不是大量的市场资金，而是市场分析和证券基本面的研究，其投资理念确立的主要成本是研究费用。价值发现是一种投资于市场价值被低估的证券的过程，在证券价值未达到被高估的价值时，投资获利的机会总是大于风险。

以股票价格为例，股票价格，又叫股票行市，是指股票在证券市场上买卖的价格。从理论上说，股票价格应由其价值决定，但股票本身并没有价值，不是在生产过程中发挥职能作用的现实资本，而只是一张资本凭证。股票之所以有价格，是因为它代表着分红的收益和解散时剩余资产的价值，即能给它的持有者带来股息红利和一定的资本回收。股票交易实际上是对未来收益权的转让，股票价格就是对未来收益的评估。

1) 股票的理论价格

股票及其他有价证券的理论价格是根据现值理论而来的，也就是所谓的内在价值。但一般谈论股票的理论价格往往用预期股息除以必要收益率来计算。

2) 股票的市场价格

股票的市场价格一般是指股票在二级市场上交易的价格。股票的市场价格由股票的内在价值决定，但同时受许多其他因素的影响。其中，供求关系是最直接的影响因素，其他因素都是通过作用于供求关系而影响股票价格的。由于影响股票价格的因素复杂多变，所以股票的市场价格呈现出高低起伏的波动性特征。

在价值型投资理念的指导下，人们总是试图发现那些市场价格被低估的股票等有价证券来进行操作，希望抓住其价值回升的机会，从而获利。由于某些证券的市场价值是直接或间接与其所在的行业成长、国民经济发展的总体水平相联系的，在行业发展及国民经济增长没有出现停滞之前，证券的价值还会不断增值，在这种增值过程中可以分享国民经济增长的益处。对于某类具有价值型投资理念的证券，随着投资过程的进行，往往还有一个价值再发现的市场过程，这个过程也许还会将这类证券的市场价值推到一个相当高的价值平台。

在价值型投资理念下，只要有国民经济增长和行业发展的客观前提，以此理念指导投资能够较大程度地规避市场投资风险。

2. 成长型投资理念

成长型投资理念是一种投资风险共担型的投资理念。在这种投资理念指导下的投资行为既分享证券内在价值成长，也共担证券价值成长风险。其投资方式有两种：一种是投资者作为证券的战略投资者，通过对证券母体注入战略投资的方式，培养证券的内在价值与市场价值；另一种是众多投资者参与证券母体的融资行为，培养证券的内在价值和市场价值。在中国前者如各类产业集团的投资行为；后者如投资者参与上市公司的增发、配股及可转债投资等。

(二)证券投资分析主要流派

随着现代投资组合理论的产生，证券投资分析开始形成了界限分明的 4 个分析流派：基本分析流派、技术分析流派、心理分析流派和学术分析流派。如表 7-1 所示为各投资分析流派对证券价格波动原因的解释。

表 7-1　各投资分析流派对证券价格波动原因的解释

流派 解释	基本分析流派	技术分析流派	心理分析流派	学术分析流派
对证券价格波动原因的解释	对价格与价值间偏离的调整	对市场供求均衡状态偏离的调整	对市场心理平衡状态偏离的调整	对价格与所反映信息内容偏离的调整

1. 基本分析流派

基本分析又称基本面分析，是根据经济学、金融学、财务管理学及投资学等基本原理，对决定证券价值及价格的基本要素如宏观经济指标、经济政策走势、行业发展状况、产品市场状况、公司销售和财务状况等进行分析，评估证券的投资价值，判断证券的合理价位，做出相应的投资决策的一种分析方法。

基本分析流派以宏观经济形势、行业特征及上市公司基本财务数据作为投资分析对象与投资决策基础的投资分析。体现以价值分析理论为基础，以统计方法和现值计算方法为主要分析手段的基本特征。基本分析基于两个假设：一是股票的价值决定其价格，二是股票的价格围绕价值波动。基本分析包括宏观分析、行业和区域分析、公司分析 3 个方面。

2. 技术分析流派

技术分析流派是以证券的市场价格、成交量、价和量的变化以及完成这些变化所经历的时间等市场行为作为投资分析对象与投资决策基础的投资分析。该派以价格判断为基础，以正确的投资时机抉择为依据，经历了从直觉化决策方式到图形化决策方式，再到指标化决策方式，以及现阶段模型化决策方式的演进。分析方法日趋定量化、客观化、系统化。对投资市场的数量化与人性化理解之间的平衡，是技术分析面对的最艰巨的研究任务之一。

理论上讲，技术分析既可以用于长期的行情预测，也可以用于短期的行情预测。就我国国内现实市场条件来说，技术分析更适用于短期的行情预测，要进行周期较长的分析必须结合其他的分析方法。这是应用技术分析最应该注意的问题。技术分析所得到的结论仅仅具有一种建议的性质，并且是以概率的形式出现的。

3. 心理分析流派

心理分析流派将心理学尤其是行为科学的理论融入金融学之中，它从微观个体行为以及产生这种行为的心理动因来解释、研究和预测金融市场的发展。这一研究视角通过分析金融市场主体在市场行为中的偏差和反常，来寻求不同市场主体在不同环境下的经营理念及决策行为特征，力求建立一种能正确反映市场主体实际决策行为和市场运行状况的描述性模型，意在解释投资者在投资决策过程中产生的心理障碍问题和投资者如何在研究投资市场过程中保证正确的观察视角问题。

心理分析流派对于两大传统假设提出了挑战。其一，传统金融理论关于人的行为假设。传统金融理论认为人们的决策是建立在理性预期、风险回避、效用最大化以及相机抉择等假设基础之上的。但是大量的心理学研究表明，人们的实际投资决策并非如此。比如，人们总是过分相信自己的判断，根据自己对可能出现的盈亏结果的主观判断进行决策。尤其值得指出的是，研究表明，这种对理性决策的偏离是系统性的，并不能因为统计平均而消除。其二，有效的市场竞争。传统金融理论认为，在市场竞争过程中，理性的投资者总是能抓住每一个由投机者创造的套利机会。

4. 学术分析流派

在现代投资理论诞生以前，学术分析流派分析方法的重点是选择价值被低估的股票并长期持有，代表人物有本杰明·格雷厄姆和沃伦·巴菲特。现代投资理论兴起之后，学术分析流派的理论基础是"效率市场理论"，认为根据给定的当前的市场信息集合，投资者不可能发展出任何交易系统或投资战略以获取超出由投资对象风险水平所对应的投资收益的超额收益。与理论基础相适应的投资目标为"按照投资风险水平选择投资对象"。相对于其他分析方法大多都以"战胜市场"为投资目标，学术分析流派采用"长期持有"的投资战略以获取平均的长期收益率，成为该派与其他分析方法最重要的区别之一。

三、证券投资分析的信息要素

(一)证券投资分析的信息来源

信息在证券投资分析中起着十分重要的作用，是进行证券投资分析的基础。来自不同渠道的信息最终都将通过各种方式对证券的价格发生作用，导致证券价格的上升或下降，从而影响证券的收益率。因此，信息数量、信息质量的高低将直接影响证券投资分析的效果，影响分析报告的最终结论。从信息发布主体和发布渠道来看，证券市场上各种信息的来源主要有以下几个方面。

1. 政府部门

政府部门是国家宏观经济政策的制定者，是信息发布的主体，是我国证券市场上有关信息的主要来源。每个季度，国务院、证监会、财政部、央行、发改委、商务部、统计局会定期发布有关经济运行情况的相关数据。

2. 证券交易所

由沪、深证券交易所向社会公布的证券行情、按日制作的证券行情表，以及就市场内成交情况编制的日报表、周报表、月报表与年报表等成为技术分析中的首要信息来源与量价分析基础。

3. 上市公司

上市公司作为经营主体，其经营状况的好坏将直接影响到投资者对其价值的判断，从而影响其股价水平的高低。一般来说，上市公司通过定期报告(如年度报告和中期报告)和临时公告等形式向投资者披露其经营状况的有关信息，如公司盈利水平、公司股利政策、增资减资和资产重组等重大事宜。作为信息发布主体，它所公布的有关信息，是投资者对其证券进行价值判断的最重要来源。

4. 中介机构

证券中介机构的典型如证券公司，由其专业人员在资料收集、整理、分析的基础上撰写的，通常以有偿形式向使用者提供的研究报告，也是信息的一种重要形式。

5. 媒体

媒体是信息发布的主体之一。媒体专业人员通过实地采访与实地调研所形成的新闻报道或报告，是以媒体为发布主体的重要信息形式。媒体同时也是信息发布的主要渠道。只要符合国家的有关规定，各信息发布主体都可以通过各种书籍、报纸、杂志、其他公开出版物，以及电视、广播、互联网等媒体披露有关信息。这些信息包括国家的法律法规、政府部门发布的政策信息、上市公司的年度报告和中期报告等。作为信息发布的主渠道，媒体是连接信息需求者和信息供给者的桥梁。

6. 其他来源

除上述几种信息来源以外，投资者还可通过实地调研、专家访谈、市场调查等渠道获得有关的信息，也可通过家庭成员、朋友、邻居等获得有关信息，甚至包括内幕信息。对某些投资者来说，上述渠道有时可能是获取信息的非常重要的渠道。

但必须指出的是，根据有关证券投资咨询业务行为的规定，证券分析师从事面向公众的证券投资咨询业务时所引用的信息仅限于完整翔实的公开披露的信息资料，并且不得以虚假信息、内幕信息或者市场传言为依据向客户或投资者提供分析、预测或建议。因此，证券分析师应当非常谨慎地处理所获得的非公开信息。

(二)证券投资信息类型

1. 历史价格信息

历史价格信息对于使用技术分析的投资者至关重要，这一信息主要从证券交易所公布的行情资料中获得，包括成交量、成交价格等，还包括根据这些信息加工后形成的信息。历史价格信息构成了技术分析的基础。

2. 公开披露的信息

公开披露的信息对价值型投资理念和成长型投资理念的投资者非常关键，主要包括以下几种信息：上市公司定期与不定期披露的信息；国家有关部门公开披露的信息；中介机构定期发布的分析报告和价值判断；媒体所公开披露的信息。这些信息是进行基本分析必不可少的资料。

3. 内幕信息

根据《证券法》的有关规定，内幕信息是指"证券交易活动中，涉及公司的经营、财务或者对该公司证券的市场价格有重大影响的尚未公开的信息"。我国的证券法规定，禁止任何单位或者个人以获取利益或者减少损失为目的，利用内幕消息进行证券发行和交易活动。

四、证券投资分析应注意的问题

证券投资分析方法各有利弊。基本分析的主要优点是能够比较全面地把握证券价格的基本走势，应用起来也相对简单；而缺点主要是对短线投资者的指导作用比较弱，预测的精度相对较低。与基本分析相比，技术分析对市场的反映比较直观，分析结论的时效性更强。心理分析在对投资者面对市场重大转折点的心理把握上有独到之处。学术分析的相关方法在大型投资组合的组建与管理，以及风险评估与控制等方面，具有不可替代的地位。投资者在使用的时候，应该根据实际情况选择适宜的方法，扬长避短。另外，为使分析结论更具可靠性，可以根据几种方法分析得出的结论综合判断。

专栏 7-1　探析行为金融学对投资策略的影响

投资学发展到今天遇到了许多有效市场理论无法解释的问题，经济学家将心理引入投资领域产生了行为金融学。行为金融学理论既侧重对非理性偶然的因素进行分析，又关注对行为科学的吸纳，深入探讨投资者的心理举动。行为金融学认为，人们在进行决策的时候，往往会选择一个决策参考点来判断预期的损益，而非着眼于最终的财富状况。在心理预期的过程中，人们会把决策分成不同的心理账户来考虑，常常拥有自信情节，高估已经拥有的商品或服务，并且倾向于增加这些物品或服务的使用次数。还对预期的损失过于敏感，把同样价值的损失计算成远高于同样价值的收益，而对已经形成损失的东西却表现出一种"处置效果"，由于期待机会收回成本而继续经受可能遭受的损失。因此在行为金融学中的"心理"账户和"认知偏差"这两个概念，应该在日常投资理财活动中受到关注。

第二节 宏 观 分 析

围绕证券投资展开的宏观分析主要包括两个方面的内容：宏观经济环境分析和宏观政治环境分析。宏观经济环境分析又包括宏观经济运行分析和宏观经济政策对证券市场价格影响的分析。

一、宏观经济运行分析

宏观经济运行分析主要探讨各种基本的经济变量对证券市场价格的影响。经济变量通常用经济指标来测量。

(一)评价宏观经济形势的基本变量

1. GDP 与经济增长率

GDP 的全称是国内生产总值，是一国(或地区)经济总体状况的综合反映，是衡量宏观经济发展状况的主要指标。通常而言，持续、稳定、快速的 GDP 增长表明经济总体发展良好，上市公司也有更多的机会获得优良的经营业绩；如果 GDP 增长缓慢甚至负增长，宏观经济处于低迷状态，则大多数上市公司的盈利状况也难以有好的表现。2003—2008 年上半年，我国经济稳定快速增长，GDP 保持在每年 10%的增长速度。人均 GDP 由 2003 年的 1000 美元上升至 2008 年的 5000 美元。中国经济的快速增长为上市公司创造了良好的外部环境，工业企业效益整体提升，股市也迎来了前所未有的大牛市。

2. 失业率

失业率是指失业人口占劳动人口的比率，旨在衡量闲置中的劳动产能。失业人口是指一定时期全部就业人口中有工作意愿而仍未有工作的劳动力数字，通过该指标可以判断一定时期内全部劳动人口的就业情况。一直以来，失业率数字被视为一个反映整体经济状况的指标，而西方国家又是每个月最先发表该经济数据，所以失业率指标被称为所有经济指标的"皇冠上的明珠"，它是市场上最为敏感的月度经济指标。一般情况下，失业率下降，代表整体经济健康发展；失业率上升，便代表经济发展放缓衰退。若将失业率配以同期的通胀指标来分析，则可知当时经济发展是否过热，会否构成加息的压力，或是否需要通过减息以刺激经济的发展。

3. 通货膨胀

通货膨胀是指纸币的发行量超过商品流通中所需要的货币量而引起的货币贬值、物价上涨的状况。通货膨胀是纸币流通条件下特有的一种社会经济现象。通常，CPI(居民消费价格指数)被用作衡量通货膨胀水平的重要指标。通货膨胀对上市公司的股价有一定的影响。除此之外，通货膨胀还可能影响投资者的心理和预期。CPI 也往往作为政府动用货币政策工具的重要观测指标。2007—2008 年上半年的一段时间中，我国 CPI 高位运行，因此在每月CPI 数据公布前后，市场也普遍预期政府将会采取加息等措施来抑制通货膨胀，从而引发股市波动。

4. 利率

利率对于上市公司的影响主要表现在两个方面。第一，利率是资金借贷成本的反映，利率变动会影响到整个社会的投资水平和消费水平，间接地也影响到上市公司的经营业绩。利率上升，公司的借贷成本增加，对经营业绩通常会有负面影响。第二，在评估上市公司价值时，经常使用的一种方法是采用利率作为折现因子对其未来现金流进行折现，利率发生变动，未来现金流的现值会受到比较大的影响。利率上升，未来现金流现值下降，股票价格也会发生下跌。

5. 汇率

通常，汇率变动会影响一国进出口产品的价格。当本币贬值时，出口商品和服务在国际市场上以外币表示的价格就会降低，有利于促进本国商品和服务的出口，因此本币贬值时出口导向型的公司经营趋势向好；进口商品以本币表示的价格将会上升，本国进口趋于减少，成本对汇率敏感的企业将会受到负面影响。当本币升值时，出口商品和服务以外币表示的价格上升，国际竞争力相应降低，一国的出口会受到负面影响；进口商品相对便宜，较多采用进口原材料进行生产的企业成本降低，盈利水平提升。因此，汇率变动对证券市场价格也会产生一定的影响。

(二)宏观经济变动分析

1. 经济周期分析

经济周期是一个连续不断的过程，表现为经济扩张和收缩的交替出现，包括复苏、繁荣、衰退和萧条 4 个阶段。经济周期的循环、波动与证券价格之间存在着紧密的联系，股票价格最具有代表性。一般情况下，股价总是伴随着经济周期的变化而升降。

1) 复苏阶段

在经济复苏阶段，投资逐步回升，资本周转开始加速，利润逐渐增加，股价呈上升趋势。

2) 繁荣阶段

在繁荣阶段，生产继续增加，设备扩充，更新加速，就业机会不断增多，工资持续上升并引起消费上涨；同时企业盈利不断上升，投资活动趋于活跃，股价大幅度上升。

3) 衰退阶段

在衰退阶段，由于有支付能力的需求减少，造成整个社会的生产过剩，企业经营规模缩小，产量下降，失业人数迅速增加，企业盈利能力急剧下降，股价随之下跌；同时，由于危机到来，企业倒闭增加，投资者纷纷抛售股票，股价甚至急剧下跌。

4) 萧条阶段

在萧条阶段，生产严重过剩并处于停滞状态，商品价格低落且销售困难，而在危机阶段中残存的资本流入股票市场，股价不再继续下跌并渐趋于稳定状态。

不同行业受经济周期的影响程度是不一样的，对具体某种股票的行情进行分析，应深入细致地探究该波周期的起因，政府控制经济周期采取的政策措施，结合行业特征及发行公司的情况综合分析。

2. 通货变动分析

通货变动能在很大程度上反映宏观经济运行质量。通货变动包括通货膨胀和通货紧缩。

1) 通货膨胀对证券市场的影响

通货膨胀是影响证券市场价格的一个重要的宏观经济因素。这一因素对市场特别是个股的影响比较复杂。它既有刺激股票市场的作用，又有压抑股票市场的作用。通货膨胀主要是由于过多地增加货币供应量造成的。货币供应量与股票价格一般是呈正比关系，即货币供应量增大使股票价格上升；反之，货币供应量缩小则使股票价格下降。但在特殊情况下又有相反的作用。

(1) 通货膨胀促使股票价格上涨。货币供给量增加，可以促进生产，扶持物价水平，阻止商品利润的下降。股份有限公司的销售收入及利润相应增加，使得以货币形式表现的股利(即股票的名义收益)会有一定幅度的上升，使股票需求增加，从而股票价格也相应上涨，促进股票市场的繁荣。在经济扩张阶段，将温和的通货膨胀(通货膨胀率低于10%)控制在一个稳定的范围内，有助于促使社会产量和就业持续增长，股价也将持续增长。与股票不同，通货膨胀对债券价格的影响比较明显，通货膨胀提高了人们对债券投资名义收益率的预期值，从而导致固定利率债券市场的交易价格下跌。

货币供给量持续增加，此时通货膨胀带来的往往是虚假的市场繁荣，造成一种企业利润普遍上升的假象。保值意识使人们倾向于将货币投向贵重金属、不动产和短期债券上，股票需求量也会增加，从而使股票价格也相应增加。

(2) 通货膨胀促使股票价格下跌。严重的通货膨胀(通货膨胀率在两位数甚至是三位数上波动)是很危险的，经济将被严重扭曲，货币加速贬值，这时人们将会囤积商品，购买房屋等以期保值。这可能从两个方面影响股价下跌：其一，资金流出金融市场，引起股价下跌；其二，经济扭曲和失去效率，企业一方面筹集不到必需的生产资金，同时，原材料、劳务价格等成本飞涨，使企业经营严重受挫，盈利水平下降，甚至倒闭。

通货膨胀不仅会产生经济影响，还可能产生社会影响，并影响公众的心理和预期。通货膨胀使得各种商品的价格具有更大的不确定性，也使得企业未来经营状况具有更大的不确定性，从而影响市场对股息的预期，并增大获得预期股息的风险，从而导致股价下跌。

政府往往不会长期容忍通货膨胀存在，因而必然会动用某些宏观经济工具来抑制通胀，这些政策必然对经济运行造成影响，这种影响将改变资金流向和企业的经营利润，从而影响股价。

2) 通货紧缩对证券市场的影响

信用货币制度下，通货紧缩的情况比较少见，但同样会给一国经济及其证券市场带来一定的影响。通货紧缩说明流通中的货币量不能满足社会实际需求量，导致有效需求和投资减少，形成了利率下调的预期。而下调名义利率降低了社会的投资预期收益率，导致有效需求和投资支出进一步减少，工资降低，失业增多，企业效益下滑，居民收入减少。投资和消费的下降，引发物价的大幅度下降。同时，股票、债券及房地产等资产价格大幅下降，银行资产状况严重恶化。通货紧缩损害投资者和消费者的积极性，会造成经济衰退和经济萧条。而经济危机和金融萧条的出现，反过来又大大影响投资者对证券市场走势的信心。

3. GDP 变动分析

GDP 是一国经济成就的根本反映，证券市场是一国经济体的组成部分之一，在 GDP 中占有一定比例，因此证券市场价格变动趋势反映预期的 GDP 变动情况。

(1) 转折性的 GDP 变动。GDP 一段时间以来呈负增长，负增长速度减缓并呈现出向正增长转变的趋势时，说明恶化的经济环境逐步得到改善，证券市场走势将由下跌转变为上升。

(2) 持续、稳定、高速的 GDP 增长。社会总需求与总供给协调增长，经济结构逐步合理，资源得以充分利用。伴随总体经济成长，国民收入和个人收入不断提高，导致证券投资需求的增加。同期，上市公司产销两旺，利润持续上升，股息不断增长，公司的股票、债券全面升值。因此，投资者有强烈的投资意愿并且付诸行动，证券价格全面上涨。加之人们对经济形势形成了良好的预期，市场交投活跃，促使价格进一步上扬。

(3) 高通胀下的 GDP 增长。当经济处于严重失衡下的高速增长时，总需求大大超过总供给，表现为高通胀率，成为经济形势恶化的征兆。如果不能采取恰当的调控措施，经济运行中的矛盾会突出地表现出来。企业经营将面临困难，居民实际收入下降。失衡的经济增长导致证券市场价格下跌。

(4) 宏观调控下 GDP 减速增长。当 GDP 表现为失衡的高速增长时，政府采取调控措施维持经济平稳增长。如果调控得力，必然减缓 GDP 的增长速度，经济矛盾逐步得以缓解，为经济进一步增长创造有利条件。证券市场反映这种趋好的经济形势而呈平稳渐升的态势。

证券市场对价格变动趋势受 GDP 变动的影响，但一般会提前对 GDP 的变动做出反应。当有关部门公布 GDP 的实际变动情况时，证券市场价格的走势反映出实际变动的 GDP 与预期水平之差。

4. 国际经济环境变化分析

国际经济因素的变化，同样会影响股票市场的稳定。市场经济发展到今天已经跨出一国狭小的范围，出现国际联动的效应，一国经济发生的问题会在国际上引起连锁反应。例如从 2006 年春季开始逐步显现的美国"次贷危机"，由于没有得到妥善解决，于 2007 年 8 月开始席卷美国、欧盟和日本等世界主要金融市场，造成次级抵押贷款机构破产、投资基金被迫关闭、股市剧烈震荡，最终引发全球金融风暴。目前国际经济中的不确定因素对我国国内证券市场投资的冲击，主要通过对我国宏观经济的干扰间接地传递进来，其影响程度尚不大。我国加入世界贸易组织后，实现人民币经常项目下的自由兑换，同时越来越多的企业到海外证券市场上市，国内市场与国际市场的联系进一步密切，国际经济中的不确定因素对我国股票投资的影响会越来越明显。

二、宏观经济政策分析

(一)货币政策对证券市场的影响

货币政策是指政府为实现一定的宏观经济目标所制定的关于货币供应和货币流通组织管理的基本方针和基本准则。

1. 货币政策的作用

在现代社会，货币政策的目标总体上包括稳定物价、充分就业、经济增长和国际收支平衡。可以选用货币供应量、信用总量、同业拆借利率和银行准备金率等中介指标来实现货币政策目标。通过对以上中介指标在总体上和全方位的调控，货币政策的作用表现在以下几点。

(1) 通过调控货币供应总量保持社会总供给与总需求的平衡。

(2) 通过调控利率和货币总量控制通货膨胀，保持物价总水平的稳定。

(3) 调节国民收入中消费与储蓄的比重。货币政策通过对利率的调节能够影响人们的消费倾向和储蓄倾向。低利率鼓励消费，高利率有利于储蓄。

(4) 引导储蓄向投资的转化并实现资源的合理配置。

2. 货币政策工具

货币政策工具又称货币政策手段，是指中央银行为调控中介指标而实现货币政策目标所使用的政策手段。货币政策工具可分为一般性政策工具和选择性政策工具。一般性政策工具包括法定存款准备金率、再贴现率和公开市场业务 3 种手段。

3. 货币政策对证券市场的影响表现

央行根据客观经济形势，选择适当的货币政策工具调控货币供应量和信用规模。总地来说，在经济衰退时，总需求不足，为了刺激经济发展，一般采取扩张性的货币政策，增加货币供应量，降低利率，放松信贷控制，所以又叫作宽松的货币政策；在经济扩张时，总需求过大，为了抑制过热的经济，一般采取紧缩性的货币政策，减少货币供应量，提高利率，加强信贷控制，所以又叫作从紧的货币政策。货币政策对证券市场的影响，表现在以下几个方面。

(1) 调整利率对证券市场的影响。

央行调整基准利率对证券市场价格的影响一般比较明显，反应也比较迅速。利率变动通过 3 个途径作用于证券市场：通过影响公司的借款成本进而影响利润率；通过影响证券投资的机会成本从而影响证券估值；引导资金在证券市场与储蓄之间流动，从而影响证券市场资金流向。综合说来，宽松的货币政策下，利率下降，证券价格上升；从紧的货币政策下，利率上升，证券价格下降。我国自 1996 年 5 月至 1999 年 7 月，连续 7 次下调利率，伴随每一次降息，股票市场都有不俗的表现。从 2007 年开始我国进入加息通道，这对证券市场产生的影响是有目共睹的。

(2) 调整货币供应量对证券市场的影响。

央行运用货币政策工具实现社会货币供应量的调整。紧缩的货币政策下，通过提高存款准备金率和再贴现率，限制商业银行体系创造派生存款的能力，社会信用收缩，证券市场的资金供应减少，证券市场行情走势趋软。央行在二级市场上大量抛售有价证券，使得货币供应量下降，从而推动利率上升，抑制企业、个人的投资和消费热情，生产收缩，利润下降，以股票为代表的证券市场价格下降；反之，宽松的货币政策下，证券市场价格上升。

(3) 运用货币政策调节货币供应量，还可以使用一些选择性货币政策工具。

例如，在从紧的货币政策前提下实行总量控制，通过直接信用控制或间接信用指导，优先发展国家支柱产业以及农业、能源、交通、通信等基础产业，或者重点发展某些区域。此时，资金流向反映了国家的产业政策和区域经济政策，证券市场整体走势会因此而受影响，还会因为板块效应对证券市场产生结构性调整。

(二)财政政策对证券市场的影响

财政政策是政府依据客观经济规律制定的指导财政工作和处理财政关系的一系列方针、准则和措施的总称。各种财政政策都是为相应时期的宏观经济控制总目标和总政策服务的。

财政政策的目标之一是促进经济稳定增长，主要通过预算收支平衡或财政赤字、财政补贴和国债政策手段影响社会总需求数量，促进社会总需求和社会总供给趋向平衡。财政政策的中长期目标，首先是实现资源的合理配置。总体上说，是通过对社会总供给的调控来影响经济结构的形成，为社会总供求的均衡提供条件。比如，政府支出直接作用于经济结构的调整和制约，用财政贴息手段引导社会投资方向，以配合产业政策，为经济持续稳定增长创造均衡条件；其次，另一个重要目标是收入的公平分配。目前世界各国尤其是发达国家通常的做法是运用财政中的税收和转移支付手段来调节各地区和各阶层的收入差距，达到兼顾平等与效率，促进经济社会协调发展的目的。

1. 财政政策的手段

财政政策手段主要包括国家预算、税收、国债、财政补贴、财政管理体制和转移支付制度等。这些手段可以单独使用，也可以配合协调使用。

2. 财政政策对证券市场的影响表现

财政政策分为扩张性财政政策、紧缩性财政政策和中性财政政策 3 种。扩张性财政政策可以通过减少税收、扩大财政支出、减少国债发行和增加财政补贴等手段实现。政府积极投资于能源、交通、基础设施等建设，以刺激相关产业，如水泥、钢材、机械等行业的发展，从而带动经济增长。紧缩性财政政策与此相反，政府在保证各种行政与国防开支外，尽可能减少大规模的投资。中性财政政策力图在扩张与收缩之间找到平衡点。

1) 调整税率及减免税范围对证券市场的影响

调整税率可以调整微观经济主体的收入，从而刺激或抑制经济主体的投资需求，扩大或减少社会供给，进而影响人们的收入、投资需求和消费支出。总地来说，总需求的增减会直接引起证券市场价格的涨跌。降低税率，减少税收，扩大减免税范围可增加企业收入，刺激投资需求和消费支出，带动社会总需求上升。企业扩大生产规模以满足社会总需求，利润增加。利润增加又将刺激企业扩大生产规模的积极性，进一步增加利润总额。市场需求活跃，企业经营环境改善，盈利能力增强，其股票、债券的价格也将上扬。提高税率，情况则相反。

2) 调整财政支出对证券市场的影响

通过扩大财政支出，在合理的范围内加大财政赤字。扩大社会总需求，从而刺激投资，扩大就业。特别是与政府购买和支出相关的企业将最先最直接从财政政策中获益，政府通过购买和公共投资增加商品和劳务的需求，激励企业增加投入，提高产出水平。企业利润增加，经营风险降低，股票和债券的价格上升。同时，居民增加了收入，对经济的良好预期反映到证券市场上，市场活跃，价格自然上涨。反之，证券市场价格下降。

3) 调节国债发行量对证券市场的影响

减少国债发行或回购部分短期国债，就会扩大货币流通量，以扩大社会总需求，从而刺激生产。同时，国债发行量下降，流向股票市场的资金增多，将使证券市场价格上涨。反之，证券市场价格下降。

4) 调节财政补贴对证券市场的影响

增加财政补贴，财政支出扩大，扩大社会总需求和刺激供给增加，从而使整个证券市场的总体水平趋于上涨；反之，则下降。

5) 支持或限制某些产业的财政政策对证券市场的影响

按照国家产业政策和产业结构调整的要求,在预算支出中,优先安排国家鼓励发展的产业的投资。运用财政贴息、财政信用支出以及由国家政策性金融机构提供投资或者担保,支持高新技术产业和农业的发展。通过合理确定国债规模,吸纳部分社会资金,列入中央预算,转作政府的集中性投资,用于能源、交通等重点建设。优先发展的产业因得到一系列政策优惠和扶植,将获得较高的利润和具有良好的发展前景,这势必受到投资者的普遍青睐,股价自然会上扬。因为这些产业具有较低的经营风险和信用风险,债券价格也会上涨。即便在紧缩的财政货币政策下,这些产业也会受到特殊照顾,因而产业政策对证券市场的影响是长期而深远的。

(三)汇率政策对证券市场的影响

一般来讲,一国的经济越开放,证券市场的国际化程度越高,证券市场受汇率的影响越大。汇率对证券市场的影响主要体现在以下两方面。

1. 汇率的变动将影响进出口企业的利润

汇率上升,本币贬值,本国产品竞争力强,出口型企业将增加收益,因而企业的股票和债券价格将上涨;相反,依赖于进口的企业成本增加,利润受损,股票和债券价格将下跌。汇率下降则反之。

2. 汇率的变动还将影响国外投资者的投资方向

汇率上升,本币贬值,将导致资本流出本国,资本的流失将使本国证券市场需求减少,从而引起证券市场价格下跌。汇率下降,将吸引外国投资,引起证券价格上升。

目前,人民币正处于渐进的升值进程中,出口导向型公司特别是议价能力弱的公司盈利前景趋于黯淡,亟待产业升级,提高利润率和产品的国际竞争力;需要进口原材料或者部分生产部件的企业,因其生产成本会有一定程度的下降而受益;国内的投资品行业能够享受升值收益也会受到资金的追捧。人民币小幅升值,房地产、金融、航空等行业将直接受益,而对纺织服装、家电、化工等传统出口导向型行业而言则带来负面影响。

三、战争及政治局势分析

稳定的社会、政治环境是经济正常发展的基本保证,对证券投资者来说也不例外。倘若一国政治局势出现大的变化,如政府更迭、国家首脑健康状况出现问题、国内出现动乱、对外政治关系发生危机时,都会对证券市场产生反响。此外,政界人士参与证券投机活动和证券从业人员内幕交易一类的政治、社会丑闻,也会对证券市场的稳定构成很大威胁。"9·11"事件导致股市暴跌,股市重开的第一周,道指、纳指和标准·普尔指数分别下降14.3%、16.1%和11.6%,估计股票市场缩水1.4万亿美元。

社会、政治领域中的不确定因素对股票投资的冲击，还表现在"国家风险"上。对于那些在海外从事直接投资的股份制企业来说，当地社会、政治环境是否安定对它至关重要，一旦所在国发生社会政治动乱，不仅它在海外投资的利益会受到损失，而且它在国内发行股票的价格也会受到不利影响。换句话说，这种国家风险很大程度上将会转移到企业普通股票持有者身上。

=== 专栏7-2 希腊债务危机引发股市暴跌 ===

2009 年 10 月初，希腊政府突然宣布，2009 年政府财政赤字和公共债务占国内生产总值的比例预计将分别达到 12.7% 和 113%，远超欧盟《稳定与增长公约》规定的 3% 和 60% 的上限。鉴于希腊政府财政状况显著恶化，全球三大信用评级机构惠誉、标准·普尔和穆迪相继调低希腊主权信用评级，希腊债务危机正式拉开序幕。

2009 年 12 月 8 日全球三大评级机构之一的惠誉宣布，将希腊主权信用评级由"A-"降为"BBB+"，前景展望为负面，这是希腊主权信用级别在过去 10 年中首次跌落到 A 级以下。受消息影响，全球股市应声下跌，希腊股市大跌 6%，欧元对美元比价大幅下滑，国际市场避险情绪大幅升温。

随着主权信用评级被降低，希腊政府的借贷成本大幅提高。希腊政府不得不采取紧缩措施，希腊国内举行了一轮又一轮的罢工活动，经济发展雪上加霜。至 2012 年 2 月，希腊仍在依靠德法等国的救援贷款度日。除希腊外，葡萄牙、爱尔兰和西班牙等国的财政状况也引起投资者关注，欧洲多国的主权信用评级遭下调。

第三节 行 业 分 析

行业经济是宏观经济的构成部分，宏观经济活动是行业经济活动的总和。行业经济活动是介于宏观经济活动和微观经济活动之间的经济层面，行业分析是连接宏观经济分析和上市公司分析的桥梁。宏观经济分析主要分析社会经济的总体状况，但宏观经济各个组成部分的发展有很大的差异，总是有些行业的增长快于宏观经济的增长，而有些行业的增长慢于宏观经济的增长。行业分析解释行业本身所处的发展阶段及其在国民经济中的地位，分析影响行业发展的各种因素，判断行业投资价值，揭示行业投资风险，为投资者提供决策依据。

一、行业的分类

(一)道·琼斯分类法

道·琼斯分类法是在 19 世纪末为选取在纽约证券交易所上市的有代表性的股票而对各

公司进行的分类，它是证券指数统计中最常用的分类法之一。

道·琼斯分类法将大多数股票分为工业、运输业和公用事业三大类。公用事业类作为计算道·琼斯股价指数的股票类别，直到1929年才被确认添加。针对每个类别选取有代表性的股票。虽然入选的股票并不涵盖这类行业中的全部股票，但所选择的这些股票足以表明行业的一种趋势。

在道·琼斯指数中，工业类股票取自工业部门的30家公司，包括采掘业、制造业和商业；运输业类股票取自20家交通运输业公司，包括航空、铁路、汽车运输与航运业；公用事业类股票取自6家公用事业公司，主要包括电话公司、煤气公司和电力公司等。

(二)标准行业分类法

为便于汇总各国的统计资料并进行互相对比，联合国经济和社会事务统计局曾制定了一个《全部经济活动国际标准行业分类》(简称《国际标准行业分类》)，建议各国采用。它把国民经济划分为以下门类。

(1) 农业、畜牧狩猎业、林业和渔业。

(2) 采矿业及土、石采掘业。

(3) 制造业。

(4) 电、煤气和水。

(5) 建筑业。

(6) 批发和零售业、饮食和旅馆业。

(7) 运输、仓储和邮电通信业。

(8) 金融、保险、房地产和工商服务业。

(9) 政府、社会和个人服务业。

(10) 其他。

对每个门类再划分大类、中类、小类。例如，制造业部门分为食品、饮料和烟草制造业等9个大类。食品、饮料和烟草制造业又分为食品业、饮料工业和烟草加工业3个中类。食品业中再分为屠宰、肉类加工和保藏业，水果、蔬菜罐头制作和保藏业等11个小类。各个类目都进行编码。各个门类用一个数字代表，如制造业为3；各个大类用两个数字代表，如食品、饮料和烟草制造业为31；各中类用三个数字代表，如食品业为311~312(因食品业有11个小类，第三位数不够用，所以占用了两个代码)；各个小类用四个数字代表，如屠宰、肉类加工和保藏业为3111。根据上述编码原则，在表示某小类的四位数代码中，第一位数字表示该小类所属的部门，第一位和第二位数字合起来表示所属大类，前三位数字表示所属中类，全部四个数字就表示某小类本身。

(三)我国上市公司的行业分类

中国证券会于 2001 年 4 月 4 日公布了《上市公司行业分类指引》(以下简称《指引》)。为规范上市公司行业分类工作,2012 年对该《指引》进行修订并公布,同时废止 2001 年《指引》。

新《指引》是以中国国家统计局《国民经济行业分类》(国家标准 GB/T 4754—2011)为主要依据,借鉴联合国国际标准产业分类、北美行业分类体系有关内容的基础上制定而成的。

《指引》以在中国境内证交所挂牌交易的上市公司为基本分类单位,以上市公司收入为分类标准,将上市公司的经济活动分为门类、大类两级。与此对应,门类代码用一位拉丁字母表示,即用字母 A、B、C…依次代表不同门类;大类代码用两位阿拉伯数字表示,从 01 开始按顺序依次编码。具体说来,《指引》将上市公司共分成 19 个门类:农、林、牧、渔业,采矿业,制造业,电力、热力、燃气及水生产和供应业,建筑业,批发和零售业,交通运输、仓储和邮政业,住宿和餐饮业,信息传输、软件和信息技术服务业,金融业,租赁和商务服务业,科学研究和技术服务业,水利、环境和公共设施管理业,居民服务、修理和其他服务业,教育,卫生和社会工作,文化、体育和娱乐业,综合类,以及 90 个大类。

(四)上海证券交易所上市公司行业分类调整

为更好地反映证券市场结构、服务投资管理要求,2003 年经证券交易所专家委员会研究决定,将在上海证券交易所上市的公司按一定的标准划分为十大行业。上海证券交易所与中证指数有限公司于 2007 年 5 月 31 日公布了调整后的沪市上市公司行业分类。本次调整是上海证券交易所和指数公司对沪市上市公司行业分类进行的例行调整,其依据是沪市上市公司 2006 年年报显示的部分公司经营范围的改变。本次行业分类调整将作为上证 180 指数下一次调整样本股时的参照。调整后的十大行业的基本情况如表 7-2 所示。

表 7-2　上海证券交易所上市公司行业分类

行业名称	行业主要类别
能源	能源设备与服务,石油、天然气与消费用燃料
原材料	化学制品,建筑材料,容器与包装,金属与采矿,纸类与林业产品
工业	航空航天与国防,建筑产品,建筑与工程,电气设备,工业集团企业,贸易公司与经销商,商业服务与商业用品,航空货运与物流,航空公路与铁路,交通基本设施
可选消费	汽车零配件,汽车,家庭耐用消费品,休闲设备与用品,纺织品、酒店、餐馆与休闲,综合消费者服务,媒体,经销商,互联网与售货目录零售、多元化零售,专营零售
主要消费	食品与主要用品零售,饮料,食品,烟草,家常用品,个人用品

行业名称	行业主要类别
医药卫生	医疗保健设备与用品，医疗保健提供商与服务，医疗保健技术，生物；生命科学工具和服务
金融地产	商业银行，互助储蓄银行与抵押信贷，综合金融服务，消费信贷，资本房地产投资信托，房地产管理和开发
信息技术	互联网软件与服务，信息科技服务，软件，通信设备，电脑与外围设备与仪器，办公电子设备，半导体产品与半导体设备
电信业务	综合电信业务，无线电信业务
公用事业	电力公用事业，燃气公用事业，复合型公用事业，水公用事业，独立电力生产商与能源贸易商

行业划分标准原则如下。

(1) 如果公司某项主营业务的收入占公司总收入的 50%以上，则该公司归属该项业务对应的行业。

(2) 如果公司没有一项主营收入占到总收入的 50%以上，但某项业务的收入和利润均在所有业务中最高，而且均占到公司总收入和总利润的 30%以上，则该公司归属该业务对应的行业。

(3) 如果公司没有一项业务的收入和利润占到 30%以上，则由专家委员会进一步研究和分析确定行业归属。上市公司行业划分根据上市公司年报每年调整一次。

二、行业的一般特征分析

(一)行业的市场结构分析

市场结构就是市场竞争或垄断的程度。根据该行业中企业数量的多少、进入限制程度和产品差别，行业基本上可分为 4 种市场结构。

1. 完全竞争

完全竞争型市场是指竞争不受任何阻碍和干扰的市场结构。其特点是：生产者众多，各种生产资料可以完全流动，生产者因此可以自由进入或退出市场；产品不论是有形的或无形的，都是同质的、无差别的；市场信息畅通，生产者和消费者对市场情况非常了解；没有一个企业能够影响产品的价格，企业是价格的接受者而非制定者，市场对产品的需求决定企业的盈利。

在现实经济中，完全竞争的市场类型是很少见的，初级产品(如农产品)的市场类型较类似于完全竞争。此类行业的公司经营不稳定，对该行业进行证券投资的风险大，收益也可能很大。关键在于能否甄别出有竞争实力、有成长潜力的公司。

2. 垄断竞争

垄断竞争型市场是指既有垄断又有竞争的市场结构。在垄断竞争型市场上，每个企业都具有一定的垄断力，同时企业之间存在着激烈的竞争。其特点是：生产者众多，各种生产资料可以自由流动；生产的产品同种但不同质，形成差异；生产者树立起自己产品的品牌与信誉，并且能够对产品的价格具有一定的控制力。

垄断竞争型市场结构是最常见的市场结构。造成垄断现象的原因是产品的差异。产品的差异性指的是各种产品之间存在着实际或想象上的差异，这也是垄断竞争与完全竞争的主要区别。造成竞争现象的原因是产品同种，产品具有可替代性。因此市场中有大量的企业，但没有一个企业能够有效地影响其他企业的行为。在国民经济各行业中，纺织、服装等轻工业制成品的市场类型一般属于垄断竞争型市场。

3. 寡头垄断

寡头垄断型市场是指相对少量的生产者在某种产品的生产中占据很大的市场份额，从而控制了这个行业供给的市场结构。其特点是：行业初始投入资本量大，大量中小企业无力进入；产品只有在大规模生产时才能获得较好的效益；少数生产者大批量生产，因此对产品的市场价格和交易量具有一定的垄断能力；每个生产者的价格政策和经营方式及其变化都会对其他生产者产生重要的影响。

在寡头垄断型市场上，通常存在一个或几个起领导作用的企业，其他企业跟随该企业定价与经营方式的变化而相应地进行某些调整。在现实市场中，资本密集型、技术密集型产品，如钢铁、汽车等重工业等，还有少数储量集中的矿产品，如石油等，多属于这种市场类型。寡头垄断行业的经营比较稳定，其经营风险不是来源于市场竞争，而是来自市场的变化。投资者对此类行业进行投资分析时，应密切关注市场需求变化，跟随市场步伐调整投资策略。

4. 完全垄断

完全垄断型市场是指独家企业生产某种特质产品的市场结构。其特点是：市场被独家企业所控制，其他企业不允许或无能力进入该行业；产品没有或缺少相近的替代品，形成特质产品；垄断者根据市场的供求状况制定理想的价格和产量，在高价少销和低价多销之间进行选择，以获取最大利润；政府通过制定《反垄断法》对产品价格和产量进行管制和约束。

完全垄断可以分为两种类型：政府完全垄断和私人完全垄断。政府完全垄断型市场通常在公共事业中居多，如国有铁路、邮电等部门。私人完全垄断往往是由政府授予的特许专营权(如稀有金属矿藏的开采行业)或是根据专利生产的独家经营，以及由于资本雄厚、技术先进而建立起来的排他性的私人垄断经营。这类行业的经营风险相对小，业绩有保证，公司股票价格比较稳定。在现实生活中没有真正的完全垄断型市场，每个行业都或多或少地引进了竞争。

(二)经济周期与行业分析

行业发展具有明显的、可测的增长或衰退，这些变动与国民经济总体的周期变动有一定联系，但是关系的密切程度又因行业而异。

1. 增长型行业

增长型行业的运动状态与经济活动总水平的周期及其振幅并不密切相关。这些行业收入增长的速率不会总是随着经济周期的变动而出现同步变动，因其主要依靠技术进步、新产品推出及优质服务，从而经常呈现出增长形态。

投资者对高增长的行业十分感兴趣。在经济高涨时，高增长行业的发展速度通常高于市场平均水平；在经济衰退时，这类行业所受影响较小甚至能保持一定幅度的增长，可以说这类行业的股票为投资者提供了针对经济衰退的避险工具。也正是因为该行业股票的价格不会随着经济周期的变化而变化，投资者很难把握准确的购买时机。

2. 周期型行业

周期型行业的运动状态与经济周期紧密相关，因此称为"周期型"。当经济处于上升阶段时，这些行业相关产品的需求不断增大，行业不断扩张；当经济衰退时，行业相关产品的购买被延迟，需求萎缩，行业也相应衰落。另外，该类行业收益的变化幅度往往会在一定程度上夸大经济的周期性。

消费品业、耐用品制造业以及其他需求收入弹性较高的行业，属于典型的周期性行业。投资者应密切关注宏观经济运行状况，从而及时修正投资决策。

3. 防守型行业

防守型行业的经营状况在经济周期的上升和下降阶段都很稳定。因为该类型行业的产品需求相对稳定，需求弹性小。经济处于衰退阶段时，有些防守型行业甚至会出现一定的实际增长。

防守型行业的产品往往是生活必需品或必要的公共服务，公众需求持续稳定，因而行业中有代表性的公司盈利水平相对稳定。投资该行业一般属于收入型投资，而非资本利得型投资。食品业和公共事业就属于防守型行业。投资者可以选择防守型行业作为经济衰退期的投资对象。

(三)行业生命周期分析

一般而言，每个行业都要经历一个由成长到衰退的发展演变过程，这个过程便称为行业的生命周期。行业的生命周期通常可以分为 4 个阶段，即初创阶段、成长阶段、成熟阶段和衰退阶段。

1. 初创阶段

在初创阶段，新行业刚刚诞生或初建不久，只有为数不多的创业公司投资于这个新兴的产业，所以这个阶段又叫作"幼稚期"。行业形成的方式有 3 种：分化、衍生和新生长。分化方式是指新行业从原行业中分离出来，分解为一个独立的新行业，如电子工业从机械工业中分化出来，石化行业从石油工业中分化出来等。衍生方式是指出现与原有行业相关、相配套的行业，如由汽车制造业衍生出汽车维修行业，由房地产业衍生出房地产中介行业等。新生长方式是指新行业以相对独立的方式进行，并不依附于原有行业。科技进步带动产业创新，这类行业往往萌芽于实验室或科技园区，如生物医药、生物工程、海洋产业等。

在初创阶段行业的创立投资和产品的研究、开发费用较高，而产品市场需求狭小(因为大众对其尚缺乏了解)，销售收入较低，因此这些创业公司财务上可能不但没有盈利，反而普遍亏损；同时，较高的产品成本和价格与较小的市场需求使得这些创业公司面临很大的投资风险，甚至可能因财务困难而引发破产。因此，这类企业更适合投机者而非投资者。但是，如果投资者本身对科技动态比较了解，愿意承担一定的风险，属于创业投资者，可以结合企业具体情况进行长期投资，获利将是非常可观的。

在初创阶段后期，随着行业生产技术的提高、生产成本的降低和市场需求的扩大，新行业便逐步由高风险低收益的初创期转向高风险高收益的成长期。

2. 成长阶段

在成长阶段，拥有一定资本实力和市场占有率的企业逐渐占据主导地位，这些企业往往规模较大，资本结构比较稳定，因而它们开始定期支付股利并扩大经营。

在成长阶段初期，企业的生产技术逐渐形成，市场认可并接受了行业的产品，市场需求开始上升，产品的销量增长，市场逐步扩大。然而部分企业可能仍然处于亏损或者微利状态，需要外部资金注入以增加设备、人员，并着手下一代产品的研发。

进入加速成长阶段后，产品经过广泛宣传和消费者的试用，逐渐以其自身的特点赢得了大众的欢迎或偏好，产品的销量迅速增长，企业利润随之上升，新行业也随之繁荣起来。但企业仍然需要大量资金来实现高速成长。在这个阶段，拥有较强研发能力、市场营销能力、雄厚的资本实力和畅通融资渠道的企业逐渐占领市场，脱颖而出。投资于这些企业往往可以获得极高的回报，所以，成长阶段又被称为投资机会时期。这个阶段企业发展受不确定因素的影响较少，行业的波动也较小，增长具有一定的可测性。此时，投资者蒙受经营失败而导致投资损失的可能性大大降低，因此，分享行业增长带来的收益的可能性大大提高。

3. 成熟阶段

在成熟阶段，行业规模空前，其生产要素份额、产值、利税份额在国民经济中占有一席之地，形成支柱产业地位。行业生产能力接近饱和，产品的普及程度高，因此市场需求也趋于饱和，买方市场出现。判断行业成熟有以下几个标志点：①技术的成熟。行业内部企业普遍采用的是适用的，至少有一定先进性和稳定性的技术。②产品的成熟。产品的成熟是行业成熟的标志。产品的基本性能、式样、功能、规格、结构都将趋向成熟，同时消费者形成了一定的消费习惯。③生产工艺的成熟。生产工艺的成熟使产品的质量稳定，产品更容易获得消费者的认可。④产业组织的成熟。行业内部企业间建立了良好的分工协作关系，市场竞争高效，市场运作规则合理，市场结构稳定。

在成熟阶段，前期竞争中生存下来的少数大厂商垄断了整个行业的市场，每个厂商都占有一定比例的市场份额。由于彼此势均力敌，市场份额比例发生变化的程度较小。厂商与产品之间的竞争手段逐渐从价格手段转向各种非价格手段，如提高质量、改善性能和加强售后维修服务等。此时，新企业要想进入市场存在很大困难。因为市场已被原有大企业分割，同时产品的价格又比较低，新企业往往会由于创业投资无法很快得到补偿或产品的销路不畅，资金周转困难而倒闭或转产。因此，行业利润由于一定程度的垄断达到了很高的水平，风险却因市场占有率比较稳定，新企业难以打入而较低。行业的成熟阶段是一个相对较长的时期，投资者投资该行业可以获得比较稳定的收入，以期收回投资资金。但是各个行业的成熟期时间长短不同，一般来说，技术含量高的行业成熟期相对较短，不断面临技术革新、市场进步的挑战；公用事业行业成熟期持续的时间则会相对长一些。

在行业成熟阶段的中后期，行业增长速度降到一个更加适度的水平。在某些情况下，整个行业的增长可能会完全停止，其产出甚至下降。由于资本投入减少，致使行业的发展很难较好地保持与国民生产总值同步增长。当国民生产总值减少时，行业甚至蒙受更大的损失。当然，由于技术创新的原因，某些行业或许在进入成熟期后迎来新的增长。

4. 衰退阶段

行业衰退是客观的必然，是行业经济新陈代谢的表现。行业衰退可以分为绝对衰退和相对衰退。绝对衰退是行业本身内在的衰退规律起作用而发生的规模萎缩、功能衰退、产品老化等情形。相对衰退是指行业由于结构性原因或者无形原因引起行业地位和功能发生衰减的情况，并不一定是行业实体发生了绝对的萎缩，如移动通信业务的崛起导致固定电话业务的萎缩等。

衰退期往往出现在较长的稳定阶段后。由于新产品和大量替代品的出现，原行业的市场需求开始逐渐减少，产品的销售量也开始下降，某些厂商开始向其他更有利可图的行业转移资金。因而原行业出现了厂商数目减少、利润下降的萧条景象。至此，整个行业便进入了生命周期的最后阶段。在衰退阶段，随着厂商数目减少、市场萎缩，行业利润率停滞或不断下降，当正常利润无法维持或现有投资折旧完毕后，整个行业便逐渐解体了。衰退阶段的行业发展前景黯淡，企业收益低，风险高，投资者应该在该阶段甚至行业还没有进入该阶段之前逐步退出。

三、影响行业兴衰的因素

(一)技术进步对行业的影响

技术进步对行业的影响表现在以下几个方面。

(1) 以信息通信技术为核心的高新技术成为 21 世纪国家产业竞争力的决定性因素之一。20 世纪 90 年代末，以微电子、网络技术、计算机和通信为代表的信息产业每年以 30% 以上的速度高速发展，最终取代了汽车、化工、钢铁等行业成为发达国家的主导产业，是迄今为止发展最快、渗透性最强、应用关键技术最广的行业之一。

(2) 信息技术的扩散与应用引起相关行业的技术革命，并加速改造着传统产业。以制药行业为例，药物研究及临床试验的高昂成本一直是制药公司的关键问题。美国技术评估局估计，向市场推出一种新药需要耗费数亿美元，周期甚至长达 20 年。而生物信息技术将技术先进、功能强大的计算机技术应用于新药研制过程时，制药工业的面貌将大大改变，新药面世速度加快，而药品价格不断下降。在传统制造业领域，信息技术早已通过 CAD、CAM、CIMS、计算机模拟等系统技术在汽车、机械制造、航空航天、新材料等行业广泛应用，大大降低了研发成本，缩短了研发周期。

(3) 研发活动的投入强度成为划分高技术群类和衡量产业竞争力的标尺。从技术进步的方式看，研究与开发的投资强度比以设备更新投资为主要形式的技术改造投资强度更能体现一个国家和一个产业技术进步的实力与潜力。目前，多数国家和组织以 R&D(研究发展)投入占产业或行业销售收入的比重来划分或定义技术产业群。

(4) 技术进步速度加快，周期明显缩短，产品更新换代频繁。从 1981 年 IBM 推出第一台个人计算机起，到 1995 年计算机产业的蓬勃发展，大约用了 15 年。信息产业中两个流行的定律——"摩尔定律"、"吉尔德定律"就是很好的说明。所谓"摩尔定律"，即微处理器的速度会每 18 个月翻一番，同等价位的微处理器的计算速度会越来越快，同等速度的微处理器会越来越便宜。所谓"吉尔德定律"，是指在未来 25 年，主干网的带宽将每 6 个月增加 1 倍。

当前正是科学技术日新月异的年代，不仅新兴学科不断涌现，而且理论科学向实用技术的转化过程也被大大缩短，速度大大加快。技术进步对行业的影响是巨大的，它往往催生了一个新的行业，同时迫使一个旧的行业加速进入衰退期。例如，电灯的出现极大地消减了对煤气等的需求，蒸汽动力行业则被电力行业逐渐取代，喷气式飞机代替了螺旋桨飞机，大规模集成电路计算机则取代了一般的电子计算机，等等。这些新产品在定型和大批量生产后，市场价格大幅度下降，从而很快就能被消费者所使用。上述这些特点使得新兴行业能够很快地超过并替代旧行业，或严重地威胁原有行业的生存。

当然，新、旧行业并存是未来全球行业发展的基本规律和特点，大部分行业都是国民经济不可缺少的。多数竞争行业都会在竞争中发生变化，以新的增长方式为自己找到生存空间。例如，传统农业已经遍布全世界，未来农业还会靠技术创新获得深度增长。传统工业在通过技术创新获得深度增长的同时，还可以通过行业的国际转移，在其他相对落后的国家获得广度增长的机会。

(二)政府政策对行业的影响

政府对于行业的管理和调控主要是通过产业政策来实现的。产业政策是国家干预或参与经济的一种形式，是国家系统设计的有关产业发展的政策目标和政策措施的总和。产业政策包括产业结构政策、产业组织政策、产业技术政策和产业布局政策等。其中，产业结构政策和产业组织政策是产业政策的核心。产业结构政策是选择行业发展重点优先顺序的政策措施。产业组织政策是调整市场结构和规范市场行为的政策，以反垄断，促进竞争，规范大型企业集团，扶持中小企业发展为主要核心，目的在于实现同一产业内企业的组织形态和企业间的关系的合理化。除此之外，产业技术政策和产业布局政策也会对相关行业产生重要影响。

(三)产业组织创新对行业的影响

产业组织是指同一产业内企业的组织形态和企业间的关系，包括市场结构、市场行为、市场绩效 3 个方面内容。因此，所谓产业组织创新，是指同一产业内企业的组织形态和企业间的关系的创新。产业组织的创新过程实际上是对影响产业组织绩效的密切要素进行整合优化的过程，是使产业组织重新获取竞争优势的过程。

从作用的效果来看，产业政策的调控与产业组织的创新都有优化产业组织的功能，但产业政策在产业组织合理化过程中的作用是一种经济过程中的"被组织"力量；而产业组织创新则往往是产业及产业内企业的"自组织"过程。

一方面，产业组织与产业结构息息相关，是连接产业结构与产业政策的纽带。因此，产业组织创新是推动产业结构升级的重要力量之一。另一方面，产业组织又与企业组织密切相关，是具有某种同一性的互动范畴。因而，产业组织的创新不仅仅是产业内企业与企业之间垄断抑或竞争关系平衡的结果，更是企业组织创新与产业组织创新协调与互动的结果。

实践证明，产业组织创新的直接效应包括实现规模经济、专业化分工与协作、提高产业集中度、促进技术进步和有效竞争等；间接影响包括创造产业增长机会、促进产业增长实现、构筑产业赶超效应、适应产业经济增长等多项功效。产业组织创新能在一定程度上引起产业生命周期运行轨迹或生命周期阶段持续时间的变化。产业组织创新没有固定的模式，有着与行业本身固有的行业属性、行业所处生命周期的阶段特征、行业内企业组织变革乃至与整个社会经济演进相关联的各种形式。此外，它与产业技术创新等密不可分。产业技术创新在很大程度上由产业组织创新的过程和产业组织创新的结果所驱动。技术创新是组织创新的某方面表现，组织创新是技术创新的有效载体，二者是相互促进的互动关系。

(四)社会习惯的改变对行业的影响

社会观念、社会习惯和社会趋势的变化对企业的经营活动、生产成本和收益等方面都会产生一定的影响，足以使一些不再适应社会需要的行业衰退而又激发新兴行业的发展。

在当今社会，随着人们生活水平和受教育程度的提高，在基本温饱问题解决以后，人们更注重生活的质量：不受污染的天然食品备受青睐；偏好便捷的交通和通信工具；注重智力投资；举办各种文娱活动，等等。需求变化是未来优势产业的发展方向，在相当大程度上影响行业的兴衰。

同时，消费者和政府越来越强调经济行业所应负的社会责任，越来越注重工业化给社会所带来的种种影响。这种日益增强的社会意识或社会倾向对许多行业已经产生了明显的作用。近年来，许多西方国家，特别是产品责任法最为严格的美国，在公众的强烈要求和压力下，纷纷对许多行业的生产及产品做出了种种限制性规定。如美国政府要求汽车制造商加固汽车保险杠；安装乘员安全带；改善燃油系统；提高防污染系统的质量等。医药行业也受到政府的专门管制，如受美国的仪器与药品管理委员会和消费者的监督。防止环境污染，保持生态平衡目前已成为工业化国家的一个重要的社会趋势，在发展中国家也正日益受到重视。现在发达国家的工业部门每年都要花费几十亿美元的经费来研制和生产与环境保护有关的各种设备，以便使工业排放的废物、废水和废气能够符合规定的标准。各种各样的环境保护项目包括对有害物质(如放射性废料)和垃圾的处理等不断开展。行业应在满足社会需求的同时担负起社会责任，在大众心目中树立良好的形象，不断创新，持续发展。

(五)经济全球化对行业的影响

所谓经济全球化，是指商品、服务、生产要素与信息跨国界流动的规模与形式不断增加，通过国际分工，在世界市场范围内提高资源配置效率，从而使各国经济互相依赖程度有日益加深的趋势。经济全球化是全球生产力发展的结果，其推动力是追求利润和取得竞争优势。20世纪90年代开始，经济全球化的趋势大大加强。

1. 经济全球化导致产业的全球性转移

发达国家将低端制造技术加速向发展中国家进行产业化转移，高新技术行业逐渐成为发达国家的主导产业。传统的劳动密集型甚至是低端技术的资本密集型行业加快向发展中国家转移，使其成为发达国家的加工组装基地和制造工厂，同时发达国家仍然可以掌握传统行业的核心技术，并通过不断向发展中国家转让其技术专利取得市场利益。

选择性发展将是未来各国形成优势行业的重要途径，战略性产业发展思路成为许多国家的产业战略重点。产业全球化导致的国际竞争和国际投资因素，将会影响行业结构发生很大变化。

2. 国际分工出现重要变化

经济全球化的不断深化，使生产要素与商品、服务跨国界流动的障碍与成本大大降低，一个国家的优势行业不再主要取决于资源禀赋。随着产业结构的高度化，在决定各国比较优势的因素中，资源禀赋作用在减弱，后天因素的作用逐步加强。所谓"后天因素"，包括政府的效率、市场机制完善的程度、劳动者掌握知识与信息的能力、受到政策影响的市场规模等。后天因素的改善，可以弥补资源禀赋方面的劣势。而后天因素的劣势，则可以使资源禀赋方面的比较优势难以发挥。跨国公司在全球范围内寻求资源的最佳配置，将其产业链的不同环节分别布局在不同的国家，将越来越多的国家纳入跨国公司的全球生产与服务网络中。这种新的国际分工表现在贸易结构上，就是行业内贸易和公司内贸易的比重大幅度提高。

3. 经济全球化导致贸易理论与国际直接投资理论一体化

在贸易与投资一体化理论中，企业行为被分为两大类型。第一，总部行为。它包括工程、管理和金融服务，以及信誉、商标等甚至可以无偿转让给远方生产区位的服务。这类行为有时被简化概括为研究与开发。第二，实际生产行为。又可分为上游生产和下游生产。企业在两个国家间活动时，可以将总部行为安排在母国进行，但其实际生产或转移到东道国进行，或者既安排在国内，又安排在国外进行。因此，跨国企业不仅通过价格和质量进行竞争，而且还通过生产的组织进行竞争。贸易与投资理论的一体化表明，在经济全球化背景下，不能以单纯的贸易行为来衡量国家之间的经济利益。

───── **专栏 7-3　智能家电风暴席卷 A 股　四川长虹强势涨停** ─────

2013 年 10 月 15 日推出完整的家庭互联网产品后，四川长虹迈开了"智能化、网络化、协同化"的转型战略步伐。四川长虹多媒体产业集团总经理叶洪林表示，从明年开始，公司将停止所有非智能电视产品的国内生产和销售，将全面转向智能电视。这与今年公司智能电视在彩电产品中占比约 50%相比，将是一个重大突破。

叶洪林表示，在智能电视的消费升级带动下，国内电视市场将迎来扩张机遇，特别是随着互联网发展以及近两年的市场培育，明年智能电视的市场占比将达到 80%甚至更高。近两年来，在智能电视终端上，长虹已陆续推出从 3D 到 HD，直至最新的曲面电视；芯片从 2 核到 4 核再到 6 核，不断实现更高运行效率产品的技术突破；全球首创超级语音浏览器、国内首款复合型智能语音芯片等应用，使得人机交互越来越智能。这些都展现了长虹强大的 "智能基因" 及终端制造能力，这也是促使长虹做出将停产非智能电视决定的底气。

在海外市场，以日本为首的家电企业的衰退，以及沿海一带低端 OEM 厂家的衰退，给中国彩电企业全球化带来了 "绝佳机会"。四川长虹在智能电视的技术、软件、芯片、硬件等方面早已充分布局，这为其电视产品全面转型智能化提供了难得的胜机。今年国内彩电出口总量下滑接近 30%，长虹海外销售却逆势实现 50%以上的增长。

　　行业分析人士认为，一方面，互联网的冲击对传统家电产品的规划、思维、营销模式，甚至商业模式都带来了全面颠覆；另一方面，技术驱动将代替原来市场营销驱动，成为企业发展的首要动力，这对长虹这样的传统家电企业来说是打破原有格局的一个好机会。

(资料来源：和讯股票. http://stock.hexun.com，2013 年 10 月 28 日)

第四节　公 司 分 析

　　证券投资分析中的公司分析主要针对上市公司，同时关注一些与上市公司之间存在关联关系或收购行为的非上市公司。在投资活动中，投资者对于上市公司的了解是必要的，对于上市公司投资价值的把握，具体还是要落实到公司自身的经营状况与发展前景，否则其收益将面临很大的风险。公司分析侧重对公司的竞争能力、盈利能力、经营管理能力、发展潜力、财务状况、经营业绩以及潜在风险等进行分析，借此评估和预测证券的投资价值、价格及其未来变化的趋势。相对于宏观分析和行业分析来说，公司分析相对简单，而且行之有效。

一、公司基本面分析

(一)公司行业地位分析

　　通过分析公司在行业中的综合排序以及产品的市场占有率判断公司在行业中的竞争地位。公司竞争地位的判断是投资者对公司基本素质分析的首要内容。公司无论是在技术更新方面的发展状况，还是在管理方面的优势，都能通过公司在同行业中的竞争地位得以综合体现。一般来说，一个极具竞争能力的上市公司，其在同行业中的竞争地位是通过规模优势、较高的产品质量、不断的技术革新、熟悉市场情况、注意产品需求动态、推销技术高明等条件的具备而获得的。因此，行业中的优势企业往往处于领导地位，对产品价格有很强的影响力，从而拥有高于行业平均水平的盈利能力。

　　投资者对拟投资公司在同行中的竞争地位，可以通过以下指标来考察。

1. 年销售额的大小

　　年销售额的大小是衡量公司竞争能力大小的重要指标之一，它反映了公司在行业中的竞争地位。首先要考察销售额的绝对数，公司的销售额越大，盈利水平往往也越高，在一定程度上表明公司更有竞争力；其次考察销售额的相对数，将公司的年销售额与该行业的总销售额对比，计算出该公司销售额占全行业销售额的比重，以反映公司产品份额的大小；还可将公司的年销售额与销售额排名靠前的公司进行比较，研究公司年销售额的差距或进步。

2. 年销售额增长率

年销售额增长率的高低是反映公司销售额增长状况的指标。对投资者来说，公司的增长速度比公司规模更为重要，因为增长的销售额能带来增长的利润，带来公司价值的不断提高、股息的不断增长，从而带来证券价格的上涨。

3. 年销售额的稳定

年销售额的稳定性对长期投资是比较重要的。在正常情况下，稳定的销售额能使投资者获得稳定的股息和红利。如果销售额变动较大，则说明公司的经营管理中存在问题。

4. 销售利润率

销售利润率也是反映公司竞争能力的一个重要指标。销售利润率越高，说明公司的获利能力越强，公司的竞争能力越强。但是，销售利润率受行业特点影响较大，资本密集型的行业，销售利润率高；资本密集程度相对较低的行业，销售利润率较低，分析时应结合行业的不同特点进行。

(二)公司经济区位分析

经济区位是指地理范畴上的经济增长点及其辐射范围。上市公司的投资价值与区位经济的发展密切相关，处在经济区位内的上市公司，一般具有较高的投资价值。可以通过以下几个方面进行上市公司的区位分析。

1. 经济区位内的自然和基础条件

自然条件和基础条件包括矿业资源、水资源、能源、交通等，如果上市公司所从事的行业与当地的自然和基础条件相符合，更利于促进其发展。

2. 区位内政府的产业政策

区位内政府的产业政策对于上市公司的发展也至关重要，当地政府根据经济发展战略规划，会对区位内优先发展和扶植的产业给予相应的财政、信贷及税收等方面的优惠措施，相关产业内的上市公司得到政策支持的力度较其他产业大，有利于公司进一步的发展。

3. 区位内的经济特色

所谓经济特色，是指区位内经济与区位外经济的联系和互补性、龙头作用及其发展活力与潜力的比较优势。分析时侧重于区位的经济发展环境、条件与水平、经济发展现状等有别于其他区位的特点。例如，珠三角地区在改革开放中，利用独特的区位优势、政策优势、信息优势及人文优势，开拓创新，区域经济取得了显著成就，成为我国经济发展最快的地区。

(三)公司产品分析

公司提供的产品或服务是公司盈利的来源。公司产品竞争能力、市场份额、品牌战略等的不同，通常对其盈利能力会产生比较大的影响。分析预测公司主要产品的市场前景和盈利水平趋势，能够帮助投资者更好地预测公司未来的成长性和盈利能力。

1. 产品的竞争能力

一般而言，公司的产品在成本、技术、质量方面具有相对优势，更有可能获取高于行业平均盈利水平的超额利润。在很多行业中，成本优势是决定竞争优势的关键因素，公司新产品的研究与开发能力是决定公司竞争成败的关键因素，而产品的质量优势则是公司存在发展的根本。

2. 产品的市场占有情况

产品的市场占有情况在衡量公司产品竞争力方面，占有重要地位。通常可以从两个方面进行考察：一方面，公司产品销售市场的地域分布情况，分为地区型、全国型和国际型。另一方面，可以通过公司产品在市场上的占有率来判断。市场占有率是指公司产品的销售量占该类产品整个市场销售总量的比例。产品市场占有率越高，公司的实力越强，其盈利水平也越稳定。

3. 产品的品牌战略

品牌不仅是产品的标识，而且已经成为产品质量、性能、可靠性等方面的综合体现。品牌竞争是产品竞争的深化和延伸，当产业发展进入成熟阶段，产业竞争充分展开时，品牌就成为产品及企业竞争力的一个越来越重要的因素。拥有品牌优势的公司产品往往能获取相应的品牌溢价，通过品牌的价值创造市场、联合市场、巩固市场，因此盈利能力也高于那些品牌优势不突出的产品。

(四)公司经营能力分析

1. 公司法人治理结构分析

广义上的法人治理结构是指有关企业控制权和剩余索取权分配的一整套法律、文化和制度安排，包括人力资源管理、收益分配和激励机制、财务制度、内部制度的管理等。健全的公司法人治理机制具有规范的股权结构，股权普遍流通且适度集中。机构投资者，尤其是战略投资者在公司治理中发挥着积极作用。在董事会中引入独立董事制度，加强公司董事会的独立性。同时，提高监事会的地位，增强监督制度的独立性和监督的力度，限制大股东提名监事候选人和作为监事会召集人，充分发挥监事会的监督责任。在选聘管理人员方面形成市场化和制度化的选聘制度和激励制度，建立起优秀的职业经理人队伍，作为公司治理结构规范、运作高效的保证。另外，让公司相关利益者，包括员工、债权人、供应商和客户等人员，共同参与公司管理，可以有效地建立公司外部治理机制，以弥补公司内部治理机制的不足。

2. 公司管理人员的素质和能力分析

在现代企业中，管理人员不仅担负着对企业生产经营活动进行计划、组织、指挥、控制等管理职能，而且要从不同角度和方面负责或参与对各类非管理人员的选择、使用与培训工作。因此，管理人员的素质是决定企业能否取得成功的一个重要因素。管理人员的素质要求是指从事企业管理工作的人员应当具备的基本品质、素养和能力，它是选拔管理人员担任相应职务的依据和标准，也是决定管理者工作效能的先决条件。从一定意义上来讲，是否有卓越的企业管理人员和管理人员集团，直接决定着企业的经营成败。

3. 公司从业人员素质和创新能力分析

公司业务人员的素质对公司发展同样可以起到很重要的作用。业务人员的专业技术能力、对企业的忠诚度、责任感、团队合作精神和创新能力等是企业发展壮大必不可少的要素。对员工素质进行分析，可以作为判断公司发展的持久力和创新能力的指标之一。

(五)公司成长性分析

1. 公司经营战略分析

公司的经营战略是指在符合和保证实现企业使命的条件下，充分利用环境中存在的机会，对公司的经营范围、成长方向、速度以及竞争对策等的长期规划，以做到合理地调整企业结构，分配企业资源。经营战略决策直接关系着公司未来的发展和成长，是企业经营的纲领。由于决策对象的复杂性且难以预料，因此对公司经营战略的评价比较困难，难以标准化。

2. 公司变动规模及扩张潜力分析

公司规模的变动特征和扩张潜力一般与所处的行业发展阶段、市场结构、经营战略密切相关，它是从微观方面具体考察公司的成长性。纵向比较公司历年的销售、利润、资产规模等数据，掌握公司处于加速发展、稳步扩张及停滞不前几种情形中的哪一个阶段。横向将公司销售、利润等数据及增长率与行业平均水平及主要竞争对手的数据进行比较，了解其行业地位的变化。分析预测公司主要产品的市场前景及公司未来的市场份额，找出公司规模扩张的原因：是由供给推动还是由市场需求拉动；是通过公司的产品创造市场，还是生产产品去满足市场；是依靠技术进步，还是依靠其他生产要素，等等，以此找出企业发展的内在规律。

投资者要寻找的优秀公司，必然拥有可长期持续的竞争优势，具有良好的长期发展前景。这也正是最著名的投资家巴菲特所确定的选股原则。以巴菲特投资可口可乐公司股票为例，他所看重的是软饮料产业发展的美好前景、可口可乐的品牌价值、长期稳定并能够持续增长的业务、产品的高盈利能力以及领导公司的天才经理人。1988—2004 年 17 年间，可口可乐公司股票为巴菲特带来了 541%的投资收益率。

二、公司财务分析

公司财务分析是公司分析中最为重要的一环，一家公司的财务报表是其一段时间生产经营活动的一个缩影，是投资者了解公司经营状况和对未来发展趋势进行预测的重要依据。

(一)公司主要的财务报表

上市公司必须遵守财务公开的原则，定期公开自己的财务状况，提供有关财务资料，便于投资者查询。上市公司公布的财务资料中，主要是一些财务报表。在这些财务报表中，最为重要的有资产负债表、利润表和现金流量表。

1. 资产负债表

资产负债表是反映企业在某一特定日期财务状况的会计报表，表明权益在某一特定日期所拥有或控制的经济资源、所承担的现有义务和所有者对净资产的要求权。

我国资产负债表按账户式反映：

$$总资产=负债+净资产(资本、股东权益)$$

2. 利润及利润分配表

利润表是反映企业一定期间生产经营成果的会计报表，表明企业运用所拥有的资产进行获利的能力。

利润分配表是反映企业一定期间对实现净利润的分配或亏损弥补的会计报表，是利润表的附表。我国一般采用多步式利润表格式。利润表反映以下内容。

(1) 构成主营业务利润的各项要素。

主营业务利润=主营业务收入-为取得主营业务收入而发生的相关费用(包括相关的流转税)

(2) 构成营业利润的各项要素。

营业利润=主营业务利润+其他业务利润-营业费用、管理费用和财务费用

(3) 构成利润总额(或亏损总额)的各项要素。

利润总额(或亏损总额)=营业利润+投资收益、补贴收入和营业外收支

(4) 构成净利润(或净亏损)的各项要素。

净利润(或净亏损)=利润总额(或亏损总额)-本期计入损益的所得税费用

3. 现金流量表

现金流量表是反映企业一定期间现金的流入和流出，表明企业获得现金和现金等价物的能力，主要分经营活动、投资活动和筹资活动产生的现金流量 3 个部分。

我国上市公司从 1998 年度开始向投资者公开披露年度现金流量表，这是我国会计制度与国际会计制度接轨的标志。由于现金流量表所反映的是资产负债表上现金项目从期初到期末的具体变化过程，因此它为投资者分析上市公司财务报表提供了新的视角。投资者将现金流量表、附注与年报中的其他项目结合分析，可以对上市公司的经营情况有更清晰、真实的了解。

(二)分析财务报表的目的

分析公司财务报表可以为有关各方提供可以用来做出决策的信息。

1. 公司经理人员分析财务报表的目的

公司经理人员通过分析财务报表来判断公司现状，查找企业可能存在的问题，以便进一步改善经营管理。

2. 公司投资者分析财务报表的目的

公司投资者主要关心公司的财务状况、盈利能力。通过分析财务报表，得到反映公司发展趋势、竞争能力等方面的信息，计算投资收益率，评价比较风险，决定投资策略。

3. 公司债权人分析财务报表的目的

专业财务分析人员(机构)逐渐成为推动财务报表分析领域不断扩展的中坚力量。供应商、政府、雇员和工会、中介机构等，它们主要关心自己的债权能否收回。通过聘请专业财务分析机构分析财务报表，得出对公司短期偿债能力和长期偿债能力的判断，决定是否需要追加抵押和担保、是否提前收回债权等。

综上所述，财务报表分析的一般目的可以概括为评价过去的经营业绩、衡量现在的财务状况和预测未来的发展趋势。

(三)财务报表分析的方法

一般来说，财务分析有纵向比较和横向比较两种，财务分析较直观便捷并具操作性的方法是比较分析法和比率分析法，财务比率分析法是财务分析的核心。

1. 比较分析法

比较分析法是指将某项财务指标与性质相同的指标标准进行比较，揭示企业财务状况和经营成果的一种分析方法。一般用于不同上市公司之间的财务比较分析。

2. 比率分析法

比率分析法是通过计算各项指标的相对数来进行比较的一种分析方法，这种方法可以把某些不同条件的不可比指标变为可比指标。财务比率分析是同一张财务报表的不同项目之间、不同类别之间，或在两张不同的资产负债表、损益表的有关项目之间，用比率来反映它们的相互关系，以求从中发现企业经营中存在的问题并据以评价企业的财务状况。

比率分析涉及公司管理的各个方面，比率指标也特别多，大致可归为以下几大类：变现能力分析、营运能力分析、长期偿债能力分析、盈利能力分析、投资收益分析、现金流量分析等。

1) 变现能力分析

变现能力是指公司产生现金的能力，取决于可近期转变为现金的流动资产的多少，是考察公司短期偿债能力的关键。

变现能力分析可以用流动比率和速动比率两个指标进行衡量。

(1) 流动比率。

流动比率的计算公式为

$$流动比率 = \frac{流动资产}{流动负债} \times 100\%$$

流动比率反映的是公司短期偿债能力，公司流动资产越多，流动负债越少，公司的短期偿债能力越强。一般认为，流动比率应该大于2，但绝对数值并不能解释所有的问题。在运用这项指标的时候，应该将公司的流动比率与行业平均水平、本公司近年来的流动比率进行比较。影响流动比率的主要因素有营业周期、流动资产中的应收账款数额、存货的周转速度等。

(2) 速动比率。

速动比率的计算公式为

$$速动比率 = \frac{流动资产 - 存货}{流动负债} \times 100\%$$

速动比率与流动比率一样，也反映公司短期偿债能力。不同的是在计算时，将存货从流动资产中进行了扣除，因为在流动资产中存货的变现能力最差。一般认为，速动利率应该大于1。同流动比率的运用一样，需要将其与行业平均水平、本公司历史水平进行比较，以分析变动趋势。影响速动比率可信度的重要因素有应收账款的变现能力。

进一步衡量公司的偿债能力可以使用保守速动比率。

$$保守速动比率 = \frac{现金 + 短期证券 + 应收账款净额}{流动负债} \times 100\%$$

增强公司的变现能力的因素包括可动用的银行贷款指标、准备很快变现的长期资产、偿债能力的声誉等。

2) 营运能力分析

营运能力是指公司经营管理中利用资金运营的能力，一般通过公司资产管理比率来衡量，主要表现为资产管理及资产利用的效率。

营运能力分析的指标包括存货周转率和存货周转天数、应收账款周转率和应收账款周转天数，流动资产周转率和总资产周转率等。下面分别介绍。

(1) 存货周转率(存货周转次数)和存货周转天数。

存货周转率的计算公式为

$$存货周转率=\frac{主营业务成本}{平均存货}\times100\%$$

其中，$平均存货=\frac{期存存货+期末存货}{2}$。

存货周转天数的计算公式为

$$存货周转天数=\frac{360天}{存货周转率}\times100\%$$

存货在流动资产中所占比重比较大，其流动性对公司的流动比率有很大的影响。存货周转率用于衡量存货的变现能力强弱。一般而言，存货周转率越大，存货周转速度越快，存货的占用水平越低，变现能力越强。不同行业的存货周转率会有不同的表现，在运用此指标时也应该同行业平均水平、公司历史水平进行比较。

(2) 应收账款周转率和应收账款周转天数。

应收账款周转率的计算公式为

$$应收账款周转率=\frac{主营业务收入}{平均应收账款}\times100\%$$

其中，$平均应收账款=\frac{期初应收账款+期末应收账款}{2}$

应收账款周转天数的计算公式为

$$应收账款周转天数=\frac{360天}{应收账款周转率}$$

应收账款周转率反映的是年度内应收账款转为现金的平均次数，用以衡量公司应收账款的变现能力。一般而言，应收账款周转率越高，公司应收账款的收回越快。影响应收账款周转率正确计算的因素有季节性经营、大量使用分期付款结算方式、大量使用现金结算的销售、年末销售的大幅度增加或下降等。

(3) 流动资产周转率。

流动资产周转率的计算公式为

$$流动资产周转率=\frac{主营业务收入}{平均流动资产}\times100\%$$

(4) 总资产周转率。

总资产周转率的计算公式为

$$总资产周转率=\frac{主营业务收入}{平均资产总额}\times100\%$$

其中，平均资产总额$=\dfrac{期初资产总额+期末资产总额}{2}$。

资产周转率反映公司资产总额的周转速度，周转越快，公司销售能力越强。公司如果采用薄利多销的策略，资产周转率会比较高；如果公司主要依靠单位产品的边际利润来创造收益，资产周转率相对就较低。

3) 长期偿债能力分析

长期偿债能力是指公司偿付到期长期债务的能力，通常以反映债务与资产、净资产的关系的负债比率来衡量。

长期偿债能力分析指标包括资产负债率、产权比率、有形资产净值债务率、利息、保障倍数、长期债务与营运资金比率等。下面分别介绍。

(1) 资产负债率。

资产负债率的计算公式为

$$资产负债率=\frac{负债总额}{资产总额}\times100\%$$

资产负债率反映的是公司的长期偿债能力，表示在公司总资产中借贷资金所占的比例。资产负债率较低，说明公司长期偿债能力较强，财务风险相对较低。不过，资产负债率过低也会使公司不能充分利用财务杠杆，影响到盈利能力。当全部资本利润率高于借款利息率时，负债应适当提高。一般认为资产负债率在 50%较为合理，但这也并非定式，不同行业的公司资产负债率通常也不太一样。

(2) 产权比率。

产权比率的计算公式为

$$产权比率=\frac{负债总额}{股东权益}\times100\%$$

产权比率高，是高风险、高报酬的财务结构；产权比率低，是低风险、低报酬的财务结构。

资产负债率与产权比率具有相同的经济意义，两个指标可以相互补充。

(3) 有形资产净值债务率。

有形资产净值债务率的计算公式为

$$有形资产净值债务率=\frac{负债总额}{股东权益-无形资产净值}\times100\%$$

有形资产净值债务率指标的实质是产权比率指标的延伸，更谨慎、保守地反映了公司清算时债权人投入的资本受到股东权益的保障程度。谨慎和保守是指该指标不考虑无形资产——商誉、商标、专利权以及非专利技术等的价值。从长期偿债能力来讲，有形资产净值债务率越低越好。

(4) 利息保障倍数。

利息保障倍数的计算公式为

$$利息保障倍数=\frac{息税前利润}{利息费用}$$

利息保障倍数反映的是每一元利息所能得到的公司盈利保障的倍数，也是用于判断公司长期偿债能力的指标。利息保障倍数越高，公司支付利息的能力越强。一般认为，利息保障倍数应该大于2，但同时也应该注意同行业平均水平、公司历史水平的比较。

(5) 长期债务与营运资金比率。

长期债务与营运资金比率的计算公式为

$$长期债务与营运资金比率=\frac{长期负债}{流动资产-流动负债}\times100\%$$

一般情况下，长期债务不应超过营运资金。

除以上指标外，影响长期偿债能力的其他因素包括长期租赁、担保责任和或有项目等。

4) 盈利能力分析

盈利能力就是公司赚取利润的能力。一般来说，公司的盈利能力只涉及正常的营业状况。

盈利能力分析指标包括主营业务毛利率、主营业务净利率、资产收益率和净资产收益率等。下面分别介绍。

(1) 主营业务毛利率。

主营业务毛利率的计算公式为

$$主营业务毛利率=\frac{主营业务收入-主营业务成本}{主营业务收入}\times100\%$$

主营业务毛利率表示每一元的主营业务收入扣除主营业务成本后所带来的利润额。可以通过与行业平均毛利率的比较，一定程度揭示公司的成本控制及定价策略。毛利率是企业主营业务净利率的最初基础，没有足够大的毛利率便不能盈利。

(2) 主营业务净利率。

主营业务净利率的计算公式为

$$主营业务净利率=\frac{净利}{主营业务收入}\times100\%$$

主营业务净利率表示每一元主营业务收入所带来的净利润，反映了公司主营业务收入的收益水平。一般而言，净利率越高，公司的盈利能力越强。

(3) 资产收益率。

资产收益率的计算公式为

$$资产收益率 = \frac{净利润}{平均资产总额} \times 100\%$$

其中，平均资产总额 = $\frac{期初资产总额 + 期末资产总额}{2}$。

资产收益率，也叫资产回报率(ROA)，它是用来衡量每单位资产创造多少净利润的指标。该指标表明公司资产利用的综合效果，指标越高，表明资产的利用效率越高，说明公司在增加收入和节约资金使用等方面取得了良好的效果，利用资产获利的能力越强；否则相反。

(4) 净资产收益率。

净资产收益率的计算公式为

$$净资产收益率 = \frac{净利润}{平均股东收益} \times 100\%$$

净资产收益率又称股东权益报酬率、净值报酬率、权益报酬率、权益利润率或净资产利润率，是衡量上市公司盈利能力的重要指标。该指标反映公司所有者权益的投资报酬率，是在考虑负债经营因素后的资本回报率。指标值越高，说明投资带来的收益越高；净资产利润率越低，说明企业所有者权益的获利能力越弱。

5) 投资收益分析

投资收益反映公司的投资能力，一般用普通股每股收益、市盈率、股利支付率、每股净资产和市净率等指标表示。下面分别介绍。

(1) 普通股每股收益。

普通股每股收益的计算公式为

$$普通股每股收益 = \frac{净利润}{发行在外的年末普通股股数}$$

该指标反映普通股的获利水平。指标值越高，每一股份可得的利润越多，股东的投资效益越好；反之则越差。

(2) 市盈率。

市盈率的计算公式为

$$市盈率 = \frac{每股市价}{每股收益} \times 100\%$$

一般来说，市盈率越高，表明市场对公司的未来越看好。在市价确定的情况下，每股收益越高，市盈率越低，投资风险越小；反之亦然。在每股收益确定的情况下，市价越高，市盈率越高，风险越大；反之亦然。

(3) 股利支付率。

股利支付率的计算公式为

$$股利支付率 = \frac{每股股利}{每股收益} \times 100\%$$

该指标反映公司股利分配政策和支付股利的能力。

(4) 每股净资产。

每股净资产的计算公式为

$$每股净资产=\frac{年末净资产}{发行在外的年末普通股股数}$$

该指标反映发行在外的每股普通股所代表的净资产成本，即账面权益。

(5) 市净率。

市净率的计算公式为

$$市净率=\frac{每股市价}{每股净资产}\times100\%$$

市净率是将每股股价与每股净资产相比，表明股价以每股净资产的若干倍在流通转让，评价股价相对于每股净资产而言是否被高估。市净率越小，说明股票的投资价值越高，股价的支撑越有保障；反之则投资价值越低。这一指标同样是证券分析师判断某只股票投资价值的重要指标。

6) 现金流量分析

现金流量分析是在现金流量表出现以后发展起来的，其方法体系并不完善，一致性也不充分。现金流量分析不仅要依靠现金流量表，还要结合资产负债表和利润表。

(1) 流动性分析。所谓流动性，是指将资产迅速转变为现金的能力。一般来讲，真正能用于偿还债务的是现金，所以，现金流量和债务的比较可以更好地反映公司偿还债务的能力。

(2) 获取现金能力分析。获取现金能力是指经营现金净流入和投入资源的比值。投入资源可以是主营业务收入、总资产、营运资金、净资产或普通股股数等。

(3) 财务弹性分析。财务弹性是指公司适应经济环境变化和利用投资机会的能力。

(4) 收益质量分析。收益质量是指报告收益与公司业绩之间的关系。如果收益能如实反映公司业绩，则认为收益的质量好；如果收益不能很好地反映公司业绩，则认为收益的质量不好。

从现金流量表的角度来看，收益质量分析主要是分析会计收益与现金净流量的比率关系，其主要的财务比率是营运指数。其计算公式为

$$营运指数=\frac{经营现金净流量}{经营所得现金}$$

$$经营所得现金=经营净收益+非付现费用$$
$$=净利润-非经营收益+非付现费用$$

小于1的营运指数，说明收益质量不够好。因此，该指标大于1的情况下反映公司业绩向好，即收益的质量好。

3. 公司估值方法

进行公司估值的逻辑在于"价值决定价格"。上市公司估值方法通常分为两类：一类是相对估值方法，如市盈率估值法、市净率估值法、EV/EBITDA 估值法等；另一类是绝对估值方法，如股利折现模型估值、自由现金流折现模型估值等。

1) 相对估值方法

相对估值法简单易懂，也是最为投资者广泛使用的估值方法。在相对估值方法中，常用的指标有市盈率(PE)、市净率(PB)、EV/EBITDA 倍数等。它们的计算公式分别如下：

$$市盈率 = \frac{每股价格}{每股收益}$$

$$市净率 = \frac{每股价格}{每股净资产}$$

$$EV/EBITDA \ 倍数 = \frac{企业价值}{息税、折旧、摊销前利润}$$

其中，企业价值为公司股票总市值与有息债务价值之和减去现金及短期投资。

运用相对估值方法所得出的倍数，用于比较不同行业之间、行业内部公司之间的相对估值水平；不同行业公司的指标值并不能做直接比较，其差异可能会很大。相对估值法反映的是，公司股票目前的价格是处于相对较高还是相对较低的水平。通过行业内不同公司的比较，可以找出在市场上相对低估的公司，但这也并不绝对。比如市场赋予公司较高的市盈率说明市场对公司的增长前景较为看好，愿意给予行业内的优势公司一定的溢价。因此采用相对估值指标对公司价值进行分析时，需要结合宏观经济、行业发展与公司基本面的情况，具体公司具体分析。

与绝对估值法相比，相对估值法的优点在于比较简单，易于被普通投资者掌握，同时也可揭示市场对于公司价值的评价。但是，在市场出现较大波动时，市盈率、市净率的变动幅度也比较大，有可能对公司的价值评估产生误导。

2) 绝对估值方法

股利折现模型和自由现金流折现模型采用了收入的资本化定价方法，通过预测公司未来的股利或者未来的自由现金流，然后将其折现得到公司股票的内在价值。

股利折现模型最一般的形式如下：

$$V = \frac{D_1}{(1+k)^1} + \frac{D_2}{(1+k)^2} + \frac{D_3}{(1+k)^3} + \cdots = \sum_{t=1}^{\infty} \frac{D_t}{(1+k)^t}$$

式中：V——股票的内在价值；

D_1——第一年末可获得的股利；

D_2——第二年末可获得的股利，以此类推；

k——资本回报率或贴现率。

如果将 D_t 定义为自由现金流,股利折现模型就变成了自由现金流折现模型。自由现金流是指公司税后经营现金流扣除当年追加的投资金额后所剩余的资金。

与相对估值法相比,绝对估值法的优点在于能够较为精确地揭示公司股票的内在价值,但是如何正确地选择参数则比较困难。未来股利、现金流的预测偏差、贴现率的选择偏差,都有可能影响估值的精确性。

(四)财务分析应注意的问题

1) 注意财务报表数据

注意财务报表数据的准确性、真实性和可靠性(中报和年报要区别对待)。财务报表是按会计准则和规范编制的,但不一定完全反映企业的客观实际,依据这些资料分析,容易产生"假报表真分析的情况";或包含人为因素,报表体现管理者的某种意愿,因此不能真实地分析企业的财务状况和经营成果。

2) 对数据进行调整

根据不断变化的经济环境和经营条件进行适当调整(偶然因素变化对公司的影响)。数据主要来源于过去所发生的经济业务的积累。两种方法所依据的数据是会计核算资料,是企业过去经济活动的结果和总结,对于控制现在、预测将来、使企业做出某种决策的财务分析来说,只有参考价值。

3) 注意公司增资行为对财务结构的影响

(1) 股票发行增资对财务结构的影响。

① 配股增资对财务结构的影响。配股后,资产负债率降低,资本化比率降低。

② 增发新股对财务结构的影响。增发后,同样资产负债率降低,资本化比率降低。

(2) 债券发行增资对财务结构的影响。

公司负债总额增加,总资产增加,资产负债率提高。

(3) 其他增资行为对财务结构的影响。

除股权融资和发行债券外,公司获得其他增资的方式还有向外借款等。长期借款将使公司资产负债率和资本化比率提高;短期借款只会使资产负债率提高,其他不变。

==== 专栏 7-4　财务分析在证券投资分析中的作用 ====

通过财务分析,不仅可以帮助投资者更好地了解上市公司的经营状况,还有助于发现上市公司经营中存在的问题或者识别虚假会计信息。2001年3月1日,蓝田股份就2000年的经营情况向全体股民提交了一份出色的答卷,从其年报中,我们看到了一家绩优高成长的上市公司。在蓝田股份案例分析中,刘姝威教授运用财务分析方法揭露了蓝田股份提供虚假会计报表的真相。2000年蓝田股份流动比率和速动比率分别是0.77和0.35,说明蓝田股份短期可转换成现金的流动资产不足以偿还到期流动负债,扣除存货后仅能偿还35%的到期流动负债;其流动比率和速动比率分别低于同业平均值大约80%和90%,短期偿债能力非常差。且从 1997 年至 2000 年蓝田股份的固定资产周转率和流动比率逐年下降,到 2000 年二者均小于 1,其偿还短期债务能力越来越弱。再结合公司销售收入、现金流量、资产结构的分析,刘姝威教授得出结论:蓝田股份的偿债能力越来越恶化,扣除各项成本和费用后,公司没有净收入来源,不能创造足够的现金流量以维持正常经营活动和保证按时偿还银行贷款的本金和利息。2002 年 1 月 21 日、22 日,蓝田股份的股票突然被停牌,公司高管受到公安机关调查,公司资金链断裂,紧接着中国证监会深入稽查。这只绩优股的神话走向终结。

本 章 小 结

证券投资基本分析	证券投资分析	证券投资分析是人们通过各种专业性分析方法和分析手段,对影响证券价值或价格的各种信息进行综合分析,并判断其对证券价值或价格发生作用的方向和力度
	投资理念	价值型投资理念和成长型投资理念是常被提及的两种投资理念,相对而言,前者是一种风险相对分散的市场投资理念,后者是一种投资风险共担型的投资理念
	证券投资分析流派	随着现代投资组合理论的产生,证券投资分析开始形成了界限分明的 4 个分析流派:基本分析流派、技术分析流派、心理分析流派和学术分析流派
	宏观经济形势评价变量	宏观经济形势评价变量包括 GDP、失业率、通货膨胀率、利率和汇率等
	行业特征判断方法	投资者可运用行业市场结构分析方法、行业生命周期分析方法以及行业受经济周期影响程度来判断行业的一般特征
	财务分析及财务报表	公司财务分析是公司分析中最为重要的一环,一家公司的财务报表是其一段时间生产经营活动的一个缩影,是投资者了解公司经营状况和对未来发展趋势进行预测的重要依据。主要的财务报表有资产负债表、利润及利润分配表、现金流量表

案例思考

中国国旅投资价值分析报告

1. 基本情况

中国国旅是我国旅行社行业的龙头,具有免税业务垄断地位,具有很强的盈利能力。随着 IPO 募集资金项目的实施,公司未来有望确保规模优势和垄断地位,实现持续快速增长。根据我们的业绩预测,中国国旅 2009—2011 年的摊薄每股收益分别为 0.31 元、0.44 元和

0.55 元, 三年的复合增长率达到 33%。

主要财务数据及预测

财务指标	2007	2008	2009	2010	2011
净利润增长率(%)	54.10	24.67	17.55	32.97	20.85
主营业务利润率(%)	18.74	21.52	22.68	22.44	22.44
净资产收益率(%)	21.00	24.76	7.72	10.04	11.47
每股经营性现金流(元)	0.95	0.29	0.49	0.72	0.88
每股收益(元)	0.33	0.34	0.31	0.44	0.55

2. 行业背景

(1) 中国国旅: 中国旅游业和免税业的开拓者。下属公司国旅总社是我国旅行社业务种类最为齐全的大型综合旅行社运营商, 在中高端旅行社业务领域具有较为明显的竞争优势。下属公司中免公司是国家指定的唯一一家可在全国开展免税批发和零售的企业, 具有垄断优势, 具有超强的盈利能力, 中国国旅 91%的净利润来自中免。

(2) 免税业务: 政策支持、跑马圈地是关键。免税业务具有很强的政策性, 海南离岛免税政策的批准、入境免税业务的开展、市内免税店提货方式的改变都将对公司构成实质性利好。一旦中免集团跑马圈地完成, 将铸就强大的渠道优势, 届时无论免税市场开放与否, 中免的地位和实力都难以撼动。

(3) 旅行社业务: 确保优势、重塑流程是关键。公司的战略核心是形成规模客源, 旅行社是掌控客源的战略性业务, 我国旅行社业务具有 1900 亿以上的市场容量, 国旅属于旅行社行业的龙头, 具有品牌优势、规模优势。"三游并重"拓展业务布局, 确保规模优势; "两网并举"再造业务流程, 提升核心竞争力。

3. 新股定位

(1) IPO 募集资金项目加速公司战略实施。IPO 募集资金项目的实施将有助于公司实现"掌控客源、渗透资源、批发零售并重、免税有税并举"的发展战略, 公司未来有望确保规模优势和垄断地位, 实现持续快速增长。

(2) 盈利预测。根据海通证券研究所盈利预测模型, 我们测算中国国旅 2009—2011 年的摊薄每股收益分别为 0.31 元、0.44 元和 0.55 元, 复合增长率达 33%。

(3) 估值与投资建议。综合 DCF 绝对估值、市盈率相对估值两种估值结果, 我们认为中国国旅每股合理内在价值为 12.40~15.40 元, 建议参与网下、网上申购。

(4) 主要不确定因素。公司免税业务面临国家政策风险; 公司旅行社业务面临诸如 H1N1 流感、SARS、地震等不可抗力产生的风险; 募集资金项目能否起到预期效果的风险; 市场竞争加剧的风险; 汇率变化的风险。

股票价格	
发行价格	11.78 元
合理价格区间	12.40～15.40 元
网下发行数量	4400 万股
网上发行数量	17600 万股
股本结构	
总股本(万股)	88000
流通 A 股(万股)	22000
B 股/H 股(万股)	0/0

以上是某证券公司针对中国国旅新股发行所做的证券投资分析报告,参考该报告内容,试做一份投资分析报告。

习　题

一、单选题

1. 一般来说,在投资决策过程中,投资者应选择在行业生命周期中处于(　　)阶段的行业进行投资。

　　A. 初创　　　　　B. 成长　　　　　C. 成熟　　　　　D. 衰退

2. 以下不是财政政策手段的是(　　)。

　　A. 国家预算　　B. 税收　　　　　C. 国债　　　　　D. 利率

3. (　　)财政政策将使过热的经济受到控制,证券市场将走弱。

　　A. 紧缩性　　　B. 扩张性　　　　C. 中性　　　　　D. 弹性

4. 周期型行业的运动状态直接与经济周期相关,这种相关性呈现(　　)。

　　A. 正相关　　　B. 负相关　　　　C. 同步　　　　　D. 领先或滞后

5. 反映公司在一定时期内经营成果的财务报表是(　　)。

　　A. 资产负债表　B. 损益表　　　　C. 现金流量表　　D. 以上都不是

6. 行业经济活动是(　　)分析的主要对象之一。

　　A. 微观经济　　B. 中观经济　　　C. 宏观经济　　　D.市场经济

7. 某企业的利润增长很快,但竞争风险较大,破产率与被兼并率相当高。该企业处于生命周期的(　　)阶段。

　　A. 幼稚期　　　B. 成长期　　　　C. 成熟期　　　　D. 衰退期

8. 在影响行业生命周期的技术进步因素中,最重要也是首先需要考虑的因素是(　　)。

A. 技术的先进性   B. 技术的垄断性

C. 技术的可行性   D. 技术的成熟性

9. 生产者众多，各种生产资料可以完全流动的市场属于(　　)。

    A. 完全竞争   B. 不完全竞争   C. 寡头竞争   D. 完全垄断

10. 耐用品制造业属于(　　)行业。

    A. 增长型   B. 周期型   C. 防御型   D. 衰退型

11. 公用事业一般属于(　　)型的行业类型。

    A. 完全竞争   B. 不完全竞争   C. 寡头垄断   D. 完全垄断

12. 下列属于防守型行业的是(　　)。

    A. 房地产业   B. 汽车业   C. 计算机网络业   D. 食品业

13. 经济周期的变动过程是(　　)。

    A. 繁荣——衰退——萧条——复苏

    B. 复苏——上升——繁荣——萧条

    C. 上升——繁荣——下降——萧条

    D. 繁荣——萧条——衰退——复苏

14. 反映资产总额周转速度的指标是(　　)。

    A. 固定资产周转率   B. 存货周转率

    C. 总资产周转率   D. 股东权益周转率

15. 不以"战胜市场"为目的的证券投资分析流派是(　　)。

    A. 基本分析流派   B. 技术分析流派

    C. 心理分析流派   D. 学术分析流派

16. 下列说法正确的是(　　)。

    A. 投资者投资证券以营利为目的，因此，在制定投资目标时，不必考虑亏损的可能

    B. 基本分析是用来解决"何时买卖证券"的问题

    C. 投资组合的修正实际上是前面几步投资过程的重复，可以忽略不做

    D. 组建证券投资组合时，投资者要注意个别证券选择、投资时机选择和多元化三个问题

17. 当政府采取强有力的宏观调控政策，紧缩银根时，则(　　)。

    A. 公司通常受惠于政府调控，盈利上升

    B. 投资者对上市公司盈利预期上升，股价上扬

    C. 居民收入由于升息而提高，将促使股价上涨

    D. 公司的资金使用成本增加，业绩下降

18. 在通货膨胀条件下，固定收益证券的风险要比变动收益证券(　　)。

    A. 大得多   B. 小得多   C. 差不多   D. 小

19. 下列属于选择性货币政策工具的是(　　)。
    A. 法定存款准备金率
    B. 再贴现政策
    C. 公开市场业务
    D. 直接信用控制

20. 速动比率的计算公式为(　　)。
    A. 流动资产-流动负债
    B. (流动资产-存货)/流动负债
    C. 长期负债/(流动资产-流动负债)
    D. 长期资产-长期负债

二、多选题

1. 基本分析的内容主要包括(　　)。
   A. 宏观经济分析
   B. 行业分析
   C. 公司分析
   D. 行情数据分析

2. 分析行业一般特征的主要内容包括(　　)。
   A. 行业经济结构的分析
   B. 行业文化的分析
   C. 行业生命周期的分析
   D. 行业与经济周期关联程度的分析

3. 完全垄断市场类型的特点有(　　)。
   A. 垄断者能够根据市场的供求情况制定理想的价格和产量
   B. 垄断者在制定产品的价格与生产数量方面的自由性是有限度的
   C. 产品同种但不同质
   D. 企业是价格的接受者
   E. 生产者可自由进入这个市场

4. 衡量公司盈利能力的指标有(　　)。
   A. 销售毛利率
   B. 销售净利率
   C. 资产收益率
   D. 股东权益收益率
   E. 主营业务利润率

5. 受经济周期影响较为明显的行业有(　　)。
   A. 耐用消费品
   B. 钢铁
   C. 生活必需品
   D. 公用事业

6. 影响行业兴衰的主要因素包括(　　)。
   A. 技术进步
   B. 生命周期
   C. 政府政策
   D. 产业组织创新
   E. 社会习惯的变化

7. 技术分析流派的主要理论假设是(　　)。
   A. 市场行为包含一切信息
   B. 股票的价格围绕价值波动
   C. 市场总是对的
   D. 价格沿趋势移动
   E. 历史会重演

8. 下列关于基本分析流派和技术分析流派优缺点比较的描述中，正确的是(　　)。
   A. 基本分析能够比较全面地把握证券价格的基本走势，技术分析考虑问题的范围

相对较窄，对市场长远的趋势不能进行有益的判断

    B. 基本分析应用较复杂，技术分析应用较简单

    C. 基本分析预测的时间跨度较长，技术分析预测的时间跨度较短，只能给出相对短期的结论

    D. 基本分析离市场比较远，技术分析同市场比较接近

    E. 基本分析和技术分析是相互独立的两个流派，不能混淆使用

9. 基本分析主要适用于(　　)。

    A. 周期相对比较长的证券价格预测　　　　B. 相对成熟的证券市场

    C. 预测精确度要求不高的领域　　　　　　D. 短期行情的预测

    E. 获利周期较短的预测

10. 宏观经济政策有(　　)。

    A. 法律手段　　　　　　　B. 行政手段　　　　　　　C. 财政政策

    D. 货币政策　　　　　　　E. 收入政策

11. 在下列通货膨胀对证券市场的影响中，描述正确的是(　　)。

    A. 温和的、稳定的通货膨胀对股票和债券的影响较小

    B. 如果通胀在可容忍的范围内持续，而经济处于扩张阶段，那么股价也将持续上升

    C. 在严重的通货膨胀期间，人们囤积商品，从而使上市公司销售旺盛，盈利水平上升

    D. 当通货膨胀长期存在时，政府通常要采取政策来抑制通货膨胀

    E. 通货膨胀使得各种商品价格具有更大的不确定性

12. 计算机制造业属于(　　)。

    A. 完全垄断型市场　　　　　　　　B. 不完全竞争市场

    C. 幼稚型行业　　　　　　　　　　D. 增长型行业

    E. 成熟期行业

13. 在分析公司产品的竞争能力时，应注意分析(　　)。

    A. 成本优势　　　　　B. 技术优势　　　　　C. 价格优势

    D. 质量优势　　　　　E. 品牌优势

14. 在分析公司规模变动特征及扩张潜力时，可以从以下(　　)方面进行。

    A. 公司规模的扩张是由供给推动还是由市场需求拉动的

    B. 纵向比较公司历年的销售、利润、资产规模等数据，把握公司的发展趋势

    C. 将公司销售、利润、资产规模等数据及其增长率与行业平均水平横向比较，了解其行业地位的变化

    D. 分析预测公司主要产品的市场前景及公司未来的市场份额

    E. 分析公司的财务状况以及公司的投资和筹资潜力

15. 有利于刺激证券市场价格上扬的措施有(　　)。

    A. 增加财政补贴　　　　　　　B. 降低存款准备金率

    C. 公开市场买进国债　　　　　D. 卖出短期票据

三、判断题

1. 成熟期的行业盈利很大，投资风险相对也高。　　　　　　　　　　　(　　)

2. GDP 增长，证券行情一定增长。　　　　　　　　　　　　　　　　(　　)

3. 在寡头垄断的市场上，某种产品的生产中占很大份额的少数生产者对市场的价格和交易具有一定的垄断能力。　　　　　　　　　　　　　　　　　　　　(　　)

4. 一般来说，应收账款周转率越高，平均收账期越短，说明应收账款的收回越慢。

                                                       (　　)

5. 中央银行降低再贴现率，将使货币供应量减少。　　　　　　　　　　(　　)

6. 本币汇率下降必然导致股价下降。　　　　　　　　　　　　　　　　(　　)

7. 中央银行一旦动用法定存款准备金，则说明其他的货币政策工具都失效或效用不够。　　　　　　　　　　　　　　　　　　　　　　　　　　　　　　(　　)

8. 行业经济是宏观经济的构成部分，宏观经济是行业经济活动的总和。　(　　)

9. 防御型行业在经济周期处于衰退阶段不可能进一步扩张。　　　　　　(　　)

10. 衡量公司行业竞争地位的主要指标是产品的市场占有率和行业综合排序。

                                                       (　　)

11. 通货膨胀具有刺激证券市场尤其是股票市场价格上涨的作用。　　　(　　)

12. 利率水平的高低反映了资金使用成本。当利率呈现上升趋势时，往往意味着投资者的机会成本会上升，将引起证券市场价格走低。　　　　　　　　　　　　(　　)

13. 市场利率是金融管理当局调控资金供求的一种重要工具。　　　　　(　　)

14. 增税、减少或取消财政补贴等均不利于证券市场活跃。　　　　　　(　　)

15. 央行在公开市场买进国债和短期票据不利于证券市场保持良好走势。(　　)

四、名词解释

证券投资分析　　价值性投资理念　　成长性投资理念　　基本分析　　技术分析

五、简答题

1. 简述证券投资分析的意义。

2. 证券投资分析的影响因素有哪些？

3. 影响股价的因素包括哪些？

4. 简述通货膨胀对股价的影响。

5. 简述经济周期对股价的影响。

6. 公司分析包括哪些内容？

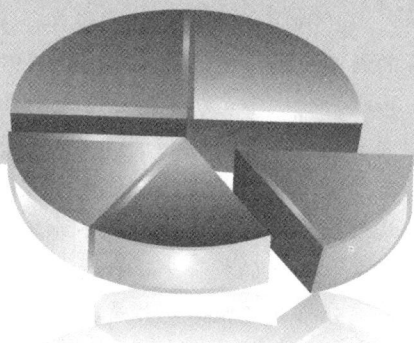

第八章

证券投资的技术分析

本章精粹:

- 技术分析概述
- 量价关系分析
- 道氏理论
- K 线分析
- 切线分析
- 形态分析
- 技术指标分析

证券投资基础与实务(第2版)

案例导入 证券投资的技术分析

2009年入市的张某已经学了不少证券投资技术分析的相关知识。当从2013年7月3日的新闻联播中看到国务院通过《中国(上海)自由贸易试验区总体方案》时,感觉这将成为股市投资的一个契机,他立即上网查找相关资料。可是,第二日当看到上海物贸(600822)一字大单直接封涨停板开盘时,还是感觉有些难以置信。其后他根据技术分析的提示,多次参与了上海物贸等上海自贸概念股的投资,虽然因为没有一路持有而爆赚,但是从其参与的几波投资操作中还是获利不菲,让周围的许多投资者很羡慕。一些原来对证券投资技术分析不以为然的投资者,也纷纷改变了过去的看法,学习起技术分析来,通过学习感觉到:技术分析在选股,尤其是在选择进出股票的时机上有很好的提示作用。

关键词 技术分析 量价关系 价格移动规律 形态分析 指标分析

第一节 技术分析概述

所谓技术分析,是指直接对证券市场的市场行为所做的分析,其特点是通过对市场过去和现在的行为,应用数学和逻辑的方法,探索出一些典型的规律(模式)并据此预测证券市场的未来变化趋势。证券投资技术分析是仅从证券的市场行为来分析证券价格未来变化趋势的方法,即将证券价格涨跌的变化情况、成交量的大小,通过一系列数学处理及分析,或用绘图的方法呈现出来,判断证券价格的变化趋势,从而确定买卖证券的最佳时机。可以说技术分析要解决的就是"应该何时买卖证券、买卖股票"的问题。

一、技术分析的理论基础

在了解具体的技术方法之前,先要了解一下技术分析的理论基础,这样才能更有利、更全面地理解和掌握各个具体的技术分析方法。技术分析的理论基础是基于3项合理的市场假设:市场行为涵盖一切信息;价格沿趋势移动;历史会重演。

(一)市场行为涵盖一切信息

"市场行为涵盖一切信息"是构成技术分析的基础,其主要思想是认为影响股票价格的每一个因素(包括内在的和外在的)都反映在市场行为中了,不必对影响股票价格的具体因素做过多的关心。技术分析使用者认为,能够影响某种证券价格变动的任何因素——基础的、政治的、心理的或者任何其他方面的——都会被反映在价格上,由此可以推理,只需研究价格变化而不必弄清楚之前究竟是什么基本面因素引发价格达到目前的状况。这个前提的实质含义是价格变化必定反映了市场的供求关系，如果需求大于供给，价格必然上涨；如果供给大于需求，价格必然下跌。由此可见，技术分析没有背离价格形成的基本规律，技术分析者只是通过价格间接或是无意识地分析了市场的供求状况，图表本身并不产生价格的趋势和涨跌，供求才是最基本的因素。但技术分析者不必要去理会价格涨落的基本面原因，这就减少了投资者知识背景、信息来源、分析能力和精力的限制，同时由于技术分析方法的广泛适用性，使得技术分析者可以介入各个不同的市场和参与各种不同性质的产品，而这是基本面分析者很难做到的。

这条假设有其合理性。影响股票价格的变动有很多方面的因素，包括宏观面、政策面、市场面、资金面、心理面等。但任何一个因素对股票市场的影响最终都必然体现在股票价格的变化上，都会在图表上直观地反映出来。如果某一消息一公布，股票价格却没有大的变动，说明这个消息至少暂时不是影响股票市场走势的关键因素。

(二)价格沿趋势移动

"价格沿趋势移动"这一假设是进行技术分析最根本、最核心的前提。该假设认为证券价格的变动是按一定趋势进行的，在该趋势未发生反转之前，证券价格变动有保持原来趋势方向的惯性。一般来说，一段时间内证券价格一直是持续上涨或下跌，那么今后一段时间，如果不出意外，其价格也会按这一方向继续上涨或下跌，没有理由改变这一既定的运动方向。股谚道："顺势而为"，就是指如果股价没有掉头，没有必要逆大势而为。正是由于这一前提，技术分析者们才花费大量心血"按图索骥"，试图找出股票价格的变动规律。

(三)历史会重演

"历史会重演"这一假设是进行技术分析的重要前提。价格运动在图表上留下的运动轨迹，常常有惊人的相似之处，可以说，技术分析的理论就是人们对过去证券价格的变动规律进行归纳总结的结果。比如，价格形态，它们通过一些特定的价格图表形状表现出来，而这些图形表示了人们对某个市场看好或者看淡的心理。

有了这三大假设，技术分析就有了自己的理论基础。第一条假设肯定了研究市场行为就意味着全面考虑了影响股价的所有因素；第二条和第三条假设使得我们找到的规律能够应用于股票等证券市场的实际操作之中。

二、技术分析方法的分类

技术分析方法是多种多样的。一般来说，可以将技术分析方法分为 5 类：K 线类、切线类、形态类、指标类、波浪类。

(一)K 线类

K 线类的研究手法是侧重若干天的 K 线组合情况，推测股票市场多空双方力量的对比，进而判断多空双方谁占优势，是暂时的还是决定性的。K 线最初由日本人发明，K 线图是进行各种技术分析的最重要的图表，许多股票投资者进行技术分析时往往首先接触的是 K 线图。

(二)切线类

切线类是按一定方法和原则在由股票价格的数据所绘制的图表中画出一些直线，然后根据这些直线的情况推测股票价格的未来趋势，这些直线就叫切线。切线主要是起支撑和压力的作用。支撑线和压力线的往后延伸位置对价格趋势起一定的制约作用。画切线的方法有很多种，主要有趋势线、通道线、黄金分割线等。

(三)形态类

形态类是根据价格图表中过去一段时间走过的轨迹形态来预测股票价格未来趋势的方法。主要的形态有头肩顶、头肩底、M 头、W 底等十几种。从价格轨迹的形态中，可以推测出股票市场处于一个什么样的大环境之中，由此对今后的投资给予一定的指导。

(四)指标类

指标类要考虑市场行为的各个方面，建立一个数学模型，给出数学上的计算公式，得到一个体现股票市场的某个方面内在实质的数字，这个数字叫指标值。指标值的具体数值和相互间关系，直接反映股票市场所处的状态，为我们的操作行为提供指导方向。常用的指标有移动平均线(MA)、相对强弱指标(RSI)、随机指标(KDJ)、平滑异同移动平均线(MACD)、威廉指标(R)等。

(五)波浪类

波浪类是将股价的上下变动看成波浪的上下起伏。波浪的起伏遵循自然界的规律，股价的运动也就遵循波浪起伏的规律。简单地说，上升是五浪，下跌是三浪。波浪理论的发明者和奠基人是艾略特(Ralph Nelson Elliott)。

以上 5 类技术分析方法是从不同的方面理解和考虑证券市场。这 5 类技术分析方法考虑的方式不同，这样就导致它们在操作指导时所使用的方式不同。有的注重长线，有的注重短线；有的注重价格的相对位置，有的注重价格的绝对位置；有的注重时间，有的注重价格。不管注重什么，最终殊途同归。只要能有收益，用什么方法得到是不重要的。

这 5 类技术分析方法尽管考虑的方式不同，目的是相同的，彼此并不排斥，在使用上应该相互借鉴。

三、应用技术分析时的注意事项

技术分析作为证券等投资分析工具，所得结论都是在有限条件下获得的，因此在应用时须注意以下问题。

(1) 技术分析必须与基本面的分析结合起来使用。对于刚刚兴起的不成熟证券市场，由于市场突发消息较频繁，人为操纵的因素较多，所以仅靠过去和现在的数据、图表去预测未来是不可靠的。事实上，在中国的证券市场上，技术分析依然有较高的预测成功率。这里，成功的关键在于不能机械地使用技术分析。除了在实践中不断修正技术分析参数外，还必须注意结合基本面分析。

(2) 注意多种技术分析方法的综合研判，切忌片面地使用某一种技术分析结果。投资者必须全面考虑各种技术分析方法对未来的预测，综合这些方法得到的结果，最终得出一个合理的多空双方力量对比的描述。实践证明，单独使用一种技术分析方法有相当大的局限性和盲目性。如果应用每种方法后得到同一结论，那么依据这一结论出错的可能性就很小，如果仅靠一种方法得到的结论出错的机会就大。为了减少自己的失误，应尽量多掌握一些技术分析方法，掌握得越多肯定是越有好处的。

(3) 前人和别人得到的结论要通过自己实践验证后才可以放心使用。由于证券市场能给人们带来巨大的收益，上百年来研究股票的人层出不穷，分析的方法各异，使用同一分析方法的风格也不同。前人和别人得到的结论都是在一定的特殊条件和特定环境中得到的。随着环境的改变，前人和别人成功的方法自己在使用时也有可能失败。因此需要自己在使用中不断去验证和调整，即扬弃。

━━━━━━━━━━ **专栏 8-1　牛市、熊市称呼的来历** ━━━━━━━━━━

在表现股市涨跌时，18 世纪的欧美人选择了"牛"和"熊"这两个物种。因为在西方古代文明中，牛代表着力量、财富和希望，而熊代表着抑制狂热、消化自身、见机重生。

对古代猎人们来说，公牛的血可餐，骨头可以制成矛头、鱼钩等，而牛皮可以制成衣服和帐篷，因而公牛就代表财富。在古罗马传说中，有个受人尊敬的米捷尔神，将一头逃走的烈性牛屠杀。野牛被杀后，它的肉身化成覆盖大地的植被，它的脊柱化为小麦，它的血管化为藤类植物，它的精子变成各种对人有益的动物。牛牺牲了自身，但使万物获得诞生。正因如此，古罗马人对牛有无限的崇拜。人们用"牛市"表示股市上升之势，代表了一种对财富的期盼。

熊也是古代西方人崇拜的对象。美洲和欧洲的许多人认为熊具有强效的治病功能。熊每逢冬季要冬眠 5 个月。在冬眠期内，熊可以随时清醒，甚至可以怀孕育崽。当春天来临，熊再返地面。人们用"熊"表示跌市，其深远意义在于：股市的调整是不为人们的意志所左右的，熊市是牛市的消化，使之再度循环；熊是投资者的治疗医生，教人们控制自己无止境的欲望，教人们怎样像熊一样，在必要的时候从喧嚣中归隐起来，耐心等待，冷静地思索并保持高度警惕，直到重生机会的来临。

股市英语的"牛市"与"熊市"的来历在股票市场，"牛市"(Bull Market)是上涨的行情，"熊市"(Bear Market)是下跌的行情。Stockbroker 是指股票投资者。

后来有人说因为牛是往上攻击(牛角往上顶)，所以代表多头市场，代表利多和股价往上走；熊是往下攻击(熊掌向下挥)代表空头市场，代表利空和股价下跌。

第二节　量价关系分析

一、技术分析的要素

价、量、时、空是进行技术分析的四大要素。这几个因素的具体情况和相互关系是进行正确分析的基础。价是指股票过去和现在的成交价格；量是指股票过去和现在的成交量(或成交额)；时是指股票价格变动的时间因素和分析周期；空是指股票价格波动的空间范围。

(一)价和量是市场行为最基本的表现

在某一时点上的价和量反映的是买卖双方在这一时点上共同的市场行为，是双方的暂时均势点。随着时间的变化，均势会不断发生变化，这就是价量关系的变化。一般来说，买卖双方对价格的认同程度通过成交量的大小得到确认。认同程度小，分歧大，成交量大；认同程度大，分歧小，成交量小。双方的这种市场行为反映在价、量上就往往呈现出这样一种趋势规律：价升，量增；价跌，量减。根据这一趋势规律，当价格上升时，成交量不再增加，意味着价格得不到买方确认，价格的上升趋势就将会改变；反之，当价格下跌时，成交量萎缩到一定程度就不再萎缩，意味着卖方不再认同价格继续往下降了，价格下跌趋势就将会改变。成交价、成交量的这种规律关系是技术分析的合理性所在。因此，价、量是技术分析的基本要素，一切技术分析方法都是以价、量关系为研究对象的，目的就是分析、预测未来价格趋势，为投资决策提供服务。

(二)时间和空间是市场潜在能量的表现

在技术分析中，"时间"是指完成某个过程所经过的时间长短，通常是指一个波段或一个升降周期所经过的时间。"空间"是指价格的升降所能够达到的程度。时间将指出"价格有可能在何时出现上升或下降"，空间将指出"价格有可能上升或下降到什么地方"。投资者对这两个因素都很关心，当然更关心前者。

时间更多地与循环周期理论相联系，反映市场起伏的内存规律和事物发展的周而复始的特征，体现市场潜在的能量由小变大再变小的过程。空间反映的是每次市场发生变化程度的大小，也体现市场潜在的上升或下降的能量的大小。上升或下降的幅度越大，潜在能量就越大；相反，上升或下降的幅度越小，潜在能量应越小。

(三)时间、空间与价格趋势的一般关系

时间在进行行情判断时有着很重要的作用，一个已经形成的趋势在短时间内不会发生根本改变。中途出现的反方向波动，对原来趋势不会产生大的影响。一个形成了的趋势不可能永远不变，经过一定时间又会有新的趋势出现。

空间在某种意义上讲，可以认为是价格的一方面，指的是价格波动能够达到的极限。

在市场中，经常能够听到"长线"和"短线"的说法。对于大周期，或者说是时间长的周期，今后价格将要经过的变化过程也应该长，价格变动的空间也应该大。对于时间短的周期，今后价格变动的过程和变动的幅度也应该小。

一般来说，时间长、波动空间大的过程，对今后价格趋势的影响和预测作用也大；时间短、波动空间小的过程，对今后价格趋势的影响和预测作用也小。

二、价量关系分析

(一)成交量的含义及判断

成交量就是成交的数量，即买卖双方达成一致的价格后，成交的数量。因为每只股票的流通股是不一样的，有不到 1 亿的小盘股，也有超过 10 亿的大盘股。所以，在禁止卖空和信用交易的情况下，为了更好地研究每只股票的成交情况，用换手率指标来分析更为准确。其计算公式为

$$换手率=\frac{成交量}{流通股}\times100\%$$

(二)成交量曲线的形态

(1) 缩量。缩量是指市场成交极为清淡，大部分人对市场后期走势十分认同。这里面又分两种情况：一是看淡后市，造成只有人卖，没有人买；二是看好后市，只有人买，没有人卖。缩量一般发生在趋势的中期，碰到下跌缩量应坚决出局，等量缩到一定程度，开始放量上攻时再买入。碰到上涨缩量则可坚决买进，等股价上冲乏力，有巨量放出的时候再卖出。

(2) 放量。放量一般发生在市场趋势发生转折的转折点处，市场各方力量对后市分歧逐渐加大，一些人纷纷把家底甩出，另一部分人却在大手笔吸纳。相对于缩量来说，放量有很大的虚假成分，控盘主力利用手中的筹码大手笔对敲放出天量是非常简单的事，但也没有必要因噎废食，只要分析透了主力的用意，也就可以将计就计"咬他一大口"。

(3) 堆量。主力意欲拉升时，常把成交量做得非常漂亮，几日或几周以来，成交量缓

慢放大，股价慢慢推高，成交量在近期的 K 线图上形成一个状似土堆的形态，堆得越漂亮，就越可能产生大行情。相反，在高位的堆量表明主力已不想玩了，在大举出货，这种情况下要坚决退出，不要幻想再获取巨利。

(4) 量不规则性放大缩小。这种情况一般是没有突发利好或大盘基本稳定的前提下的妖庄所为，风平浪静时突然放出历史巨量，随后又复归平静，一般是实力不强的庄家在吸引市场关注，以便出货。

(三)成交量与价格的关系

成交量是钱堆出来的，量是钱的化身，大量的资金又掌握在大机构手中，而手又是被人的大脑控制的，因为现在的技术还不能测量大脑的思维，所以说量价分析是技术分析中最难的，没有什么指标可以提前测出成交量会突然放大。但是人们可以从已经发生的事实去分析归纳了解成交量与价格的关系，进而找出价格短线运行的有用线索。

成交量与价格的关系体现为以下几种典型情况。

(1) 价涨量增。即股价随着成交量的递增而上涨，此为市场行情的正常特性，此种量增价涨关系，表示股价将有希望继续上升。

(2) 价涨量平。在一波段的涨势中，股价随着递增的成交量而上涨，突破前一波的高峰，创下新高后价格继续上涨，然而此波段成交量却低于前一波段上涨的成交量，价创新高，量却没突破，创新高，显示筹码锁定良好。

(3) 价涨量缩。股价随着成交量的递减而继续上升。即股价上涨，成交量却逐渐萎缩。成交量是股价上涨的原动力，原动力不足是股价趋势存在反转的信号(筹码很集中的大庄股除外)。

(4) 价稳量增。即股价维持在一定水平，而成交量却在温和放大。若在一大轮下跌之后的涨势初期，显示有主力介入，可跟进。若在经过一大段上涨之后，股价却上涨乏力，在高位盘旋，无法再向上大幅上涨，显示股价在高位大幅震荡，卖压沉重，则表明有机构在悄悄出货，股价将下跌。

(5) 价跌量缩。若在跌势初期，表示跌势不改；若在长期下跌后，则表示抛压已经消耗很大，多空主力无心恋战，行情成了散户行情。

(6) 价跌量增。股价向下跌破股价形态趋势线或移动平均线，同时成交量出现放大，是股价下跌的信号，表明趋势反转形成空头市场。股价长时间下跌后又出现恐慌性卖出，成交量放大，预期股价可能上涨，同时恐慌性卖出所创的低价，将不可能在极短的时间内跌破。恐慌性大量卖出之后，往往是空头结束的标志。

(7) 价跌量平。表示价格开始下跌，减仓。

(8) 当市场行情持续上涨很久，出现急剧增加的成交量，从而形成股价下跌的因素。股价连续下跌之后，在低位出现大成交量，股价却没有进一步下跌，价格仅小幅变动，是进货的信号。

(9) 成交量作为价格形态的确认。在以后的形态学讲解中，如果没有成交量的确认，价格形态将是虚的，其可靠性也就差一些。

(10) 成交量是股价的先行指标。关于价和量的趋势，一般来说，量是价的先行者。当量增时，价迟早会跟上来；当价升而量不增时，价迟早会掉下来。从这个意义上，我们往往说"价是虚的，而只有量才是真实的"。

关于价格与成交量的进一步分析，还可以参见在技术指标分析中的能量潮和价量曲线。

三、涨跌停板交易制度下的量价关系

涨跌停板与非涨跌停板时的量价研判是不同的。一般情形下，价涨量增被认为价量配合较好，后市涨势将会持续，可以继续追涨或持股。如果股价上涨时，成交量未能有效地配合放大，说明追高意愿不是十分强烈，后市涨势难以持续长久，可适当地轻仓。但在涨跌停板时，若股价在涨停板时，没有太多的成交量，则说明持有股票的投资者心中的目标价位更高，不会在目前价位上轻易抛出，买方由于卖盘量太少，买盘无法买到，所以才没有多大的成交量。第二日多头一般都会加大幅度追涨买进，因而，股价也就继续保持扬升的势态，也进一步刺激了场外资金的欲望，引发了一轮更强劲的升势。但是当出现涨停时，中途多方却无法坚守阵地，被迫打开了涨停板，成交量出现放大的迹象，则说明加入抛售行列中的投资者在增多，多空双方的力量对比正在发生某些变化，随着空方主力做空力度的加大，股价将开始下挫。实战中总结如下。

(1) 涨停时的成交量小，将继续上涨；跌停时的成交量小，将继续下跌。即，无量涨停、天天涨停，无量跌停、天天跌停。放量反而是要转势的信号，在连续涨停之后放量，则需考虑做空。

(2) 涨停的中途被打开的次数越多，打开涨停持续的时间越久，且成交量越大，则行情反转下跌的可能性越大；跌停的中途被打开的次数越多，时间越久，且成交量越大，则行情反转上涨的可能性越大。

(3) 封住涨停的时间越早，后市涨升的力度也就越大；封住跌停的时间越早，后市跌落的力度也就越大。

(4) 封住涨停板的买盘数量大小和封住跌停板时的卖盘数量大小说明买卖双方力量的大小程度，这个数量越大，继续原有走势的概率则越大，后续涨跌的幅度也就越大。但这一条在实战中往往存在主力陷阱，需要仔细观察盘面变化。

───── 专栏 8-2　洞察投资大户的进出动态 ─────

股票市场上的机构投资者凭借雄厚的资金实力大量买进股票，会对股价上升起促进作用，其表现为股价坚挺；相反，机构投资者进行卖空交易，股票价格就会下降，市场疲软。

有一些人为因素很强的股票。在行情上涨时，有大户关照的股票，上升的幅度较大；在行情下跌时，有大户关照的股票，下落的幅度较小，因此，对于大户进出股市的动向及介入的股票，投资者不能轻信道听途说，应以市场的各种交易资料综合研究并加以验证。其主要判断方法有以下几个。

(1) 从价格和成交方面的变化来观察。大户开始买进股票的时候，其迹象有：平日成交量不多，忽然大量增加，这时可能是大户开始吃进；盘面上有大手笔买单；股价偏低，且每天以最低价收益，也可能有大户在压价吸纳。

判断大户开始的主要指标有：成交量活跃起来，而且买盘较集中，往往集中于少数公司；股价迅速冲高，出乎投资者的意料；有些主力喜欢在卖盘很大时，在低档大量挂进。

(2) 判断大户卖出。大户是否在卖出，相当难以判断，因为谁也不会大张旗鼓地出货，但只要投资者细心观察，也可以发现大户卖出的迹象。如，是否利多消息出现时，成交突然大增；是否股票涨得相当高时，成交量大增；大户是否频频把股票让出去，而不是转进来；是否接二连三地宣扬某股票的利多消息，自己却不再大量买进。

(3) 用简单的计算及统计方法判断大户进出的动态。采用此类方式，必须耐心地逐日统计，才能获得较为准确的资料。最常用的有：①股票交易周转率法，是计算股票成交股数与总发行股数的比率的方法。股票交易周转率高，表示该股票的买进卖出都较多，如果交易周转率高，而价位上升，则表示买方强于卖方；反之，交易周转率低，而价位下降，则显示卖盘强于买盘。②平均每笔成交数量法。以股票每日成交股数除以成交笔数，即为平均每笔数量，如每笔成交数量大，表示每笔买卖的股数较大，即有大额进出(有大户进出)；反之，平均每笔股数少，即表示买卖均为小额(为散户行情)。

第三节 道 氏 理 论

一、道氏理论的基本要点

根据道氏理论，股票价格运动有 3 种趋势，其中最主要的是股票的主要趋势，即股价广泛或全面性上升或下降的变动情形。这种变动持续的时间通常为一年或一年以上，股价总升(降)的幅度超过 20%。对投资者来说，主要趋势持续上升就形成了多头市场，持续下降就形成了空头市场。股价运动的第二种趋势称为股价的次级趋势。因为次级趋势经常与主要趋势的运动方向相反，并对其产生一定的牵制作用，因而也称为股价的修正趋势。这种趋势持续的时间从 3 周至数月不等，其股价上升或下降的幅度一般为股价主要趋势的 1/3 或 2/3。股价运动的第三种趋势称为短期趋势，反映了股价在几天之内的变动情况。修正趋势通常由 3 个或 3 个以上的短期趋势所组成。

(一)主要趋势

股票的主要趋势即从大的角度来看的上涨和下跌的变动。其中，只要下一个上涨的水准超过前一个高点，而每一个次级的下跌其波底都较前一个下跌的波底高，那么，主要趋势是上升的。这被称为多头市场。相反地，当每一个中级下跌将价位带至更低的水准，而接着的弹升不能将价位带至前面弹升的高点，主要趋势是下跌的，这称为空头市场。通常，主要趋势是长期投资人在 3 种趋势中唯一考虑的目标，其做法是在多头市场中尽早买进股票，只要他可以确定多头市场已经开始发动了，一直持有到确定空头市场已经形成了。对于所有在整个大趋势中的次级下跌和短期变动，他们是不会去理会的。当然，对于那些做经常性交易的人来说，次级变动是非常重要的机会。

(1) 多头市场，也称为主要上升趋势。它可以分为 3 个阶段。第一个阶段是进货期。在这个阶段中，一些有远见的投资人觉察到虽然目前是处于不景气的阶段，但却即将会有所转变。因此，买进那些没有信心，不顾血本抛售的股票，然后，在卖出数量减少时逐渐地提高买进的价格。事实上，此时市场氛围通常是悲观的。一般的群众非常憎恨股票市场以至于完全离开了股票市场。此时，交易数量是适度的。但是在弹升时短期变动便开始增大了。第二个阶段是十分稳定的上升和增多的交易量，此时企业景气的趋势上升和公司盈余的增加吸引了大众的注意。在这个阶段，使用技术性分析的交易通常能够获得最大的利润。最后，第三个阶段出现了。此时，整个交易沸腾了。人们聚集在交易所，交易的结果经常出现在报纸的"第一版"，增资迅速在进行中，在这个阶段，朋友间常谈论的是"你看买什么好？"大家忘记了市场景气已经持续了很久，股价已经上升了很长一段时间，而目前正达到更恰当地说"真是卖出的好机会"的时候了。在这个阶段的最后部分，随着投机气氛的高涨，成交量持续地上升。"冷门股"交易逐渐频繁，没有投资价值的低价股的股价急速地上升。

(2) 空头市场，也称为主要下跌趋势。它也分为 3 个阶段。第一阶段是"出货"期。它真正形成是在前一个多头市场的最后阶段。在这个阶段，有远见的投资人觉察到企业的盈余已到达了不正常的高点，而开始加快出货的步伐。此时，虽然成交量有逐渐减少的倾向但仍然很高，大众仍热衷于交易。第二个阶段是恐慌时期，想要买进的人已经买的差不多了，还没有买的开始退缩，而想要卖出的人则急着要脱手。价格下跌的趋势突然加速到几乎是垂直的程度，此时成交量的比例差距达到最大。在恐慌时期结束以后，通常会有一段相当长的次级反弹或者横向的变动。接着，第三阶段来临了，它是由那些缺乏信心的投资者卖出所构成的。在第三阶段进行时，下跌趋势并没有加速。"没有投资价值的低价股"可能在第一或第二阶段就跌掉了前面多头市场所涨升的部分，现在下跌的幅度不大了。业绩较为优良的股票则持续下跌，因为这种股票的持有者是最后失去信心的。空头市场最后阶段的下跌是集中于这些业绩优良的股票，空头市场在坏消息频传的情况下结束。最坏的情况已经被预期了，在股价上已经实现了。通常，在坏消息完全出尽之前，空头市场已经过去了。

(二)次级趋势

次级趋势是与主要趋势运动方向相反的一种逆动行情，干扰了主要趋势。在多头市场中，它是中级的下跌或"调整"行情；在空头市场中，它是中级的上升或反弹行情。通常在多头市场中，它会跌落主要趋势涨升部分的 1/3～2/3。然而，需要注意的是，1/3～2/3 的原则并非一成不变。它只是调整幅度的简单说明。大部分的次级趋势的涨落幅度在这个范围中。它们之中的大部分停在非常接近半途的位置，即回落原先主要涨幅的 50%；这种回落达不到 1/3 者很少，同时也有一些是将前面的涨幅几乎都跌掉了。因此，我们有两项判断一个次级趋势的标准，任何和主要趋势相反方向的行情，通常情况下至少持续 3 个星期；回落主要趋势涨升的 1/3，除了这个标准外，次级趋势的确认、对它发展的正确评价及对它进行的全过程的断定，始终是理论描述中的一个难题。

(三)短期趋势

短期趋势是短暂的波动。很少超过 3 个星期，通常少于 6 天。它们本身尽管是没有什么意义，但是使得主要趋势的发展全过程富于了神秘多变的色彩。通常，不管是次级趋势或两个次级趋势所夹的主要趋势部分都是由一连串的 3 个或更多可区分的短期变动所组成。由这些短期变化所得出的推论很容易导致错误的方向。在一个无论成熟与否的股市中，短期变动都是唯一可以被"操纵"的。

二、道氏理论的其他分析方法

(一)用两种指数来确定整体走势

著名的道·琼斯混合指数是由 20 种铁路、30 种工业和 15 种公共事业 3 部分企业组成的。根据历史的经验，其中工业和铁路两种分类指数数据有代表性。因此，在判断走势时，道氏理论更注重于分析铁路和工业两种指数的变动。其中任何单纯一种指数所显示的变动都不能作为断定趋势上有效反转的信号。

(二)根据成交量判断趋势的变化

成交量会随着主要的趋势而变化。因此，根据成交量也可以对主要趋势做出一个判断。通常，在多头市场，价位上升，成交量增加；价位下跌，成交量减少。在空头市场，当价格滑落时，成交量增加；在反弹时，成交量减少。当然，这条规则有时也有例外。因此只依据几天的成交量是很难得出正确的结论的，只有对持续一段时间的整个交易的分析才能够做出较为准确的判断。在道氏理论中，为了判定市场的趋势，最终结论性信号只由价位的变动产生。成产量仅仅是在一些有疑问的情况下提供解释的参考。

(三)盘局可以代替中级趋势

一个盘局出现于一种或两种指数中，持续了两个或三个星期，有时达数月之久，价位仅在约5%的幅度中波动。这种形状显示买进和卖出两者的力量平衡。因此，价位往上突破盘局的上限是多头市场的征兆，价位往下跌破盘局的下限是空头市场的征兆。一般来说，盘局的时间愈久，价位愈窄，它最后的突破愈容易。

盘局常发展成重要的顶部和底部，分别代表着出货和进货的阶段，但是，它们更常出现在主要趋势时的休息和整理的阶段。在这种情形下，它们取代了正式上的次级波动。很可能一种指数正在形成盘局，而另一种却发展成典型的次级趋势。在往上或往下突破盘局后，有时在同方向继续停留一段较长的时间，这是不足为奇的。

(四)把收盘价放在首位

因为收盘价是时间匆促的人看财经版唯一阅读的数目，是对当天股价的最后评价，大部分人根据这个价位做买卖的委托。

(五)在反转趋势出现之前主要趋势仍将发挥影响

人人都知道，多头市场并不能永远持续上扬，空头市场也总有到底的一天。当新的主要趋势第一次由两种指数确认后，如不管短期间的波动，此趋势开始时绝大部分会持续，但越往后这种趋势延续下去的可能性就越小。旧趋势被反转可能发生在新趋势被确认后的任何时间，作为投资人，在做出委托后，必须随时注意市场。

(六)股市波动反映了一切市场行为

股市指数的收市价和波动情况反映了一切市场行为。在股票市场，你可能觉得政治局势稳定，所以买股票。另外一些人可能觉得经济前景乐观所以买股票。再另外一部分人以为利率将会调低，值得在市场吸纳股票。更有一些人有内幕消息而要及早入货。无论大家抱有什么态度，市价上升就反映了投资者的情绪，即使投资者们是从不同的观点和角度出发的。相反，当大家有恐惧时，有人以为沽空会获大利，有人以为政局动荡而恐慌，有人担心大萧条来临，有人听到内幕利空消息，等等。不论什么因素，股市指数的升跌变化都反映了群众心态。群众乐观，无论有理或无理，适中或过度，都会推动股价上升；群众悲观，亦不论盲目恐惧，有实质问题也好，或者受其他人情绪影响而歇斯底里也好，都会反映在指数下挫上。应该分析反映整个市场心态的股市指数，股市指数代表了群众心态，是市场行为的总和。

三、道氏理论的缺陷

道氏理论主要存在如下缺陷。

(1) 道氏理论主要目标是试图确认股市的主要趋势(Primary Trend)。一旦主要趋势确立，道氏理论假设这种趋势会一路持续，直到趋势遇到外来因素破坏而改变为止。但道氏理论只推断股市的大趋势，却不能推断大趋势里面的升幅或者跌幅将会到何种程度。

(2) 道氏理论每次都要两种指数互相确认，这样做已经慢了半拍，失去了最好的入货和出货机会。

(3) 道氏理论对选股帮助不大，其可操作性较差。

(4) 道氏理论注重长期趋势，对中期趋势，特别是在不知是牛还是熊的情况下，不能带给投资者明确启示和判断。

专栏 8-3　解套的策略

所谓"套牢"指的是投资者预期股价上涨，但买进股票后，股价却一路下跌，使买进股票的成本，已高出目前可以售得的市价的状况。任何涉足股市的投资者，不论其股战经验多么丰富，都存在着在股市被套牢的可能性。投资者一旦被高价套牢，则应根据套牢状况，积极寻求解套策略。

通常的解套策略主要有以下5种。

(1) 以快刀斩乱麻的方式停损了结。即将所持股票全盘卖出，以免股价继续下跌而遭受更大损失。采取这种解套策略主要适合于以投机为目的的短期投资者，或者是持有劣质股票的投资者。因为处于跌势的空头市场中，持有品质较差的股票的时间越长，给投资者带来的损失也将越大。

(2) 弃弱择强，换股操作。即忍痛将手中弱势股抛出，并换进市场中刚刚发动的强势股，以期通过涨升的强势股的获利，来弥补其套牢所受的损失。这种解套策略适合在发现所持股已为明显弱势股，短期内难有翻身机会时采用。

(3) 采用拔档子的方式进行操作。即先停损了结，然后在较低的价位时，予以补进，以减轻或轧平上档解套的损失。例如，某投资者以每股60元买进某股，当市价跌至58元时，他预测市价还会下跌，即以每股58元赔钱了结，而当股价跌至每股54元时又予以买进，并待今后股价上升时予以卖出。这样，不仅能减少和避免套牢损失，有时还能反亏为盈。

(4) 采取向下摊平的操作方法。即随股价下挫幅度扩增反而加码买进，从而均低购股成本，以待股价回升获利。采取此项做法，必须确认整体投资环境尚未变坏，股市并没有从多头市场转入空头市场，否则，极易陷入愈套愈多的窘境。

(5) 采取以不变应万变的"不卖不赔"方法。在股票被套牢后，只要尚未脱手，就不能认定投资者已亏血本。如果手中所持股票均为品质良好的绩优股，且整体投资环境尚未恶化，股市走势仍未脱离多头市场，则大可不必为一时套牢而惊慌失措，此时应采取的方法不是将套牢股票卖出，而是继续持有。

第四节　K 线 分 析

K 线图又称阴阳烛，最初是日本德川幕府时代大阪的米商用来记录当时一天、一周或一月中米价涨跌行情的图示法，后被引入股市和期市，并逐渐风行于东南亚地区。K 线图以其直观、立体感强的特点而深受投资者欢迎。实践证明，精心研究 K 线图可以较准确地预测后市走向，也可以较明确地判断多空双方的力量对比，可以较准确地预测后市走向，是各类传播媒介、计算机实时分析系统应用较多的技术分析手段。

一、K 线图的画法及种类

(一)什么是 K 线

K 线是一条柱状的线条，是由影线和实体组成。影线在实体上方的部分叫上影线，即从实体向上延伸的细线部分。实体下方的部分叫下影线，即从实体向下延伸的细线部分。K 线分阴线和阳线两种，又称红(阳)线和黑(阴)线。收盘价比开盘价高称之为阳线。收盘价比开盘价低称之为阴线。由于其形状像蜡烛，因此，K 线图又称为蜡烛图。

(二)K 线的构成及画法

1. K 线的构成

K 线由开盘价、收盘价、最高价、最低价 4 个价位组成。K 线图的构造由上影线、下影线与中间实体 3 部分组成。实体部分由开盘、收盘的价差表示，红色阳线表示收盘高于开盘，绿色阴线表示收盘低于开盘。最高价高于实体上边部分，以上影线表示，最低价低于实体下边部分，以下影线表示，如图 8-1 所示。

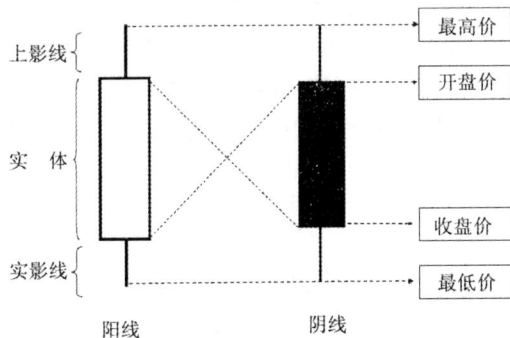

图 8-1　K 线的构成

2. K 线的画法

首先，绘制 K 线需要用到开盘价、收盘价、最高价、最低价 4 个价位，开盘价与收盘价用条形柱表示，称为实体；收盘价高于开盘价，实体部分用白色(或红色)表示，称为阳线；收盘价低于开盘价，用黑色(或蓝色)表示，称为阴线。在实体上、下的小横线中间分别引出细线至最高价、最低价，称为上、下影线。上影线的最高点与下影线的最低点，分别表示形成 K 线的该时间内行情所达到的最高价与最低价。

其次，绘制 K 线需要规定时间单位，这个时间单位就是制作 K 线的时间周期，可以是天、周、月，也可以是分时的 5 分钟、15 分钟、30 分钟和 60 分钟等，它们为此分别形成的就是日 K 线、周 K 线、月 K 线、5 分钟 K 线、15 分钟 K 线、30 分钟 K 线和 60 分钟 K 线。

最后，画 K 线图前准备一张坐标纸，按一定的比例标明股价(指数)的相应位置。在画图时确定好坐标纸比例，先将开盘价格用一小横线在日期与股价对应的坐标纸上(事先确定一定的横线宽度)标出，再将收盘价也用相同宽度的小横线在日期与股价对应的位置上标出，然后用两条竖线分别连接开盘价与收盘价的左端及开盘价与收盘价的右端，形成一个矩形实体。再将最高价对应处的点与实体上端(小横线中间位置)垂直连接，形成上影线；同样，将最低价与实体下端连接，形成下影线。

3. K 线图的绘制

如果将每天的 K 线按比例按时间顺序排列在一起，画在坐标图上，就组成了 K 线图。可据以分析证券价格变动的趋势。

二、单个 K 线的市场含义及其应用

(一)K 线简易分析方法

K 线图有直观、立体感强、携带信息量大的特点，蕴含着丰富的东方哲学思想，能充分显示股价趋势的强弱、买卖双方力量的变化，故其预测后市走向较准确。K 线具有东方人所擅长的形象思维特点，没有西方用演绎法得出的技术指标那样定量，因此运用上还是主观意识占上风。面对形形色色的 K 线及其组合，由复杂的分析简单化为 K 线分析三招，即一看阴阳，二看实体大小，三看影线长短。

1. 一看阴阳

阴阳代表趋势方向。阳线表示将继续上涨，阴线表示将继续下跌。以阳线为例，在经过一段时间的多空拼搏，收盘高于开盘表明多头占据上风，类似于牛顿力学第一定理，在没有外界影响作用下物体仍将按原有方向与速度运行。因此阳线预示下一阶段仍将继续上涨，最起码能保证下一阶段初期能惯性上冲。故阳线往往预示着继续上涨。这一点也极为

符合技术分析中三大假设之一股价沿趋势波动，而这种顺势而为也是技术分析最核心的思想。同理可得阴线继续下跌。

2. 二看实体大小

实体大小代表市场的内在动力，实体越大，上涨或下跌的趋势越是明显，反之趋势则不明显。以阳线为例，其实体就是收盘高于开盘的那部分，阳线实体越大说明上涨的动力越足，就如质量越大与速度越快的物体，其惯性冲力也越大的物理学原理，阳线实体越大代表其内在上涨动力也越大，其上涨的动力将大于实体小的阳线。同理可得阴线实体越大，下跌动力也越足。

3. 三看影线长短

影线代表转折信号，向一个方向的影线越长，越不利于股价向这个方向变动，即上影线越长，越不利于股价上涨，下影线越长，越不利于股价下跌。以上影线为例，在经过一段时间多空斗争之后，多头终于晚节不保败下阵来，一朝被蛇咬，十年怕井绳，不论 K 线是阴还是阳，上影线部分已构成下一阶段的上档阻力，股价向下调整的概率居大。同理可得下影线预示着股价向上攻击的概率居大。

(二)根据开盘价与收盘价的波动范围对单根 K 线进行分类

根据开盘价与收盘价的波动范围可将 K 线分为小阳星(小阴星)、小阳线(小阴线)、中阳线(中阴线)、大阳线(大阴线)等类型。

1. 小阳星(小阴星)

(1) 小阳星：全日中股价波动很小，开盘价与收盘价极其接近，收盘价略高于开盘价。小阳星的出现，表明行情正处于混乱不明的阶段，后市的涨跌无法预测，此时要根据其前期 K 线组合的形状以及当时所处的价位区域综合判断。

(2) 小阴星：小阴星的分时走势图与小阳星相似，只是收盘价格略低于开盘价格。表明行情疲软，发展方向不明。小阴星的分时走势图与小阳星相似，只是收盘价格略低于开盘价格。表明行情疲软，发展方向不明。

2. 小阳线(小阴线)

小阴线和小阳线的波动范围一般在 0.6%～1.5%(日 K 线)。小阴线表示空方呈打压态势，但力度不大；小阳线表示价格其波动范围较小阳星增大，多头稍占上风，但上攻乏力，表明行情发展还是扑朔迷离。

3. 中阳线(中阴线)

中阴线和中阳线的波动范围一般在 1.6%～3.5%(日 K 线)。

4. 大阳线(大阴线)

大阴线和大阳线的波动范围在 3.6%以上(日 K 线)。股价横盘一日,尾盘突然放量下跌,表明空方在一日交战中最终失去了主导优势,多方占优,形成大阳线。但由于短时涨幅过大,次日低开的可能性较大。如果开盘稍有下探,多方即展开逐波上攻,最终以大阳线报收,则说明多方已经占据优势,后市看涨。若股价横盘一日,尾盘突然放量下攻,表明股价最终选择了向下,显示空方占据了主导优势,次日低开的可能性较大。几种 K 线如图 8-2 所示。

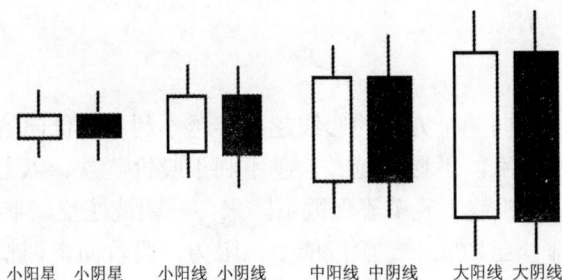

小阳星　小阴星　　小阳线　小阴线　　中阳线　中阴线　　大阳线　大阴线

图 8-2　几种 K 线

从 K 线图的实体与影线可以看出买卖双方力量消长与股价变动的趋势,其基本图情形归纳如表 8-1 所示。

表 8-1　K 线的不同类型及其典型含义

序号	形　态	意　义
1		小阳星方向不定
2		小阴线(小阴星)方向不定
3		小阳线多头稍占上风,但上攻乏力,表明行情发展扑朔迷离
4		小阴线空方稍占上风,但下降乏力,表明行情发展扑朔迷离
5		大阳线,股价上升力强
6		大阴线,行情疲软,但底部支撑力强

续表

序号	形 态	意 义
7		光头阳线，说明该日的最高价就是该日的收盘价，即收盘价是当天的最高价，所以没有上影线
8		光头阴线，说明该日的最高价就是该日的开盘价，即当天的所有成交价格都低于开盘价，所以也没有上影线
9		光脚阳线，说明该日的最低价就是开盘价，当天的所有成交价格都高于开盘价
10		光脚阴线，说明该日的收盘价恰好是最低价。即当天的最后成交价格是本日的最低价格
11		光头光脚阳线，该日的开盘价恰好是最低价，收盘价恰好是最高价
12		光头光脚阴线，该日的开盘价恰好是最高价，收盘价恰好是最低价
13		一字线。开盘价、收盘价、最高价、最低价都相同，也就是说该日所有的交易全是以一种价格。一般出现在涨跌停状态。有时出现在熊市成交极其清淡稀少行情中，更多的时候常常出现在表示极强极弱的涨跌停板时，预示着原有的趋势继续，有时还会出现连续数个停板，缩量的停板意味着次日还将停板，涨停板放量说明卖压加重，跌停板放量说明有吸筹现象
14		伞形线，出现在底位做多，出现在高位做空
15		出现在高档做空，出现在底档做多

续表

序号	形 态	意 义
16	┼	小十字星是指十字星的线体振幅极其短小的十字星,这种十字星常常出现在横盘行情中,表示盘整格局依旧;出现在上涨或下跌的初期中途,表示暂时的休整,原有的升跌趋势未改;出现在大幅持续上升或下跌之末,往往意味着趋势的逆转
17	┼	大十字星出现在大幅持续上升或下跌之末的概率较大,盘整区间出现的概率不多见,往往意味着行情的转势
18	┼	长下影十字星如果出现在上升趋势中途,一般均表示暂时休整上升趋势未改;如果是出现在持续下跌之后的低价区,则暗示卖盘减弱买盘增强,股价转向上升的可能性在增大,但次日再次下探不能创新低,否则后市将有较大的跌幅
19	┼	长上影十字星如果出现在下降趋势中途,一般均表示暂时休整下降趋势未改;如果是出现在持续上涨之后的高价区,股价转向下跌的可能性较大;但若出现在上涨趋势中途,次日股价又创新高的话,说明买盘依旧强劲股价将继续上升
20	T	T形光头十字星的市场意义与长下影十字星差不多,常常出现在牛皮盘整中,表示次日盘整依旧;若是出现在大幅持续上升或下跌之末,是股价升跌转换的信号
21	⊥	倒T形光脚十字星的市场意义与长上影十字星差不多,若是出现在持续上涨之后的高价区,这是见顶回落的信号;若是出现在其他的位置,一般均表示暂时休整原有趋势未改

(三)根据K线其实体和上下影线的有无及相对长短进行分类

根据一根K线其实体、下影线和上影线的长短以及其相对幅度的不同,可分为四大类。

1. 第一大类:只有实体没有上影线或下影线或上下影线都没有者

只有实体没有上影线或下影线或上下影线都没有,此类K线称为光头光脚K线,它表示买卖双方其中有一方占据上风。

(1) 没有上下影线的大阳线。此种图表示最高价与收盘价相同,最低价与开盘价一样。没有上下影线。从一开盘,买方就积极进攻,中间也可能出现买方与卖方的斗争,但买方发挥最大力量,一直到收盘。买方始终占优势,使价格一路上扬,直至收盘。表示强烈的涨势,市场呈现高潮,买方疯狂涌进,不限价买进。握有股票者,因看到买气的旺盛,不愿抛售,出现供不应求的状况。可参见表8-1中的第11种类型。

(2) 没有上下影线的大阴线。此种图表示最高价与开盘价相同,最低价与收盘价一样。没有上下影线。从一开始,卖方就占优势。市场处于低潮。持有者不限价疯狂抛出,造成恐慌心理。市场呈一面倒,直到收盘、价格始终下跌,表示强烈的跌势。可参见表8-1中的第 12 种类型。

(3) 没有上下影线的小红(黑)实体。此种是收盘价是最高价，开盘价是最低价，上下波动有限，买卖双方搏斗得不激烈。当 K 线是阳线时，买方稍占上风；是阴线时，卖方稍占上风。它一般出现在股价整理和股价跳空低开或高开形成的时候，在整理时期意义不大，当股市出现大的跳空缺口时其意义非凡，它表示一方已经取得了全面的胜利，另一方全线崩溃。

(4) 只有一条横线的 K 线。多出现在连续的涨停板和跌停板之中，股价连续涨停，或股价连续跌停。多发生在个股遇重大利好或利空，导致众投资者看法一边倒的情况下，投资者疯狂买进或是卖出造成的结果。在国外的股市交易中由于交易非常清淡，一天的交易额只有几手，价格没有变动也会出现类似的情况。可参见表 8-1 中的第 13 种类型。

2. 第二大类：带上影线的 K 线

带上影线的 K 线表示卖方的抛压比较强，卖出一方在当天的最高点成功地阻截了买方地进攻，使股价没有收在最高处，买方只有等到第二天再与卖方交战。这类的 K 线可分为 7 种。

(1) 上影线比实体短的阳线。表示买方在最高处只是暂时受阻，买方实力仍然很强大，第二天多方再与卖方交战。可参见表 8-1 中的第 9 种类型。

(2) 上影线与实体的长度相等的阳线。显示虽然买方实力较强，但是空方也展开了反击，多方继续上行将要付出更大的代价，买方应该在第二天使出全力去收复刚失去的领地方可继续上行。

(3) 上影线大于实体 1.5 倍以上的阳线。表示买方受到卖方的挑战，买方在当天攻占的领地已经失去大半，只是获得微弱的优势，卖方在最高点的反击成功，卖方的实力已经不可低估，买方要在今后的操作中谨慎从事。可参见表 8-1 中的第 15 种类型。

(4) 上影线特别长而实体只是一条横线的 K 线。我们又称它为上升转折线，它表示当天的股价收盘价与开盘价相同，当天买方的攻击没有获得任何进展，从哪里来回哪里去，卖方的实力已经与买方旗鼓相当，买方已经丧失了任何优势，这也是股价要从这里反转的重要信号。这种 K 线多出现在股价的顶部。可参见表 8-1 中的第 21 种类型。

(5) 上影线大于实体 1.5 倍以上的阴线。这种阴线说明买方当天就被卖方击败，股价收在当天开盘价之下，如果没有低于上一收盘价格，表示买方是暂时受挫，后市还有希望，如果低于上一收盘价格，显示将进行调整或者下跌。此种 K 线多出现在顶部和下跌途中。可参见表 8-1 中的第 15 种类型。

(6) 上影线与实体相当的阴线。它说明卖方反击成功，卖方稍占上风，买方实力偏弱，可参见表 8-1 中的第 10 种类型。

(7) 上影线小于实体的阴线。它说明多方曾试图上攻，但是无功而返，并遭空方反击，实体越大其空方反击程度越激烈，在股市大幅下跌中最为常见。它表明卖方气势汹汹，买方溃不成军。

3. 第三大类：没有上影线只有下影线的 K 线

没有上影线只有下影线的 K 线，最高价就是开盘价或是收盘价，其中的下影线表示买盘承接力量的强弱，下影线越长，表明市场的承接力量越强。这种 K 线共分为 5 种。

(1) 下影线小于实体的阳线，这种 K 线的实体越大，显示买盘力量越强，股价上升的力度也越强，它与光头光脚的阳线其意义基本一致。可参见表 8-1 中的第 7 种类型。

(2) 下影线与实体相近的阳线。表示卖方曾组织进攻，但被多方反击打退了，买方占有一定的优势。

(3) 下影线大于实体 1.5 倍以上的阳线或者阴线，表示买方在空方进攻之后，组织了有效的反击，下影线越长，反击力度越大。可参见表 8-1 中第 14 种类型。

(4) 下影线长而收盘价、开盘价和最高价是同一个价格时的 K 线，称其为上升转折线。它是买卖双方实力开始发生转变的象征，常出现于股市的 V 形反转中，是一种准确率极高的见底信号。可参见表 8-1 中的第 20 种类型。

(5) 下影线长度与实体相当的阴线。这种阴线在股市下跌初期比较多见，整理过程中也经常见到，它表示买卖双方力量相差不是很大，买方稍占上风。可是一旦风云突变，股市就像瀑布一样飞流直下，打破人们的看好梦想，使投资者的希望瞬间化为泡影。

4. 第四大类：上影线和下影线都有的 K 线

上影线和下影线都有的 K 线最多，K 线图上占据了 70%以上，是股市上最常见的图形和分析难度最大的一种。对这些图形的深刻理解是正确理解股市和判断行情的基础。

(1) 买卖双方以开盘价为起点，展开肉搏战，造成股价波动，但是多空战斗没有受买卖双方的一方控制。在当天的交易中股价在高位无法站稳，受卖方攻击，股价低于开盘价成交，收盘前，买方又一鼓作气，收盘时价格仍较开盘价高；有时卖方在开盘时便展开进攻，股价趋于下跌，交易过程中买方组织全力反攻，股价恢复到开盘价格上方。收盘前卖方再施加压力，股价小回，多空拉锯，但收盘价仍比开盘价高。

(2) 上下带影线的黑实体(即为阴线)。在开盘后，有时会力争上游股价上涨，卖方大量抛压，买方又不愿意追高，导致卖方渐渐居于主动，股价下跌。收盘前买气转强，不至于以最低价收盘；有时股价在上半场都以低于开盘价成交，下半场买意增强，股价回至高于开盘价成交，临收盘前卖方又占优势，而以低于开盘价收盘。

(3) 十字星。表示交易过程中，股价出现高于及低于开盘价成交，收盘价与开盘价相同，此时必须与昨日收盘价相比，价格比昨日收盘价高时，用红色表示。与昨日收盘价同价格时，则视昨日若为红实体，用红色表示。昨日若是黑实体，用黑色表示。价格若比昨日收盘低，则用黑色表示。可分为上影线长于下影线和下影线长于上影线两种图形。十字星 K 线经常出现在股市的顶部和底部，它表示买卖双方力量均衡，高低点的出现只是暂时的不平衡，并不代表整体。十字星 K 线中影线的长度是展示买卖双方交战的激烈程度。可参见表 8-1 中的第 16、17、18、19 种类型。

　　了解 K 线种类后，就可以更深一层探讨 K 线所代表的含义，K 线的奥妙就是相同的 K 线出现在不同的位置，它的意义与解释不同，甚至完全相反。

三、组合 K 线的市场含义及其应用

　　K 线分析一般就是指 K 线的组合形态分析。K 线的组合形态复杂而丰富。按照一般的分类方法，K 线组合形态可分为两类：反转组合形态和持续组合形态。

(一)组合 K 线的分析及应用

　　组合 K 线的分析应该先从两根 K 线开始，就是在第一根 K 线的基础上，将第一根 K 线划分出如图 8-3 所示的 5 个区域，然后看第二根 K 线是在第一根 K 线的这 5 个区域的什么位置展开，也就是判断多空双方展开搏杀的位置，进而分析是多方占优势，还是空方占优势。

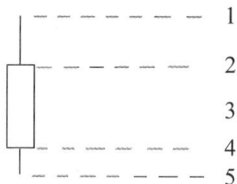

图 8-3　组合 K 线分析的区域划分提示

　　一般来说，如果在实体的 1/2 以上某个位置展开，都可以判断为是多方占优势，越往上多方优势越明显，如果跳空在 1 区域里，就表示多方占绝对优势，股价将上涨，甚至达到涨幅停板位置；反之，在实体的 1/2 以下的某个位置展开，就可以判断是空方占优势，越往下空方优势越明显，如果跳空在 5 区域里，就表示空方占绝对优势，股价将下跌，甚至达到跌幅停板位置。

(二)K 线的重要组合及其技术含义

1. 乌云盖顶组合

　　乌云盖顶是指在连续上涨的行情中，在一条强劲阳线的右边，出现一条高开低走的阴线，如果第二根阴线的收盘价深入第一根阳线实体且超过实体长度的 50%，这一阴一阳的 K 线组合就叫"乌云盖顶"。对"乌云盖顶"的形态，应该把握两点：第一根应该是比较强劲阳线；第二根阴线应该是高开低走，且收盘价深入阳线实体的 50% 以上。

乌云盖顶的市场含义主要是空头的含义，尤其是第二根阴线的收盘价深入第一根实体越深所代表的空头含义就越浓。这一组合常在市势已经大涨一段，甚至创下天价的时候出现，表示市势逆转，随后将为下跌行情。当然最好还有成交量的放大做配合，就更容易加以确认。如图8-4所示华能国际(600011)在2006年5月15日与16日的K线组合，就是乌云盖顶的一个比较典型的图例。

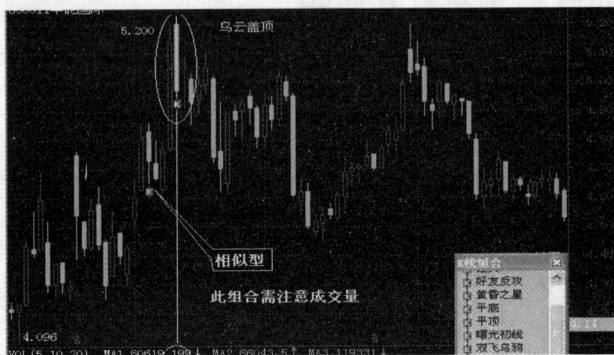

图8-4 华能国际(600011)在2006年5月15日与16日的乌云盖顶K线组合

如果阴线未深入阳线实体的50%以下，就属于不完整形态，需经下一交易日确认，如图8-5所示。

2. 曙光初现组合

"曙光初现"从字面上就能理解到黑暗过去，阳光露出，前途一片光明。该形态与乌云盖顶相同，不过方向相反，就是下跌过程中的一个较强劲的阴K线之后，出现一个探底反弹的深入到阴K线实体50%以上的阳K线。整个分析与乌云盖顶一致，就是方向相反。市场含义与乌云盖顶也相反。如图8-5所示包钢股份(600010)2005年11月15日与16日的K线组合，就可以看作曙光初现。

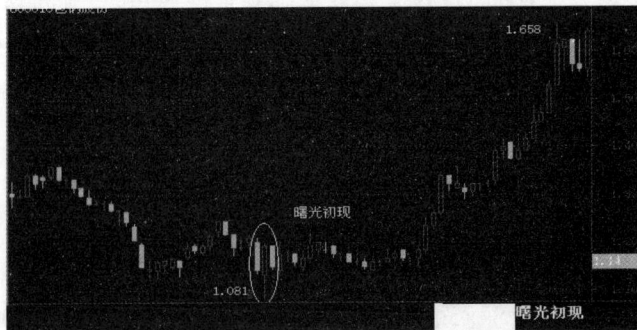

图8-5 包钢股份(600010)2005年11月15日与16日的曙光初现K线组合

3. 孤岛组合

一段上涨行情之后，出现一个跳空的阴线，形如孤岛。孤岛组合，尽管阴线收盘价仍比昨日为高，但却属于在多方继续维持行情上涨之际，出现空方的反击，后市需要密切关注，如果接下来多方调整力量，组织反击并获成功，行情继续向上，则此组合就是一次上升过程中的调整或休息；如果在接下来的时间里，多方没有维持住股价，导致行情向下，则表明空方已获优势，头部将要形成，行情将下跌。

4. 包容组合

包容组合指实体间为阴阳两性，但都是今日的长实体将昨日的小实体完全包容，预示后市将沿长实体的方向发展。

5. 孕育组合

实体间为阴阳两性，但与包容组合形式相反，它是今日的小实体被昨日的大实体所包容，形似为娘胎所孕，故称为孕育组合。不知与遗传是否有关系，这种孕育组合预示后市的方向往往为母体的方向，即阳孕阴生阳，阴孕阳生阴。

6. 穿头破脚组合

穿头破脚组合的主要特征是后一根 K 线的实体将前一根 K 线实体全部覆盖，也算是包容组合的一种。构成穿头破脚的形态必须满足以下两个条件。

(1) 事先有明显的上升或下降趋势。

(2) 第二根 K 线实体部分把第一根 K 线的实体部分全部包含在内。上下影线不包括在内。

穿头破脚的市场含义是趋势可能转向，如果后一根是阳线，那么市场将向多方前进。如果后一根是阴线，市场将向空头转变。尤其是第一根 K 线的长度与第二根 K 线的长度越是悬殊，则转向的力度越强。如图 8-6 所示的上工申贝(600843)2005 年 7 月 11 日和 12 日及 8 月 25 日和 26 日的 K 线组合，可以看作穿头破脚。

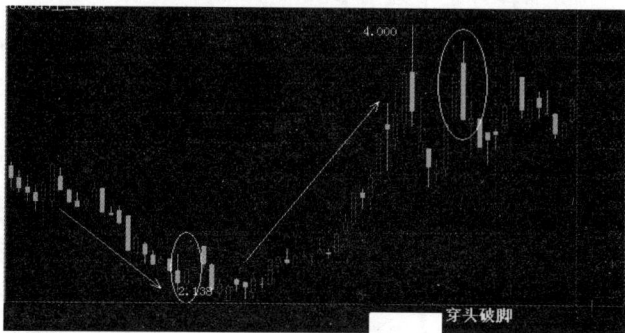

图 8-6　上工申贝(600843)2005 年 7 月 11 日和 12 日及 8 月 25 日和 26 日的穿头破脚 K 线组合

7. 早晨之星组合

早晨之星组合是出现在下跌趋势过程中,由 3 根 K 线构成。首先是一根顺势下跌的长阴线,其次是一根实体较小的跳空的小 K 线,最后是实体向上的长阳线。标准特征是:①第一根是阴线,第二根是十字星(或小阳线或小阴线),第三根是阳线;②第二根 K 线与前后实体都存在缺口。

早晨之星组合的市场含义为:是明显的多头形态,预示一轮涨势将要展开,为市势反转上升的转点。

尤其是第三根阳线的收盘价越深入第一根阴线实体,形态的多头的气势就越浓。如图 8-7 所示,2005 年 12 月 5 日、6 日和 7 日仪征化纤(600871)的日 K 线组合就构成了早晨之星。

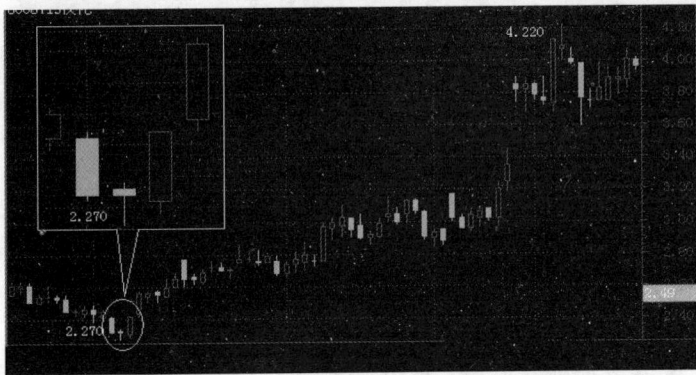

图 8-7　仪征化纤(600871)2005 年 12 月 5 日、6 日和 7 日的 K 线组合早晨之星

8. 黄昏之星组合

黄昏之星组合恰与早晨之星组合相反,成为市势反转下跌的转折点。顶部的跳空的十字线在随后出现的跳空下跌的大阴线形成后,终于成为一颗黄昏之星。如果顶部是中长上影的倒 T 字线,则又形象地称这一组合为"射击之星"。

黄昏之星也是由 3 根 K 线构成,主要出现在上升趋势中,首先是一根顺势的长阳线,其次是一根实体向上的跳空小 K 线,阴线阳线均可,最后是实体向下跳空的长阴线,收盘价深入阳线的实体之内。

黄昏之星组合的市场含义为:出现黄昏之星,表明市场的多方已力竭,空方控制局面,市场将转市,一轮跌势将要展开。第三根阴线的收盘价深入第一根阳线的实体越深,且阴线的量越大,表明市场空方的力度越大。尤其是在高价区域,先出现一根阳线,其次出现一根向下跳空的十字线,最后出现一根向下跳空的阴线,此形态表明多方已完结,空方力度更强,是崩盘的信号,因此也叫"崩盘之星"。如图 8-8 所示,2006 年 7 月 14 日、17 日和 18 日的东方电机(600875)的日 K 线组合就是黄昏之星。

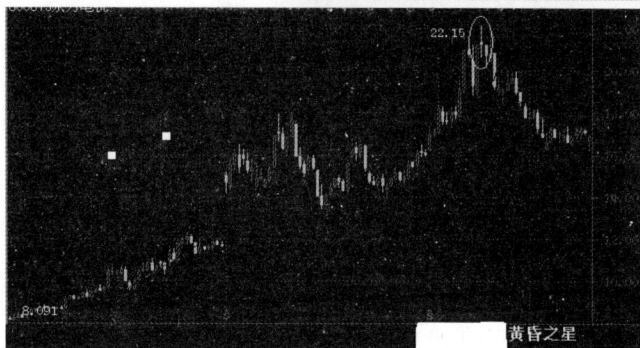

图 8-8　东方电机(600875)2006 年 7 月 14 日、17 日和 18 日的 K 线组合为黄昏之星

━━━━━━ 专栏 8-4　熊市的 5 个特征 ━━━━━━

（1）指数跌易涨难。从盘面上看，个股跌多涨少，指数跌易涨难。目前，市场每天下跌个股数都远远超过上涨个股家数，大盘也是跌时急，涨时无力，市场就呈现出典型的熊市走势，而不仅仅是调整走势。

（2）热点持续性不强。从市场热点看，往往热点昙花一现，热点持续性不强，而蓝筹股经常成为杀跌对象，一些题材股和 ST 股反而受追捧，价值理念与投资理念被舍弃，投机风气盛行。

（3）价量不匹配现象凸显。从价量配合看，价量不匹配现象凸显，常出现有价无量或有量无价，前者说明主力资金没有进场，后者说明主力出货可能性较大。最近股指回调放量，上涨无量，就是典型的量价不配合。

（4）股指具备头部形态。从技术上看，股指具备头部形态，如双顶形态或圆弧顶形态等，股价"有效"跌破重要的均线和趋势线，比如说接连跌破半年线和年线，并且连续多日无法回到年线之上。比如自 2008 年 1 月下旬市场开始暴跌以来，市场一直在走下降通道，支撑位一个又一个被击穿。除个别原因引起的短暂反弹外，市场总体上处于暴跌的走势之中。

（5）投资者漠视利好。从投资者心理层面看，往往漠视利好，放大利空。目前，自管理层恢复新基金发行以来，利好的消息也不少，但市场根本不买账，依然呈现加速下跌趋势，而一个有关再融资的传闻就能使股市大跌百点，反弹的力度也越来越小，反弹的时间越来越短，表明整个市场已经进入熊市之中。

第五节　切线分析

投资者在各种证券价格图上画各种水平的或是非水平的线段，这些线段就是所谓的切线，用这些人为画出的切线，来尝试描述证券价格的趋势。

一、趋势与趋势线

(一)趋势

1. 趋势的定义

利用各种分析方法的目的就是要捕捉证券价格运行的趋势，如果不能把握价格运行的趋势，就很难利用市场赚钱。趋势的定义说起来很简单，就是市场之前的表现显示出来的未来最有可能运行的方向。趋势即股票价格未来运行的方向。

2. 趋势的方向

只要认真地分析过价格走势图，不难发现价格走势总体上不是杂乱无章运行的，一段时期总体是顺着一定的大方向运行。按照切线理论，趋势分为3个方向：上升趋势、下降趋势和水平趋势。

(1) 上升趋势。上升趋势中，股价在上升行情时，一波的波峰会比前一波峰高，一波的波谷会比前一波谷高；波峰和波谷始终是不断依次递升的。

(2) 下降趋势。在下跌行情时，证券价格一波的波峰比前一波峰低，一波的波谷会比前一波谷低。下降趋势中，每一段跌势都持续不断地向下跌破先前所创的低点，中间夹杂的反弹走势，都不会向上穿越前一波反弹的高点。总之，下降趋势是由低点与高点都不断递降的一系列价格走势构成。

(3) 水平趋势。水平趋势(横向延伸的趋势/横盘整理趋势)，一系列峰和谷是横向延伸的。市场上的人士一般认为价格不是上升就是下降，其实市场很大一部分时间处于横向调整状态，这种横向走势显示市场处于一种均衡状态，如果这种均衡状态被打破价格才会有明显的上升或下跌走势。

3. 趋势的类型

趋势不但有3个方向，而且还可以根据趋势延续时间的长短划分出3个类型，这在道氏理论中已有涉及，就是主要趋势、次要趋势和短暂趋势。需要重点捕捉的是主要趋势和次要趋势，如果不做短线就可以放弃短暂趋势。但是绝大多数投资者都喜欢从事短线交易，同时又无法在短线很随机的行情中克服人性弱点、严格执行止损等操作纪律，以至于在大牛市来临之际，能大赚之时而不能赚却仅是小赚；以至于在熊市来临之际，账户持续亏损。

(二)趋势线

1. 趋势线的定义及种类

所谓趋势线，就是根据价格上下变动的趋势所画出的线，画趋势线的目的，即依其脉络寻找出恰当的卖点与买点。

趋势线可分为上升趋势线、下降趋势线与横向整理趋势线。上升趋势线是沿着相继向上的反弹低点连接而成的一条直线，位于相应的价格图线的下侧。下降趋势线是沿着依次降低的上冲高点连接而成的一条直线，位于价格图线的上侧。

2. 趋势线的画法

画趋势线是高度人为的动作，对于一幅同样的图表，不同的人会做出不同的趋势线，实际上，即使是同一个人在不同的时候画同一幅图，做出的趋势线也可能不同。因为，趋势线是由相对高点和相对低点连接构成，如果画线时对高点或者低点重要性理解不一样，那么选择的高点和低点就不一样。同时，趋势线试图包容所有的点，那么当 3 个以及 3 个以上的点很难正好由一条直线连接，选择其中哪两个点进行连接，就决定了你的趋势线的位置，所以不同选择会有不同的结果。

(1) 画趋势线时，应从右向左画，因为近期价格变动比历史上的变动具有更大的意义。但不是说历史趋势线不重要，我们要做的就是先找出对近期价格最有指导意义的趋势线，然后结合不同的趋势线进行组合分析。趋势线的画法是将大多数相对高点或相对低点相连接，在某一条线上尽量多地汇聚相对高点或相对低点，此时就可以加大该趋势线成立的概率。

(2) 在上升趋势中，将两个上升的低点连成一条直线，就得到上升趋势线。上升趋势线起支撑作用。上升趋势线是由最近的相对低点到次近的相对低点的连线，而且次近的相对低点比最近的相对低点要低，这样就决定了上升趋势线是向上倾斜的，如图 8-9 所示。

图 8-9 上升趋势线

在下降趋势中，将两个下降的高点连成一条直线，就得到下降趋势线。下降趋势线起压力作用。下降趋势线是由最近的相对高点到次近的相对高点的连线，且次近的相对高点要比最近的相对高点要高，这样就决定了两个相对高点的趋势线是向下倾斜的，如图 8-10所示。

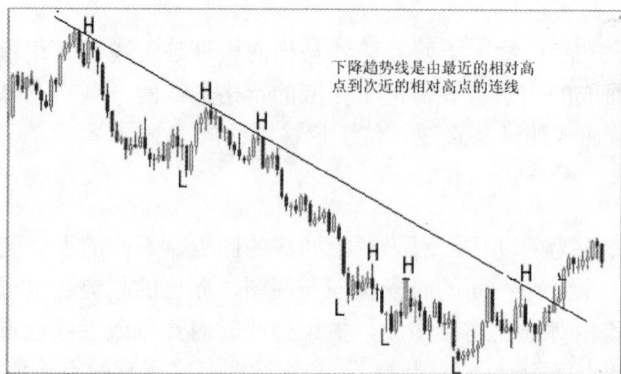

图 8-10　下降趋势线

水平趋势线是将各谷底相连接的一条直线，其中各谷底几乎都是在一个水平线上的。

(3) 按行情趋势时间长短不同，可以画出 3 种趋势线：短期趋势线(连接各短期波动点)、中期趋势线(连接各中期波动点)、长期趋势线(连接各长期波动点)，如图 8-11 所示。

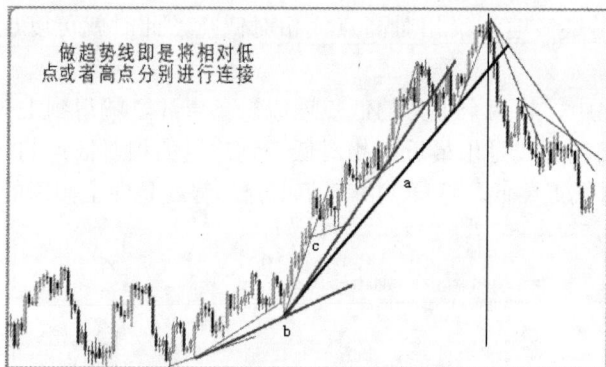

图 8-11　短期、中期、长期趋势线

在图 8-11 中，黑色竖线的左边为一系列的上升趋势线，这些上升趋势线分为不同的级别，其中 a 线条为上涨趋势的最大级别趋势线，而 b 趋势线为这一轮上涨过程中的中线趋势线，c 线条为日线图级别的短线上升趋势线；黑色竖线的右边部分 3 道蓝色线条分别为不同时期的下降趋势线。

(4) 画趋势线时需注意的问题。大多数投资者都习惯从左向右画趋势线，但也可以从右向左画，原因是：价格近期变动比历史变动更有意义，所以做趋势线应该更多地参考近期的走势。

在画趋势线的时候，还要注意排除一些极度高点和低点的情况，根据经验来决定是否需要排除异动。实际运用趋势线时可将排除和不排除的情况都画出，让市场来检验。

某一段趋势内，趋势线上要尽量多地汇聚相对高点或相对低点，价格斜率要尽量与趋势线斜率接近。

3. 趋势线的确认

画出趋势线后，如何确认，主要有以下几点。

(1) 趋势线被触及的次数：被触及的次数越多，说明该趋势线的有效性就越大。

(2) 趋势线的长度和持续时间：如果一轮涨势或者跌势越过趋势线的时间越久，大势反转的可能性也就越大。趋势线延伸越长，同时两个靠近的次级底部的连线不能太平或者太陡，否则其参考意义不大。若两个次级底部的距离远，则其可靠性就会增强。

(3) 趋势线的角度或者斜率：趋势线的角度(斜率)越大，表明股价的上升或者下降的速度越快。因此，其以后的抵抗力也就越弱。对于上升趋势而言，通常斜率大于 45°角的斜率是最具有研判意义的，斜率越大，上升越快。

(4) 趋势线被突破时的价差大小：盘中价格突破，就不如收盘价突破来得有效。股价在突破趋势线时必须有 3%以上的价差才可以确认突破的有效性。

(5) 股价在趋势线附近的反应大小：股价在趋势线附近的反应越大，则其确认突破的有效性越强。

(6) 趋势线发生改变时其成交量的变化：在上升反转，上升趋势初始确认时，必须随着成交量的同步增加；而在下跌反转，下跌趋势初始确认时，则无须成交量的确认。

(三)趋势线的分析与应用

1. 趋势线的应用法则

1) 趋势线的应用法则之一

趋势线的应用法则之一为：在上升行情中，股价回落到上升趋势线附近获得支撑，股价可能反转向上；而在下跌行情中，股价反弹到下跌趋势线附近将受到阻力，股价可能再次回落。也就是说，在上升趋势线的触点附近将形成支撑位，而在下跌趋势线的触点附近将形成阻力位。

2) 趋势线的应用法则之二

趋势线的应用法则之二为：如果下跌趋势线维持时间较长，而且股价的跌幅较大时，股价放量突破趋势线，是下跌趋势被反转的信号。该法则具有以下 3 个主要特征。

(1) 下跌趋势线维持的时间较长。

(2) 股价的跌幅较大。

(3) 股价向上突破下跌趋势线时呈现出放量的状态。

此法在实战应用中要注意的是，所确认的反转突破点与下跌趋势线的幅度不能过大，一般不能超过 5%。否则，这个突破的高度和可靠性是要大打折扣的。

3) 趋势线的应用法则之三

趋势线的应用法则之三为：股价突破趋势线时，此线将原来的起到阻力或是支撑作用，变为起到支撑或者阻力作用。该法则具有以下 3 个主要特征。

(1) 只适用于上升或者下跌趋势，对于横向趋势没有指导意义。

(2) 趋势线需被确认为有效突破。

(3) 与原来的趋势线作用性质改变，即支撑变阻力，阻力变支撑。

4) 趋势线的应用法则之四

趋势线的应用法则之四为：在上升行情初期，趋势线的斜率往往较大，回落跌破原趋势线时，通常会再沿着新的较缓和的趋势线上升，原趋势线将形成阻力，也就是上升斜率变小。

2. 趋势线的实战应用

(1) 回落至上升趋势线附近可看作顺势看涨，是建多头仓位的时机，如图 8-12 所示。

图 8-12 为上升趋势线的运用，一旦有效趋势线形成，则每次回落到该支撑线上时都可看作顺势做多的机会，直到该趋势线被跌破。

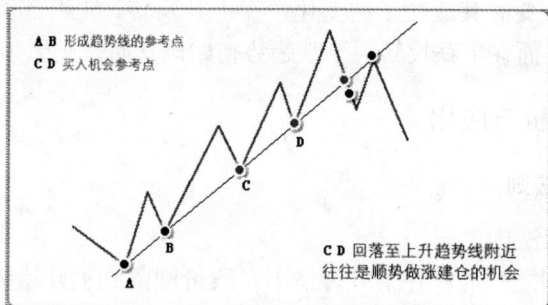

图 8-12　沿上升趋势线顺势做涨

(2) 反弹至下降趋势线附近可看作顺势做空建仓的时机，如图 8-13 所示。

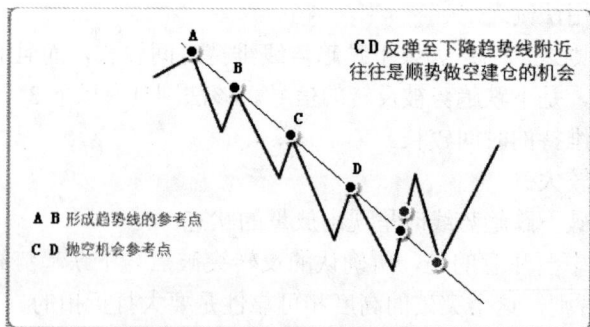

图 8-13　沿下降趋势线顺势做空

　　图 8-13 为下跌趋势线的运用，有效下降趋势线形成后，评判价格每次反弹到趋势线时都可看作顺势做空的机会，或者是多单逃命的机会，直到该趋势线被改变。

　　(3) 上升趋势线的向下突破及回抽是卖出信号，下降趋势线的向上突破及回抽是买入信号，如图 8-14 及图 8-15 所示。

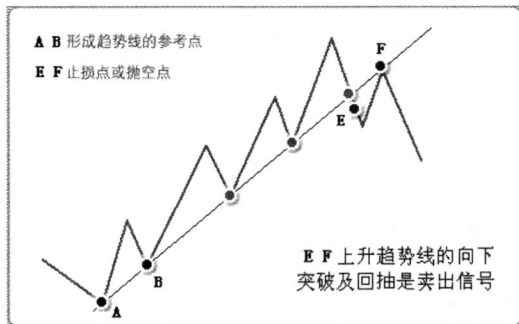

图 8-14　上升趋势线的向下突破及回抽是卖出信号

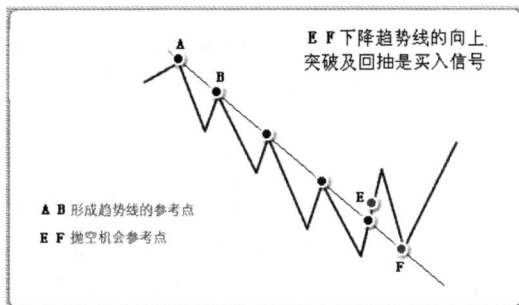

图 8-15　下降趋势线的向上突破及回抽是买入信号

3. 趋势线的修正

　　由于证券价格走势的千变万化，原来的趋势随时会发生逆转，要根据趋势的变化对原有的趋势线做出相应的修正和调整。其修正的方法是：将最新的峰顶或者谷底与原来的趋势线的起始点相连接，这样就形成了被修正的新的趋势线。有经验的技术性分析者经常在图表上画出各条不同的试验性趋势线，当证明其趋向线毫无意义时，就会将之擦掉，只保留具有分析意义的趋势线。此外，还会不断地修正原来的趋势线。例如当股价跌破上升趋势线后又迅即回升至该趋势线的上方，分析者就应该从第一个低点和最新形成的低点重画出一条新线，或是从第二个低点和新低点修订出更有效的趋势线。

(四)实际运用趋势线时需要注意的问题

　　实际运用趋势线时需要注意以下几个问题。

(1) 当上升趋势线被跌破时，是出货信号。在没有跌破之前，该上升趋势线起支撑作用。当下降压力线被突破时，就是一个进货信号。在没击破之前，下降压力线起压力作用，即证券价格到其附近时就是做空的机会。

(2) 趋势线对价格今后的变动起约束作用，使价格总保持在这条趋势线的上方(上升趋势线)或下方(下降趋势线)。

(3) 趋势线被突破后，股价将要反转。越重要有效的趋势线被突破，其转势的信号越强烈。被突破的趋势线原来所起的支撑和压力作用，将会互换角色。

二、支撑线与压力线

(一)支撑线和压力线的定义与作用

1. 支撑线和压力线的定义

1) 支撑线的定义

支撑线(Support Line)又称为抵抗线。当股价跌到某个价位附近时，股价停止下跌，甚至还有可能回升，这是因为多方在此买进推升价格造成的。支撑线起阻止股价继续下跌的作用。这个起着阻止股价继续下跌或暂时阻止股价继续下跌作用的价位就是支撑线所在的位置，如图 8-16(a)所示。

2) 压力线的定义

压力线(Resistance Line)又称为阻力线。当股价上涨到某价位附近时，股价会停止上涨，甚至回落，这是因为空方在此价位抛出做空造成的。压力线起阻止股价继续上升的作用。这个起着阻止或暂时阻止股价继续上升作用的价位就是压力线所在的位置，如图8-16(b)所示。

有些人往往产生这样的误解，认为只有在下跌行情中才有支撑线，只有在上升行情中才有压力线。其实，在下跌行情中也有压力线，在上升行情中也有支撑线。但是由于在下跌行情中人们最注重的是跌到什么地方是个头，这样关心支撑线就多一些；在上升行情中人们更注重涨到什么地方是个头，所以关心压力多一些。

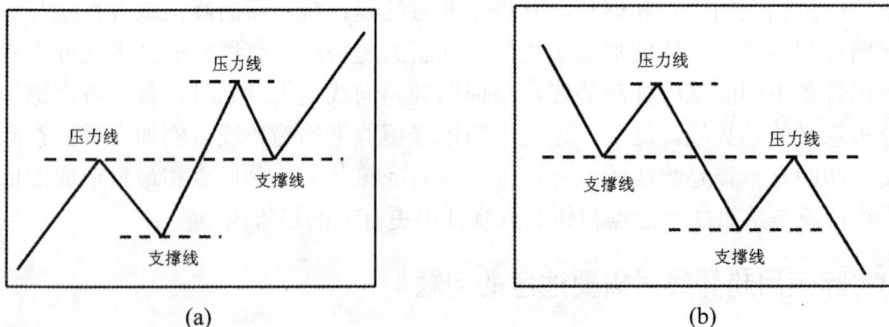

(a)   (b)

图 8-16　支撑线和压力线及其转化

3) 常见压力位和常见支撑位

常见压力位为前收盘、今开盘、前高点、前低点、均线位置、整数关口、黄金分割位等。常见支撑位为今开盘、前收盘、前低点、前次高点、均线位置、整数关口、黄金分割位等。

4) 支撑线和压力线的理论依据

支撑线和压力线主要是从人的心理因素考虑的。支撑线和压力线之所以能起支撑和压力作用，很大程度上是由于投资者心理方面的原因，这就是支撑线和压力线理论上的依据。当然，心理因素并不是唯一的依据，还可以找到别的依据，如历史会重复等，但心理因素是主要的理论依据。

投资市场中无外乎 3 种人：多头、空头和旁观者。旁观者又可分为持股的和持币的。假设股价在一个支撑区域待了一段后开始向上移动。在此支撑区买入股票的多头们很肯定地认为自己对了，并对自己没有多买入些而感到后悔。在支撑区卖出股票的空头们这时也认识到自己弄错了，他们希望股价再跌回到他们的卖出区域时，将他们原来卖出的股票补回来。而旁观者中的持股者的心情和多头相似，持币者的心情同空头相似。无论哪种人，都有买入股票成为多头的愿望。正是由于投资者要在下一个买入的时机买入，所以才使股价稍一回落就会受到大家的关心，他们会或早或晚地进入股市买股票，这就使价格根本还未下降到原来的支撑位置，上述所列的买进大军就自然会把价格推上去。在该支撑区发生的交易越多，就说明越多的股票投资者在这个支撑区有切身利益，这个支撑区就越发重要。

股价在一个支撑位置获得支撑后，待了一段时间开始向下移动，而不是像前面假设的那样是向上移动。对于上升，由于每次回落都有更多的买入，因而产生新的支撑。而对于下降，跌破了该支撑，情况就截然相反。在该压力区买入的多头都意识到自己错了，而没有买入的或卖出的空头都意识到自己对了。无论是多头还是空头，他们都有抛出股票逃离目前市场的想法。一旦股价有些回升，尚未到达原来的支撑位，就会有一批股票抛压出来，再次将股价压低。

以上的分析过程对于压力线也同时适用，只不过结论正好相反。

2. 支撑线和压力线的作用

支撑线和压力线具有如下作用。

(1) 如前所述，支撑线和压力线是阻止或暂时阻止股价向一个方向继续运动。我们在技术分析中曾假设股价的变动是有趋势的，要维持这种趋势，即保持原来的变动方向，就必须冲破阻止其继续向前的障碍。比如说，要维持下跌行情，就必须突破原有支撑线的阻挠，创造出新的低点；要维持上升行情，就必须突破原有压力线的阻挠，创造出新的高点。

(2) 支撑线和压力线又有彻底阻止股价按原方向变动的可能。当一个趋势终结或者说到头了，它就不可能创出新的低价和新的高价，这样支撑线和压力线就显得异常重要，是取得巨大利益的地方。

(3) 在上升趋势中，如果这一次未创出新高，即未突破压力线，那么这个上升趋势就算是处在关键的位置了；如果此后股价又向下突破了这个上升趋势的支撑线，则这就产生了一个趋势有变的强烈的警告信号，通常这意味着，这一轮上升行情的结束，下一步的走向是下跌。同样，在下降趋势中，如果下次未创新低，即未突破支撑线，这个下降趋势就算是处在很关键的位置，如果下一步股价向上突破了这个下降趋势的压力线，这就发出了这个下降趋势将要结束的强烈的信号。股价的下一步将是上升。

(二)支撑线和压力线的突破与相互转换

1. 支撑线和压力线的突破

如上所述，一个支撑如果被跌破，那么这个支撑将成为压力，同理一个压力被突破，这个压力将成为支撑。这说明支撑和压力的角色不是一成不变的，而是可能改变的，条件是它被足够强大的股价变动有效地突破。

怎样才能确认有效突破呢？用一个具体数字来严格区分突破和未突破是很困难的，没有一个明确的截然的分界线。一般来说，穿过支撑线和压力线越远，突破的结论越正确，越值得相信，越让投资者接受新的压力线和支撑线。不过实际应用中有几个数字值得注意，如 3%、5%、10%和一些整数的价位。跌破这些数字，往往是我们改变看法的开始。3%、5%和10%是针对跌破支撑线、压力线的幅度而言的。3%偏重于短线的支撑和压力区域，10%偏重于长线的支撑和压力区域，5%介于两者之间，整数价位主要是针对人的心理而言，它更注重心理，而不是注重技术。如 4.99 元与 5.00 元相差并不多，但 4.99 元给人的印象是跌破 5 元，而 5 元还未跌破 5 元。

对支撑和阻力的把握有助于对大市的研判，当冲过阻力区时表示市道强，可买或不卖出；当跌破支撑区时，表示市道弱，可卖出或不买进。

2. 支撑线与压力线相互转化

一般若股价在某个区域内上下波动，并且在该区域内累积成交量极大，那么如果股价冲过或跌破此区域，它便自然成为支撑线或阻力线。这些曾经有过大成交量的价位时常由阻力线变为支撑线或由支撑线变为阻力线：阻力线一旦被冲过，便会成为下个跌势的支撑线；而支撑线一经跌破，将会成为下一个涨势的阻力线。

(三)支撑线和压力线的确认与修正

1. 支撑线和压力线的确认

每一条支撑线和压力线的确认都是人为进行的。主要依据是根据价格变动所画出的图表。一般来说，一个支撑线或压力线对当前行情影响的重要性从以下 3 个方面考虑，这 3 个方面也是确认一个支撑或压力的重要识别手段。

(1) 价格在这个区域停留的时间长短。

(2) 价格在这个区域伴随的成交量大小。

(3) 这个支撑区域或压力区域发生的时间距离当前这个时期的远近。很显然，价格停留的时间越长，伴随的成交量越大，离现在越近，则这个支撑或压力区域对当前的影响就越大；反之就越小。

2. 支撑线和压力线的修正

有时，由于股价的变动，会发现原来确认的支撑或压力可能不是真正具有支撑或压力的作用，或者说，不很符合上面所述的 3 条。这时，就有一个对支撑线和压力线进行调整的问题，这就是支撑线和压力线的修正。

对支撑线和压力线的修正过程其实是对现有各个支撑和压力线的重要性的确认。每个支撑和压力在人们的心中的地位是不同的。股价到了这个区域，投资者心里清楚，它很有可能被突破；而到了另一个区域，投资者心里明白，它不容易被突破。这为进行买入卖出提供了一些依据，不至于仅凭直觉进行买进卖出的操作。

三、轨道线与轨道

(一)轨道线与轨道的含义

1. 轨道线

轨道线又称通道线或管道线，是基于趋势线的一种方法。在已经得到了趋势线后，通过第一个峰和谷可以做出这条趋势线的平行线，这条平行线就是轨道线。

2. 轨道

两条平行线组成一个轨道，这就是常说的上升和下降轨道。轨道是证券价格本身波动的通道，它是由两条平行的直线构成的、有角度的轨道，而且它的角度是会不断变化的。

沿支撑线画一条平行线所形成的向上的通道，常称为上升通道。沿阻力线画一条平行线所形成的向下的通道，常称为下降通道。

(二)轨道线的画法

我们已经知道怎么画趋势线，在趋势线的基础上，从行情初升的高点的位置上画上升趋势线的平行线，两条直线所夹成的区域，便称为"轨道线"或"通道线"。趋势线会随着环境的不同而改变其角度，轨道线的角度也会伴随改变。

(1) 在一轮上升趋势中，沿各个最低点画出主要趋势线，然后从第一个显著高峰引出一条线，平行于基本上升趋势线，这条线便是通道线，它与基本上升趋势线组成上升通道，如图 8-17 所示。

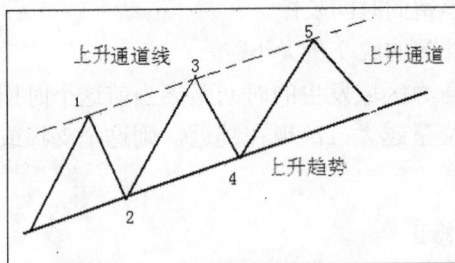

图 8-17　上升通道中的轨道线

(2) 在一轮下降趋势中，沿各个最高点画出主要趋势线，然后从第一个显著谷底引出一条线，平行于基本下降趋势线，这条线便是通道线，它与基本下降趋势线组成下降通道，如图 8-18 所示。

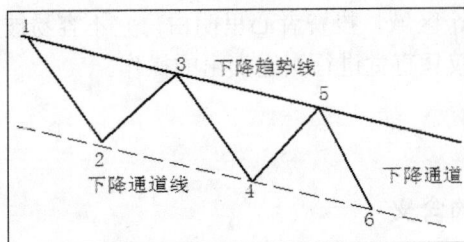

图 8-18　下降通道中的轨道线

(3) 以趋势线为基础，形成上升或者是下降通道，分为平行通道和非平行通道，在实际操作中，二者可结合使用。

先确定一个有效的顺势趋势线，然后选择一个同趋势对应的另外一个方向的点作平行线，或者另外一个方向有显著的高低点连线，可形成不平行的通道。

(三)通道的实战运用

1. 通道的含义

通道的上轨线是通道的压力线，对股价起着阻力的作用，股价在这个地方经常会遇到阻力而回落；通道的下轨线是通道的支撑线，对股价起着支撑的作用，股价在这个地方经常会遇到支撑而反弹。

(1) 上升通道的上沿可看作顺势做多的潜在获利目标，但不一定可以作为逆势抛空的机会。

当证券价格运行到某上升通道的上沿时，可看作多头离场的依据。但特别提醒并不可单一地作为抛空的信号，因为此时证券价格完全可以继续向上运行；如果要作为抛空点，除非有其他信号的支持，比如出现了中线和短线级别的双重 5 浪上升。

(2) 下降通道的下沿可看作顺势做空的潜在获利目标，但不一定可以看作逆势做多的机会。

当证券价格运行到某下降通道的下沿时，也可看做空头头寸离场的依据。同样需要特别提醒的一点是，通道下沿支撑并不能简单地买入作反弹的依据，因为此时证券价格完全可能继续向下运行；如果要作为反弹入场点，必须要有更多信号的支持，比如有清晰的中短线 5 浪下跌出现，或者有连续 2 次以上的底背离出现。

2. 通道线的确认

价格在基本上升趋势线受支撑后，若能抵达通道线并折返，那么通道线就被确认有效，通道也很可能存在。

3. 轨道线的突破

与趋势线突破不同，轨道线的突破并不是趋势反向的开始，而是代表行情开始加速，是趋势加速的开始，如图 8-19 所示。

4. 轨道线的趋势转向的警报

通道被证实存在，如果价格无法抵达通道线，且跌破轨道线是主要趋势即将被跌破的信号，如图 8-20 所示。

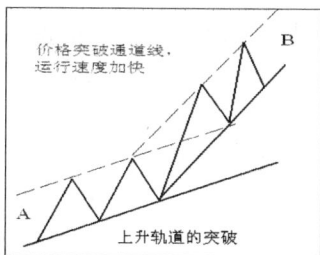

图 8-19 价格突破上升轨道线

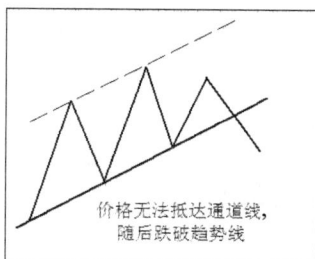

图 8-20 价格无法抵达通道线，且跌破轨道线

四、黄金分割线与百分比线

(一)黄金分割线

1. 黄金分割率的由来

有数学家发现数列 1、1、2、3、5、8、13、21、34、55、89、144、233、…，这一数列后来被称为费氏序列。它们有如下一些特点。

(1) 数列中任一数字都是由前两个数字之和构成。

(2) 前一数字与后一数字之比例，趋近于一固定常数，即 0.618；如 55/89≈0.618,89/144

≈0.618，144/233≈0.618。

(3) 后一数字与前一数字之比例，趋近于 1.618；如 144/89≈1.618，233/144≈1.618。

(4) 1.618 与 0.618 互为倒数，其乘积约等于 1。

(5) 上一数列中任一数字与后两数字相比，其值趋近于 2.618；与前两数字相比，其值趋近于 0.382。

这些数字充满着神秘，因此被称为神秘数字。而 0.618、1.618 就叫作黄金分割率。

上列奇异数字组合除了能反映黄金分割的两个基本比值 0.618 和 0.382 以外，尚存在下列两组神秘比值。

(1) 0.191、0.382、0.5、0.618、0.809。

(2) 1、1.382、1.5、1.618、2、2.382、2.618。

2. 黄金分割线的画图法

第一步是记住若干个特殊的数字。它们是：

0.191	0.382	0.618	0.809	1
1.191	1.382	1.618	1.809	2
2.618	4.236			

其中 0.382、0.618、1.382、1.618 最为重要。

第二步是找到一个点。这个点是上升行情结束，掉头向下的最高点，或者是下降行情结束，掉头向上的最低点。当然，我们知道这里的高点和低点都是指一定的范围，是局部的。只要能够确认一个趋势(无论是上升还是下降)已经结束或暂时结束，则这个趋势的转折点就可以作为进行黄金分割的点，这个点一经选定，就可以画出黄金分割线了。

第三步是计算与画线。根据黄金分割的特殊的数字，进行相应的计算，根据计算的数值画出黄金分割线。股价极容易在由 0.382、0.618、1.382、1.618 这 4 个数产生的黄金分割线处产生支撑和压力。

(1) 在上升行情开始掉头向下时，我们极为关心这次下落将在什么位置获得支撑。黄金分割提供的是如下几个价位，它们是由这次上涨的顶点价值分别乘上上面所列特殊数字中的几个。假设，这次上涨的顶点是 10 元，则：

8.09=10×0.809

6.18=10×0.618

3.82=10×0.382

1.91=10×0.191

这几个价值极有可能成为股价走势的支撑位，其中 6.18 和 3.82 的可能性最大。

(2) 在下降行情开始掉头向上时，我们关心上涨到什么位置将遇到压力。黄金分割线提供的位置是这次下跌的底点价位乘上上面的特殊数字。假设，这次下落的谷底价位为 10 元，则：

$$11.91 = 10 \times 1.191 \qquad 20 = 10 \times 2$$
$$13.82 = 10 \times 1.382 \qquad 26.18 = 10 \times 2.618$$
$$16.18 = 10 \times 1.618 \qquad 42.36 = 10 \times 4.236$$
$$18.09 = 10 \times 1.809$$

将可能成为未来股价的压力位。其中 13.82、16.18 以及 20 成为压力线的可能性最大。

3. 黄金分割在证券投资中的应用

(1) 用黄金分割线判断支撑位或压力位。黄金分割线是利用黄金分割比率的原理对行情进行分析，并依此给出各相应的切线位置。黄金分割中最常用的比率为 0.382、0.618，将此应用到股市的行情的分析中，可以理解为上述比率所对应位置一般容易产生较强的支撑与压力。在一轮中级行情结束后，股指或股价的趋势会向此前相反的方向运动，这时无论是由跌势转为升势或是由升势转为跌势，都可以以最近一次趋势行情中的重要高点和低点之间的涨跌幅作为分析的区间范围，将原涨跌幅按 0.191、0.382、0.50、0.618、0.809 划分为 5 个黄金分割点，股价在行情反转后将可能在这些黄金分割点上遇到暂时的阻力或支撑。

(2) 黄金分割线中最重要的是两条线 0.382、0.618，在反弹中 0.382 为弱势反弹位，0.618 为强势反弹位，在回调中 0.382 为强势回调位，0.618 为弱势回调位。行情回档支撑位可用下面的公式来计算：

$$某段行情回档支撑位 = 此段行情高点 - (此段行情高点 - 此段行情发动的最低点)$$
$$\div 0.382(或\ 0.618)$$

(二)百分比线

1. 百分比线的定义

百分比线是利用百分比率进行的画线，以近期走势中重要的高点和低点之间的涨跌幅作为计量的基数，再将此基数按 1/8、1/4、1/3、3/8、1/2、5/8、2/3、6/8、7/8、1/1 的比例 10 等分，生成百分比线，百分比线可使股价的涨跌幅度更加直观，往往能形成重要的阻力位与支撑位。

百分比线考虑问题的出发点是人们的心理因素和一些整数的分界点。当价格持续向上，涨到一定程度，肯定会遇到压力，遇到压力后，就要向下回撤，回撤的位置很重要。黄金分割提供了几个价位，百分比线也提供了几个价位。以这次上涨开始的最低点和开始向下回撤的最高点两者之间的差，分别乘上几个特别的百分比数，就可以得到未来支撑位可能出现的位置。

2. 百分比数的取值及意义

(1) 百分比数一共 9 个，它们是 1/8、1/4、3/8、1/2、5/8、3/4、7/8、1/3、2/3。其中，1/8=12.5%、1/4=25%、3/8=37.5%、1/2=50%、5/8=62.5%、3/4=75%、7/8=87.5%、1/3=33.33%、

2/3=66.67%。

(2) 最重要的是 1/2、1/3、3/8、5/8 和 2/3，这几条线具有较强的支撑与压力作用。实际上，上述 5 条百分比线的位置与黄金分割线的位置基本上是相互重合或接近的。

3. 百分比线的画法

百分比线需要定一个明显的高点(天)和一个明显的低点(地)。在天与地之间，区间被 8 等分以及 3 等分，共画了 9 条线：1/8(12.5%)、2/8(25%)、1/3(33%)、3/8(37.5%)、4/8(50%)、5/8(62.5%)、2/3(67%)、6/8(75%)、7/8(87.5%)。

4. 百分比线实战运用

(1) 百分比数的 9 个特殊的数字 1/8、1/4、3/8、1/2、5/8、3/4、7/8、1/3、2/3，都可以用百分比表示。1/8=12.5%、1/4=25%、3/8=37.5%、1/2=50%、5/8=62.5%、3/4=75%、7/8=87.5%、1/3=33.33%、2/3=66.67%，之所以用上面的分数表示，是为了突出整数的习惯。这 9 个数字中有些很接近，如 1/3 和 3/8，2/3 和 5/8，如图 8-21 所示。

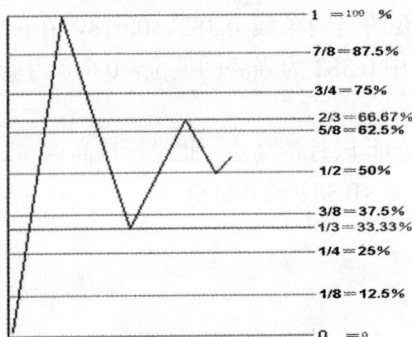

图 8-21　百分比线及其筷子线

(2) 百分比线中最重要的为 50%、33.3%、37.5%、62.5%、66.6%(1/2、1/3、3/8 及 5/8、2/3)，也就是最当中的 5 条线，它们最具有支撑与压力的作用。

(3) 神奇的筷子线。在百分比线的 9 个比例中有两组百分比线比较接近：33%和 37.5%(1/3 与 3/8)、62.5%和 67%(5/8 与 2/3)，它们被称作"下筷子线"和"上筷子线"，见图 8-21。股价在这里受阻回落或是获得支撑上扬的力度会更大些。

五、扇形原理、速度线和甘氏线

(一)扇形原理

1. 扇形线的定义

扇形线都是以同一点为出发点，向右边散开，形成扇子的形状，故称之为扇形线(Fan

Line)。扇形原理(Fan Principle)主要是用以确定中长期转势，并能较快地分辨牛、熊市的出现。

2. 扇形线的种类

1) 上升扇形线

当行情经过一段时间的上升，价格大多会在其一定区域之间涨落。如果将开始上升的低点(中期性低点)和高位徘徊的各个低点分别以直线连接起来，便可以画出多于一条的上升趋势线，这些趋势线像一把扇子一般，做出很规则的移动，每一条趋势线之间形成的角度大致相等，便把这些趋势线称为上升"扇形线"，如图 8-22(a)所示。

2) 下降扇形线

下跌时情形也是一样，若把中期性高点与低位徘徊时的各个短期性高点分别以直线连接起来，也可以画出一组像扇子般散开的下降趋势线，也同样是"扇形线"，如图 8-22(b)所示。

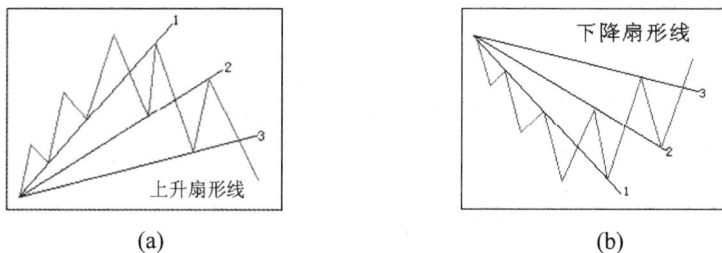

(a)　　　　　　　　　(b)

图 8-22　上下扇形线

3. 扇形线的画法

在上升趋势中，先以两个低点画出上升趋势线后，如果价格向下回档，跌破了刚画的上升趋势线，则以新出现的低点与原来的第一个低点相连接，画出第二条上升趋势线。再往下，如果第二条趋势线又被向下突破，则用新的低点与最初的低点相连接，画出第三条上升趋势线。依次变得越来越平缓的这 3 条直线形如张开的扇子，扇形线和扇形原理由此而得名。对于下降趋势也可如法绘制，只是方向正好相反。

4. 扇形线的应用

(1) 扇形原理是依据 3 次突破的原则。当突破一条维持多时、颇为陡峭的趋势线(上升或下降趋势线)时，出现一次急速的短期性变动，但价格尚不足以扭转原来的趋势，很快地又维持原来的方向运动(即下跌时虽突破了下降趋势线，但回升不久后又再继续回落。上升时情况则是相反)，形成新的趋势线。当这新的趋势线突破，再经过急速的短期性变动后，又一次回复原来的趋势，形成第三条趋势线。直到第三条趋势线也告突破，原来的趋势才真正逆转过来。

(2) 扇形线与趋势线有很紧密的联系，初看起来很像趋势线的调整。扇形线丰富了趋势线内容，明确给出了趋势反转(不是局部短暂的反弹和回档)的信号。趋势要反转必须突破层层阻止突破的阻力。要反转向上，必须突破很多条压在头上的压力线；要反转向下，必须突破多条横在下面的支撑线。稍微的突破或短暂的突破都不能被认为是反转的开始，必须消除所有的阻止反转的力量，才能最终确认反转的来临。

(二)速度线

1. 速度线的定义

同扇形原理考虑的问题一样，速度线(Speed Line)也是用以判断趋势是否将要反转的。它是将每个上升或下降的幅度分成 3 等分进行处理，有时，又把速度线称为三分法。在下降趋势中，连接高点与 0.33 分界点和 0.67 分界点，或在上升趋势中，连接低点与 0.33 和 0.67 分界点，得到两条直线。这两条直线就是速度线。速度线最为重要的功能是判断一个趋势是被暂时突破还是长久突破(转势)。

2. 速度线的画法

(1) 找到一个上升过程的最高点和最低点(这一点同百分比线相同)，然后，将高点和低点的垂直距离 3 等分，如图 8-23 所示。

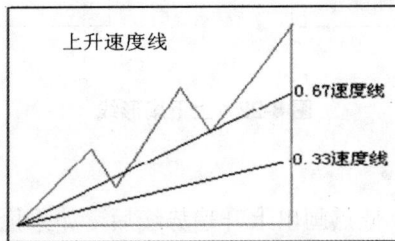

图 8-23　上升速度线

(2) 找到一个下降过程的最高点和最低点(这一点同百分比线相同)，然后，将高点和低点的垂直距离 3 等分，从而绘制出下降速度线，如图 8-24 所示。

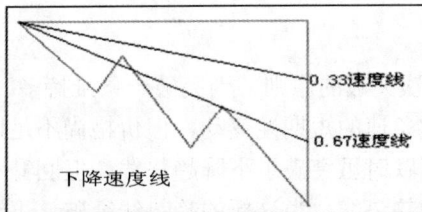

图 8-24　下降速度线

(3)　与别的切线不同，速度线有可能随时变动，一旦有了新高或新低，则速度线将随之发生变动，尤其是新高和新低离原来的高点低点相距很近时，更是如此，原来的速度线可以说一点用也没有。

3. 速度线的运用

(1)　在上升趋势的调整之中，如果向下折返的程度突破了位于上方 0.67 的速度线，则股价将试探下方的 0.33 速度线。如果速度线被突破，则股价将一泻而下，预示这一轮上升的结束，也就是转势。

(2)　在下降趋势的调整中，如果向上反弹的程度突破了位于下方的 0.67 速度线，则股价将试探上方的 0.33 速度线。如果 0.33 速度线被突破，则股价将一路上行，标志这一轮下降的结束，股价进入上升趋势。

(3)　速度线一被突破，其原来的支撑线和压力线的作用将变换位置，这也是符合支撑线和压力线的一般规律的。

(三)甘氏线

1. 甘氏线的定义

甘氏线(Gann Line)是由 William D. Gann 创立的一套独特的理论，是将百分比原理和几何角度原理结合起来的产物。甘氏线是从一个点出发，依一定的角度，向后画出的多条射线，所以，甘氏线是包含角度线的内容。因此，有些人把甘氏线称为角度线。甘氏线分上升甘氏线和下降甘氏线两种。

2. 甘氏线的含义及画法

1)　甘氏线的角度

每根甘氏线对应一个角度，如下。

1×8 — 82.5°　　1×4 — 75°　　1×3 — 71.25°　　1×2 — 63.75°　　1×1 — 45°

2×1 — 26.25°　　3×1 — 18.75°　　4×1 — 15°　　8×1 — 7.5°

2)　甘氏线角度的含义

1×8(1 时间×8 价格)表示每变动 1 个时间单位，价格变动 8 个单位。

1×4(1 时间×4 价格)表示每变动 1 个时间单位，价格变动 4 个单位。

1×3(1 时间×3 价格)表示每变动 1 个时间单位，价格变动 3 个单位。

1×2(1 时间×2 价格)表示每变动 1 个时间单位，价格变动 2 个单位。

1×1(1 时间×1 价格)表示每变动 1 个时间单位，价格变动 1 个单位。

2×1(2 时间×1 价格)表示每变动 1 个价格，需要 2 个单位时间。

3×1(3 时间×1 价格)表示每变动 1 个价格，需要 3 个单位时间。

4×1(4 时间×1 价格)表示每变动 1 个价格，需要 4 个单位时间。

8×1(8时间×1价格)表示每变动1个价格，需要8个单位时间。

3) 甘氏线的画法

画甘氏线的方法是首先找到一个点，在上升趋势或下降趋势中，找出近期的最高点位置，以此点为中心按照不同的角度(1×8、1×4、1×3、1×2、1×1、2×1、3×1、4×1和8×1)向上画出数条射线，形成上升甘氏线。这些线将在未来起压力和支撑作用。在下降趋势中，找出近期最低点位置，以此点为中心按照不同的角度(1×8、1×4、1×3、1×2、1×1、2×1、3×1、4×1和8×1)向下画出数条射线，形成下降甘氏线。这些线将在未来起支撑和压力作用。

被选择的点同大多数别的选点方法一样，一定是显著的高点和低点，如果刚被选中的点马上被创新的高点和低点取代，则甘氏线的选择也随之变更，如图8-25所示。

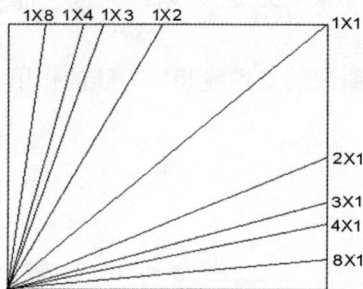

图8-25　上升甘氏线

3. 甘氏线的运用

(1) 甘氏线的每条直线都有支撑和压力的功能，但这里面最重要的是1×1、2×1和1×2。其余的角度虽然在价格的波动中也能起一些支撑和压力作用，但重要性都不大，都很容易被突破。

(2) 在强势多头市场中，每变动一个时间单位，价位可变动两个单位以上，而在空头市场中要增加一个单位价格，就必须花市场中两个单位时间以上。因此，当价格在高档区1×8(或1×2、1×3、1×4)反转而下时，必须先破1×4，再破1×3区等，若是跌破1×1区，则代表已步入空头市场，同理，当价格由底部8×1向上翻转时，也必然突破4×1、3×1、2×1等，当突破1×1时，则进入另一个多头市场，故1×1(45°)线，所代表的意义相当重要，甘氏线中的每一条角度线，都有可能成为市场趋势中的压力线或支撑线，需视其所在价位位置而定。

(3) 甘氏1×1(45°)线是一个倾斜度为45°，代表一条长期的趋势线(上升或者下降)。当价格高于此线上升，表明市场是牛市；当价格低于此线下降，表明市场是熊市。

4. 运用甘氏线要注意的问题

运用甘氏线要注意以下问题。

(1) 受到技术图表使用的刻度的影响，选择不同的刻度将影响甘氏线的作用。只要不断地调整刻度，就可以使甘氏线达到"准确预报"的效果。

(2) 甘氏线并不是孤立地作用，它往往同百分比线等别的切线相结合使用，这样，可以改变总体的效果，避免一些明显的错误。

(3) 甘氏线提供的不是一条或几条线，而是一个扇形区域，在实际应用中有相当的难度。不是专业研究江恩理论的投资者，最好不要使用甘氏线。

专栏 8-5 熊市的几个阶段

熊市第一阶段：市场投资热情高涨，利空因素被忽视，利好被放大，投资者普遍对收益绝对乐观，对后市变化完全没有戒心，甚至一些从来不炒股的老人都全心炒股。同时，不少企业在加速扩股，收购合并的消息到处流传，市场的交投也十分活跃。不过，尽管股价进一步上升，成交量却不能同步跟上。当股价下跌时，被认为仍然是上升过程中的回调，而主力资金却开始不断撤退。

熊市第二阶段：由于突发事件影响，股市由极热忽然变得极冷，一有风吹草动，投资者就会"恐慌性抛售"，持币观望的投资者开始增多，主力资金彻底放弃接盘，由于许多散户开始急于抛出，股价急速下跌，一发不可收。经过一轮疯狂的抛售和股价急跌以后，市场也会出现一次较大的反弹，但往往是反弹高度较小，股指仅回升 1/3 都不到，而且成交也不放大。说明主力已经不再进场。

熊市第三阶段：国际和国内宏观环境形势变得严峻，宏观经济形势前景不明朗，上市公司的业绩增速下降，一些公司不断爆出各种丑闻，要求对个股重新估值的呼声不断，同时，利空消息频频出现，整个市场悲观气氛弥漫，股价再度出现较大幅度下挫。这时，熊市就进入最后的杀跌阶段了。

第六节 形 态 分 析

一、形态分析概述

(一)形态分析的概念

证券价格趋势发生变化一般不是偶然的，往往都会有一个发展变化的过程。形态理论就是通过研究各种复杂的证券价格曲线形态，进而发现证券价格正在行进的方向。因此，我们说股价运动有按趋势发展的规律，并且类似情况还会重复出现，把过去和现在的股价变动数据标在以时间为横轴、以股价为纵轴的平面直角坐标系上，以股价图形的形态分析未来趋势，这即是形态分析。形态理论通过研究股价所走过的轨迹，分析曲线告诉投资者的一些多空双方力量的对比结果，并从中归纳找出一些典型的形态，进而指导投资者的行动。

(二)价格移动规律

股价的移动是由多空双方力量的大小决定的,股价的移动主要是保持平衡的持续整理和打破平衡的突破这两种过程。

根据多方和空方力量对比可知,证券价格移动应该遵循这样的规律:证券价格应在多方和空方取得均衡的位置上下来回波动;原有的平衡被打破后,证券价格将寻找新的平衡位置。可以具体描述如下:

持续整理,保持平衡 $\Longrightarrow$ 打破平衡 $\Longrightarrow$ 新的平衡 $\Longrightarrow$ 再打破平衡 $\Longrightarrow$ 再寻找新的平衡……

价格的移动就是按这一规律循环往复、不断地进行的。证券市场中投资的胜利者往往是在原来的平衡快要打破之前或者是在打破的最初过程中采取行动而获得收益的。原平衡已经打破,新的平衡已经找到,这时才开始行动,就已经晚了。

(三)证券价格移动的形态

价格移动规律是完全按照多空双方力量对比及所占优势大小而定的。股价经过一段时间的移动后,在图上即形成一种特殊区域或形态,不同形态显示出不同意义。可以从这些形态的变化中摸索出一些有规律的东西。

1. 反转形态

反转形态指股价趋势逆转所形成的图形,亦即股价由涨势转为跌势,或由跌势转为涨势。反转突破形态描述了趋势的反转,是投资分析中最感兴趣的形态。反转突破形态主要有头肩(顶底)形态、双重顶(底)、圆形顶(底)和 V 形顶(底)等。

2. 整理形态

整理形态是指股价经过一段时间的快速变动后,不再前进而在一定区域内上下震荡,维持暂时多空平衡的走势。

3. 缺口

缺口是指股价在快速大幅变动中有一段价格区间没有任何交易,显示在股价走势图上是一个前后(上下)不连接的区域,这个区域称为"缺口",它通常又称为跳空。当股价出现缺口,经过当天或是几天,甚至更长时间的变动,然后反转过来,价格又回到原来缺口的价位时,称为缺口的封闭,也称缺口的回补。

二、头肩形态

(一)头肩顶形态

头肩形态是实际股价形态中出现最多的一种形态，也是最著名和最可靠的反转突破形态。它一般可分为头肩顶、头肩底以及复合头肩顶底 3 种类型。

1. 头肩顶形态的产生

头肩顶形态是一个可靠的卖出时机，一般通过连续的 3 次起落构成该形态的 3 个部分，也就是要出现 3 个局部的高点。中间的高点比另外两个都高，称为头；左右两个相对较低的高点称为肩。这就是头肩顶形态名称的由来，如图 8-26 所示。

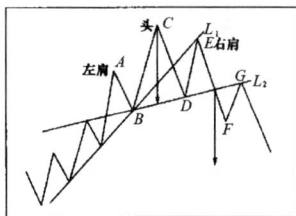

图 8-26 头肩顶形态

头肩顶形态的形成过程大体如下：①股价长期上升后，成交量大增，获利回吐压力也增加，导致股价回落，成交量同时也较大幅度下降，左肩形成。②股价回升，突破左肩之顶点，成交量可能因充分换手而创新高，但价位创新高使持股者产生恐慌心理，竞相抛售，股价回跌到前一低点水准附近，头部完成。③由于量能还未充分释放，股价再次上升，但前段的巨额成交量将不再重现，涨势亦不再凶猛，价位到达头部顶点之前即告回落，形成右肩。这一次下跌时，股价急速穿过颈线，再回升时，股价也仅能达到颈线附近转而向下，成为下跌趋势，头肩顶形态宣告完成。

头肩顶形态的道理与支撑线和压力线的内容有密切关系。图 8-26 中的直线 L_1 和直线 L_2 是两条明显的支撑线。从 C 点到 D 点，突破直线 L_1 说明上升趋势的势头已经遇到了阻力，E 点和 F 点之间的突破 L_2 则是趋势的转向。另外，E 点的反弹高度没有超过 C 点，也是上升趋势出了问题的信号。

图中的直线 L_2 是头肩顶形态中极为重要的直线——颈线。在头肩顶形态中，它是支撑线又是压力线，前面起支撑作用后来则起压力线作用。

头肩顶形态走到了 E 点并掉头向下，只能说是原有的上升趋势已经转化成了横向延伸，还不能说已经反转向下了。只有当图形走到了 F 点，即股价向下突破了颈线，才能说头肩顶反转形态已经形成。

　　同大多数的突破一样，这里颈线被突破也有一个被认可的问题。一般而言，以下两种形态为假头肩顶形态：第一，当右肩的高点比头部还要高时，不能构成头肩顶形态；第二，如果股价最后在颈线水平回升，而且回升的幅度高于头部，或者股价跌破颈线后又回升到颈线上方，这可能是一个失败的头肩顶形态。

　　头肩顶形态是一个长期趋势的转向形态，一般出现在一段升势的尽头。这一形态具有如下特征：①一般来说，左肩与右肩高点大致相等，有时右肩较左肩低，即颈线向下倾斜；②就成交量而言，左肩最大，头部次之，而右肩成交量最小，即呈梯状递减；③突破颈线不一定需要大成交量配合，但日后继续下跌时，成交量会放大。

　　当颈线被突破，反转被确认以后，大势将下跌。下跌的深度，可以借助头肩顶形态的测算功能进行。

　　从突破点算起，股价将至少要跌到与形态高度(头部 C 到颈线 L_1 的距离)相等的距离。

2. 市场含义

　　(1) 头肩顶是一个长期趋势的转向形态，通常会在牛市的尽头出现。

　　(2) 当最近的一个高点的成交量较前一个高点为低时，就暗示了头肩顶出现的可能性；当第三次回升股价没法超越上次的高点，成交量继续下降时，有经验的投资者就会把握机会沽出。

　　(3) 当头肩顶的颈线 L_2 被击破时，就是一个真正的卖出信号，虽然股价和最高点比较，已回落了相当的幅度，但跌势只是刚刚开始，未出货的投资者继续卖出。

(二)头肩底形态

　　头肩底是头肩顶的倒转形态，它是一个可靠的买进时机。这一形态的构成和分析方法，除了在成交量方面与头肩顶有所区别外，其余与头肩顶类同，只是方向正好相反，如图 8-27 所示。

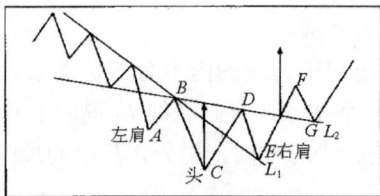

图 8-27　头肩底形态

(三)复合头肩形态

1. 形态分析

复合头肩形态是头肩式(头肩顶或头肩底)的变形走势，其形状和头肩式十分相似，只是肩部、头部或两者同时出现多于一次。大致来说可划分为以下几大类。

(1) 一头双肩式形态：一个头分别有两个大小相同的左肩和右肩，左右双肩大致平衡。比较多的是一头双右肩，在形成第一个右肩时，股价并不马上跌破颈线，反而掉头回升，不过回升却止于右肩高点之下，最后股价继续沿着原来的趋势向下。

(2) 一头多肩式形态：一般的头肩式都有对称的倾向，因此当两个左肩形成后，很有可能也会形成一个右肩。除了成交量之外，图形的左半部和右半部几乎完全相等。

(3) 多头多肩式形态：在形成头部期间，股价一再回升，而且回升至上次同样的高点水平才向下回落，形成明显的两个头部，也可称作两头两肩式走势。有一点必须留意，成交量在第二个头往往会较第一个减少。

复合头肩式如图 8-28 所示。

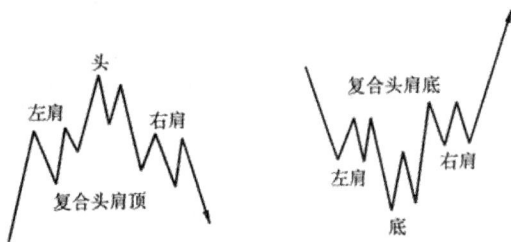

图 8-28　复合头肩顶底形态

2. 市场含义

复合头肩形态的分析意义和普通的头肩式形态一样，当在底部出现时，即表示一次较长期的升市即将来临；假如在顶部出现，显示市场将转趋下跌。

三、双重顶(底)

双重顶与双重底也称 M 头和 W 底，是一种最常见的顶(底)部反转形态。其形态是由两个等高(低)或近乎等高(低)的高(低)点组成的图形。

(一)双重顶

形成于一段涨势的末期的双重顶(又称 M 头)是典型的卖出信号。当股价升至某一高点时，遭到强大的卖压，在高点处留下大成交量后股价回落，回落中成交量萎缩，至某一低点受到买盘支撑再度上升，当股价又升到前一高点水平附近时，成交量虽随股价回升而放大，但还明显低于前一高点所留下的成交量水平，但是股价却无力超越前一高点而再度回落，并在回落到由前一低点引出的水平线——颈线时，稍做反弹就迅速向下跌破颈线，至此，双重顶形态完成，如图 8-29 所示。

双重顶有效跌破颈线后的下跌幅度，为第二个高点到颈线之间的垂直距离。

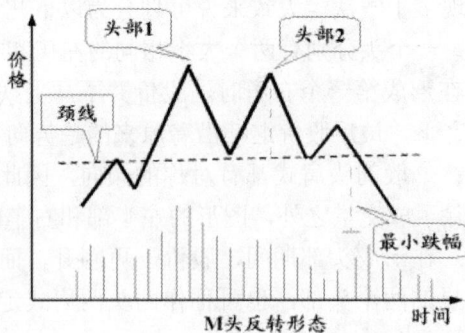

图 8-29　双重顶(M 头)形态

(二)双重底

双重底(W 底)是典型的买入信号，是双重顶倒转过来的图形，如图 8-30 所示。

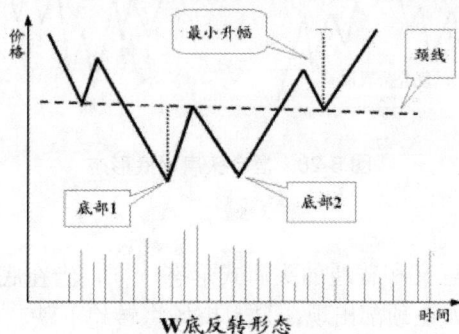

图 8-30　W 底形态

无论双重顶或双重底完成后，突破颈线幅度超过股价 3%以上时，才算是有效突破。

四、圆弧顶与圆弧底

(一)圆弧顶

所谓圆弧顶，是将股价在高位形成头部过程中产生的多个高点，用曲线将其连接起来而成为类似于圆弧形状的一种图形形态。

1. 形态分析

当股价变动进入上升行情时，在上涨初期，多头快速拉升股价，表示其实力强劲，涨升一段后，多头开始遇到阻力，使股价上升速度减缓，甚至下跌，多空形成拉锯战，多头由主动变为被动，最后力量不支，快速下跌，在图形的上端形成弧状，即圆弧顶。

2. 市场含义

经过一段买方力量强于卖方力量的升势之后，买方趋弱或仅能维持原来的购买力量，使涨势缓和，而卖方力量却不断加强，最后双方力量均衡，此时股价会保持没有涨落的静止状态。如果卖方力量超过买方，股价就回落，开始只是慢慢改变，跌势不明显，但后期则由卖方完全控制市场，跌势便告转急，说明一个大跌市将要来临，未来下跌之势将转急转大，那些先知先觉者在形成圆形顶前离市，但在圆形顶完全形成后，仍有机会撤离。

(二)圆形底

所谓圆形底，是将股价在低位形成底部过程中产生的多个低点，用曲线将其连接起来而成为类似于圆弧形状的一种图形形态，与圆弧顶相反，如图 8-31 所示。

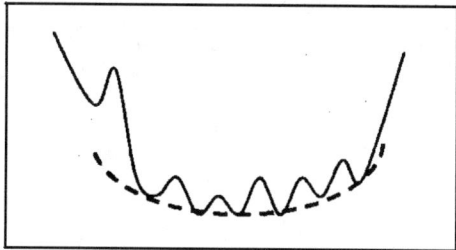

图 8-31　圆弧底

其形态的形成过程是，在一段大幅下跌后，股价跌势逐渐趋缓，股价变动呈弧形下跌，成交量逐渐减少，然后当股价缓跌至某一价位区时，上下波动几乎呈水平状态，成交量也减少至交易几乎停顿。此时多头力量渐渐增强，股价缓慢回升，呈一弧形，成交量随股价上升而不断放大，说明主力机构在慢慢吸货，股价也由小幅攀升并最终形成陡峭地上升，圆形底形态完成。

五、V 形反转形态

V 形是反转形态中上升或下降幅度较大、速度较快的一种，它只有一个尖顶或一个尖底。投资者如果能够及时把握，那么差价利润相当可观。但是 V 形很难及时判断，要配合成交量及其他分析方法提前确认，以免错过买或卖的时机。V 形反转形态分 V 形顶与 V 形底两种。

(一)V 形底

1. V 形走势

V 形走势可分为 3 个部分。

(1) 下跌阶段：通常 V 形的左方跌势十分陡峭，而且持续一段短时间。

(2) 转势点：V 形的底部十分尖锐，一般来说形成这转势点的时间仅两三个交易日，而且成交在这低点明显增多。有时转势点就在恐慌交易日中出现。

(3) 回升阶段：接着股价从低点快速回升，成交量随之增加。

"伸延 V 形"走势是"V 形走势"的变形。在形成 V 形走势期间，其中上升(或是下跌)阶段呈现变异，股价有一部分出现横向发展的成交区域，其后打破这徘徊区，继续完成整个形态。倒转 V 形和倒转伸延 V 形的形态特征，与 V 形走势刚好相反。

2. 市场含义

由于市场中卖方的力量很大，令股价稳定而又持续地下挫，当这股抛售力量消失之后，买方的力量完全控制整个市场，使得股价出现戏剧性的回升，几乎以与下跌时同样的速度收复所有失地。因此在图表上股价的运行会形成一个像 V 字形的移动轨迹。倒转 V 形情形则刚刚相反，市场看好的情绪使得股价节节盘升，可是突如其来的一个因素扭转了整个趋势，卖方也以较快速度下跌，形成一个倒转 V 形的移动轨迹。这种图形通常是由一些突如其来的因素所引起的突变，是一般投资者所不能预见的因素造成的。如图 8-32 所示为荣华实业 V 形底。

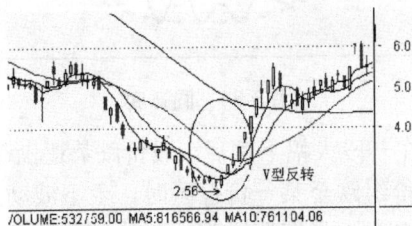

图 8-32 荣华实业 V 形底

(二)V 形顶

V 形顶又称单顶，是反转形态中下降幅度较大，速度极快的一种反转形态。与 V 形底正好相反。如图 8-33 所示为 ST 中农 2007 年 5 月 23 倒 V 反转。

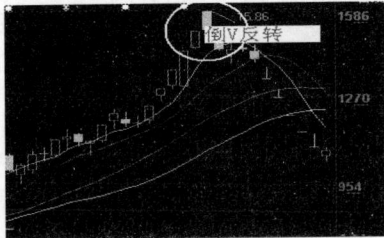

图 8-33 ST 中农 2007 年 5 月 23 日倒 V 反转

六、持续整理形态

股价走势在上升或下降过程中，有时需要休整一下，也就是多方和空方维持暂时平衡的局面，在图形上就形成了调整形态。必须要说的是，作为整理形态，在完成其形态之后，大多是维持原有的方向继续行进，但是也有可能是转势，就是说整理形态走出来后股价不再沿原来的趋势行进，而是转向掉头。

(一)三角形

三角形的调整形态共分 3 种：对称三角形、上升三角形、下降三角形。

1. 对称三角形

对称三角形表示在股价盘整中买卖双方的力量均衡，交易量由多到少；当股价按其原有趋势继续发展时，交易量会增加，如图 8-34 所示。对称三角形有两条聚拢的直线，上面由高点连接而成的向下倾斜的直线，起压力作用；下面由低点连接而成的向上倾斜的直线，起支撑作用。两直线的交点称为顶点。一般来说，三角形的突破是必需的，根据经验，突破的位置一般应在三角形的横向宽度的 1/2～3/4 的某个位置。三角形的横向宽度指三角形的顶点到竖直边的距离，突破时越靠近三角形的顶点，三角形的各种功能就越不明显，对投资的指导意义就越不强。

对称三角形被突破后，也有测算功能。从突破点算起，股价至少要运动到与形态高度相等的距离。

2. 上升三角形

上升三角形表示在股价盘整中买方的力量不断增强，高点维持水平，而低点不断抬高，交易量由大到小；当股价突破阻力线向上时，交易量增加，后市展望良好。这种图形是显示买进的信号，如图 8-35 所示。在此不再详述。

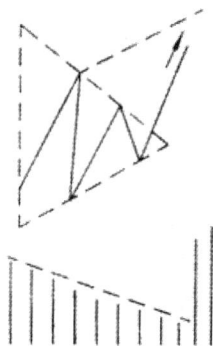

图 8-34 对称三角形

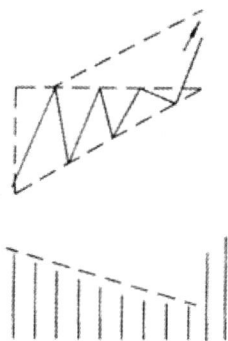

图 8-35 上升三角形

3. 下降三角形

下降三角形表示在盘整中卖方的力量在不断增强，交易量由大到小；当股价突破支持线向下时，交易量增加，后市展望不乐观。这种图形是显示卖出清仓的图形，如图 8-36 所示。在此不再详述。

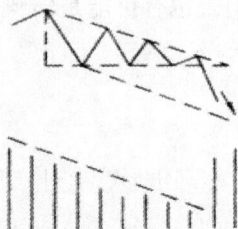

图 8-36　下降三角形

(二)旗形

旗形分上升旗形和下降旗形。

1. 上升旗形

上升旗形是一种在股价上升的走势中出现向下调整的四边形，表示交易量由大变小，股价突破阻力线后，交易量大增；上升幅度是原突破点到旗杆最高点的垂直距离，即 CD=AB。上升旗形是后市展望良好的一种调整形态，因而当股价突破阻力线向上时，是买进的信号，如图 8-37 所示。

2. 下降旗形

下降旗形是一种在股价下降的走势中出现向上调整的长方形，表示交易量由大变小，股价突破支持线以后，交易量大增；下降幅度是原突破点到旗杆最低点的垂直距离，即 CD=AB。下降旗形是后市展望不佳的一种调整形态，因而当股价突破支持线向下时，是卖出的信号，如图 8-38 所示。

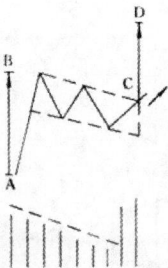

图 8-37　上升旗形　　　　图 8-38　下降旗形

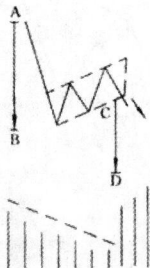

(三)楔形

在股价走势中，出现一种类似楔形的整理形态，其外形类似既不对称也没有直角的三角形。楔形也可分成下降楔形和上升楔形两种。

1. 下降楔形

下降楔形是在股价上升走势中常出现的调整形态。这种形态展示后市走势良好，是一种表示可以买进的图形，如图 8-39 所示。

2. 上升楔形

上升楔形是在股价下降走势中常出现的一种调整形态。这种图形展示后市走势不乐观，是一种表示可以卖出的图形，如图 8-40 所示。

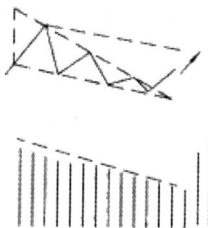

图 8-39　下降楔形　　　　图 8-40　上升楔形

(四)钻石形

钻石形是由两个对称三角形合并组成的一种调整形态。这是显示股价在调整期间变化很大，市场走势不稳定，因而后市展望不确定的一种图形调整形态，如图 8-41 所示。

(五)矩形

矩形是一种常见的横向整理形态，也称箱形整理，一般是由一个 M 形与一个 W 形组合而成。矩形调整形态表示后市趋势发展不明确，市场上多空双方力量均衡，成交易萎缩，如图 8-42 所示。

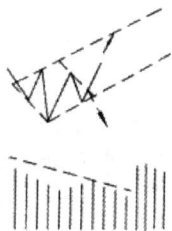
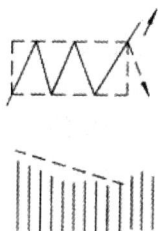

图 8-41　钻石形　　　　图 8-42　矩形

七、缺口分析

缺口通常又称为跳空，是指证券价格在快速大幅度波动中没有留下任何交易的一段真空区域。在日 K 线图中，缺口表示某种股票某天最低成交价比前一天最高价还高的情形。缺口也是一种形态。缺口的出现往往伴随着向某个方向运动的一种较强动力。缺口的宽度表明这种运动的强弱。一般来说，缺口越宽，运动的动力愈大；反之，则愈小。不论向何种方向运动所形成的缺口，都将成为日后较强的支撑或压力区域，不过这种支撑或压力效能依不同形态的缺口而定。

缺口分为普通缺口、突破缺口、持续缺口和竭尽缺口。人们可以根据不同的缺口形态预测行情走势的变化方向和变化力度，因此，缺口分析已成为当今技术分析中极其重要的技术分析工具。

个股因为除权产生的缺口，叫除权缺口，常常是牛市中该股填权的目标所在。它不在下面的分析讨论之列。

(一)普通缺口

普通缺口常发生在整理形态中，一般几天之内就会被填上。普通缺口的认定可以协助短线投资者判断出盘局形态正在酝酿。如图 8-43 所示为普通缺口。

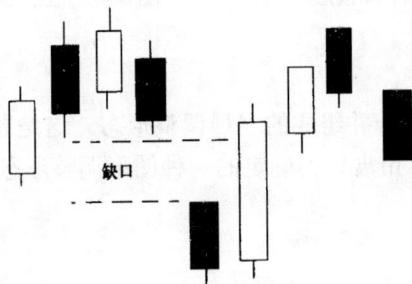

图 8-43　普通缺口

(二)突破缺口

突破缺口常发生在价格密集形态完成后，股价开始突破盘局区域的界限，而急速大幅地上涨或下跌时。头肩形颈线的突破、三角形界线的突破等常会出现这种缺口。

成交量是股价上升突破缺口的强有力保证。如果在缺口发生之前，股市中已有很大的成交量，而在缺口发生后，成交量反而变得很少，那么股价很可能在下一次级波动中回到原来形态的边界，而把缺口封闭；如果在缺口发生后，还有很大的成交量配合，那么短期内股价很难回档，缺口不易被封闭，如图 8-44 所示。

(三)持续缺口

持续缺口是在证券价格向某一方向有效突破之后，由于急速运动而在途中出现的缺口，它是一个趋势的持续信号。在缺口产生的时候，交易量可能不会增加，但如果增加，则通常表明一个强烈的趋势。

持续缺口的市场含义非常明显，它表明证券价格的变动将沿着既定的方向发展变化，并且这种变动距离大致等于突破缺口至持续缺口之间的距离，即缺口的测量功能。

持续缺口一般不会在短期内被封闭，因此，投资者可在向上运动的持续缺口附近买入证券或者在向下运动的持续缺口附近卖出证券，而不必担心是否会套牢或者踏空。

(四)竭尽缺口

竭尽缺口出现在上升行情或下跌行情的尾声，是长期上升或下跌行情将结束的信号，股价将进入整理或反转阶段。竭尽缺口容易与持续缺口混淆。它们的最大区别是：竭尽缺口出现在行情趋势的末端，该缺口很快就会被回补，显示原来占据主动的多方(或是空方)再也不能维持其强势了，故也常称为消耗缺口，它伴随着大的成交量。

由于竭尽缺口形态表明行情走势已接近尾声，因此，投资者在上升行情出现竭尽缺口时应及时卖出证券，如图 8-44 所示，而在下跌趋势中出现竭尽缺口时应买入证券。

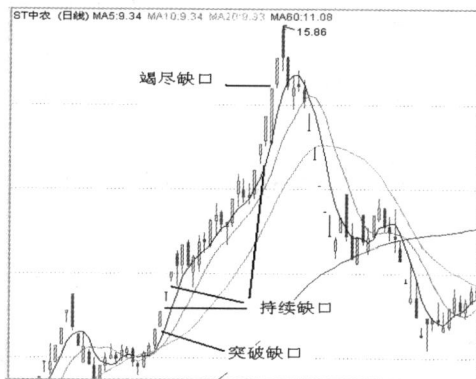

图 8-44　ST 中农 600313 一波行情中的突破缺口、持续缺口和竭尽缺口

(五)岛形缺口反转形态

在上述竭尽缺口被回补的过程中，不是由普通的价格回落(或是上升)而回补，而是由新的缺口所回补，中间形成孤岛的 K 线形态。详细描述如下。

股价在经过持续上升(或是下跌)一段时间后，某日出现跳空缺口性加速上升(或是下跌)，但随后股价在高位(或低位)徘徊，不久股价却以向下(或向上)跳空缺口的形式下跌(或上涨)，而这个下跌(或上升)缺口和上升(或下跌)向上跳空缺口，基本处在同一价格区域的水平位置附近，在 K 线图表上看来，就像是一个远离海岸的孤岛形状，左右两边的缺口令这岛屿孤立地立于海洋之上，这就是顶部(或是底部)的岛形反转形态。就是用新的突破缺口来回补上一波走势的竭尽缺口。

岛形形态常常出现在长期或中期性趋势的顶部或底部，表示趋势的逆转。

专栏 8-6　如何判断大盘底部

一般可将底部分为短期底部、中期底部和长期底部。

(1) 短期底部以 V 形居多，发生行情转折的时候，当天在日线图上会收出一根下影线长于上影线的 K 线。短期底部的反弹行情有时候会昙花一现，反弹行情的跨度长则三五天，少则一天。一般真正的大底不会在一日之间产生。俗话说"天价一瞬间，地价上百天"，没有短线技术操盘技巧的朋友一般最好不要去抢这种反弹。

(2) 中期底部一般以 W 形和头肩底形态出现的概率高。中期底部产生的反弹行情时间跨度长，一般有一周或数周时间。参与这样的反弹行情，机会大于风险。

(3) 长期底部也就是所谓的历史性大底，它是熊市与牛市的分界点。一般它是周线图和月线图上的 MACD 指标的两条指标线在 O 轴之下，形成一个大圆弧底形态的共振。它的反弹时间跨度达数十周甚至几年。长期底部形成的重要前提是：一是导致长期弱势的宏观基本面利空因素正在改变，并即将彻底消除；二是普遍的股票价格都非常的低，吸引了投资者的眼球，增加了投资者随便买进的信心。一般长期底部的形成，股指或股价至少围绕其 5 月均价线上下震荡 3~6 个月时间。

(资料来源：http://blog.eastmoney.com/fsppsf/blog_100626611.html)

第七节　技术指标分析

一、技术指标概述

(一)技术指标的概念

技术指标是运用一些数学公式，将过去的价格、成交量等数据重新整理及计算得出的结果。价格数据可以为某时段的"开盘"、"最高"、"最低"、"收盘"其中一个或是多个。同时，时间和成交量的因素也被引入技术指标的计算中。每一个技术指标都是以一个特定的方式或是从某一特定角度对证券市场进行分析观察，进而反映市场某一方面深层的内涵，通过技术指标曲线或者其数据，就可以对市场进行定量分析。

技术指标仅仅是一种买卖时的辅助工具，使投资者能在市场上认清方向，不至于在买卖时做出太主观的决定。需要投资者牢记的是，技术指标仅仅是一种信号，并不能直接对金融产品价格产生影响。值得投资者注意的是，它毕竟是在有限数据的基础上运算分析得出的结果，所得出的结论是相对的结论，不能加以无限放大的使用。

(二)技术指标的主要功能

技术指标主要具有如下功能。

1. 提示

技术指标能提示价格的变动。如动向指标呈下跌，代表后市升穿支持位在即；相反，若动向指标出现底背驰，则提示投资者需注意价格变动，阻力位被上破的可能性很大，也有可能横行。

2. 确认

技术指标能进一步确认其他技术分析工具的结果。若破位在上方发生，而移动平均线也同时被穿过，即确认了价格很强；相反，若价格跌破支持位，相对强弱指数显示超卖，卖家多于买家的情况可被确认。

3. 预测

技术指标能帮助投资者预测一个较佳的入市/出市价位。不过，技术分析有时也会出现假信号。因此，投资者应同时使用多于一种的技术指标，以避免招致损失。

(三)技术指标的分类

技术分析的指标相当多，大致可以划分为"大势型"、"超买超卖型"、"趋势型"、"能量型"、"成交量型"、"均线型"、"图表型"、"选股型"、"路径型"、"停损型"等类型。

1. 大势型

大势型包括 ABI、ADL、ADR、ARMS、BTI、C&A、COPPOCK、MCL、MSI、OBOS、TRIM、STIX、TBR 等。此种类型技术指标专用于判断大盘的走势。

2. 超买超卖型

超买超卖型包括 CCI、DRF、KDJ、K%R、KAIRI、MFI、MOM、OSC、QIANLONG、ROC、RSI、SLOWKD、VDL、W%R、BIAS、BIAS36 等。大约有 1/5 的指标属于这种类型，完全精准地应用、解释，相当困难，如果掌握它的"天线"和"地线"的特征，就可以迎刃而解了。

天线和地线都与中轴线平行，天线位于中轴线上方，地线位于中轴线下方，两者离中轴线有相同的距离。天线可视为指标压力或是常态行情中的上涨极限。地线可视为指标支撑或常态行情中的下跌极限。这里的常态行情是指涨跌互见、走势波动以波浪理论的模式进行，并且促使指标持续上下波动于固定的范围中的情形。连续急涨急跌或瞬间的暴涨暴跌都不能算是常态行情。如图 8-45 所示为超买超卖指标中的"天线"、"地线"和中轴。

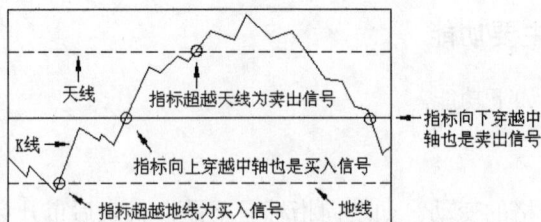

图 8-45　超买超卖指标中的"天线"、"地线"和中轴

3. 趋势型

趋势型包括 ASI、CHAIKIN、DMA、DMI、DPO、EMV、MACD、TRIX、终极指标、VHF、VPT、钱龙长线、钱龙短线、WVAD。本类型指标至少有两条线，指标以两条线交叉为信号：趋向类指标的信号发生，大致上都是以两条线的交叉为准，把握这个重点就可以运用自如。如图 8-46 所示为指标线的交叉。

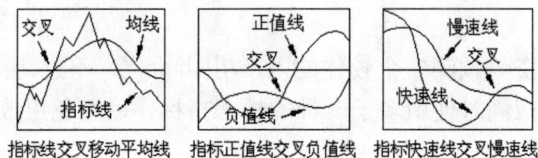

图 8-46　指标线的交叉

4. 能量型

能量型包括 BRAR、CR、MAR、梅斯线、心理线、VCI、VR、MAD。本类型指标是股价热度的温度计，专门测量股民情绪高亢或沮丧。指标数据太高，代表高亢发烧；指标数据太低，代表沮丧发冷。如图 8-47 所示为指标的过热与过冷，与图 8-46 中的超买超卖相似。

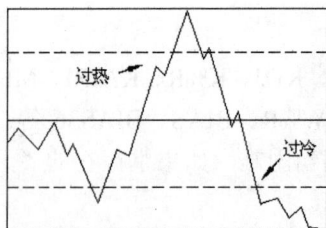

图 8-47　指标的过热与过冷

5. 成交量型

成交量型包括成交值、负量指标、OBV、正量指标、PVT、成交量。成交量型有 N 字

波动型和 O 轴穿越型，如图 8-48 所示。

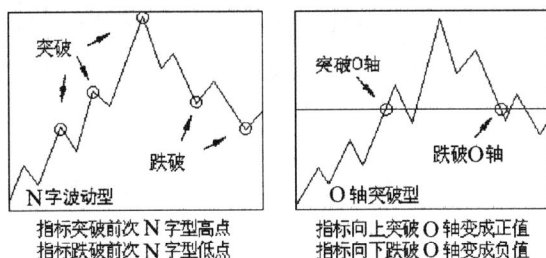

图 8-48　指标的突破与跌破

6. 均线型

均线型即各种不同算法的平均线。包括 BBI、EXPMA、MA、VMA、HMA、LMA。主要通过短期均线穿越长期均线的结果(金叉、死叉)，判断是否为买卖信号。

7. 图表型

图表型包括 K 线、美国线、压缩图、收盘价线、等量线、等量 K 线、○×图、新三价线、宝塔线、新宝塔线。以 K 线为基础派生出来的价格图形，通过图形的特征形态及其组合，来判断买卖信号和预测涨跌。

8. 选股型

选股型包括 CSI、DX、PCNT%、TAPI、威力雷达、SV。主要用途是用于筛选有投资价值股票的一类指标。

9. 路径型

路径型也称为压力支撑型。包括布林线、ENVELOPE、MIKE 等，如图 8-49 所示。图形区分为上限带和下限带，上限代表压力，下限代表支撑。其指标图形特点是：股价向上触碰上限可能会回档；股价向下触碰下限可能会反弹；不同指标有特殊的不同含义。

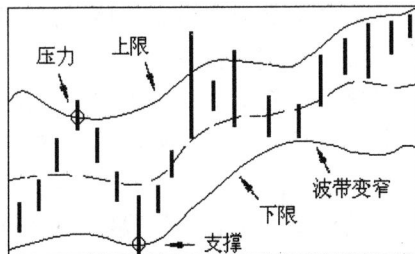

图 8-49　趋势与轨道

10. 停损型

停损型指标不仅具备停损的作用而且具有反转交易的功能，所以，不能单纯以停损的观念看待这个指标，而要看作一个会产生交易信号的相对独立的交易系统。停损型包括 SAR 和 VTY 等。

股价上涨则停损圈圈(红色)位于股价下方；股价下跌则停损圈圈(红色)位于股价上方；收盘价由下往上突破圈圈(绿色)为买进信号；收盘价由上往下跌破圈圈(绿色)为卖出信号，如图 8-50 所示。

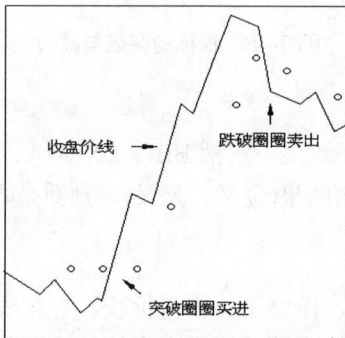

图 8-50　指标揭示的交易信号

(四)应用技术指标应注意的问题

应用技术指标应注意以下问题。

1. 指标的背离

在运用技术指标时，经常会遇到走势与指标背离的现象。背离，简单地说，就是走势不一致，指标的背离指指标的走向与价格走向不是相同的趋势或方向。通常指标背离有两种，一是顶背离，二是底背离。顶背离通常出现在价格上升过一段距离之后的高档位置，当股价的高点比前一次高，而指标的高点却比指标的前一次的高点低，也就是指标处于高位，并形成一峰比一峰低的两个峰，而此时股价却对应的是一峰比一峰高，表示该指标怀疑目前的上涨是外强中干，暗示股价可能很快就会反转下跌，这就是所谓的顶背离。是比较强烈的卖出提示信号。一次背离后就转向的有，但更多的是两次三次才转向。当然在极强的市场中，可出现四次背离，沪深两市中，最多到第四次才转向的也有，但这是极其少见的。

反之，底背离一般出现在股价的低档位置，当股价的低点比前一次的低点低，而指标的低点却比前一次的高，也就是说指标不支持股价继续下跌，暗示股价会反转上涨，这就是底背离，是可以开始买进的提示信号。

2. 指标的交叉

指标的交叉指指标中的两条线(经常是快慢不同周期的)发生了相交现象。常说的金叉和死叉就属这类情况。

3. 指标的高低

指标的高低(或是位置)是指指标处于高位和低位或进入超买区和超卖区。

4. 指标的转折

指标的转折指指标的曲线发生了掉头，有时是一个趋势的结束和另一个趋势的开始。

5. 指标的钝化

指标的钝化(或是盲点)：在一些极端的市场情况下指标已失去了作用。每种指标都有自己的盲点，也就是指标失效的时候。在实际中应该不断地总结，并找到盲点所在。这对在技术指标的使用中少犯错误是很有益处的。遇到技术指标失效，要把它放置在一边，去考虑别的技术指标。一般来说，参考众多的技术指标，在任何时候都会有几个能对投资者进行有益的指导和帮助。

6. 指标的形态

指标的形态是指指标形成的曲线所呈现的某种形态，如整理形态、突破形态。

二、移动平均线、平滑异同移动平均线与乖离率

(一)移动平均线

1. 移动平均线的一般问题

所谓移动平均(MA)，首先是算术平均数，如 1～10 这 10 个数字，其平均数便是 5.5；而移动则意味着这 10 个数字的变动。假如第一组是 1～10，第二组变成 2～11，第三组又变为 3～12，那么，这 3 组平均数各不相同。而这些不同的平均数的集合，便统称为移动平均数。

MA 计算方法就是求连续若干天市场价格(通常采用收盘价)的算术平均。其计算公式为

$$\text{MA}(n) = \frac{1}{n}\sum_{i=1}^{n} P_i$$

式中：n——计算的周期数，可以是 n 天、n 周和 n 月，也可以是分钟，如 MA(n)就是 n 天的股价平均数；

　　　P_i——i 天的收盘价

将每日不同大小的移动平均数标于图表上，连接起来，便得到一条上下起伏的曲线，这便是美国投资专家葛兰威尔(Granvile)创立的移动平均线。依据 n 的大小移动平均线分为短期、中期、长期 3 种。

短期移动平均线主要是 5 日和 10 日，最短可以是 1 天，也就是日收盘价的连线。

中期移动平均线。采样数常为 20、30、55 或 60 日，该线能让使用者了解股价一个月或超过一个月的平均变动成本。由于其波动幅度较短期线移动平均线平滑且有轨迹可循，较长期移动平均线又敏感度高，因而优点明显。

长期移动平均线，采样 120、146 或 150、200 日。移动平均线是葛兰威尔专心研究与实验移动平均线系统后着重推出的，但在国内运用不甚普遍。更长期者常取样 240、250 和 255 日等。

2. 移动平均线的特点

移动平均线具有以下特点。

(1) 追踪趋势。MA 作为求平均的结果，其最基本的思想就是消除股价随机波动的影响，寻求股价移动的趋势。因此，MA 曲线将保持与股价变动趋势方向一致。

(2) 滞后性。由于 MA 的追踪趋势的特性，在股价原有趋势突然发生转变时，MA 的变动往往过于迟缓，其掉头速度显得落后。

(3) 稳定性。根据 MA 的计算方法可知，股价某一天的大幅变动，在经过平均后，就不会像当天那样大幅波动了，这就体现了 MA 的稳定性。

(4) 助涨助跌性。当股价突破 MA 时，无论是向上突破还是向下突破，股价都有继续向突破方向再走一程的愿望，这就是 MA 的助涨助跌性。

(5) 支撑线和压力线的特性。由于上述特性，使得它在股价走势中起支撑线和压力线的作用。MA 的被突破，实际上就是支撑线和压力线的被突破。

3. 葛兰威尔法则

在移动平均线中，美国投资专家葛兰威尔创立的 8 项法则可谓其中的精华，历来的平均线使用者无不视其为技术分析中的至宝，而移动平均线也因为它，全面地发挥了道·琼斯理论的精神所在，如图 8-51 所示。

1) 葛兰威尔的 4 个买进法则

(1) 买 1，平均线经过一路下滑后，逐渐转为平滑，并有抬头向上的迹象。另外，股价线也转而上升，并自下方向上突破了移动平均线。这是第一个买进信号。

(2) 买 2，股价线在移动平均线之上，但呈急剧下跌趋势，在跌破移动平均线后，忽而转头向上，并自下方突破了移动平均线。这是第二个买进信号。

(3) 买 3，与买 2 类似，但股价线尚未跌破移动平均线，只要移动平均线依然呈上升趋势，前者也转跌为升。这是第三个买进信号。

（4）买 4，股价线与移动平均线都在下降，股价线快速下挫远离了移动平均线，表明反弹指日可待。这是第四个买进信号。

2）葛兰威尔的 4 个卖出法则

葛兰威尔的 4 个卖出法则与买进的 4 条法则是一一对应的。

（1）卖 1(信号 5)，移动平均线从上升转为平缓，并有转下趋势，而股价线也从其上方下落，跌破了移动平均线。这是第一个卖出信号。

（2）卖 2(信号 6)，股价线和移动平均线均很令人失望地下滑，这时股价线自下方上升，并突破了仍在下落的移动平均线后，又掉头下落。这是第二个卖出信号。

（3）卖 3(信号 7)，类似卖 2，问题是稍现反弹的股价线更加软弱，还未突破移动平均线却又转头向下。这是第三个卖出信号。要注意的是卖 3 与买 1 不同，买 1 是移动平均线自跌转平，并有上升迹象，而卖 3，平均线尚处下滑之中。

（4）卖 4(信号 8)，股价一路暴涨，远离了虽也在上升的移动平均线。暴涨之后必有暴跌。所以此处是第四个卖出信号。

经过长期应用后，我们发现，平均线转跌为平，并有向上趋势，股价从平均线下方突破平均线，并始终大致保持在移动平均线的上方，这一段是牛市；而反之，平均线转升为平，并随后下跌，股价线从平均线上方突破平均线的下方，这一段便是熊市了。至于买 4和卖 4，怎样才算远离移动平均线，何时为适度，这就是乖离率的研究对象了。

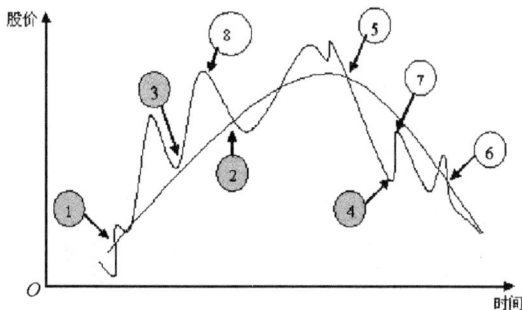

图 8-51　葛兰威尔八大法则示意图

4. 多头排列和空头排列

一般来说，做短线的宜用短期移动平均线，中期投资者宜用中期移动平均线，而买了股票就长期捂股不动的则宜用长期移动平均线，以判断各自不同的买卖进出点。然而，如果将三线合用，加上股价线，可以对股市有个较为确切的了解。在股市中，当移动平均线和当日 K 线(也称日线)出现多头排列和空头排列时，就是市场趋势明确之时，如图 8-52所示。

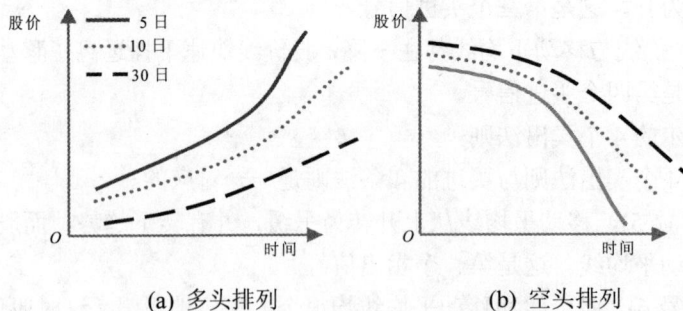

图 8-52　移动平均线的多头排列与空头排列

所谓多头排列，就是日线在上，往下依次是短期线、中期线、长期线，这说明先买进的成本低，做短线的、中线的、长线的都有赚头，市场一片向上，这便是典型的牛市了。

反之，空头排列指的是日线在下，以上依次分别为短期线、中期线、长期线，这说明过去买进的成本都比现在高，做短、中、长线的，此时抛出都在"割肉"，市场一片看坏。显然，这是典型的熊市。

5. 黄金交叉与死亡交叉

在日线和短、中、长期线同时排列的移动平均线图形中，除了形势明朗的多头排列(牛市)和空头排列(熊市)以外，更多的是几根线忽上忽下、纠缠不清的状况。在这里特别要注意移动平均线显示的反转信号，其中最著名的就是黄金交叉和死亡交叉，如图 8-53 所示。

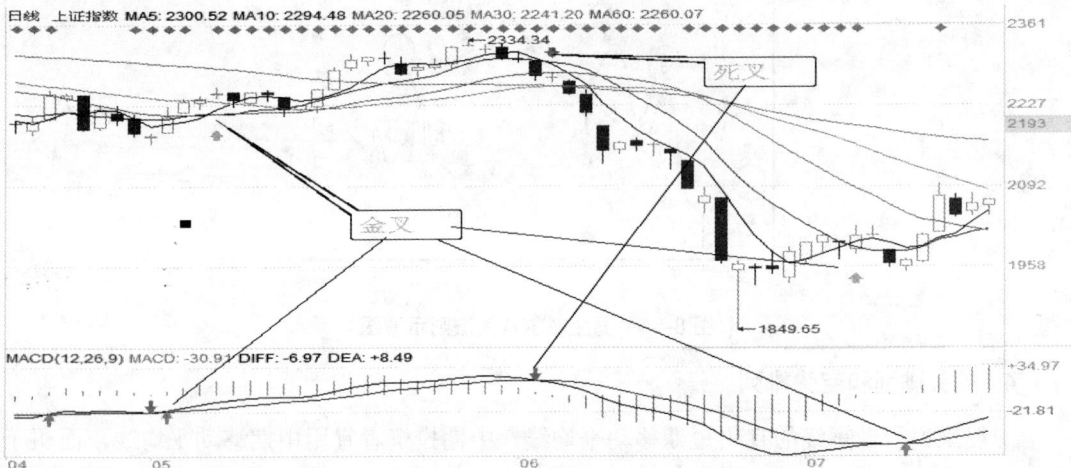

图 8-53　金叉与死叉

无论是黄金交叉还是死亡交叉(简称金叉或死叉)，本身就是一个买卖的进出信号，只不过其提示的作用，可长至几天甚至几周，可短可能是几分钟时间，金叉或死叉其对价格的影响波动幅度也是可大可小，不一而就。当然，金叉和死叉也发生在技术指标中，例如，指标中的快线从低位向上上穿慢线形成金叉，指标中的快线从高位向下下穿慢线形成死叉，也具有参考作用。将 K 线图中的金叉死叉与同时期发生在技术指标上的金叉死叉结合起来看，更能强化信号的提示作用，也就更为有效。在个股走势的分析中，可以把握进出的时机，金叉看多买入为主，死叉看空卖出为主。在指数走势的分析中，又可以判断牛熊的态势。而这两种交叉，在长期应用中，似乎比葛兰威尔八大法则的准确率更高一些。

6. 使用移动平均线应注意的问题

在盘整阶段或趋势形成后中途休整阶段或局部反弹和回落阶段，MA 纠缠在一起时，极易发出错误的信号。另外，MA 只是作为支撑线和压力线，站在某线之上，当然有利于上涨，但并不是说就一定会涨，支撑线有被击穿的时候。

(二)平滑异同移动平均线

平滑异同移动平均线(MACD)是为了弥补移动平均线频繁发出买入或卖出信号的缺陷而由美国两位学者创立的。

1. MACD 的计算

MACD 由正负差(DIF)和离差平均值，也称异同平均数(DEA)两部分组成，如图 8-54 所示。DIF 是快速移动平均线(一般取值 12)与慢速移动平均线(一般取值 26)的差。DEA 是 DIF 的移动平均，也就是连续 n 日(一般 n 取值 9)的 DIF 的算术平均。因此，它是中长线指标。其公式为

$$EMA(12)=\frac{2}{12+1}\times今日收盘价+\frac{11}{12+1}\times昨日\ EMA(12)$$

$$EMA(26)=\frac{2}{26+1}\times今日收盘价+\frac{25}{26+1}\times昨日\ EMA(12)$$

$$DIF=EMA(12)-EMA(26)$$

$$DEA(n)=\frac{1}{n}\sum_{i=1}^{n}DIF(i)$$

$$MACD=2\times(DIF-DEA)$$

2. MACD 的应用法则

(1) 以 DIF 和 DEA 的取值和这两者之间的相对取值对行情进行预测。

① DIF 和 DEA 均为正值时，属多头市场(见图 8-51 信号 1)。DIF 向上突破 DEA 是买入信号；DIF 向下跌破 DEA 只能认为是回落，做获利了结。

② DIF 和 DEA 均为负值时，属空头市场。DIF 向下突破 DEA 是卖出信号；DIF 向上穿破 DEA 只能认为是反弹，做暂时补空。

(2) 利用 DIF 的曲线形状，利用形态进行行情分析，见图 8-51 中的 M 头。如果 DIF 的走向与股价走向相(顶底)背离(见图 8-51 底背离)，则此时是采取行动的信号，至于是卖出还是买入要依 DIF 的上升和下降而定。

(3) MACD 的金叉，就是在经过一轮较长时间的调整之后，DIF 由下向上穿 DEA，形成金叉，见图 8-51 的信号 3。是提示买进股票的信号。

(4) MACD 的死叉，就是在经过一轮多头行情之后，DIF 由上向下穿 DEA，形成死叉，见图 8-51 的信号 4。是提示卖出股票的信号。

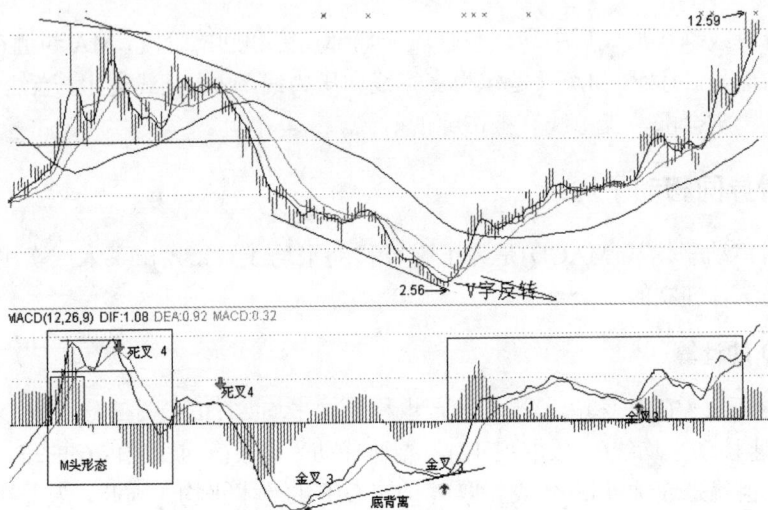

图 8-54　MACD 指标的应用

3. MACD 的优点与缺点

MACD 优点：除掉了 MA 产生的频繁出现的买入卖出信号，使发出信号的要求和限制增加，避免假信号的出现，用起来比 MA 更有把握。

MACD 缺点：同 MA 一样，在股市没有明显趋势而进入盘整时，失误的时候极多。另外，对未来股价的上升和下降的幅度不能提出有帮助的建议。

(三)乖离率

乖离率(BIAS)是由移动平均线原理派生出来的一种技术指标，是目前股市技术分析中一种短中长期皆可的技术分析工具。其功能是通过测算股价与移动平均线出现偏离的程度，来为投资者提供操作提示。其计算公式为

$$BIAS = \frac{当日收盘价 - N日移动平均价}{N日移动平均价} \times 100\%$$

式中 N 可以取不同的数值，常取 5、10、20 等。

1. 乖离率的数值的大小

乖离率的数值的大小可以直接用来研究股价的超买超卖现象。由于选用乖离率周期参数的不同，其对行情的研判标准也会随之变化，但大致的方法基本相似。以 5 日乖离率为例，具体方法如下。

(1) 一般而言，在弱势市场上，股价的 5 日乖离率达到-5 以上，表示股价超卖现象出现，可以考虑开始买入股票(见葛兰威尔八法则的买入信号 4)；而当股价的 5 日乖离率达到 5 以上，表示股价超买现象出现，可以考虑卖出股票(见葛兰威尔八法则的卖出信号 8)，如图 8-51 所示。

(2) 在强势市场上，股价的 5 日乖离率达到-10 以上，表示股价超卖现象出现，为短线买入机会；当股价的 5 日乖离率达到 10 以上，表示股价超买现象出现，为短线卖出股票的机会。

注意，这里给出的参考数值仅仅供操作中参考，不能严格照搬照用。

2. BIAS 曲线的形态

(1) 当 BIAS 曲线在高位形成 M 头或三重顶等顶部反转形态时，可能预示着股价由强势转为弱势，股价即将大跌，应及时卖出股票。如果股价的曲线也出现同样形态则更可确认，其跌幅可以用 M 头或三重顶等形态理论来研判。

(2) 当 BIAS 曲线在低位出现 W 底或三重底等底部反转形态时，可能预示着股价由弱势转为强势，股价即将反弹向上，可以逢低少量吸纳股票。如果股价曲线也出现同样形态更可确认，其涨幅可以用 W 底或三重底形态理论来研判。

(3) BIAS 曲线的形态中 M 头和三重顶形态的准确性要大于 W 底和三重底。

3. BIAS 曲线与股价运行曲线的配合使用

(1) 当股价曲线与 BIAS 曲线从低位同步上升，表示短期内股价有望触底反弹或继续上涨。此时，投资者可逢低买入或持股待涨。

(2) 当 BIAS 曲线从下向上突破 0° 线，同时股价也突破短期均线的压力时，表明股价短期将强势上涨，投资者应及时买入股票。

(3) 当股价曲线与 BIAS 曲线从高位同步下降，表示短期内股价将形成头部或继续下跌趋势。此时，投资者应及时逢高卖出股票或持币观望。

(4) 当 BIAS 曲线从上向下突破 0° 线，同时股价也跌破中长期均线的支撑时，表明股价的中长期下跌行情已经开始，投资者应及时中长期离场观望。

(5) 当 BIAS 曲线开始从高位向下回落，形成一峰比一峰低的走势，而股价曲线却还在缓慢上升，形成一峰比一峰高的走势，则可能意味着股价走势出现"顶背离"现象。

(6) 当 BIAS 曲线开始从低位向上扬升，形成一底比一底高的走势，而股价曲线却还是缓慢下降，形成一底比一底低的走势，则可能意味着股价走势出现"底背离"现象。

三、超买超卖型技术指标

(一)相对强弱指标

相对强弱指标(Relative Strength Index，RSI)是美国投资专家威尔斯·怀特所首创，其理论基础源于价格变动关系的"动量震荡点"。其计算方法是通过统计一段时间内(如6、12、24等)收盘涨数和跌数，推算出买卖双方的意向和力量的对比，从而得出超买、超卖、整理、交叉、反转、背离和形态等多种行情的强弱判断。

1. RSI 计算公式

RSI 的计算公式为

$$RSI(14)=\frac{A}{A+B}\times100\%$$

式中：A——14天中股价向上波动的大小；

B——14天中股价向下波动的大小；

$A+B$——股价总的波动大小。

即用每一天的收盘价减上一日的收盘价，如果大于0，就汇总在 A 中；如果小于0，就取其绝对值，然后汇总在 B 中。

RSI 实际上是表示向上波动的幅度占总的波动的百分比，如果占的比例大就是强市，否则就是弱市。

2. RSI 的应用法则

应用 RSI 遵循如下法则。

1) 根据 RSI 取值的大小判断行情

RSI 值的变动范围在0~100，将0~100分成4个区域见表8-2，根据 RSI 的取值落入的区域进行操作。

表8-2　RSI 值及其对应市场特征

RSI 值	市场特征	操作建议
80~100	极强	卖出
50~80	强	买入
20~50	弱	卖出
0~20	极弱	买入

极强与强的分界线和极弱与弱的分界线是不明确的。换言之，这两个区域之间不能画一条截然分明的分界线，这条分界线实际上是一个区域。可以在其他的技术分析书籍中看到 30、70 或者 15.85，这些数字实际上是对这条分界线的大致的描述。应该说明的是，这条分界线位置的确定与以下两个因素有关。

(1) 与 RSI 的参数有关。不同的参数，其区域的划分就不同。一般而言，参数越大，分界线离中心线 50 就越近，离 100 和 0 就越远。

(2) 与选择的股票有关。不同的股票，由于其活跃程度不同，RSI 所能达到的高度也不同。一般而言，越活跃的股票，分界线离 50 就应该越远；越不活跃的股票，分界线离 50 就越近。

随着 RSI 的取值超过 50，表明市场进入强市，可以考虑买入，但是强过了头就该抛出了。物极必反，量变引起质变都是对这个问题的很好的说明。

2) 从 RSI 的曲线形状上判断行情

当 RSI 在较高或较低的位置形成头肩形或多重顶(底)，是采取行动的信号。这些形态一定要出现在较高位置和较低位置，离 50 越远越好。越远结论越可信，出错的可能就越小。形态学中有关这类形状的操作原则，这里都适用。

趋势线在这里也有用武之地。RSI 在一波一波的上升和下降中，也会给我们提供画趋势线的机会。这些起着支撑线和压力线作用的切线一旦被突破，就是采取行动的信号。

3) 不同参数的两条或多条 RSI 曲线的联合使用

同 MA 一样，天数越多的 RSI 考虑的时间范围越大，结论越可靠，但速度慢，这是无法避免的。

参数小的 RSI 称为短期 RSI，参数大的称为长期 RSI。这样，两条不同参数的 RSI 曲线的联合使用法则可以完全照搬 MA 中的两条 MA 线的使用法则。即当短期 RSI>长期 RSI 时，属多头市场；当短期 RSI<长期 RSI 时，则属空头市场。当然，这两条只是参考，不能完全照此操作。

4) 从 RSI 与股价的背离方面判断行情

RSI 处于高位，并形成一峰比一峰低的两个峰，而此时，股价却对应的是一峰比一峰高，这叫顶背离。股价这一涨是最后的衰竭动作(如果出现跳空就可能是竭尽缺口)，这是比较强烈的卖出信号。与这种情况相反的是底背离。RSI 在低位形成两个依次上升的谷底，而股价还在下降。这是最后一跌或者说是接近最后一跌，是可以开始建仓的信号。相对而言，用 RSI 与股价的背离来研判行情的转向成功率较高。

(二)威廉指标

1. 威廉指标的由来

威廉指标(WMS%或 W%R)指标首次出现于 1973 年，由 Larry Williams(威廉)在其所著的《我如何赚取百万美元》一书中，因而以他的名字命名。WMS%原名叫"威廉超买超卖指标"，其应用摆动原理，利用价格变动的相对位置，来研判市场是否处于超买超卖，从中分析行情的可能趋势，提出某些操作信号。含义是当天的收盘价在过去的一段日子的全部价格范围内所处的相对位置。公式为

$$WMS\% = \frac{C_t - L_n}{H_n - L_n} \times 100\%$$

式中：C_t——当日收盘价；

H_n——n日为最高价；

L_n——n日内最低价。

2. 威廉指标的操作法则

(1) 从WMS%的绝对取值(0～100)方面考虑。

① 当WMS%高于80%，即处于超买状态，行情即将见顶，应当考虑卖出。

② 当WMS%低于20%，即处于超卖状态，行情即将见底，应当考虑买入。

(2) 从WMS%的曲线形状考虑。

① 在WMS%进入高位后，一般要回头，如果这时股价还继续上升，这就产生背离，是出货的信号。

② 在WMS%进入低位后，一般要反弹，如果这时股价还继续下降，这就产生背离，是买进的信号。

③ WMS%连续几次撞顶(底)，局部形成双重或多重顶(底)，则是出货(进货)的信号。

3. 威廉指标使用心得

(1) W%R主要可以辅助RSI，确认强转弱或弱转强是否可靠。RSI向上穿越50阴阳分界时，回头看一看W%R是否也同样向上空越50？如果同步则可靠，如果不同步则应多参考其他指标信号再做决定。相反地，向下穿越50时，也是同样的道理。注意，比较两者是否同步时，其设定的参数必须是相对的比例，大致上W%R 5日、10日、20日对应RSI 6日、12日、24日，但是读者可以依照自己的测试结果，自行调整其最佳对应比例。

(2) W%R进入超买或超卖区时，应立即寻求MACD信号的支援。当W%R进入超买区时，投资者当成一种预警效果，回头看看MACD是否产生DIF向下交叉MACD的卖出信号？一律以MACD的信号为下手卖出的时机。相反地，W%R进入超卖区时，也同样适用。

(三)随机指标

随机指标(KDJ)是由乔治·莱恩首创，早年应用于金融和期货市场。其理论依据是股价上涨时，收市价倾向于接近当日价格区间的上端；价格下跌时，收市价倾向于接近当日价

格区间的下端。计算时先求未成熟随机值(RSV)和上面所讨论的 WMS%一致；然后再依据平滑移动平均线的方法分别计算 K 值，再将 K 值平滑移动得出 D 值。

1. 计算公式

$$今日 RSV = \frac{C_t - L_n}{H_n - L_n} \times 100\%$$

式中：C_t——当日收盘价；

$\qquad$ H_n——n 日内最高价；

$\qquad$ L_n——n 日内最低价。

$$今日 K 值 = 2/3 \times 昨日 K 值 + 1/3 \times 今日 RSV$$
$$今日 D 值 = 2/3 \times 昨日 D 值 + 1/3 \times 今日 K 值$$
$$J = 3K - 2D$$

2. 应用法则

KDJ 指标是 3 条曲线，在应用时主要从 5 个方面进行考虑：KD 取值的绝对数字、KD 曲线的形态、KD 指标的交叉、KD 指标的背离、J 指标的取值大小，见图 8-55。一般把 K 线称为快线，把 D 线称为慢线。

(1) 从 KD 的取值方面考虑，80 以上为超买区，20 以下为超卖区，KD 超过 80 就应该考虑卖了，低于 20 就应该考虑买了。

图 8-55 KDJ 的应用

(2) 从 KD 指标的交叉方面考虑，K 上穿 D 是金叉，为买入信号，金叉的位置应该比较低，在超卖区的位置，越低越好。交叉的交数以 2 次为最少，越多越好。K 线从上向下穿 D 线是死叉，为卖出信号，死叉在超买区越高的位置出现，越应该考虑卖出股票。

(3) 从 KD 指标的背离方面考虑，应考虑以下两点。

① 当 KD 处在高位，并形成两个依次向下的峰，而此时股票还在一个劲地上涨，这叫顶背离，是卖出的信号。

② 当 KD 处在低位，并形成一底比一底高，而股价还继续下跌，这构成底背离，是买入信号。

(4) J 值是进行 KD 分析的辅助指标，取值可以超过 100 和或低于 0，都属于价格的非正常区域，大于 100 为超买，小于 0 为超卖。

3. 应用中应注意的问题

(1) 股价短期波动剧烈或者瞬间行情幅度太大时，使用 KD 值交叉信号买卖，经常发生买在高点、卖在低点的窘境，此时须放弃使用 KD 随机指标，改用其他 CCI、ROC 等指标。但是，如果波动的幅度够大，买卖之间扣除手续费仍有利润的话，此时将画面转变成 5 分钟或 15 分钟图形，再以 KD 指标的交叉信号买卖，看获得短线收益。

(2) 极强或者极弱的行情，会造成指标在超买或超卖区内上下徘徊，K 值也会发生这种情形，应该参考 VR、ROC 指标，观察股价是否超出常态分布的范围，一旦确定为极度强弱的走势，则 K 值的超买卖功能将失去作用。

(3) 以 D 值来代替 K 值，将可使超买超卖的功能更具效果。一般常态行情，D 值大于 80 时，股价经常向下回跌；D 值低于 20 时，股价容易向上回升。在极端行情中，D 值大于 90 时，股价容易产生瞬间回档；D 值低于 15 时，股价容易产生瞬间反弹。

—— 专栏 8-7　如何选黑马 ——

做股票赚钱的方法最简单的就是低价买入高价卖出。但如何能一买入就涨呢，选黑马骑黑马就成了股民梦寐以求的事了，但要想骑黑马是要花一番工夫的。首先要找出哪只股具有黑马相。这是第一步也是最难的一步。以下从 3 个方面来选择黑马股。

1. 据上市公司资料，找出相关的股票

(1) 三无股票(即无法人股，无国家股，无内部职工股)，这类股票很容易成为收购的对象。

(2) 有很高净资产，很高税后利润，可能产生高送配题材的股票。

(3) 流通股本极小的股票，在庄家的强烈拉抬时也会成为黑马。

(4) 公司的主营业务是否朝阳产业，是否属于国家大力发展的行业。

2. 纯技术方面

(1) 长期盘整后领先上破压力价位或天价。

(2) RSI 等技术指标长期偏高，且不随大盘上下窜动的股票。

(3) 波段上行且经常涨的股票。

(4) 跌到支撑线就上升的股票。

3. 宏观政策方面

(1) 由于国家政策的改变，会极大地有利于某类上市公司的发展。如现在国家大力发展汽车工业，则汽车类及相关类股票就要注意。如太阳能屋顶计划，让太阳能发电成为环保清洁能源的有极大潜力的板块。

(2) 重大利空出来仍不跌的股票。

(3) 其股本结构不能达到法定标准时，准备扩展达标的股票。

本 章 小 结

证券投资技术分析	技术分析理论基础	技术分析的理论基础是基于 3 项合理的市场假设：市场行为涵盖一切信息；价格沿趋势移动；历史会重演
	技术分析方法	技术分析方法是多种多样的。一般来说，可以将技术分析方法分为 5 类：K 线类、切线类、形态类、指标类、波浪类
	技术分析四大要素	价、量、时、空是进行技术分析的四大要素
	道氏理论	根据道氏理论，股票价格运动有 3 种趋势。最主要的是股票的主要趋势；第二种趋势称为股价的次级趋势；第三种趋势称为短期趋势
	K 线及画法	K 线是一条柱状的线条，是由影线和实体组成。影线在实体上方的部分叫上影线，即从实体向上延伸的细线部分。实体下方的部分叫下影线，即从实体向下延伸的细线部分。K 线分阴线和阳线两种，又称红(阳)线和黑(阴)线。收盘价比开盘价高称为阳线；收盘价比开盘价低称之为阴线。由于其形状像蜡烛，因此，K 线图又称为蜡烛图
	趋势及方向	利用各种分析方法的目的就是要捕捉证券价格运行的趋势，如果不能把握价格运行的趋势，就很难利用市场赚钱。趋势分为 3 个方向，即上升趋势、下降趋势和水平趋势
	形态理论	形态理论就是通过研究各种复杂的证券价格曲线形态，进而发现证券价格正在行进的方向。形态理论通过研究股价所走过的轨迹，分析曲线告诉投资者的一些多空双方力量的对比结果，并从中归纳找出一些典型的形态，进而指导投资者的行动
	技术指标	技术指标是运用一些数学公式，将过去的价格、成交量等数据重新整理及计算得出的结果。价格数据可以为某时段的开盘、最高、最低和收盘价

案例思考

(1) 在网上同花顺证券信息平台上，从掌趣科技(300315)2012 年上市以来的日 K 线图

(周 K 线图)中找到几种上面讲过的比较典型的突破形态和持续整理形态。

(2) 请在图 8-56 中已经框定的 K 线区域内找到较为典型的 K 线或 K 线组合，并分析其对其后的走势影响。

图 8-56　上证综合指数 2013 年的一段 K 线图(选自：同花顺证券信息平台)

习　题

一、单选题

1. 技术分析的理论基础是(　　)。
   A. 道氏理论　　　B. 缺口理论　　　C. 波浪理论　　　　D. 江恩理论
2. KDJ 指标的计算公式考虑了哪些因素？(　　)
   A. 开盘价，收盘价　　　　　　　B. 最高价，最低价
   C. 开盘价，最高价，最低价　　　D. 收盘价，最高价，最低价
3. 当开盘价正好与最高价相等时出现的 K 线被称为(　　)。
   A. 光头阳线　　　B. 光头阴线　　　C. 光脚阳线　　　　D. 光脚阴线
4. K 线图中十字线的出现，表明(　　)。
   A. 买方力量还是略微比卖方力量大一点
   B. 卖方力量还是略微比买方力量大一点

C. 买卖双方的力量不分上下

D. 行情将继续维持以前的趋势，不存在大势变盘的意义

5. 在上升趋势中，将(　　)连成一条直线，就得到上升趋势线。

A. 两个低点　　　B. 两个高点　　　C. 一个低点，一个高点　　　D. 以上都对

6. 头肩顶形态的形态高度是指(　　)。

A. 头的高度　　　　　　　　　B. 左、右肩连线的高度

C. 头到颈线的距离　　　　　　D. 颈线的高度

7. 在双重顶反转突破形态中，颈线是(　　)。

A. 上升趋势线　　　B. 下降趋势线　　　C. 支撑线　　　　　　D. 压力线

8. 大多数技术指标都是既可以应用到个股，又可以应用到综合指数，(　　)只能用于综合指数。

A. ADR　　　　　　B. PSY　　　　　　C. BIAS　　　　　　D. WMS

9. 描述股价与股价移动平均线相距远近程度的指标是(　　)。

A. PSY　　　　　　B. BIAS　　　　　　C. RSI　　　　　　D. WMS

10. 费波纳奇数列正确的排列是(　　)。

A. 1，2，3，5，7，8　　　　　　B. 1，2，4，6，8

C. 1，1，2，3，5，8　　　　　　D. 1，1，2，3，6，10

11. 根据技术分析理论，不能独立存在的切线是(　　)。

A. 扇形线　　　　　B. 百分比线　　　　C. 通道线　　　　　D. 速度线

12. 表示市场是否处于超买或超卖状况的技术指标是(　　)。

A. PSY　　　　　　B. BIAS　　　　　　C. RSI　　　　　　D. WMS%

13. 在下列指标的计算中，唯一没有用到收盘价的是(　　)。

A. MACD　　　　　B. BIAS　　　　　　C. RSI　　　　　　D. PSY

14. 哪一种技术分析理论认为收盘价是最重要的价格？(　　)

A. 道氏理论　　　　B. 波浪理论　　　　C. 切线理论　　　D. 形态理论

15. MACD指标出现顶背离时应(　　)。

A. 买入　　　　　　B. 卖出　　　　　　C. 观望　　　　　D. 无参考价值

16. 当收盘价与开盘价相同时，就会出现(　　)。

A. 一字形　　　　　B. 十字形　　　　　C. 光脚阴线　　　D. 光脚阳线

17. (　　)决定股价的移动。

A. 多方力量的大小　　　　　　B. 多空双方力量的大小

C. 空方力量的大小　　　　　　D. 多空双方价格走势

18. (　　)的形成在很大程度上取决于成交量的变化情况。

A. 普通缺口　　　　B. 持续性缺口　　　C. 突破缺口　　　D. 消耗性缺口

19. 下面不属于波浪理论主要考虑因素的是(   )。

    A. 成交量   B. 时间   C. 比例   D. 形态

20. RSI 指标值大于 80，出现了两个一波低于一波的波峰，但股价越走越高，这就是所谓的(   )。

    A. 底背离   B. 双重底   C. 顶背离   D. 双重顶

二、多选题

1. 技术分析作为一种分析工具，其广泛地运用于(   )。

    A. 证券市场   B. 外汇市场   C. 期货市场   D. 期权市场

2. 下列技术指标中只能用于分析综合指数，而不能用于个股的有(   )。

    A. ADR   B. ADL   C. OBOS

    D. WMS%   E. PSY

3. 移动平均线指标的特点有(   )。

    A. 追踪趋势   B. 滞后性   C. 领先性

    D. 灵敏性   E. 助涨助跌性

4. 使用技术指标 WMS 的过程中，人们总结出一些经验性的结论。这些结论包括(   )。

    A. WMS 是相对强弱指标的发展

    B. WMS 在盘整过程中具有较高的准确性

    C. WMS 在高位开始回头而股价还在继续上升，则是卖出的信号

    D. 使用 WMS 指标应从 WMS 取值的绝对数值以及 WMS 曲线的形状两方面考虑

5. 技术分析的要素有(   )。

    A. 价   B. 量   C. 势

    D. 时   E. 空

6. 一般来说，可以将技术分析方法分为(   )。

    A. 指标类   B. 切线类   C. 形态类

    D. K 线类   E. 波浪类

7. 切线理论的趋势分析中，趋势的方向有(   )。

    A. 上升方向   B. 下降方向   C. 水平方向

    D. 垂直向上方向 E. 垂直向下方向

8. 反转突破形态有(   )。

    A. 平底(顶)   B. 多重底(顶)   C. 圆弧底(顶)   D. 头肩形底(顶)

9. 三角形形态是一种重要的整理形态，根据图形可分为(   )。

    A. 对称三角形   B. 等边三角形   C. 直角三角形

    D. 上升三角形   E. 下降三角形

10. 持续整理形态有(　　)。
　　　A. 菱形　　　　　　　B. 三角形　　　　　C. 矩形　　　　　D. 旗形
11. 按道氏理论的分类，趋势分为(　　)等类型。
　　　A. 主要趋势　　　　　B. 次要趋势　　　　C. 短暂趋势　　　D. 无趋势
12. 属于技术分析理论的有(　　)。
　　　A. 随机漫步理论　　　B. 切线理论　　　　C. 相反理论　　　D. 道氏理论
13. 缺口的类型有很多种，除了常见的普通缺口，还有(　　)。
　　　A. 突破缺口　　　　　B. 持续缺口　　　　C. 终止缺口　　　D. 岛形缺口
14. 下列指标中(　　)属于趋势型指标。
　　　A. RSI　　　　　　　B. MACD　　　　　　C. MA　　　　　　D. WMS
15. 证券市场中"市场行为"最基本的表现为(　　)。
　　　A. 成交价　　　　　　　　　　　　　　　B. 资金量
　　　C. 股指涨跌幅度　　　　　　　　　　　　D. 成交量

三、判断题

1. 技术分析是以证券市场的过去轨迹为基础，预测证券价格未来变动趋势的一种分析方法。　　　　　　　　　　　　　　　　　　　　　　　　　　　　　(　　)
2. 道氏理论认为股市千变万化，但却与经济发展一样都存在着周期性的变化规律。
　　　　　　　　　　　　　　　　　　　　　　　　　　　　　　　　　　(　　)
3. MACD 利用离差值与离差平均值的交叉信号作为买卖的依据。　　　(　　)
4. 反转不同于股价的变动，而是指对原先股价运动趋势的转折性变动。(　　)
5. 股价移动平均线可以帮助投资者把握股价的最高点和最低点。　　　(　　)
6. 成交量是某一交易日中成交的总交易额。　　　　　　　　　　　　(　　)
7. 头肩形是一种反转形态，但也可被视为整理形态。　　　　　　　　(　　)
8. 切线为我们提供了很多价格移动可能存在的支撑线和压力线。但是，支撑线、压力线有被突破的可能，它们的价位只是一种参考，不能把它当成万能的工具。　　(　　)
9. 技术分析必须与基本面的分析结合起来使用才能有效。　　　　　　(　　)
10. 波浪形态可无穷伸展和压缩，但它的基本形态不变。　　　　　　　(　　)
11. 道氏理论认为在各种市场价格中，最重要的是收盘价。　　　　　　(　　)
12. 技术分析的目的是预测证券价格涨跌的趋势，即解决应该购买何种证券的问题。
　　　　　　　　　　　　　　　　　　　　　　　　　　　　　　　　　　(　　)
13. 缺口的形成必是当日开盘价出现跳空高开继续高走或是跳空低开继续低走的结果。
　　　　　　　　　　　　　　　　　　　　　　　　　　　　　　　　　　(　　)
14. 一根有上下影线和实体的阳 K 线从上到下依次是最高价、收盘价、开盘价和最低价。　　　　　　　　　　　　　　　　　　　　　　　　　　　　　　　(　　)

15. 在价、量基础上进行的统计、数学计算、绘制图表方法是技术分析主要的方法。
( )

四、名词解释

技术分析　道氏理论　形态理论　切线理论　技术指标

五、简答题

1. 技术分析要素包括哪些？
2. 简述技术分析注意事项。
3. 道氏理论的要点包括哪些？
4. 简述 K 线的画法及应用。
5. 简述头肩顶和双底形态。
6. 简述技术指标应用的注意事项。

第九章

证券投资的行为分析

本章精粹:

- 投资者概况
- 证券市场异常现象分析
- 投资者行为分析

红利事件

1973—1974年能源危机期间,纽约城市电力公司准备取消红利支付。在1974年该公司的股东大会上,许多中小股东为此闹事,甚至有人扬言要对公司董事会成员采取暴力举动。显然,这一事件是标准金融学所无法解释的。按照标准金融学的分析框架,股东只会因能源危机对公司股价的影响敏感,而绝不会为公司暂停支付红利的决定如此激动。因为在标准金融学的框架下,投资者遵循套利定价理论。在不考虑税收与交易费用的情况下,一美元的红利和一美元的资本利得没有什么差异,他们随时可以通过卖出股票自制"红利";而在收入税率高于资本利得税率的现实世界,减少股利支付会使股东的境况更好。那么为什么这么多股份公司还要发放红利呢?CEC的股东为什么会对公司停止支付红利做出如此激进的反应呢?

关键词 投资者　异常现象　行为分析　证券投资

第一节　投资者概况

一、投资者分类

投资者分类的标准比较多,一般都是使用者根据自己使用上的方便进行分类。往往根据投资者投资资产量、客户属性和持股周期进行分类。

(一)根据投资资产量的大小分类

根据买卖证券的数量以及投资金额的不同,人们习惯于把投资者分为大户、中户和散户。

1. 大户

大户通常是指买卖股票数量大、投资金额大、能在一定程度上左右行情和控制市场状况的大额投资人。大户多由企业集团、证券投资基金、证券公司、社保基金、企业年金、信托公司和拥有大量资产个人投资者组成。一般来说,大户是比较专业和职业的投资者,有大户参与、照顾的证券行情上扬幅度较大,在下跌时的下滑幅度会比较小。

2. 中户

中户是指资产量上逊于大户,但投资额也较大的投资人。需要注意的是,在实践中,存在这样一些投资人,他们的投资额虽然庞大,但并不是以证券投资为业,主要依靠中长期持有股票获取利润，对于这样的投资人，通常把他们算在中户之中。中户多由收入中等的个人投资者和部分中小企业组成，在证券市场中，中户不能像大户那样左右市场。

3. 散户

散户是指资产量和买卖股票数量较小的小额投资人。散户通常由中低收入的个人投资者组成，他们虽然不是影响股市变化的主力，但因为散户在股市投资者中的数量非常大，也是股市中不可缺少的组成部分。

(二)根据客户属性分类

根据客户属性将客户划分为机构投资者和个人投资者。

1. 机构投资者

机构投资者从广义上讲是指用自有资金或者从分散的公众手中筹集的资金专门进行有价证券投资活动的法人机构。在西方国家，以有价证券投资收益为其重要收入来源的证券公司、证券投资基金、保险公司、各种福利基金、养老基金及金融财团等一般称为机构投资者。其中最典型的机构投资者是专门从事有价证券投资的证券投资基金。在中国，机构投资者目前主要包括证券投资基金、社保基金、合格境外机构投资者(QFII)、保险公司、企业年金、证券公司和一般法人机构。机构投资者与个人投资者相比，具有以下几个特点。

(1) 投资管理专业化。机构投资者一般具有较为雄厚的资金实力，在投资决策运作、信息搜集分析、上市公司研究、投资理财方式等方面都配备有专门部门，由证券投资专家进行管理。个人投资者由于资金有限而高度分散，同时绝大部分都是散户投资者，缺乏足够时间去搜集信息、分析行情、判断走势，也缺少足够的资料数据去分析上市公司经营情况。因此，从理论上讲，机构投资者的投资行为相对理性化，投资规模相对较大，投资周期相对较长，从而有利于证券市场的健康稳定发展。

(2) 投资结构组合化。证券市场是一个风险较高的市场，机构投资者入市资金越多，承受的风险就越大。为了尽可能降低风险，机构投资者在投资过程中会进行合理的投资组合。机构投资者庞大的资金、专业化的管理和多方位的市场研究，也为建立有效的投资组合提供了可能。个人投资者由于自身的条件所限，难以进行投资组合，相对来说，承担的风险也较高。

(3) 投资行为规范化。机构投资者是一个具有独立法人地位的经济实体，投资行为受到多方面的监管，相对来说，也就较为规范。一方面，为了保证证券交易的"公开、公平、公正"原则，维护社会稳定，保障资金安全，国家和政府制定了一系列的法律、法规来规范和监督机构投资者的投资行为。另一方面，投资机构本身通过自律管理，从各个方面规范自己的投资行为，保护客户的利益，维护自己在社会上的信誉。

2. 个人投资者

个人投资者即自然人投资者,是指从事证券投资的社会自然人,他们是证券市场最广泛的投资者。个人投资者的主要投资目的是追求盈利,谋求资本的保值和增值,重视本金的安全和资产的流动性。

投资者应当不断增强理性投资意识,提高对证券投资风险的防范控制能力,合法参与证券交易,并通过合法途径维护自身权益;应当结合自身的家庭情况、收入状况、投资目的及知识结构等因素,合理评估自身的产品认知能力与风险承受能力,理性选择合适的投资方式、投资品种、投资时机。我国个人投资者在投资过程中体现出以下几方面的特征。

(1) 个人投资者群体数量多而不壮。截至 2008 年年底沪深两市个人投资者超过 1.4 亿户,这是一个非常庞大的投资群体。25~55 岁的适业人群占中国个人投资者的七成以上,个人投资者总体受教育程度较低,高中及中专以下投资者占个人投资者总数的四成以上。总体显示中国个人投资者虽然数量庞大,但个人投资者整体投资实力确是较弱的。

(2) 投资动机有一定问题。个人投资者刚进入证券市场的时候的动机还是比较纯的。绝大部分个人投资者进行证券投资的目的是通过证券买卖价差获利,只有少量个人投资者进行证券投资是为了获得公司分红的收益,充分显示出投资者的不理性和不成熟。

(3) 投资行为似是而非。从表面上看,个人投资者买股票已告别了完全依靠股评家的"傻瓜"阶段,但七成以上个人投资者证券投资主要通过亲朋好友的介绍、股评专家的讲解以及报纸、杂志的文章介绍等进行投资;部分个人投资者决策时几乎不做什么分析,而是凭自己的感觉随意或盲目地进行投资。大多数个人投资者在评价投资失误时,往往将失误归咎于外界因素,如国家政策变化、上市公司造假以及庄家操纵股价等,而只有少数个人投资者认为是自己的投资经验或投资知识不足;个人投资者关注的上市公司财务指标主要是盈利数量指标、成长性指标和利润分配指标,而资产状况指标、现金流量指标、偿债能力指标、营运状况指标等则关注者很少。由此看来,股民依然处在盲目投资阶段。

(三)根据投资者的持股周期分类

根据投资者的持股周期分类,可分为短线投资者、中线投资者和长线投资者。

1. 短线投资者

短线投资者是指在几天内,甚至当天内买进卖出,获取差价收益的投资者。从本质上看属于投机者。对做短线者来说,公司业绩好坏、市盈率高低是不重要的,重要的是股价是否有相当幅度的频繁涨落。

2. 中线投资者

中线投资者投资的持股时间居于长线投资者和短线投资者之间。往往在股票选择方面具有长线投资者的特征，而在具体交易方面又具有某些短线投资者的特征。

3. 长线投资者

长线投资者进行证券投资的目的并非赚取短期股价波动的利润，而是看重公司长远发展带来较好成长性而进行投资。投资周期在 1 年以上，甚至达到几十年。

在一轮行情结束的时候，短线投资者往往羡慕长线投资者取得的丰厚收益，面对在底部曾经被自己买卖过，目前已经翻番甚至翻几番的股票往往后悔。长线投资者每一次成功投资所取得的回报是令人羡慕的，但完成这一持股过程坚毅是无可比敌的。

另外还有主力和庄家的说法。市场主力就是证券市场的主要力量，对大盘或个股的涨跌起主导作用，是持股数较多的大户。主力包括证券投资基金、企业年金、证券公司、私募基金、一般法人机构、资产量特大的个人投资者或他们形成的联盟等。市场主力也就是庄家，根据投资运作特征可以分为短庄、常庄等。

二、投资者风险承受能力分析

投资者的风险承受能力受到多个因素的影响，不同的投资者其风险承受能力差异巨大。

(一)影响投资者风险承受力的因素

1. 现有资产情况

证券投资者的资产规模与投资者的风险承受能力密切相关。一般来说在面临同等额度的损失时，资产规模越大投资者的风险承受能力越大，资产规模越小投资者的风险承受能力越小。还要注意负债情况，即要考虑净资产，净资产等于资产减去负债。一般来说净资产量越大风险承受能力越强，反之则小。

2. 未来预期收入

投资者的预期收入与其风险承受能力关系很大。投资者的预期收入包括客户的目前收入水平、收入增长速度和收入增长的稳定性等 3 个方面，每年收入 5000 元和 500000 万元的投资者的风险承受能力是有天壤之别的。

3. 投资者所处的生命周期

生命周期理论在分析投资者投资风险时影响作用巨大。生命周期理论认为个人的生命周期可以分为成长期、青年期、成年期、成熟期、老年期 5 个阶段。个人在人生的各个阶段具有不同的投资需求，每个阶段中所具有的特征也不尽相同。

成长期是指 20 岁以下的学生，没有固定薪水收入，仍靠父母供养的年轻人，一般不进行投资；青年期是指参加工作至结婚的时期，一般为 20～35 岁，买房买车，处于一切可以重来的阶段，所以风险承受能力非常强；成年期是指从孩子出生直到孩子上大学的这段时期，30～50岁，在这一阶段投资的风险承受能力很强；成熟期是指子女参加工作到家长退休为止这段时期，一般为45～60岁，这一阶段风险承受能力比较强；老年期是指投资者退休以后，这一时期的主要内容是安度晚年，风险承受能力较弱。

4. 投资者风险特征

(1) 风险偏好。反映的是投资者主观上对风险的态度，是一种不确定性在投资者心理上产生的影响。投资者间产生不同风险偏好的原因复杂，与投资者所处的文化氛围、成长环境有很深的联系。

(2) 风险认知度。反映的是投资者主观上对风险的基本度量，这是影响投资者对风险态度的心理因素。不同投资者对同一风险的认知水平是不一样的，甚至差异巨大，对风险的认知水平往往取决于投资者的个人生活经验。例如，我国大陆地区的投资者认为房地产投资的风险很小，而香港投资者认为房地产投资风险很大。

(二)投资者实际风险承受能力

每个投资者的风险承受能力存在差异，一般来说投资者的实际风险承受力可以用投资者自然风险承受力和投资者的风险承受态度两方面进行综合衡量。通过对风险承受能力的影响因素的全面分析，认为可以用现有资产情况、未来预期收入和投资者所处的生命周期衡量投资者自然风险承受能力，如表9-1所示；根据投资者的风险特征衡量投资者的风险承受态度如表9-2所示。

表9-1　风险承受能力估分表

项目　　　　分数	10分	8分	6分	4分	2分
就业状况	公教人员	上班族	佣金收入者	自营职业者	失业
家庭负担	未婚	双薪无子女	双薪有子女	单薪有子女	单薪养三代
置业状况	投资不动产	自宅无房贷	低比例房贷	高比例房贷	无自宅
投资经验	10年以上	6～10年	2～5年	1年以内	无
投资知识	有专业证照	金融类专业	自修有心得	懂一些	无
年龄因素	25岁以下得50分，每多1岁少1分，75岁以上得0分				

投资者根据自己的自然特征按照上面的估分表计算出自己的风险承受能力得分，考察自己的风险承受能力。

表 9-2　风险态度估分表

项目＼分数	10 分	8 分	6 分	4 分	2 分
投资目的	赚短差价	长期利得	年现金收益	保值	保本保息
历史业绩	只赚不赔	赚多赔少	损益两平	赚少赔多	只赔不赚
赔钱状态	学习经验	正常生活	影响情绪小	影响情绪大	难以成眠
投资对象	期货	股票	房地产	债券	存款
回避市场	无	期货	股票	房地产	债券
损失容忍度	不能容忍损失 0 分，每增加 1% 加 2 分，容忍 25% 以上损失得 50 分				

　　投资者根据自己对风险的认识和风险态度按照上面的估分表计算出自己的风险态度得分，考察自己的风险态度。

　　根据表 9-1 和表 9-2 的得分可以得出投资者的实际风险承受能力，投资者根据自己的风险承受能力确定其投资品种和投资组合情况。

专栏 9-1　投资者风险分类原则

　　根据投资者的不同风险状况可以对投资者进行风险分类。下面来看一下投资者风险分类的原则。①客观性原则。根据客户提供的资料，广泛了解客户的各类信息，严格按照分类标准、方法和程序进行分类，充分估计现实与潜在的风险状况，客观反映客户的风险承受能力。②一致性原则。对客户的风险分类应当采用统一可比的评价方法和标准，科学合理地划分风险类别，保证评价结果的可比性。③动态原则。当出现有可能影响客户风险分类的因素时，应适时、动态地对相关客户进行重新认定与分类。

　　投资人风险分类采取对客户风险承受能力和风险偏好评估相结合的方法，从投资目的、投资期限、投资经验、财务状况、短期风险承受水平、长期风险承受水平来对投资者进行评定。

第二节　证券市场异常现象分析

一、异常现象的含义

(一)异常现象的定义

　　证券市场的异常现象是指证券价格在不同时期、不同国家的市场上表现出来的不能用理性人和有效市场假设所解释的现象。

(二)理性人假设

理性人假设是指作为经济决策的主体都是充满理智的，既不会感情用事，也不会盲从，而是精于判断和计算，其行为是理性的。在经济活动中，主体所追求的唯一目标是自身经济利益的最优化。如消费者追求的是满足程度的最大化，生产者追求的是利润最大化。

每一个从事经济活动的人所采取的经济行为都是力图以自己的最小经济代价去获得自己的最大经济利益。西方经济学家认为，在任何经济活动中，只有这样的人才是理性人，否则就是非理性人。

(三)有效市场

1. 有效市场的含义

有效市场是指这样一种市场，在这个市场上，所有信息都会很快被市场参与者领悟并立刻反映到市场价格之中。简而言之，在每一个时点上，市场都已经消化了可以得到的全部最新消息。

2. 有效市场的前提假设条件

有效市场的前提假设条件是：①整个市场没有摩擦，即不存在交易成本和税收；②所有资产完全可分割，可交易，没有限制性规定；③整个市场充分竞争，所有市场参与者都是价格的接受者；④信息成本为零，并同时到达投资者；⑤投资者都是理性的，并且追求效用最大化。

3. 有效市场的形式

有效市场的形式包括弱式有效市场、半强式有效市场和强式有效市场。下面分别说明。

(1) 弱式有效市场中以往价格的所有信息已经完全反映在当前的价格之中，所以利用移动平均线和K线图等手段分析历史价格信息的技术分析法是无效的。

(2) 除了证券市场以往的价格信息之外，半强式有效市场假设中包含的信息还包括发行证券企业的年度报告、季度报告等在新闻媒体中可以获得的所有公开信息，依靠企业的财务报表等公开信息进行的基础分析法也是无效的。

(3) 强式有效市场假设中的信息既包括所有的公开信息，也包括所有的内幕信息，例如企业内部高级管理人员所掌握的内部信息。如果强式有效市场假设成立，上述所有的信息都已经完全反映在当前的价格之中，所以，即便是掌握内幕信息的投资者也无法持续获取非正常收益。

4. 有效市场假说的意义

有效市场假说即有理论意义，也有实践操作意义，下面分别介绍。

有效市场假说的理论意义是提高证券市场的有效性的根本问题，并且建立上市公司强制性信息披露制度；公开信息披露制度是建立有效资本市场的基础，资本市场有效性得以不断提高的起点。

综合来看，有效市场假说的实践意义包括以下 3 个方面。

(1) 有效市场与技术分析的关系。

如果市场未达到弱式下的有效，则当前的价格未完全反映历史价格信息，那么未来的价格变化将进一步对过去的价格信息做出反应。如果市场是弱式有效的，则过去的历史价格信息已完全反映在当前的价格中，未来的价格变化将与当前及历史价格无关，这时使用技术和图表分析当前及历史价格对未来做出预测将是徒劳的。如果不运用进一步的价格序列以外的信息，明天价格最好的预测值将是今天的价格。因此在弱式有效市场中，技术分析将失效。

(2) 有效市场与基本分析的关系。

如果市场未达到半强式有效，公开信息未被当前价格完全反映，分析公开资料寻找误定价格将能增加收益。如果市场半强式有效，那么仅仅以公开资料为基础的分析将不能提供任何帮助，其变化纯粹依赖于明天新的公开信息。

(3) 有效市场和证券组合管理的关系。

如果市场是强式有效的，人们获取内部资料并按照它行动，这时任何新信息将迅速在市场中得到反映。对于证券组合理论来说是假设证券市场是充分有效的，所有市场参与者都能同等地得到充分的投资信息，因此投资者一般以指数化的方式进行投资。

二、异常现象

按照有效市场和货币时间价值理论股票价格应等于预期未来各期发放红利的贴现值之和，股票价格的决定因素是预期的各期红利。换句话说只有当影响投资者对红利预期的新信息出现时，股价才会变化。但证券市场的大量实际情况证明在预期红利没有变化时证券价格也会发生大量变化，这就是证券市场的异常现象。

(一)日期异常

日期异常现象是指证券市场上与日期相联系的非正常收益，主要包括一月现象、周末现象等，分别指证券市场上与月份、周有关的非正常收益。

1. 一月现象

研究发现股价指数 1 月份的收益率明显高于其他 11 个月的收益率。对于 1 月现象的解释最主要的有减税卖出假说和橱窗现象假说。减税卖出假说认为，人们会在年底抛售下跌的股票，抵消当年其他股票资产增值，以达到少缴税收的目的。而年关过后，人们又重新买回这些股票。这种集体买卖行为导致了年终股市的下跌而次年一月股市的上扬。橱窗现象假说认为机构投资者希望卖出亏损股票买入盈利股票以装点年终报表，这种买卖在年底对于盈利股票产生正向价格压力而对于亏损股票产生反向压力，当年终机构投资者的卖出行为停止时，前一年度被打压的亏损股票在一月将产生巨大反弹，导致较大的正收益的产生。其他解释还包括代际馈赠说、购买压力说、避税退休计划说等。

2. 周末现象

统计一周中没有信息的交易日，发现周五取得较高的平均收益而周一较低。对于周一现象两个最典型的解释包括日历时间假说和交易时间假说。

(二)规模异常

按照标准金融学的理解规模大的公司竞争力更强，应该能给其投资者带来更多的投资回报，根据统计数据分析可知小公司股票给投资者带来的投资回报高于大规模公司股票给投资者带来的投资回报，人们把这种现象称为规模异常现象。研究发现了公司规模最小的普通股票的平均收益率要比根据 CAPM 模型预测的理论收益率高出近 10%。市盈率与收益率的反向关系对 EMH 形成严峻的挑战，因为这时已知的信息对于收益率有明显的预测作用。

(三)新股上市异常

新股是指首次公开发行出售的股份，可以分为首次公开发行并上市(IPO)和增发上市两种情况。新股上市异常是指在相当长的时间内新股价格的变动普遍表现出与其他股票价格变动不同的现象。

新股上市异常主要表现在两个方面，一方面是指首次公开发行股票的定价比较低，另一方面是指新股上市后的股价往往定价过高而导致在相当长的时间内股价表现较差的现象。

(四)过度反应

标准金融理论认为，个体在投资活动中是理性的。他们在进行投资决策时会进行理智的分析，当股票价格低于上市公司的内在价值时，投资者开始买入股票；而当股票价格高于上市公司的内在价值时，开始卖出股票。证券市场也由此形成了一种价值投资的氛围，但事实并非如此。投资领域中存在着价格长期严重偏离其内在价值的情况，主要原因是上市公司未来的价值本身具有许多不确定性，正是由于这种不确定性引发了投资者的心理上的非理性因素，投资者共同的非理性投机形成了市场的暴涨和崩盘现象。

过度反应是西方投资心理学的重要理论之一，该理论说明了市场总是会出现过度反应的现象，人们由于一系列的情绪与认知等心理因素，会在投资过程中表现出加强的投资心理，从而导致市场的过度反应。

研究中发现，投资者对于受损失的股票会变得越来越悲观，而对于获利的股票会变得越来越乐观，他们对于利好消息和利空消息都会表现出过度反应。当牛市来临时，股价会不断上涨，涨到让人不敢相信，远远超出上市公司的投资价值；而当熊市来临时，股价会不断下跌，也会跌到大家无法接受的程度。

(五)公告效应

公告效应是指上市公司发布的收购公告，往往导致收购双方股价异常波动的现象。一般来说当收购的公告发布以后，收购双方的股价会出现较为明显的分化走势。具体表现如下。

(1) 收购方的股价会下跌。

(2) 被收购方的股价会上涨。

(3) 收购双方的整体市场价值会有所下降。

出现上面股价变化的原因一般被认为收购方向被收购方支付的对价过多，并且收购后难以保证公司很快整合，短期内公司利润会下降。还被人们认为收购决策是由具有强烈自信心的个人而不是由集体做出的，即自大假说。

专栏 9-2　水晶光电连续 10 个跌停板

水晶光电发行价 15.29 元/股，2008 年 9 月 19 日上市，当日开盘价 20 元/股，最高价 55.30 元/股，收盘价 50.80 元/股。随后的 10 个交易日中连续跌停。至 2008 年 10 月 10 日该股收盘价 17.72 元/股，随后继续下探至 11.60 元的最低价，上市后买入此期间的投资者遭遇重大亏损，充分体现出新股上市异常现象。

第三节　投资者行为分析

一、前景理论

通过实验对比发现大多数投资者并非标准金融投资者而是行为投资者，他们的行为不总是理性的，也并不总是风险回避的。

(一)前景理论的定律

前景理论认为人们通常不是从财富的角度考虑问题，而是从输赢的角度考虑，关心收益和损失的多少。面对风险决策，人们会选择躲避还是勇往直前？这当然不能简单绝对地回答，因为还要考虑到决策者所处的环境、企业状况等情况。我们先抛开这些条件来研究在只考虑风险本身的时候，人们的心理对决策的影响。前景理论有两大定律。

(1) 人们在面临获得时，往往小心翼翼，不愿冒风险；而在面对损失时，人人都变成了冒险家。

(2) 人们对损失和获得的敏感程度是不同的，损失的痛苦要远远大于获得的快乐。

(二)案例实验

(1) 一是有两个选择，A 是肯定赢 1000 元，B 是 50%可能性赢得 2000 元，50%可能性什么也得不到。你会选择哪一个呢？大部分人会选 A，这说明人是风险规避的。二是有这样两种选择，A 是你肯定损失 1000 元，B 是 50%可能性损失 2000 元，50%可能性什么也不损失。结果大部分人会选 B，这说明人是风险偏好的。

(2) 在差的物品上花更多的钱——冰淇淋实验。

7 盎司冰淇淋 A 装在 5 盎司的杯子中，看上去快要溢出来了；8 盎司冰淇淋 B 装在了 10 盎司的杯子中，所以看上去还没装满。你愿意为哪一份冰淇淋付更多的钱呢？

实验结果表明，在分别判断的情况下(也就是不能把这两杯冰淇淋放在一起比较。人们日常生活中的种种决策所依据的参考信息往往是不充分的)，人们反而愿意为分量少的冰淇淋付更多的钱。

人们在做决策时，并不是去计算一个物品的真正价值，而是用某种比较容易评价的线索来判断。比如在冰淇淋实验中，人们其实是根据冰淇淋到底满不满来决定给不同的冰淇淋支付多少钱的。

前景理论缺乏严格的理论和数学推导，只能对人们的行为进行描述，因此前景理论的研究也只能使其描述性越来越好。换句话说它只是说明了人们会怎样做，而没有告诉人们应该怎样做。

二、心理账户

心理账户是指投资者除了钱包这种实际账户外，在头脑中还存在着另一种账户。人们会把在现实中客观等价的支出或收益在心理上划分到不同的账户中。比如，我们会把工资划归到靠辛苦劳动日积月累下来的"勤劳致富"账户中；把年终奖视为一种额外的恩赐，放到"奖励"账户中；而把买彩票赢来的钱，放到"天上掉下的馅饼"账户中。

对于"勤劳致富"账户中的钱，我们会精打细算，谨慎支出。而对"奖励"账户中的钱，我们就会抱着更轻松的态度花费掉，比如买一些平日舍不得买的衣服，作为送给自己的新年礼物等。"天上掉下的馅饼"账户中的钱就最不经用了，通常是来也匆匆，去也匆匆型。想想那些中了头彩的人，不论平日多么地节俭，一旦中了 500 万，也会立马变得豪情万丈，甚至大手大脚，通常会有一些善举，比如捐出一部分给贫困儿童。这就是心理账户在起作用。当然，他们对社会的贡献是值得称颂的。

实际上，绝大多数的人都会受到心理账户的影响，因此总是以不同的态度对待等值的钱财，并做出不同的决策行为。从经济学的角度来看，1 万元的工资、1 万元的年终奖和 1 万元的中奖彩票并没有区别，可是普通人却对三者做出了不同的消费决策。

所以知晓心理账户的存在，是精明理财的第一步，它会帮助你理性地消费。有个方法——换位思考，有助于培养一种好的思维习惯。精明的理财者会换一个角度来考虑自己的决策，比如，如果这 1 万元是我的辛苦劳动换来的工资，而不是买彩票中的奖，还会这么大手大脚地花掉吗？

在分析心理账户时发现具有非替代性和应用方面的规则。

1. 非替代性

心理账户与传统的会计账户不同，其本质的特征是"非替代性"，也就是不同账户的金钱不能完全替代，这使人们产生"此钱非彼钱"的认知错觉，从而导致非理性的经济决策行为。

实验情境 A：你打算去剧院看一场演出，票价是 10 美元，在你到达剧院的时候，发现自己丢了一张 10 美元钞票。你是否会买票看演出？实验表明：88%的调查对象选择会，12%的调查对象选择不会。(调查对象为 183 人)

实验情境 B：你打算去看一场演出而且花 10 美元买了一张票。在你到达剧院的时候，发现门票丢了。如果你想看演出，必须再花 10 美元，你是否会买票？实验结果表明：46%的调查对象选择会，54%的调查对象不会。(调查对象为 200 人)

两种实验情境出现明显不同结果的原因在于：在考虑情境 A 的决策结果时，人们把丢失的 10 美元钞票和买演出票的 10 美元分别考虑；而在情境 B，则把已经购买演出票的钱和后来买票的钱放在同一个账户估价，一部分人觉得"太贵了"改变自己的选择。非替代性表现在以下几个方面。

(1) 由不同来源的财富而设立的心理账户之间具有非替代性。例如意外之财和辛苦得来的钱不具替代性。一般来说，人们会把辛苦挣来的钱存起来不舍得花，而如果是一笔意外之财，可能很快就花掉。中国学者李爱梅和凌文辁教授进一步研究表明：不同来源的财富有不同的消费结构和资金支配方向。奖金收入最主要的支配方向排序为储蓄、人情花费、家庭建设与发展开支；彩票收入最主要的支配方向排序为人情花费、储蓄、享乐休闲开支；正常工资收入最主要的支配方向排序为日常必需的开支、储蓄、家庭建设与发展开支。

(2) 因不同消费项目而设立的心理账户之间具有非替代性。来看一个案例。王先生非常中意商场的一件羊毛衫，价格为 1250 元，他觉得贵而舍不得买。月底的时候他妻子买下羊毛衫作为生日礼物送给他，他非常开心。王先生的钱和他妻子的钱是同一家庭的钱，为什么同样的钱以不同的理由开支心里感觉不同？研究表明：自己花费购买羊毛衫，属于生活必需开支，1250 元太贵了；而作为生日礼物送给丈夫，属于情感开支。因此人们欣然接受昂贵的礼品却未必自己去买昂贵的物品。可见，为不同的消费项目设立的心理账户之间具有非替代性。

(3) 不同存储方式导致心理账户的非替代性。下面是萨勒教授举的一个实例。约翰先生一家存了 15000 美元准备买一栋理想的别墅，他们计划在 5 年以后购买，这笔钱放在商业账户上的利率是 10%；可最近他们刚刚贷款 11000 美元买了一部新车，新车贷款 3 年的利率是 15%，为什么他不用自己的 15000 美元存款买新车呢？

通常，人们对已经有了预定开支项目的金钱，不愿意由于临时开支而挪用，对这个家庭来说，存起来买房的钱，已经放在了购房这一预定账户上，如果另外一项开支(买车)挪用了这笔钱，这笔钱就不存在了。从理性上说，家庭的总财富不变。但因为财富改变了存放的位置，固定账户和临时账户具有非替代性，人们的心里感觉不一样。

2. 心理账户的应用规则

在研究心理账户的含义和不可替代性后发现心理账户有如下的应用规则。

(1) 损失规避。损失 100 元的痛苦比获得 100 元的快乐的心理感受要强烈得多。

(2) 两笔盈利应分开。如两次获得中每次获得 100 元，比一次性获得 200 元感到更愉快。

(3) 两笔损失应整合。如两次损失，每次损失 100 元的痛苦要大于一次损失 200 元的痛苦。

(4) 大得小失应整合，将大额度的获得与小额度的损失放在一起，可以减淡损失带来的不快。

(5) 小得大失要具体分析。在小得大失悬殊时应分开，6000 元的损失，同时有 40 元的获得会使当事人有欣慰的感觉。而小得大失差距不大时，将 50 元的损失与 40 元的获得放在一起，则感觉失去的额度可以接受。

三、历史上著名的资产泡沫现象

金融世界中，投机如影随形。你也许不知道人类历史上最早的投机狂潮竟然是由郁金香引发的吧。巅峰时期，一枝郁金香的价格甚至等同于一个高收入家庭的财富。人们对未来价格持续上涨的如痴如醉，不可避免地将郁金香市场推入了深渊。此后，金融市场的投机纷至沓来，黄金、股票、期货轮流成为投机目标，其中最有代表性的恐怕是 20 世纪 70—80 年代的"垃圾债券"。不过殊途同归的是，投资所引发的泡沫，最后总有破灭的一天。

(一)荷兰郁金香现象

世界上第一次有大量文字记载的投机狂潮，发生在 17 世纪初的荷兰，历史上称为"郁金香现象"。当然，郁金香也因此成为有记载的第一次商品"泡沫"。在郁金香炒作的高峰时期，甚至一个家庭的所有财富都被葬送在一枝植物球茎上。

16 世纪中期，游经土耳其的旅行家们被郁金香这种花的美丽所打动，并把它带回了维也纳。很快，它就吸引了欧洲人的广泛注意，几年之内开始在德国种植，接着是比利时，然后是荷兰。16世纪70年代后期，它被传播到英格兰。很快，这种新颖的花卉开始在宫廷内流行。

和其他花卉有所不同，郁金香不仅形态优雅，而且具有"变异"的特性。人工栽培的郁金香，常常会发生引人注目的变异，比如人工培植的红色郁金香，其后代有可能会变成红白相间的品种。

由于当时的人们对植物的基因不甚了解，郁金香的这种神秘"变异"无疑增加了欧洲人对郁金香的投机兴趣。当时的郁金香种植者们，搜寻颜色"变异"的花朵。花朵的颜色如果漂亮，拥有者就可以期待高价的买主。而买家，之后再用这样的花培育下一代花卉，再以高价出售。

17世纪20年代初，对于郁金香及其"变异"特性的热忱开始登陆荷兰。当时最罕见的种子可以卖到几千弗罗林，这个数字几乎相当于当时中等收入家庭一家的财富。逐渐地，这种狂热从一小部分人传播扩散到整个荷兰社会。很快，几乎所有的家庭都建起了自己的郁金香花圃，几乎布满了荷兰每一寸可以利用的土地。

起先，交易发生在冬季。投机者可能会带着一些样品和一定量的球茎，聚集到郁金香交易者的旅馆。大量的投机行为导致郁金香价格疯狂上涨。到了1634年，从苦力到贵族，荷兰各个社会阶层的人几乎全被"动员"到郁金香炒作的队伍中来了。很快，交易从冬季变成了全年进行，双方可以签订期货合同，然后到第二年春天交货。我们现在所说的"看涨"和"看跌"期权，就是在那时被创造出来并广泛交易的。

那时候的投机者其实对交货本身不感兴趣，也无意要求拥有他们所买进的实际的郁金香。当他们买进交货的合约后，往往很快地将他的合同以盈利的价格再出售给其他热衷者。这在今天被称作"买空卖空"。

当狂热升级时，其他经济活动几乎全放慢了。1636年，阿姆斯特丹、鹿特丹等地的股票交易所全部开设了郁金香交易所。花价的涨落造就了一大批富翁，而花价的每一次高涨都使更多的人坚信，这条发财之路能永久地延伸下去，世界各地的富人都会跑到荷兰，不问价格地收购所有的郁金香。一枝花还没露出地面，就已经以节节上涨的价格几易其手。没钱的人抵押房产借贷投资，巨额贷款不断堆积到小小的花茎上。

泡沫总有破灭的一天。不知从哪一天起，不知为何缘故，一些更聪明或胆小的人开始退场。这个迹象被人察觉后，抛售即刻变为恐慌，花价从悬崖上向下俯冲。当疯狂的价格最后坍塌时，荷兰的整个经济生活都崩溃了。债务诉讼数不胜数，连法庭都已经无力审理了。很多大家族因此而衰败，有名的老字号因此而倒闭。一直到许多年后，荷兰的经济才得以恢复。

(二)1929年华尔街的崩盘分析

1929年10月24日是大恐慌的第一天，也给人们烫上了关于股市崩盘的最深刻的烙印。

那天，换手的股票达到 1289460 股，而且其中的许多股票售价之低，足以导致其持有人的希望和美梦破灭。

但回头来看时，灾难的发生甚至是毫无征兆的。开盘时，并没有出现什么值得注意的迹象，而且有一段时间股指还非常坚挺，但交易量非常大。

突然，股价开始下跌。到了上午 11 点，股市陷入了疯狂，人们竞相抛盘。到了 11:30，股市已经完全听凭盲目无情的恐慌摆布，狂跌不止。自杀风从那时起开始蔓延，1 个小时内，就有 11 个知名的投机者自杀身亡。

随后的一段日子，纽约证券交易所迎来了自成立 112 年来最为艰难的一个时期，大崩盘发生，而且持续的时间也超过以往经历的任何一次。而那些活着的投机者，接下来的日子也是生不如死。

一个投资者在 1929 年年初的财产有 750 万美元，最初他还保持着理智，用其中的 150 万美元购买了自由国债，然后把它交给了自己的妻子，并且告诉她，那将是他们以后所需的一切花销，如果万一有一天他再向她要回这些债券，一定不可以给他，因为那时候他已经丧失理智了。1929 年年底，那一天就来了。他向妻子开口了，说需要追加保证金来保护他投到股市上的另外 600 万美元。他妻子刚开始拒绝了，但最终还是被他说服了。故事的结局可想而知，他们以倾家荡产而告终。

像其他人一样，凯恩斯也没有预料到 1929 年大崩盘，而且还低估了这次危机对美国和世界经济的影响。凯恩斯积累的财富在 1929 年崩盘时受到重创，几乎变得两手空空。到 1936 年的时候，他靠投资股市把财富又增长到了 50 万英镑以上(相当于现在的 4500 万美元)。但是在 1938 年的熊市中，他的资金又缩水了 62%。一直到他 1946 年去世，1929 年的崩盘都是他心理上抹不掉的阴影。

受股市影响，金融动荡也因泡沫的破灭而出现。几千家银行倒闭，数以万计的企业关门，1929—1933 年短短的 4 年间出现了 4 次银行恐慌。尽管在泡沫崩溃的过程中，直接受到损失的人有限，但银行无法避免大量坏账的出现，而银行系统的问题对所有人造成间接冲击。

大崩盘之后，随即发生了大萧条。大萧条以不同以往的严重程度持续了 10 个年头。从 1929 年 9 月繁荣的顶峰到 1932 年夏天大萧条的谷底，道·琼斯工业指数从 381 点跌至 36 点，缩水 90%。到 1933 年年底，美国的国民生产总值几乎还达不到 1929 年的 1/3。实际产量直到 1937 年才恢复到 1929 年的水平，接着又迅速滑坡。直到 1941 年，以美元计算的产值仍然低于 1929 年的水平。1930—1940 年，只有 1937 年全年平均失业人数少于 800 万。1933 年，大约有 1300 万人失业，几乎在 4 个劳动力中就有 1 个失业。股市崩盘彻底打击了投资者的信心，一直到 1954 年，美国股市才恢复到 1929 年的水平。

(三)1987 年股灾分析

1987 年 10 月 19 日，星期一，华尔街上的纽约股票市场刮起了股票暴跌的风潮，爆发了历史上最大的一次崩盘事件。道·琼斯指数一天之内重挫了 508.32 点，跌幅达 22.6%，创下自 1941 年以来单日跌幅最高纪录。6.5 小时之内，纽约股指损失 5000 亿美元，其价值相当于美国全年国民生产总值的 1/8。这次股市暴跌震惊了整个金融世界，并在全世界股票市场产生"多米诺骨牌"效应，东京、悉尼、中国香港、新加坡、伦敦、法兰克福等地股市均受到强烈冲击，股票跌幅多达 10%以上。股市暴跌狂潮在西方各国股民中引起巨大恐慌，许多百万富翁一夜之间沦为贫民，数以千计的人精神崩溃，跳楼自杀。"黑色星期一"，《纽约时报》称其为"华尔街历史上最坏的日子"。

这意味着持股者手中的股票一天之内即贬值了两成多，总计有 5000 亿美元消遁于无形，相当于美国全年国民生产总值的 1/8 的财产瞬间蒸发了。随即，恐慌波及了美国以外的其他地区。10 月 19 日，伦敦、东京、中国香港、巴黎、法兰克福、多伦多、悉尼、惠灵顿等地的股市也纷纷告跌。随后的一周内，恐慌加剧。10 月 20 日，东京证券交易所股票跌幅达 14.9%，创下东京证券下跌最高纪录。10 月 26 日，香港恒生指数狂泻 1126 点，跌幅达 33.5%，创香港股市跌幅历史最高纪录，将自 1986 年 11 月以来的全部收益统统吞没。与此相呼应，东京、悉尼、曼谷、新加坡、马尼拉的股市也纷纷下跌。于是亚洲股市崩溃的信息又回传欧美，导致欧美的股市下泻。

据统计，从 10 月 19 日到 26 日 8 天内，因股市狂跌损失的财富高达 2 万亿美元之多，是第二次世界大战中直接及间接损失总和 3380 亿美元的 5.92 倍。美林证券公司的经济学家瓦赫特尔因此将 10 月 19 日、26 日的股市暴跌称为"失控的大屠杀"。

1987 年 10 月股市暴跌，首先影响到的还是那些富人。之前在 9 月 15 日《福布斯》杂志上公布的美国 400 名最富的人中，就有 38 人的名字从榜上抹去了。10 月 19 日当天，当时的世界头号首富萨姆·沃尔顿就损失了 21 亿美元，丢掉了首富的位置。

更悲惨的是，那些将自己一生积蓄投入股市的普通民众，他们本来期望借着股市的牛气，赚一些养老的钱，结果一天工夫一生的积蓄便在跌落的股价之中消失得无影无踪。

股市的震荡刚刚有所缓解，社会经济生活又陷入了恐慌的波动之中。银行破产、工厂关闭、企业大量裁员，1929 年发生的悲剧再度重演。比 1929 年幸运的是，当时美国经济保持着比较高速的增长，股市崩盘并没有导致整体的经济危机。但股灾对美国经济的打击仍然巨大，随之而来的是美国经济的一段长时间的停滞。

(四)国际金融危机

次级抵押贷款就是贷款机构向一些"三无"人员，即没有固定工作、没有固定收入、没有固定财产，信用程度较差的借款人提供的贷款。在次级抵押贷款之上，则还有优先级和次优先级。1994—2006 年，美国的房屋拥有率从 64%上升到 69%，超过 900 万的家庭在此期间拥有了自己的房屋，这很大部分归功于次级房贷。

次级抵押贷款的高风险性也伴随着其易获得性而来。相比普通抵押贷款 6%～8%的利率，次级房贷的利率有可能高达 10%～12%，而且 80%以上的次级抵押贷款采取可调整利率形式，贷款的前两年收固定息率，之后的 18 年采用浮动按揭利率。在进行次级抵押贷款时，放款机构和借款者都认为，如果出现还贷困难，借款人只需出售房屋或者进行抵押再融资就可以了。但事实上，由于美联储连续 17 次加息，住房市场持续降温，借款人很难将自己的房屋卖出，即使能卖出，房屋的价值也可能下跌到不足以偿还剩余贷款的程度。这时，很自然地会出现逾期还款和丧失抵押品赎回权的案例。案例一旦大幅增加，必然引起对次级抵押贷款市场的悲观预期，次级市场就可能发生严重震荡，这就会冲击贷款市场的资金链，进而波及整个抵押贷款市场。与此同时，房地产市场价格也会因为房屋所有者止损的心理而继续下降。两重因素的叠加形成马太效应，出现恶性循环，加剧了次级市场危机的发生。

仅仅次贷市场出问题并不足以引起整个金融市场长时间动荡。次贷总共只有 1.3 万亿美元，而美国政府救市资金早已到了万亿美元以上。真正使金融市场趋于崩溃的是金融衍生工具的泛滥。2001 年以来，随着美国次级抵押贷款的大规模扩张，次贷的证券化也在加速。2001 年次贷证券化率为 45.8%，2004 年猛升到 67.2%，2005 年又进一步提高到 74.4%。CDS就是其中最主要、最常见，也是最终导致金融危机全面爆发的一种金融衍生工具。

CDS 是信用违约掉期(互换)，相当于对债权人所拥有债权的一种保险。A 公司向 B 银行借款，B 从中赚取利息；但假如 A 破产，B 可能连本金都不保。于是由金融公司 C 为 B提供保险，B 每年支付给 C 保费。如果 A 破产，C 公司保障 B 银行的本金；如果 A 按时偿还，B 的保费就成了 C 的盈利。但是这里面隐藏着重大问题，主要是这种交易不受任何证券交易所监管，完全在交易对手间直接互换，被称为柜台交易。这种方式后来逐渐为券商、保险公司、社保基金、对冲基金所热衷。近年来这一衍生品的参照物又扩展到了利率、股指、天气、石油价格等，催生了利率违约掉期(IRS)市场和股票违约掉期(EDS)市场。同时原来分散风险的目的也被冒险豪赌所替代。国际掉期和衍生品联合会从 2000 年起开始调查CDS 市场的规模，当时为 6300 亿美元，到 2007 年年底达到顶峰 62 万亿美元，7 年间增长了近 100 倍。

金融机构在 CDS 交易时，幻想的是什么事情也不会发生。想象一下，一位在开曼群岛注册的小型对冲基金在泰坦尼克号起航前许诺要对这艘巨轮的首航担保，话音未落，泰坦尼克号已沉入大海，这家小对冲基金拿什么来赔偿？于是贝尔斯登、雷曼兄弟、AIG、华盛顿互惠银行先后倒台，高盛和大摩几乎被绞杀。这些大型金融公司终于倒在了十多年前自己发明的 CDS 产品中。美国最大的保险商美国国际集团 AIG 就是典型例子，其大多数业务如保险、飞机租赁都是盈利的，但它对一些次级抵押证券签署了"信用违约掉期"CDS，这些合约迫使它弥补其他投资者的损失。AIG 因为 CDS 合约而损失了 250 亿美元，导致公司的信用评级下降，需要出示更多抵押金，但 AIG 拿不出这笔钱。美国财政部被迫以惩罚性条款向其提供 850 亿美元贷款，同时政府获得该公司 79.9%的股份。

专栏 9-3　雷曼兄弟倒闭

世界著名投资大师沃伦·巴菲特把一家破产清算的投资银行事件说成是经济的"珍珠港事件"。这家垮掉的投资银行就是雷曼兄弟。雷曼兄弟的倒掉，让整个美国的金融危机提前引发。

　　雷曼兄弟最终的破产并不是偶发的，其实是持续 13 个月的信贷危机中的必然性事件。摩根大通在雷曼兄弟陷入困境之时，用 50 亿美元的抵押将雷曼兄弟逼向破产的边缘。作为雷曼兄弟的"好伙伴"也是雷曼兄弟的"清算行"，"摩根大通给了它最后一击"。

　　信用评级公司发布警告说，如果雷曼兄弟没有筹集到新的资金，它们将下调该公司的债务评级。这令投资者大为恐慌。在次级债危机中，三大评级机构在短时间内对大量的次级债产品降低信用级别，使投资者预期恶化，促成了市场的恶性循环。

　　雷曼兄弟破产的前一天，美联储认为对雷曼兄弟已经无计可施。巴克莱和美国银行都不愿伸出援手，此时除非政府同意提供交易所需资金，雷曼提出向美联储申请成为一家银行控股公司，以便从美联储的贴现窗口获得流动性，却遭到美联储的拒绝，具有 158 年历史的雷曼终于破产清算。随后高盛和摩根士丹利无奈地宣布，将由当前的投资银行改制为银行控股公司，这意味着华尔街"高风险高收益"投资银行模式的终结。

本 章 小 结

证券投资行为分析	投资者分类	根据买卖证券的数量以及投资金额的不同，人们习惯于把投资者分为大户、中户和散户；根据客户属性将客户划分为机构投资者和个人投资者；根据投资者的持股周期分为短线投资者、中线投资者和长线投资者。另外还有主力与庄家的说法。影响投资者风险承受力的因素包括现有资产情况、未来预期收入、投资者所处的生命周期和投资者风险特征
	理性人和有效市场假设条件	理性人假设是指作为经济决策的主体都是充满理智的，既不会感情用事，也不会盲从，而是精于判断和计算，其行为是理性的。有效市场是指这样一种市场，在这个市场上，所有信息都会很快被市场参与者领悟并立刻反映到市场价格之中
		有效市场的前提假设条件包括整个市场没有摩擦、所有资产完全可分割、整个市场充分竞争、信息成本为零和投资者都是理性的。有效市场的形式包括弱式有效市场、半强式有效市场和强式有效市场
	行为异常及前景理论	证券市场的异常现象包括日期异常、规模异常、新股上市异常、过度反应和公告效应。
		前景理论有两大定律：①人们在面临获得时，往往小心翼翼，不愿冒风险；而在面对损失时，人人都变成了冒险家。②人们对损失和获得的敏感程度是不同的，损失的痛苦要远远大于获得的快乐。心理账户是指投资者除了钱包这种实际账户外，在头脑中还存在着另一种账户

案例思考

主题投资策略

主题投资(Themetic Investment Process)是 20 世纪 90 年代在国外兴起的最新一种投资组合方法,盛行于美国、英国及荷兰等国,已经与传统的价值投资、成长投资形成鼎足之势。这种方法最早是由 Edward M. Kerschner 提出的,它不同于传统的按照行业进行资产组合配置的投资思路,而是自上而下(top-down)挖掘出可能导致经济结构或产业发生根本性变化的潜在因素,分析领悟这些根本性变化的内涵和寓意,再形成与这些根本性变化相匹配的投资主题,然后再自下而上(bottom-up)选择能够受益于该潜在因素的行业和公司,最后来构建主题投资股票组合进行投资。这些潜在因素包括制度变迁、技术进步、文化因素、人口结构变化等。

主题投资策略的关键在于发现投资主题(themes),这是整个投资策略的核心和主线,成功的投资主题要能够对经济中潜在的结构性变化因素具有敏锐的洞察力和前瞻性,投资主题的发掘一方面需要极强的专业能力为基础,另一方面又要求研究者具有各种经济数据的实时获取能力。因此,国内外能够提出热点投资主题的往往是具有信息优势又具有研究实力的证券研究或是投资机构,也就是说投资主题的散播人具有较大的影响力。此外,这些研究机构在推出其投资主题时往往能够提出支持其观点的大量数据和案例分析,并能够以定期投资者交流会的形式集中发布并讲解,不仅这些研究机构有固定的传播渠道向更多的受众发送有关其投资主题的文本,官方的证券媒体也会随时刊登这些主要研究机构的观点和看法,其中也包括其发布的投资主题,也就是说投资主题具有强附着力。最后,这些热点投资主题往往能与实体经济中的一些现象相契合,如"装备中国"投资主题就契合了国家随后颁布的产业政策以及机械行业一定的景气回升,"人民币升值"主题契合了币值的不断攀升,"新能源"主题契合了国际原油价格的上涨等,也就是投资主题具有较高的环境适宜度。

请思考:一个投资主题能够成为市场的热点,它的形成需要具备哪些条件?

习 题

一、单选题

1. 根据买卖证券的数量以及投资金额的不同,人们习惯于把投资者分为大户、中户和( )。

    A. 机构投资者   B. 个人投资者   C. 散户   D. 庄家

2. 根据客户属性将客户划分为机构投资者和( )。

  A. 大户   B. 中户   C. 散户   D. 个人投资者

3. 根据投资者的持股周期可以将投资者划分为短线、中线和(　　)投资者。

  A. 长线   B. 机构   C. 个人   D. 庄家

4. 影响投资者风险承受力的因素包括(　　)、现有资产情况、未来预期收入和投资者所处的生命周期。

  A. 投资者风险特征   B. 投资者身体状况

  C. 投资者性别   D. 投资者所处地点

5. 日期现象是指证券市场上与日期相联系的非正常收益，主要包括(　　)和周末现象。

  A. 一月现象 B. 规模异常   C. 过度反应   D. 新股上市异常

6. 有限理性的决策标准是(　　)。

  A. 最优   B. 效用最大化   C. 满意   D. 风险最小

7. 现代标准金融学理论产生的标志是(　　)。

  A. Markowitz 资产组合理论   B. 套利定价理论

  C. 资本资产定价模型   D. 有效市场假说

8. 过度自信通常不会导致人们(　　)。

  A. 高估自己的知识   B. 低估风险

  C. 对预测有效性的变化敏感   D. 夸大自己控制事情的能力

9. 最早将人的行为研究与经济学研究结合起来的理论是(　　)。

  A. 亚当·斯密的"经济人假说" B. 凯恩斯的"选美竞赛"理论

  C. 新古典经济学的"理性人假说" D. 凯恩斯的"空中楼阁"理论

10. "市场总是被高估或低估，因为人们总是贪婪和恐惧"，人的这种非理性由下列哪种因素主导? (　　)

  A. 人的本能 B. 生理能力的限制 C. 环境因素 D. 心理因素

11. 别人推荐给你的股票你没有买，后来该股票价格上涨，由此带给你的遗憾属于(　　)。

  A. 行动的遗憾 B. 故意的遗憾   C. 求不得遗憾 D. 忽略的遗憾

12. (　　)下，证券价格完全反映了所有公开的市场信息和基本信息。意味着投资者既不能利用过去价格的历史信息，也不能运用公开的基本面信息来分析预测证券的未来收益。即基本面分析无效。

  A. 弱式有效假设   B. 半强式有效假设

  C. 强式有效假设   D. 有效市场假设

13. (　　)下，证券价格完全反映所有公开的和内部的信息。意味着任何信息对投资分析者毫无用处，专业投资者的市场价值为零，专业投资者所要做的唯一事情就是构建与其偏好相应的资产组合，然后买入持有。

A. 弱式有效假设   B. 半强式有效假设

C. 强式有效假设   D. 有效市场假设

14. 卡尼曼(Kahneman)和特维尔斯基(Tversky)在实验中发现,人们对待收益和损失的态度非常不一样。当遭受损失时,人们往往有进一步冒险的心理偏好,而当人们获得收益时,则会有较强的风险规避心态。这种心理叫作( )。

A. 过度自信   B. 损失厌恶   C. 代表性偏误   D. 归因偏差

15. 有两项选择,一是损失7500元,二是75%的概率损失10000元,25%的概率没有损失。那么这两种选择的结果是( )。

A. 一样的   B. 第一种选择不好

C. 第二种选择不好   D. 无法判断

16. 1985年,Shefrin和Statman发现在股票市场上投资者往往对亏损股票存在较强的惜售心理,即继续持有亏损股票,不愿意实现损失,而愿意较早卖出股票以锁定利润,这种现象称为( )。

A. 损失厌恶   B. 反应不足   C. 处置效应   D. 反应过度

17. 大量的实证研究和观察表明股票市场存在收益异常现象,这些现象无法用EMH和现有的定价模型来解释,如( )。

A. 小公司效应   B. 股权溢价之谜   C. 红利之谜   D. 以上都是

18. 红利之谜是指私人投资者将红利和资本利得分开来对待的现象。在现实中,投资者却更希望公司支付红利。根据MM定理,股利政策与公司股票价格( )。

A. 相关   B. 正相关   C. 负相关   D. 不相关

19. Mehra和Prescott(1985)通过对美国1889年至1978年的历史数据进行分析,发现股票的平均年收益为率6.98%,而同期的无风险证券(国库券,Treasury bills)的收益率却只有0.8%,股票的超额报酬达到6.18%。这种现象称为( )。

A. 股权折价之谜   B. 股权溢价之谜

C. 无风险证券之谜   D. 股票收益之谜

20. 行为金融学家David Dreman,他通过对美国证券市场的实证分析发现,证券市场是专家最容易犯错误的领域。他因为采用的策略而得名,他被华尔街和新闻媒体称为( )。

A. 逆向投资之父   B. 动量交易之父

C. 投资神童   D. 投资天才

二、多选题

1. 影响投资者风险承受力的因素包括( )。

A. 现有资产情况   B. 未来预期收入

C. 投资者所处的生命周期   D. 投资者风险特征

2. 有效市场的前提假设条件包括(　　)。

    A. 市场没有摩擦　　　　　　　　　B. 资产完全可分割

    C. 市场充分竞争　　　　　　　　　D. 信息成本为零

3. 金融市场的异常现象包括(　　)。

    A. 日期异常　　　B. 规模异常　　　C. 公告效应　　　D. 过度反应

4. 公告效应的具体表现包括(　　)。

    A. 收购方的股价会下跌　　　　　　B. 收购双方的整体市场价值会下降

    C. 被收购方的股价会上涨　　　　　D. 收购双方的整体市场价值会上升

5. 心理账户时发现具有(　　)的规则。

    A. 非替代性　　　B. 替代性　　　　C. 应用方面　　　D. 管理账户

6. 影响人们认知的因素包括(　　)。

    A. 人的本能　　　B. 生理能力的限制　　C. 道德因素　　　D. 心理因素

7. 互联网交易环境恶化了投资者过度自信问题，导致更加频繁交易的原因是(　　)。

    A. 控制幻觉　　　　　　　　　　　B. 知识幻觉

    C. 拥有的信息增加　　　　　　　　D. 从众心理增加

8. 现代标准金融理论体系主要包括(　　)。

    A.　Markowitz 资产组合理论　　　　B. 套利定价理论

    C. 资本资产定价模型　　　　　　　D. 有效市场假说

9. 投资者理性的两层含义(　　)。

    A. 可以使市场实现无套利均衡

    B. 投资者的信念更新遵循贝叶斯法则

    C. 给定信念下的选择偏好可以用期望效用来表示

    D. 人们对未来的预期(认知)有偏差

10. 以下说法中，正确的是(　　)。

    A. 行为分析流派投资分析分为两个方向，即个体心理分析和综合心理分析

    B. 个体心理分析基于"人的生存欲望"、"人的权力欲望"、"人的财富欲望"三大心理分析理论，旨在解决投资者在投资决策过程中产生的心理障碍问题

    C. 基本分析流派的分析方法体系体现了以价值分析理论为基础、以统计方法和终值计算方法为主要分析手段的基本特征

    D. 对投资市场的数量化与人性化理解之间的平衡，是技术分析流派面对的最艰巨的研究任务之一

11. 证券投资分析的意义是(　　)。

    A. 科学的证券投资分析是投资者投资成功的关键

    B. 有利于降低投资者的投资风险

    C. 有利于提高投资决策的科学性

D. 有利于正确评估证券的投资价值

12. 1980年以来的投资理论发展主要有(　　)。

    A. 市场微结构理论　B. 行为金融理论　C. 期权定价理论　D. 有效市场理论

13. 行为金融理论挑战了经典投资理论的两大假设,经典投资理论两大假设的内容是(　　)。

    A. 投资者是理性的

    B. 投资者并非都是理性的

    C. 竞争市场条件下不会长期存在套利机会

    D. 竞争市场条件下长期存在套利机会

14. 下列哪些理论属于经典投资理论?(　　)

    A. 现代资产组合理论　　　　　　B. 证券市场竞争性均衡理论

    C. 资本结构理论　　　　　　　　D. 行为金融理论

15. 按投资学主要理论以及各种理论术语产生的时间顺序,将投资理论发展分为(　　)三个阶段。

    A. 早期的投资理论　　　　　　　B. 经典投资理论

    C. 后期的投资理论　　　　　　　D. 1980年以来的投资理论发展

三、判断题

1. 人们对损失和获得的敏感程度是不同的,损失的痛苦要远远大于获得的快乐。(　　)

2. 人们在面临获得时,往往小心翼翼,不愿冒风险;而在面对损失时,人人都变成了冒险家。(　　)

3. 无套利是均衡条件的推论,如果市场达到均衡,那么一定没有套利机会存在。(　　)

4. 凯恩斯是最早强调心理预期在投资决策中作用的经济学家。(　　)

5. 理性人假设认为,人是理性的且具有理性预期,但对未来的认知可能会存在一定的偏差。(　　)

6. 对投资的评估频率越高,发现损失的概率越高,就越可能受到损失厌恶的侵袭。(　　)

7. Kendall与Roberts等人发现股票价格序列类似于随机漫步,他们最终把这些理论形式化为有效市场价说。(　　)

8. 损失厌恶反映了人们的风险偏好并不是一致的,当涉及的是收益时,人们表现为风险偏好;当涉及的是损失时,人们则表现为风险厌恶。(　　)

9. 效率市场理论含义: 当给定当前的市场信息集合时,投资者不可能发展出任何交易系统或投资战略,从而可以获取超出由投资对象风险水平所对应的投资收益率的超额收益。(　　)

10. 传统金融理论认为非理性投资者最终将被赶出市场，理性投资者最终决定价格。
( )

11. 正常的人通常都有心理账户，他们在心理对待每一元实际上是一视同仁的。
( )

12. 人们将各期的收入或者不同方式的收入分置在不同的账户中，不能互相填补。
( )

13. 人们有的时候也会把属于同种收入当中的一笔大钱和一笔小钱也会被分开看待，分开进行消费。
( )

14. 正常人对得失的判断往往根据绝对数量决定。
( )

15. 由于过度自信使投资者扭曲了价格的影响，使市场波动增加。
( )

四、名词解释

理性人　有效市场　前景理论　异常现象　　日期异常效应

五、简答题

1. 有效市场的前提条件是什么？
2. 简述前景理论的内容。
3. 证券市场异常现象包括哪些？
4. 描述人们对他们所面对的选择的得失进行评价的三类账户。
5. 简述如何对心理账户进行编辑。

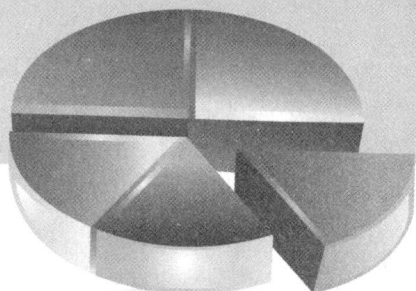

第十章

证券投资方法及技巧

本章精粹：

- 证券投资的方法
- 证券投资的策略与技巧

案例导入 **中国私募教父赵丹阳以 211 万美元投得与巴菲特午餐的机会**

北京时间 2008 年 6 月 29 日消息,据国外媒体报道,股神沃伦·巴菲特(Warren Buffett)今年的慈善午餐拍卖,由有"中国私募教父"之称的赵丹阳以 211 万美元投得,成交价历来最高。从 2000 年起,巴菲特每年都拍卖一次和他共享午餐的机会,并把收入捐给格莱德基金会,用于帮助旧金山的穷人和无家可归者。2005 年拍卖成交价为 35.11 万美元;2006 年的午餐机会拍得 62.01 万美元;而去年的成交价格为 65.01 万美元。

赵丹阳是"赤子之心中国成长投资基金"的创办人,有"中国私募教父"之称。此次他以 211 万美元的高价拍下今年与股神巴菲特共进午餐的机会,价格是去年的 3 倍多,是历年来最高的一次,也是继 2006 年步步高电子有限公司创办人段永平,以 62.01 万美元投得和股神午餐以来,再次有中国人中标。

2008 年的拍卖活动始于太平洋时间 6 月 22 日下午 7 时,截止日期为 27 日下午 7 时,竞拍底价为 2.5 万美元。在拍卖进入最后阶段时,赵丹阳与另外一名投标者展开激烈的争夺战,双方叫价在短短两小时内来回推高了 7 倍。

据悉,赵丹阳可以邀请最多 7 位朋友与巴菲特在纽约 Smith & Wollensky 牛排餐馆共进午餐,届时,巴菲特将回答赵丹阳及其 7 位朋友的所有问题,但不包括他正在进行的投资交易。

(资料来源:崔吕萍. 新浪科技,2008 年 6 月 30 日;北京商报,2008 年 7 月 24 日)

这一案例带给我们许多思考。比如,这顿饭真的那么值吗?一顿饭的时间能从大师那里学到多少证券投资的真谛或是证券投资的方法和技巧呢?对我们各位而言,证券投资的方法与技巧又需要花多少时间、精力和费用来学习掌握呢?

关键词 证券投资 证券投资方法 证券投资策略 证券投资技巧

第一节 证券投资的方法

一、证券投资的固定模式操作法

证券投资的固定模式操作法就是指在一定时间内按照某种确定的模式,定期或是在该模式所要求的条件成立时,再根据既定方案买卖证券,进行程式化操作的投资方法。下面介绍几种常见的固定模式操作法。

(一)道氏投资法

道氏投资法是由道氏理论引申而来的投资方法。道氏理论的一个观点是:股票价格运动中的主要趋势一经形成，就要持续较长一段时间，一般认为要达1～4年。作为股市中的普通投资者，由于自身没有力量影响股市，因此，其最基本的投资方法就应该是顺势而为，即顺着证券市场的大趋势变化做出相应的投资决策。当道氏理论确认的某种主要趋势一旦形成，投资者就应该顺应这一趋势进行买卖，并在这一趋势中保持自己的投资方向。当股市主要趋势是向上时，投资者可以采取购买后一路持有的策略，直到有信号表明这种上升趋势已经或即将改变时，投资者才改变其投资方向，出售手中的股票。

(二)顺势投资法

所谓顺势投资法是指在股票市场中，普通投资者由于资金不足、消息闭塞，不能像"实力机构"那样可以影响市场走势甚至能操纵股票价格，只好跟着"实力机构"左右的大势或股价走，做个"顺风搭车人"，跟着股价的趋势进行买进卖出。这种办法虽然捞不到大利，也不会吃大亏。顺势投资法要求证券投资者采取"顺势而为"的投资法。

(三)投资趋势法

在一般情况下，许多股票的价格都呈现某种趋势性变动。上升趋势或下降趋势一旦出现，就能维持一定时间。如果确认股票价格某种趋势已形成，那么投资者就要根据这个趋势做出相应的操作，上涨时买进，下跌时抛出，直至出现某种迹象表明该趋势已经改变时，方可改变原有的操作。也就是在要下跌时卖出，在要上涨时买进。

采取这种投资法的关键要求有两条：一是股价涨跌趋势必须明确；二是必须能尽早看准趋势，即能从大局把握是牛市还是熊市。该法的缺点是如果看不准趋势，就无法进行投资，再就是如果趋势是短期的，也不能采用此法。此法也要求证券投资者采取"顺势而为"的投资法。

(四)哈奇计划操作法

哈奇计划操作法是以发明人哈奇的名字命名的。哈奇认为股市是一个波动的市场，在一两个月内，许多股票的价格波动幅度超过10%。其做法是对所购进的股票，每周末计算股价平均数，月底再将各周平均数相加，求出该月平均数。如果本月平均数比上次的最高点下降了10%，便全部卖出股票，不再购买。等到已卖出股票的平均数由最低点比上月上升了10%之后再行买进。

哈奇计划法不做空头交易。哈奇采用这一投资方法，1882—1936年共进行了44次买入卖出，使他的资产从10万美元增加到1440万美元，哈奇所持有股票的期限，短者为3个月，长者达6年，这个操作法，直到哈奇逝世后才被伦敦金融新闻公布。

哈奇计划法的优点是判断简单，且注意了股价的长期运动趋势，可供投资者进行长线投资选用，缺点在于其高度机械性，灵活性不足。

(五)三成目标投资法

三成目标投资法又称三成保本法，是股票投资者以赚取三成利润为目标的一种方法。在股市行情大幅震荡的状态下，当股价上涨时，若期望着涨到最高点抛出，则往往会错失良机；相反，当股价下跌时，便又急忙抛出，这往往也被认为是一种失败做法，而在一年中，股价以三成以上的幅度上下波动的情况，则为数不少，因此，股价涨到买价的三成时，就卖出所持股票，当股价下跌到周 K 线由下跌到走平并有上涨趋势时就买进股票。由于以赚取三成利润为目标，故称之为三成目标投资法，一年下来如果能操作三次，那就达到了资金翻倍。

采取此法应注意两点：一是不能贪心不足，在达到目标时应该适时抛出；二是应该选购具有良好发展前景的股票。只要投资者选好了这种具有成长性的公司股票，三成目标投资法就不失为一种赚取买卖差价的较好方法。

(六)分批买卖法

分批买卖法指的是当股价跌到一定程度后，投资者开始分批购进；而当股价上扬到一定高度后，则开始将持有股票予以分批售出。

分批买卖法是基于克服人性的优柔寡断弱点应运而生的一种投资方法。投资者的良好愿望是能够在最低价买进和最高价售出，但真正能在市场上如愿以偿的投资者却为数不多，通常发生的情形是，在股价下跌到可以入市购进时，许多投资者还认为股价会继续下跌，仍然持币待购；而待股价强劲反弹上涨时，又后悔莫及错失入市良机，另外，当股价上涨到应该脱手时，还认为股价继续上扬，而待股价下跌时，不仅卖不出好价钱，有时甚至还难以脱手。

分批买卖法能克服上述只选择一个时点进行买进和卖出的缺陷。由于是多次买进和多次卖出，当股价下跌到某一低点时，投资者就可以毫不犹豫地购买，同样，当股价涨至某一高点时，投资者也不会因贪心而舍不得卖出，因为即使股价继续上涨，投资者仍通过不断卖出获利，而不会错失良机。

(七)逐次等额买进投资法

逐次等额买进投资法又称金额平均法、平均资金投资计划法和固定投入法，它是指在一定时期内，固定一定量的资金分期平均购买某种或某几种股票的投资方法。

具体操作是：选定某种或几种具有长期投资价值且价格波动较大的股票，在一定的期间内，不论股价是上涨还是下跌，都坚持定期以相同的资金购入股票。当股票的市价较低时，所购买的股票数量就较多，结果必然是低价所购股数在总股数中占的比例较大，而高价所购的所占比例较小，所以，其平均购价就会低于期间的平均市价。它适用于那些有定期定额资金来源的投资者。其优点在于以下几点。

(1) 方法简便,投资者只定期定额投资,不必考虑投资的时机问题。

(2) 既可避免在高价时买进过多股票的风险,又可在股票跌价时,有机会购进更多的股票。

(3) 少量资金便可进行连续投入,并可享受股票长期增值的利益。

采用此法应注意 3 点:一要选择经营稳定、利润稳定上升的公司股票;二要有一个较长的投资期间,如果期限较短,则效果将不明显;三要选择价格波动幅度较大,且股价呈上升趋势的股票,如果股价一直处于跌势,则会发生投资亏损。

(八)金字塔形买卖法

金字塔形买卖法是股票投资的一种操作方法,是分批买卖法的变种。此法是针对股价价位的高低,以简单的三角形(即金字塔形)作为买卖的准则,来适当调整和决定股票买卖数量的一种方法。

金字塔形买卖法分为金字塔形买入法和倒金字塔形卖出法两种。金字塔形买入法,正金字塔形(即正三角形)的下方基底较宽广且愈往上愈小,宽广的部分显示股价价位低时,买进数量较大,当股票股价逐渐上升时,买进的数量应逐渐减少,从而降低投资风险。例如,某投资者预计某种股票价格看涨,他以每股 20 元的价格购进 1000 股;当价格涨到每股 23 元时,他又买进了 500 股;如股价再涨至 25 元时,投资者仍然认为股价看好,可以再买进 100 股。至于该买进多少和何时终止购买行为,完全依资金的多少、股市的人气状况、对股票涨跌的预期等因素,由投资者自行决定。

(九)固定金额投资法

固定金额投资法又称定额法和常数投资法,是投资者把一定的资金分别投向股票和债券,其中将投资于股票的金额固定在一个水平上,当股价上升使所购买的股票的金额价格总额超过固定金额的一定比例时,就售出其增值部分,用于增加债券投资;反之,当股价下跌使所购买的股票价格总额低于其固定金额时,就动用现金或出售部分债券来增加股票的购买,使投资于股票的价格总额始终保持在一个固定的水平。例如,某投资者将 10 万元资金投资于有价证券,其中,6 万元资金投资于积极成长型资产——股票,4 万元资金投资于保守稳健型资产——债券,并且将投资于股票的资金总额按变动着的市价予以固定。当所购股票的市价增至 7 万元时,则出售超过固定金额的 1 万元,使股票的市价总额仍保留在 6 万元的固定水平。当所购股票的市价降至 5 万元,则出售部分债券,购进相当于 1 万元的股票,使之保持 6 万元的股价市值水平。

其优点是容易操作,不必过多顾及投资的时机问题,对于初涉股市的新手来说,不失为可供选择的投资策略。而且,由于这种投资方法奉行了"低进高出"的投资原则,在一股情况下能够确保盈利。

如果所购股票的行市是持续上升的，投资者不断卖出股票后就容易丧失更多的获利机会。同样，如果股票持续下跌，由于投资者要不断出售债券来补进股票，以维持事先确定的股票价格总额，从而会失去股价继续下跌后以更低的价格购进股票的机会。所以，涨势不衰的多头市场和跌风难遏的空头市场，都不适宜采用固定金额投资计划法。

(十)固定比率投资法

固定比率投资法，又称定率法和不变比例计划法，它是调整股票投资风险的一种投资组合策略。

固定比率投资法的操作是将投资资金分为两部分：一部分是保护性的，主要由价格波动不大、收益较为稳定的债券构成；另一部分是风险性的，主要由价格波动频繁，收益幅度相差较大的普通股票构成。这部分的比例一经确定，便不轻易变化，并还要根据股市价格的波动来不断维持这一比例。

由于固定比率一经确定就不宜轻易改变，因此，固定比率投资法是一种比较保守的投资策略，容易丧失一些较好的投资机遇。

(十一)变动比率投资法

变动比率投资法又称变率法和可变比例投资法，它是以固定比率投资法为基础，允许证券组合中的股票和债券的比例，随证券价格的波动而适时变更的投资方法。

变动比率投资法并不要求股票和债券的比例始终维持在预先确定的固定比率上，假定某投资者投资于股票和债券的比例在开始时各占 50%，当以后股价上升超过某种水平时，就出售股票以减少股票的比例和增加债券的比例；反之，则增加股票的比例和减少债券的比例。

变动比率投资法的基础是确定一条股票的预期价格趋势线，当价格在趋势线以上时，就卖出股票，当价格在趋势线以下时，就买入股票，并在买卖股票时，相应地买卖债券，当趋势线确定后，还要以决策线为边线，决策线反映股票的买卖，上述的比率变动是随意选择的，投资者在决策时，应根据具体情况来确定买卖的比例。

采用变率法可克服固定比率中不论在任何情况下一律按固定比例保留股票和债券的呆板作法，显得较为灵活和合理，但这种方法较为麻烦，既要根据各种情况确定正确的趋势线，又需要对价格的变化进行持续的监视，以便随时调整投资的比例。

(十二)投资三分法

投资三分法是将金融资产分配在不同形态上的一种方法，也是进行证券投资的一种策略，是家庭理财常用的投资法。

具体操作是：将全部资产的 1/3 存入银行以备应急之需；1/3 用来购买债券、股票等有价证券做长期投资；1/3 用来购置房产、土地等不动产。在上述资产分布中，存入银行的资产具有较高的安全性和快速变现能力，但缺乏收益性；投入有价证券的金融资产虽然有较好的收益性，但却具有较高的风险；投资于房地产一般也会增值并可用作投资亏本时保本翻本之用，但又缺乏快速变现能力。如将全部资产合理地分布在上述三种形态上，则可以相互补充、相得益彰。

在有价证券的投资上，也可以实行三分法：一部分购买债券或绩优蓝筹股股票，另一部分投资于小盘成长股，再以一部分作为预备金或准备金，以备机动运用。在这种三分法中，投资于债券的部分虽然获利不大，但比较安全可靠，因此，许多国家的投资者一般都愿意在手头拥有这部分安全可靠的债券，购买股票虽然风险较高，但往往能获得比较优厚的红利收入，甚至还能获得较为可观的买卖差价收入，因此，也颇受投资者欢迎，而保留一部分资金作为准备金，则可以在股票市场上出现较好的投资机会时进行追加投资，也可在投资失利时，用作失利后的补充和用作承担损失的能力准备。

证券投资三分法兼顾了证券投资的安全性、收益性和流动性的三原则，是一种具有参考性的投资组合与投资策略。

二、证券投资的灵活操作方法

(一)渔翁撒网法

在短期股票投资中，许多股票价格的变化趋势很不明显，投资者难以筛选出有利可图的投资对象。因此，有人认为最好像渔翁到处撒网一样，在同一时期将资金投向多种股票，等到某种股票价格上涨到有利可图时就出售该种股票。如果整个股票市场出现价格上涨或牛市，投资者可以相继抛售手中的各种股票，以获得较高的利润，即便出现整个股市下跌，也必然会有某些强势股，这样可以强抵弱，减少风险损失。这种投资组合方式就称为渔翁撒网法。

该投资方法的主要特征是投资期限短，以分散投资的方式来尽量取得较高的利润，可避免选择不当的巨大损失。由于这种方法奉行哪种股票上升便卖哪种股票的法则，较容易把手中的股票在价格刚涨不多时就卖出，不涨不卖，长期下来就将劣质股票握在手中，从而降低了投资股票的获利能力，基于这种理由，股票市场上出现一种"反渔翁撒网法"的新投资方法。

反渔翁撒网法，即有选择性地买进多种股票，而且涨价时多买一些，价格不升甚至下降时就卖出这种股票，其主要意图是尽量抓住强势股而提高获利能力，然而在股票市场中，价格变化较大，很难确定股票买卖的走向，可见，这种方法是一种风险性较大的投资组合，也是对分散风险决策的逆向行为。

渔翁撒网法和反渔翁撒网法各有利弊，投资者应根据自身的个性特点和股市习性酌情选用。

(二)摊平操作法

摊平操作法也叫下档摊平操作法，是指投资者买进看好的股票，结果该股票未能如期上涨而是下跌，可是股票的基本面没有改变，因此，投资者采用逢低补仓摊低成本的操作方式。常见的有以下两种方式。

1. 逐次平均买进摊平法

逐次平均买进摊平法是指将要投入股票的资金分成三部分，第一次买进全部资产的1/3，下跌后第二次再买进1/3；再下跌时，剩余的1/3最后买进，这种方法不论行情上下，都不会冒太大的风险。

2. 加倍买进摊平法

加倍买进摊平法有二段式和三段式两种。二段式是指将总投资资金分成 3 份，第一次买进 1/3，如果行情下跌，则买进另外的 2/3。三段式是指将总投资资金分成 7 份，第一次买进 1/7，如行情下跌，则第二次买进 2/7；如行情再下跌，则第三次买进 4/7，此法类似于"倒金字塔形买进法"，适用于中、大户的操作。

(三)保本投资法

保本投资法是股票投资中避免血本耗尽的一种技术操作方法。

这里所说的"保本"，并不是保投资者用于购买股票的总金额，而是保投资总额中不容许被亏损掉的那部分，也就是"停止损失点"的基本金额。

采用此法最重要的不在于买进的时机选择，而在于卖出决策的做出，获利卖出点和停止损失点的设定是采用保本投资法的关键。

获利卖出点，即为股票投资者获得一定数额投资利润时毅然卖出的那一点，这时候的卖出，并不是将所有的股票一口气统统卖光，而是卖出其所要保本的那一部分，例如，如果某投资者心目中的"本"定为总投资额的 50%，那么，他的获利卖出点，即为所持股票市值总值达到其最初投资额的 50%时，在此一时点，该股票投资者可以卖出所有股票的1/3，先保其"本"，进行此次保本以后，所持股票的市价总值，与其最初的投资总额仍然相同，此后，该投资者可以再设其欲保的第二次"本"，仍以上述投资者为例，如果该股票投资者进行第一次保"本"，将其余持股的"本"改定为 20%，那么即表明剩下的持股若再涨20%，即再卖掉1/6，又将此一部分的"本"保下来，然后，再设定其所剩下的持股的"本"。以此类推，随着行情的不断上升，其持股的数量必然不断逐减，但持股的市价总值却一直不变，始终等于最初投资的总金额。

保本投资法是股票投资避免血本耗尽的一种操作方法，此种方法适用于经济前景欠明朗，股价走势与实际因素显著脱节，行情变化难以捉摸时的股票投资。

(四)试盘买卖法

试盘买卖法是投资者投入极少量的资金进行买卖委托，以测验行情的走势趋向，再以此作为依据进行大笔买卖的证券投资方法。

试盘买卖法的操作方法是，在进行证券买卖之初，先以挂单方式(作买进时，先以委托价格挂买一小笔；做卖出时，先以委托价格挂卖一小笔)少量进出，并以 10 分钟为限度，试验该档价格的股票是否容易买卖，如果上述挂牌的买卖委托很快成交，则表示该档股价应做观望修正，相反，如果上述挂牌价成交艰难，则代表判断可能正确，再以市价委托进行买卖。

试盘买卖法的好处是能减少买卖的盲目性，提高进出股市的成功率，值得一般投资者，尤其是股市大户参考选用。

(五)联想涨跌法

联想涨跌法是指同类股票在股市上出现齐涨齐跌的现象时，运用联想的思维方式对同类股票进行顺势购买的投资方法。具体操作如下。

(1) 当出现新股上市且大势看好时，如果某种新股涨升，那么也可能带动其他次新股随之上涨，此时应及时购进那些尚未上升的其他次新股。

(2) 在相同行业的股票中，如甲种股涨升，乙种股也将随后上涨，因此，当甲种股呈强势涨升态势时，应跟进同类的尚未涨升的乙种股票，以待乙种股票在随后的涨升中获利。

(3) 在同板块股票中，当某些股票上涨时，就应注意及时购进同板块中那些市价尚未上涨的股票，因为在此种情况下，这类股票跟风上涨就要为时不远了。

联想涨跌法不能机械运用，在具体运用此种方法时，应结合公司的经营业绩等其他因素来做出相应调整与决策。

(六)轮换拔档法

轮换拔档，简称拔档子，是指投资人出卖自己的持股，等价位下降之后再补回来的一种方式，这倒不是因为投资人对股价的后市看坏，也不是真正有意获利了结，只希望趁价位高时，先行卖出，以便赚取一段差价。

通常，拔档子时卖出到买回之间，不会相隔太久，最短一两天，最长的也不过一两个月，属于典型的高抛低吸做差价操作。

拔档子做对了，可降低成本，增加利润；万一做错了可能费力不讨好。

专栏 10-1　股票买入的几个有效原则

如果买入股票时能掌握一些有效的原则并严格遵照执行，就可以大大减少失误而提高获利的机会。下面介绍几个有效的买入原则。

1. 趋势原则

在准备买入股票之前，首先应对大盘的运行趋势有个明确的判断。一般来说，绝大多数股票都随大盘趋势运行。大盘处于上升趋势时买入股票较易获利，而在顶部买入则好比虎口拔牙，下跌趋势中买入难有生还，盘局中买入机会不多。还要根据自己的资金实力制定投资策略，是准备中长线投资还是短线投机，以明确自己的操作行为，做到有的放矢。所选股票也应是处于上升趋势的强势股。

2. 分批原则

在没有十足把握的情况下，投资者可采取分批买入和分散买入的方法，这样可以大大降低买入的风险。但分散买入的股票种类不要太多，一般以在5只以内为宜。另外，分批买入应根据自己的投资策略和资金情况有计划地实施。

3. 底部原则

中长线买入股票的最佳时机应在底部区域或股价刚突破底部上涨的初期，应该说这是风险最小的时候。而短线操作虽然天天都有机会，也要尽量考虑到短期底部和短期趋势的变化，并要快进快出，同时投入的资金量不要太大。

4. 风险原则

股市是高风险高收益的投资场所。可以说，股市中风险无处不在、无时不在，而且也没有任何方法可以完全回避。作为投资者，应随时具有风险意识，并尽可能地将风险降至最低程度，而买入股票时机的把握是控制风险的第一步，也是重要的一步。在买入股票时，除考虑大盘的趋势外，还应重点分析所要买入的股票是上升空间大还是下跌空间大，上档的阻力位与下档的支撑位在哪里，买进的理由是什么，买入后假如不涨反跌怎么办，等等，这些因素在买入股票时都应有个清醒的认识。

5. 强势原则

"强者恒强，弱者恒弱"，这是股票投资市场的一条重要规律。这一规律在买入股票时会对我们有所指导。遵照这一原则，我们应多参与强势市场而少投入或不投入弱势市场，在同板块或同价位或已选择买入的股票之间，应买入强势股和领涨股，而非弱势股或认为将补涨而价位低的股票。

6. 题材原则

要想在股市中特别是较短时间内获得更多的收益，关注市场题材的炒作和题材的转换是非常重要的。虽然各种题材层出不穷、转换较快，但仍具有相对的稳定性和一定的规律性，只要能把握得当定会有丰厚的回报。买入股票时，在选定的股票之间应买入有题材的股票而放弃无题材的股票，并且要分清是主流题材还是短线题材。另外，有些题材是常炒常新，而有的题材则是过眼烟云，炒一次就完了，其炒作时间短，以后再难有吸引力。

7. 止损原则

投资者在买入股票时，都是认为股价会上涨才买入。在买入股票时就应设立好止损位并坚决执行。短线操作的止损位可设在5%左右，中长线投资的止损位可设在10%左右。只有学会了割肉和止损的股民才是成熟的投资者，也才会成为股市真正的赢家。

第二节　证券投资的策略与技巧

投资者的心理预期、知识水平、个人精力、可投入资金的来源、资金的大小、资金投入时间的长短等，都是影响投资者选取投资策略和投资方法的因素。所以，就投资策略和方法而言，一定是多种多样的。下面列举一些主要的投资策略与技巧。

一、证券投资的策略

(一)市价委托策略

市价委托是最普通、最容易执行的一种委托指令，是客户要求经纪商按交易市场当时的价格买进或卖出证券的委托形态。

采用市价委托策略买卖证券有两个好处：一是成交迅速、快捷。这种委托没有规定买卖的具体价格，有时委托单交给经纪商几分钟后，即可成交。二是成交的把握性大。只要没有意外情况发生，该种委托一般都能得到执行，在客户急于买进或急于卖出股票时多数采用这种方式，尤其是急于在跌势中出售股票客户的首选，因为股价下跌的速度往往比股价上涨的速度来得更快，因此，采用市价委托策略可更为有效地减少损失。

市价委托策略的缺陷为：当市场价格波动较大，且所报的卖价较高或买价较低时，容易出现高价买进或低价卖出的情况，因此，投资者在选用此种委托策略时，需权衡利弊，以避免造成不必要的损失。

(二)限价委托策略

限价委托策略指经纪商在接到客户这种委托后，只可按客户提出的限价或低于限价买进证券，按限价或高于限价卖出证券。如果市场上的证券价格符合客户的限价要求，委托就可以立即成交，如果其价格不符合要求，投资者则要耐心等待。例如，某客户要求以每股不超过20元的价格购进某种股票，当股票价格为21元时，经纪商就不能执行其指令，只有当股价降到 20 元以下时，客户的限价指令才能被执行，客户发出的限价指令通常都有时间限制，超过其限定时间，指令将自动作废。

二、证券投资的技巧

(一)训练良好看盘能力的有效方法与技巧

良好的看盘感觉是投资股票的必备条件，看盘感觉需要训练，通过训练，大多数人会进步。训练盘感可从以下几个方面入手。

(1) 坚持每天复盘，并按自己的选股方法选出目标个股。复盘的重点是浏览所有个股走势，其次才是找目标股。在复盘过程中挑选出的个股，要既符合自己的选股方法，又与目前的市场热点相契合，有板块、行业的联动，后市走强的概率才高。复盘后你会从个股的趋同性中发现大盘的趋势和强势板块。

(2) 对当天涨幅、跌幅居前的个股再一次认真浏览，分析出个股走强(走弱)的原因，发现你认为有把握的买入(卖出)信号，符合买入条件的个股，可选入你的备选股票池并予以跟踪。

(3) 盘中跟踪目标股的实时走势，明确其当日开、收、最高、最低的具体含义以及盘中的主力的上拉、抛售、护盘等实际情况，了解量价关系是否正常等。

(4) 条件反射训练。找出一些经典底部启动个股的走势，强化记忆，不断刺激自己的大脑。

(5) 训练自己每日快速浏览大盘动态情况的能力。

(6) 有一套适合自己的操作方法。

(二)抢反弹的具体方法技巧

首先是对买入时机的把握。抢反弹过早，容易套牢；抢反弹过迟，往往会错过稍纵即逝的买入价位，从而失去机会。抢反弹应坚持不追高的操作原则，因为抢反弹具有一定的被套牢风险，盲目追高容易使自己陷入被动的境地，逢低买入一些暴跌过后的超跌股，可以使自己掌握进出自由的主动权。

其次是卖出的技巧。许多投资者常常被反弹疾风骤雨式的拉升所迷惑，以为是新一轮行情启动，历史上虽然有过反弹最终演化为反转的先例，但出现的概率很小，反转往往需要市场环境的多方面因素作用才能出现，绝大多数报复性反弹会在某一重要位置遇阻回落，当反弹接近阻力位时，要提高警惕，踏空的投资者不能随意追涨，获利的投资者要及时获利了结。

同时，牢记下面的这些原则对抢反弹也大有裨益。

1. 估算风险收益比率

参与反弹之前，要估算风险收益比率，当个股反弹的风险远远大于收益时，不能轻易抢反弹，只有在预期收益远大于风险的前提下，才适合抢反弹。

2. 趋势不明时不参与反弹

当股市下跌趋势已经形成或运行于标准的下跌趋势通道中时，投资者不宜抢反弹，此时抢反弹，无异于火中取栗、得不偿失。

3. 要设置具体的止损价位，做好止损的心理准备

反弹并非市场已经完全转强，在参与反弹时应该坚持安全第一、盈利第二的原则，一定要设置止损位，当股价到达预定价位时应立即果断卖出。

4. 不宜满仓操作

在弱市中抢反弹，要根据市场环境因素，选择适当的资金投入比例，贸然重仓或满仓参与反弹，是不合时宜的，一旦研判失误，将损失巨大。

5. 不设盈利预期

抢反弹应根据市场情况随机应变，当趋势向好时，即使获利丰厚也可以继续等待；而反弹的上升趋势受阻时，即使获利微薄或浅套也要坚决清仓出货，不能让盈利预期束缚自己。

(三)典型的实战技巧

下面介绍几个典型的实战技巧。

1. 看准和把握市场主流趋势

将市场趋势简单地分为上升和下降两种大趋势，平台震荡和形态中的回调走势可以认为是其中的中继形态，操作时要看准市场趋势的转折点，把握住市场运行的主流趋势，通过形态趋势理论，配以指标分析，明确判断市场的真正拐点，敢于坚持，不要轻易改变。就是通常所说的"顺势而为"。

2. 盯住龙头股和主流板块

龙头股的市场地位特殊，对市场信心的凝聚和大盘指数的涨跌影响巨大，它是一波行情的灵魂，这些股票一旦启动，上升的幅度和持续的时间都较长，便于操作，不要错过。同时要根据市场反应，关注与主流龙头股关系密切的板块及其资金动向，适时参与操作。

3. 抓住时机，合理配置资券比例

股市投资制胜之道在于对时机的把握和资券比例的合理配置。在具体投资活动中，通过对资金和仓位比例的合理控制以及分批投入，可以有效地减少投资决策失误造成的损失；不管是购买绩优公司还是绩差公司的股票，时机的选择和把握，对投资成功与否至关重要。正所谓"机不可失，时不再来"。

4. 关注持仓个股量能的变化

手中持有的股票，就像是自己的孩子，要花时间"照顾他"。要关注无量创新高的股票；小心创新高异常放量的个股；越跌越有量的股票(不包括跌到地板上的股票和顶部放量下跌的股票)随时都会反弹；连续无量上涨的股票安全系数较大；不断放量的股票要格外警惕。

5. 一定要学会和敢于止盈、止损

止盈、止损可以避免我们与市场逆行所造成的重大损失，虽然每一次止损和止盈的决定并不都是无懈可击的，但是止损和止盈代表着原则和纪律，很难想象一个对原则肆意践踏、没有纪律约束的人，能够成为一名真正成功和理性的投资者。

怎样设立止盈位呢？举个例子，如果你10元买入一只股票，股价到12元后，你的止盈位设置为11元；股价到了14元，止盈位设置到12.8元……这样即使震荡洗盘和出货，你都能从容获利出局。

6. 学会空仓，保住胜利果实

不少人是牛市中的高手，但在震荡市中往往又会把获得的胜利果实回吐。怎样才能保住胜利果实呢？除了要设立止盈位和止损位之外，对大势的准确把握和适时空仓观望也很重要。在感觉股票很难操作、热点难以把握、大多数股票大幅下跌、涨幅榜上的股票涨幅很小而跌幅榜上的股票跌幅很大时，就需要考虑空仓了。

专栏 10-2　趋势投资法

任何一个股民必须要经过以下两个阶段的锤炼才会变得理性和成熟，一个是经受一轮轰轰烈烈的大牛市陶醉，一个是经历一次惊心动魄的大熊市洗礼，两个阶段缺一不可。而这两个阶段最终会让我们明白一辈子都不能够忘记的几点经验和教训。

(1) "下降趋势捂钱，上升趋势捂股"。

(2) 永远不要投机，始终以成长为主题，坚持价值投资，理性选股，合理价格买进。

(3) 永远按照趋势线操作，上升趋势不破，大胆做多，趋势向坏，果断离场。

本 章 小 结

证券投资方法及技巧	固定模式操作法	固定模式操作法包括道氏投资法、顺势投资法、投资趋势法、哈奇计划操作法、三成目标投资法、分批买卖法、次等额买进投资法、金字塔形买卖法、固定金额投资法、固定比率投资法、变动比率投资法和投资三分法
	灵活操作法	灵活操作法包括渔翁撒网法、摊平操作法、保本投资法、试盘买卖法、联想涨跌法和轮换拔档法
	典型的实战技巧	(1) 看准和把握市场主流趋势； (2) 盯住龙头股和主流板块； (3) 抓住时机，合理配置资券比例； (4) 关注持仓个股量能的变化； (5) 要学会和敢于止盈、止损； (6) 学会空仓，保住胜利果实

❓ 案例思考

股票投资应该学习的招数

第一个就是"忍"招。下降趋势中，你得忍受住任何小红盘、小反弹的诱惑，你得忍受住自身一次次的冲动，直到下降趋势结束，新的上升趋势到来，然后耐心买进股票。下降趋势忍完了，上升趋势同样还要忍，当趋势形态没有破坏的时候，应该大胆持股做多，大胆捂股不动。这个招数就和习武之人练习马步一样，考验的就是我们的立场。

第二个就是"无"招。修道之人把"无"释义为"空"。下降趋势一股不买都是对的，这是一个空仓的空，这就是"空"，这就是"无"。上升趋势呢？除了买进以外，任何卖出操作都不要进行，安心顺应长期上升趋势做下去。从招数上来讲，这也是"空"，这也是"无"。频繁短线操作十次、百次的利润比不上最终在上升趋势结束时卖出的一笔利润。

习　题

一、单选题

1. 下档摊平操作法是针对(　　)股票所采取的一种操作方法。
   A. 绩优　　　　B. 绩差　　　　C. 盈利　　　　D. 套牢
2. 下列投资方法中属于证券投资的固定模式操作法的有(　　)。

A. 哈奇计划操作法　　　　　　　　B. 渔翁撒网法

C. 联想涨跌法　　　　　　　　　　D. 加倍买进摊平法

3. 在我国证券市场上，资金盈余者可以通过(　　)证券而实现投资。

A. 卖出　　　　B. 买空　　　　　　C. 卖空　　　　D. 买入

4. 投资者先在价格处于高位时卖出自己的部分股票，待股票价格下降后再买进补回来的操作方法称为(　　)。

A. 拔档炒作法　　B. 试探性投资法　　C. 保本投资法　　D. 顺势炒作法

5. 投资者买入某种证券后，长期持有，这种投资方式称为(　　)。

A. 长期投资　　B. 短线投资　　　　C. 灵活投资　　　　D. 控股投资

6. 以保证资金不受亏损的原则来进行投资的方法是(　　)。

A. 保本投资法　　B. 亏损极限法　　C. 分段投资法　　D. 博傻操作法

7. 投资三分法是将金融资产分配在不同形态上的一种方法，也是进行证券投资的一种策略，是家庭(　　)常用的投资法。

A. 投资　　　　　B. 理财　　　　　C. 证券投资　　　D. 股票投资

8. 道氏理论认为股价波动主要趋势的持续时间为(　　)。

A. 2～3年　　　　B. 5～7年　　　　C. 1～4年　　　D. 10年以上

9. 哈奇计划法的优点是(　　)。

A. 灵活性强　　　B. 双向操作　　　C. 适用短线操作　D. 判断简单

10. 三成目标投资法认为当股价下跌到(　　)，由下跌到走平并有上涨趋势时就买进股票。

A. 日K线　　　　B. 周K线　　　　C. 月K线　　　　D. 年K线

11. 逐次等额买进投资法一般选择(　　)的股票进行投资。

A. 概念股　　　　B. 垃圾股　　　　C. 成长股　　　　D. 大盘股

12. 金字塔形买卖法是股票投资的一种操作方法，是(　　)的变种。

A. 哈奇计划投资法　　　　　　　　B. 分批买卖法

C. 趋势投资法　　　　　　　　　　D. 固定金额投资法

13. 固定金额投资法将投资于(　　)的金额固定在一个水平上。

A. 期货　　　　　B. 期权　　　　　C. 股票　　　　　D. 债券

14. 固定金额投资法奉行(　　)的操作原则。

A. 买入并持有　　B. 追涨杀跌　　　C. 低进高出　　　D. 顺势而为

15. 固定金额投资法适用于(　　)的市场环境。

A. 上涨趋势　　　B. 下跌趋势　　　C. 水平趋势　　　D. 震荡走势

16. 固定比率投资法将资金分成(　　)份。

A. 1　　　　　　B. 2　　　　　　C. 3　　　　　　D. 4

17. 固定比率投资法中保护性资产一般为(　　)。
    A. 期货　　　　　B. 期权　　　　　　C. 股票　　　　　D. 债券
18. 变动比率投资法的基础是确定一条股票的价格预期(　　)。
    A. 百分比线　　　B. 黄金分割线　　　C. 水平线　　　　D. 趋势线
19. 以下不是投资三分法投资对象的是(　　)。
    A. 期货　　　　　B. 房产　　　　　　C. 股票　　　　　D. 债券
20. 以下关于保本投资法错误的是(　　)。
    A. 保本就是保所有的资产不受损失
    B. 保本就是"停止损失点"的基本金额
    C. 此法最重要的不在于买进的时机选择，而在于卖出的决策的做出
    D. 获利卖出点和停止损失点的设定是采用保本投资法的关键

二、多选题

1. 下列投资方法中属于证券投资的固定模式操作法的有(　　)。
    A. 反渔翁撒网法　　　　　　　　B. 轮换拔档法
    C. 保本投资法　　　　　　　　　D. 固定比率投资法
2. 投资者在证券市场上频繁地进行证券买进和卖出的投资行为称(　　)。
    A. 长期投资　　　B. 短线投资　　　　C. 灵活投资　　　D. 投机操作
3. 属于证券投资的灵活操作方法的有(　　)。
    A. 投资三分法　　　　　　　　　B. 渔翁撒网法
    C. 哈奇计划操作法　　　　　　　D. 金字塔形买卖法
4. 熊市(空头市场)操作策略包括(　　)。
    A. 空仓为主
    B. 大盘未企稳不补仓
    C. 熊市中后期的操作以短线抢反弹操作为主
    D. 熊市末期，对长线投资者来说，是入市建仓的大好时机
5. 市价委托的特点包括(　　)。
    A. 成交速度快　　　　　　　　　B. 成交价格可能不够理想
    C. 成交价格理想　　　　　　　　D. 成交速度慢
6. 投资者采取顺势投资法的前提条件是(　　)。
    A. 有能力操纵股价　　B. 资金不足　　C. 消息灵通　　D. 消息闭塞
7. 投资趋势法的关键是(　　)。
    A. 股价涨跌趋势明确　　　　　　B. 投资者能影响市场
    C. 投资者能准确判断行情走势　　D. 大势不明
8. 逐次等额买进投资法又称(　　)。

    A. 金额平均法   B. 平均资金投资计划法

    C. 哈奇计划投资法   D. 固定投入法

9. 逐次等额买进投资法的特点是( )。

    A. 操作复杂   B. 需要较多资金

    C. 享受股票长期增值收益   D. 可避免追高

10. 金字塔形买卖法的影响因素包括( )。

    A. 资金量   B. 对股票涨跌预期

    C. 股市人气   D. 长线还是短线投资

11. 固定金额投资法通常将资金投资于( )。

    A. 期货   B. 期权   C. 股票   D. 债券

12. 以下关于变动比率投资法说法正确的是( )。

    A. 股票和债券的比例保持不变

    B. 当价格在趋势线以上时，就卖出股票

    C. 当价格在趋势线以下时，就买入股票

    D. 需要对价格的变化进行持续的监视

13. 证券投资三分法的原则包括( )。

    A. 风险性   B. 安全性   C. 收益性   D. 流动性

14. 渔翁撒网法的特点包括( )。

    A. 不涨不买   B. 期限短   C. 分散投资   D. 长期持有

15. 联想涨跌法中联想的对象包括( )。

    A. 领涨股   B. 新股   C. 同行业股票   D. 同板块股票

三、判断题

1. 所谓顺势投资法是指在股票市场中，普通投资者由于资金不足、消息闭塞，不能像"实力机构"那样可以影响市场走势甚至能操纵股票价格，只好跟着"实力机构"左右的大势或股价走，做个"顺风搭车人"，跟着股价的趋势进行买进卖出。   ( )

2. 逐次等额买进投资法又称金额平均、平均资金投资计划法和固定投入法，它是指在一定时期内，固定一定量的资金分期平均购买某种或某几种股票的投资方法。   ( )

3. 采用变率法可克服固定比率中不论在任何情况下一律按固定比例保留股票和债券的呆板作法，显得较为灵活和合理。   ( )

4. 投资三分法是将金融资产分配在不同形态上的一种方法，也是进行证券投资的一种策略，是家庭理财常用的投资法。   ( )

5. 证券投资三分法兼顾了证券投资的安全性、收益性和流动性的三原则，是一种具有参考性的投资组合与投资策略。   ( )

6. 顺势而为即顺着证券市场的大趋势变化做出相应的投资决策。   ( )

7. "顺风搭车人" 多数为机构投资者。 　　　　　　　　　　　　（　　）

8. 顺势投资可使投资者获取高额回报。 　　　　　　　　　　　　（　　）

9. 按照哈奇计划操作法如果本月平均数比上次的最高点下降了 20%，便全部卖出股票，不再购买。 　　　　　　　　　　　　　　　　　　　　　　　　　　（　　）

10. 哈奇计划操作法只做多，不做空。 　　　　　　　　　　　　　（　　）

11. 三成目标投资法以赚取 30% 利润为目标。 　　　　　　　　　　（　　）

12. 按照分批买卖法，投资者可以在股价下跌时分批卖出股票。 　　（　　）

13. 金字塔形买入法，正金字塔形(即正三角形)的下方基底较宽广且愈往上愈小，宽广的部分显示股价价位低时，买进数量较小。 　　　　　　　　　　　　（　　）

14. 如果所购股票的行市是持续上升的，投资者不断卖出股票后就容易丧失更多的获利机会。 　　　　　　　　　　　　　　　　　　　　　　　　　　　　（　　）

15. 固定比率投资法要求保持风险性资产和保护性资产的比例不变。 　（　　）

四、名词解释

道氏投资法　　投资趋势法　　固定比率投资法　　保本投资法　　轮换拔档法

五、简答题

1. 固定模式操作法包括哪些？

2. 灵活操作方法包括哪些？

3. 典型的实战技巧包括什么？

4. 简述联想涨跌法的投资策略。

5. 简述证券投资策略。

第十一章

证券行情分析软件的使用

本章精粹：

- 证券行情分析软件概述
- 网上证券行情分析软件的使用

案例导入 网上炒股还安全吗

据《南京日报》报道，2007年6月22日临近收盘时，南京一个股民因为股票资金账号和交易密码被盗，账户内的60万元被盗号者用来购买了钾肥JTP1权证，而该权证的最后交易日就是2007年6月22日。

按照发行条件，"钾肥JTP1"这只认沽权证行权价为15.1元，而按照2007年6月22日收盘时的价格，其正股盐湖钾肥的价格已达到了45.21元，两者差距巨大。由于已经没有行权的价值，这些权证就成一堆"废纸"。也就是说，这位股民的60多万元就此蒸发。目前该案件已被警方介入调查，种种迹象显示，这位投资者账户内的钾肥JTP1权证，是账户被盗所致。

随着这位股民因账户被盗遭受了如此惨重的损失，另一个安全问题也浮现在了我们的面前，网上炒股还安全吗？

关键词 证券行情分析软件 网上证券交易 证券行情

第一节 证券行情分析软件概述

现在的证券行情分析软件包括证券公司现场行情分析软件、网上证券行情分析软件和手机炒股软件(本质上属于网上证券行情分析软件)3种，本章主要探讨网上证券行情分析软件的情况。投资者通过网络平台可以进行证券行情分析，也可以进行网上证券交易，一般来说，网上交易系统都是集成在网上证券行情分析系统中的，但也有网上证券交易系统和网上证券行情分析系统分开的。

一、证券行情分析软件概况

网上证券交易是一种以互联网为操作平台和数据传输媒介的证券交易方式。作为网上证券交易的重要平台，互联网络安全、速度、可靠性等对网上证券交易的发展起着决定性作用。

(一)网上证券交易的优点

网上证券交易方式已经成为目前世界上最为重要的证券交易方式。网上证券交易与其他的交易方式相比较而言优势是较为明显的。

(1) 网上证券交易可以大幅度降低交易成本。

(2) 提高证券交易的透明度。

(3) 打破时间和空间的限制，使投资者摆脱固定营业场所的束缚，满足投资者多种形式的需求。在欧美发达国家，已有多家提供网上证券交易服务的机构取得了良好的业绩。网上证券交易模式已成为全球金融业发展的趋势。

(二)我国网上证券交易的发展

我国内地的网上证券业务始于 1997 年。当时，一些证券公司开始探索网上业务，相继推出了网上证券交易系统。1998 年年底，大约有 4%的证券营业部开通了网上证券交易系统。1999 年年底，有近 20%的证券营业部开通了网上证券交易系统。2000 年以来，证券公司的网站相继涌现，网上证券交易也更加普遍，大约有 40%的证券营业部开通网上证券交易。但由于网络环境的限制，真正使用网上证券交易的投资者数量并不多。2002 年以来，网上证券行情分析软件逐渐完善，并且速度快、稳定性好，使用网上证券行情分析软件的投资者数量大幅增加。到目前，我国所有证券公司都已开通了网上证券交易业务，几乎所有的投资者都可以进行网上证券交易，绝大多数投资者也在同时使用网上证券行情分析软件。

(三)网上证券行情分析软件介绍

网上证券行情分析软件正渐渐成为广大投资者广泛使用的软件。网上证券行情分析软件提供的股票行情信息和指标参数，已成为交易买卖时的重要依据。而实时交易的便利也使网上证券行情分析软件深得广大投资者喜爱。面对众多的网上证券行情分析软件，投资者应该如何选择呢？下面对目前市场上的主要网上证券行情分析软件进行介绍。

1. 同花顺实时行情分析软件

同花顺实时行情分析软件是一套先进完善的网上证券交易系统，不仅向投资者提供基本的沪深证券行情，而且还提供外汇、港股、期货等众多市场行情。另外，系统还提供了多家资讯商的资讯信息、短信服务以及手机买卖等功能。是国内目前功能最强大的行情分析软件之一。

2. 钱龙网上行情分析软件

钱龙软件是我国最早的证券分析软件之一，很多证券营业部都在现场交易中使用过钱龙的系列软件，所以钱龙软件是股民最为熟悉的网上行情分析软件之一，后来出现的网上证券行情分析软件有许多都沿袭了钱龙的界面和操作习惯，钱龙网上行情分析软件也获得广大投资者的欢迎。

3. 大智慧交易终端

大智慧交易终端(网上证券行情分析软件)是一套用来进行行情分析并同时进行信息即时接收的超级证券信息平台。面向证券决策机构和各阶层证券分析、咨询、投资人员，并特别关注广大股民的使用习惯和感受。软件包含对证券市场最深刻的理解和最全面的反映。

4. 通达信网上行情资讯系统

通达信是 2002 年以后网上交易领域市场份额上升最快的厂商之一。通达信自 2002 年进入网上交易领域以来，成功完成了多家证券公司总部级的网上证券交易系统承建、维护工作。通达信一直是网上证券交易系统业务创新和技术性能指标领先的软件供应商之一。

通达信是南方市场影响力非常大的网上证券交易证券公司的软件提供者。南方地区最主要的几家证券公司均采用通达信的网上证券行情分析软件。

5. 指南针网上证券行情分析软件

指南针证券投资分析软件主要适用对象为机构投资者及广大中、小投资者。这是一个利用生物神经学网络技术对股市的变化进行智能推测的工具。它将股市的变化抽象为博弈模型，并在已有走势的基础上利用神经网络技术对未来的行情演变进行运算与模拟。

二、网上证券行情分析软件的下载安装

从现在来看，全国各家证券公司都已经推出网上证券行情分析软件。由于网络环境的不断向好发展和家庭宽带网络的普及，使得网上证券交易显示出巨大的生命力。一般来说，下载安装包括以下几个过程。

(1) 选择一家证券公司开户。选择证券公司要看该公司的信用、实力、网点分布和交易系统的快捷程度。

(2) 登录该证券公司的网站。每家证券公司都有自己的网站，开户时可以拿到该公司的网址，按照网址正常上网找到下载窗口并选择适合自己的软件下载。

(3) 下载后的安装。软件下载到计算机上以后，可以像其他软件一样进行安装，安装完成后联网就可以进行网上证券行情分析和网上证券交易了。

三、网上证券交易的安全问题

网上证券交易是否安全一直是证券投资者非常关心的问题，但网上证券交易作为一种新的委托方式，多数人对其缺乏一些较深层次的了解，防范风险意识相对较弱，有时因使用操作不当等会使股票买卖出现失误，甚至发生被人盗卖股票的现象。因此，掌握一些必要注意事项，对于确保网上证券交易的正确和资金安全是非常重要的。一般来说可以从以下几个方面来加强网上证券交易的安全。

(一)到官方网站去下载

这里面有一个特别需要注意的问题，就是在下载软件时一定要到证券公司的网站，不

要到其他的网站(包括各种各样的软件网站)下载。也不要使用不明来源的证券行情分析软件。

(二)正确设置交易密码

如果证券交易密码泄露，他人在得知客户账号的情况下，就可以轻松登录投资者的账户，严重影响个人资金和股票的安全。所以对网上投资者来说，必须高度重视网上证券交易密码的保管，密码忌用吉祥数、出生年月、电话号码等易猜数字，并应定期修改、更换。

(三)谨慎操作

网上证券交易开通协议中，证券公司要求客户在输入交易信息时必须准确无误，否则造成损失，证券公司概不负责。因此，在输入网上买入或卖出信息时，一定要仔细核对股票代码、价位的元、角、分以及买入(卖出)选项后，方可单击确认。

(四)及时查询、确认买卖指令

由于网络运行的不稳定性等因素，有时计算机界面显示网上自助委托已成功，但证券公司服务器却未接到其委托指令；有时计算机显示委托未成功，但当投资人再次发出指令时，证券公司却已收到两次委托，造成了股票的重复买卖。所以，每项委托操作完毕后，应立即利用网上证券交易的查询选项，对发出的交易指令进行查询，以确认委托是否被证券公司受理和是否已成交。

(五)退出交易系统

交易系统使用完毕后如不及时退出，有时可能会因为家人或同事的误操作，造成交易指令的误发；如果是在网吧等公共场所登录交易系统，使用完毕后更要立即退出，以免造成股票和资金损失。

(六)同时开通其他委托形式

网上证券交易遇到系统繁忙或网络通信故障时，常常会影响正常登录，贻误买入或卖出的最佳时机。其他委托形式，尤其电话自助委托作为网上证券交易的补充，可以在网上证券交易暂不能使用时，缓解投资者的燃眉之急。

(七)不过分依赖系统数据

许多股民习惯用交易系统的查询选项来查看股票买入成本、股票市值等信息，由于交易系统的数据统计方式不同，个股如果遇有配股、转增或送股，交易系统记录的成本价就会出现偏差。因此，在判断股票的盈亏时应以个人记录或交割单的实际信息为准。

(八)注意做好防黑、防病毒工作

目前网上黑客猖獗，各种病毒泛滥，如果计算机和网络缺少必要的防黑、防病毒系统，一旦被黑客攻击或被病毒感染，轻者会造成机器瘫痪和数据丢失，重者会造成股票交易密码等个人资料的泄露。因此，安装必要的防黑、防病毒软件是确保网上证券交易安全的重要手段。

专栏 11-1　小常识　移动终端网上炒股

　　移动终端网上炒股是基于移动通信网的数据传输功能来实现用手机、平板电脑等智能终端进行股票信息查询和交易的新一代网上炒股应用系统，让一个普通手机、平板电脑等智能终端成为综合性的股票处理终端。手机、平板电脑等智能终端网上交易与传统交易方式相比，主要优势是突破时间空间的限制，方便、私密，只要手机、平板电脑等智能终端在移动互联网网络覆盖的范围内(只要手机、平板电脑等智能终端可以收到信号)能够进行查看行情、做交易，借助移动网络能真正实现随身、随时、随地进行证券投资。

　　手机、平板电脑等智能终端炒股是利用移动网络运营商的移动互联网网络而研发的无线手机、平板电脑等智能终端炒股方式，通过手机、平板电脑等智能终端提供包括实时行情，各种报价信息、分时、K线、排名齐全，个性化的证券资讯和在线交易等功能。主要分为 WAP 方式和客户端软件方式(由于智能手持终端的普及，客户端软件方式逐渐称为主流)。WAP方式指直接登录 WAP 网站进行操作的方式，客户端软件方式指客户在 WAP 网站上下载手机炒股软件进行操作。WAP 方式，类似网页交易，只要登录相应的手机网站，就可以进行行情查询和交易等操作，该方式速度和安全性方面都稍逊于客户端软件方式；客户端软件方式是指下载手机客户端，通过登录软件进行行情查询和交易等操作，该方式速度快，操作方便，推荐使用。

　　手机、平板电脑等智能终端炒股有多个品牌，目前市场上使用率较高的是钱龙、同花顺、大智慧和通达信等手机、平板电脑等智能终端炒股(免费软件)。

第二节　网上证券行情分析软件的使用

行情分析软件的使用熟练程度是一个从业人员专业与否的重要参考指标之一，所以必须熟练掌握网上证券行情分析软件的操作和明白软件中涉及的名词等内容。

一、行情分析软件操作

记住一些常用的快捷键，可以使投资者看盘时能够更灵活地切换各种分析界面，提高投资分析的效率。表 11-1 是网上证券行情分析软件操作的部分快捷键。

表 11-1 网上证券行情分析软件操作的快捷键

快 捷 键	功能含义
F1 或 01+Enter	个股成交明细表
F2 或 02+Enter	个股分价表
F3 或 03+Enter	上证领先
F4 或 04+Enter	深证领先
F5 或 05+Enter	实时走势图或 K 线分析图切换
F6 或 06+Enter	查看自选个股
F7 或 07+Enter	K 线画面下指标参数设定
F8 或 08+Enter	分析周期切换
F9 或 09+Enter	K 线画面下划线工具
F10 或 10+Enter	个股概况
F12	交易委托
0+Enter	系统功能菜单
9+Enter	中小板块行情
11+Enter	涨幅排行
12+Enter	振幅排行
13+Enter	成交量排行
14+Enter	现手排行
15+Enter	量比排行
16+Enter	资金流向排行
17+Enter	委比排行
18+Enter	换手率排行
19+Enter	市盈率排行
20+Enter	股价排行
21+Enter	总市值排行
22+Enter	流通市值排行
30+Enter	板块指数行情
31+Enter	板块指数涨幅排名
41+Enter	开放式基金排名
51~58+Enter	自选板块(1~8)
60+Enter	全部 A 股涨幅排名
61+Enter	上证 A 股涨幅排名

快　捷　键	功能含义
62+Enter	上证 B 股涨幅排名
63+Enter	深证 A 股涨幅排名
64+Enter	深证 B 股涨幅排名
65+Enter	上证国债涨幅排名
66+Enter	深证国债涨幅排名
67+Enter	上证基金涨幅排名
68+Enter	深证基金涨幅排名
69+Enter	中小板块涨幅排名
80+Enter	全部 A 股综合排名
81+Enter	上证 A 股综合排名
82+Enter	上证 B 股综合排名
83+Enter	深证 A 股综合排名
84+Enter	深证 B 股综合排名
85+Enter	上证国债综合排名
86+Enter	深圳国债综合排名

二、行情分析软件盘面的解释

网上证券行情分析软件中具有大量的词汇，这些词汇对于初学者和初入行的人来说容易造成困惑，下面进行相关解释。

(一)基本概念

1. 价格

(1) 现价，就是最新的价格。

(2) 今开，就是今天的开盘价格。

(3) 最高，就是今天的盘中最高价格。

(4) 最低，就是今日的最低价格。

(5) 收盘，这个一般在 K 线中可以看到，指的是证券的收盘价。

2. 上涨及下跌

(1) 下跌及跌幅。下跌是与前一交易日的收盘价格相比较，今天的收盘价格低于前一交易日的收盘价，就说明今天的股票价格下跌了。比如说某股票上周五的收盘价是 7.53 元，目前的价格是 7.36 元，那么今天就跌了 7.36-7.53=-0.17(元)。所谓的跌幅就是个股或指数下跌的幅度，例如 0.17/7.53×100%=2.26%，这就是跌幅。

(2) 上涨及涨幅。上涨是与前一交易日的收盘价格相比较，今天的收盘价格高于前一交易日的收盘价，就说明今天的股票价格上涨了。比如某股票上周五的收盘价是 7.53 元，目前的价格是 7.86 元，那么今天就涨了 7.86-7.53=0.33(元)。所谓的涨幅就是各股或指数上涨的幅度，例如 0.33/7.53×100%=4.38%，这就是涨幅。

如果在闭市的时候谈论涨、跌，那往往指的是连续两个交易日收盘价的比较。如果在交易时间提到的涨、跌，指的是当时的股价相对于前一交易日股价的涨、跌。

3. 成交量

成交量以柱状图显示，按照日期对应排列在 K 线组合图的下面，单位是手数。成交量大，代表交投活跃，可界定为热门股；反之就是冷门股。但要注意成交量大与小是个相对的概念。

(1) 外盘就是主动买入股票的成交量，单位是手。

(2) 内盘就是主动卖出股票的成交量，单位是手。

(3) 总量。总量是今天的总成交量，单位是手。盘中的总量是不断地变化的。外盘+内盘=总量。

(4) 量比。量比是一个衡量相对成交量的指标，它是开市后每分钟的平均成交量与过去 5 个交易日每分钟平均成交量之比。量比数值大于 1，说明当日每分钟的平均成交量大于过去 5 个交易日的平均数值，成交放大；量比数值小于 1，表明现在的成交比不上过去 5 日的平均水平，成交萎缩。其计算公式为

$$量比 = \frac{现成交总手}{过去5日平均每分钟成交量 \times 当日量计开市时间}$$

4. 股本

(1) 股本。股本是表示该股的总股本；流通表示该股的流通股本，流通股本就是可以买卖的股票数量。

(2) 换手。换手说的就是换手率，换手率是指在一定时间内市场中股票转手买卖的频率，是反映股票流通性的指标之一。其计算公式为

$$换手率 = \frac{某一段时间内的成交量}{流通股数} \times 100\%$$

通常换手率越高，意味着该股的股性较活跃，容易买到，也容易出手；反之，则股性较为呆滞。换手率较高的股票多为市场热门股，但是换手率高的股票相对投资风险也大，介入时需要谨慎。一般来说，当股价处于低位时，当日换手率达到 4%左右时应引起投资者的关注，而上升途中换手率达到 20%左右时则应引起警惕。

5. 委比、委差

(1) 委买手数。委买手数是指现在所有个股委托买入下五档的手数相加的总和。

(2) 委卖手数。委卖手数是指现在所有个股委托卖出上五档的手数相加的总和。

(3) 委差。委差是表示委买手数减去委卖手数。

(4) 委比。委比是用以衡量一段时间内买卖盘相对强度的指标,其计算公式为

$$委比 = \frac{委买手数 - 委卖手数}{委买手数 + 委卖手数} \times 100\%$$

委比值的变化范围为-100%到+100%,当委比值为-100%时,它表示只有卖盘而没有买盘,说明市场的抛盘非常大;当委比值为+100%时,它表示只有买盘而没有卖盘,说明市场的买盘非常有力。当委比值为负时,卖盘比买盘大;而委比值为正时,说明买盘比卖盘大。委比值从-100%到+100%的变化是卖盘逐渐减弱、买盘逐渐强劲的一个过程。但在个股处于涨跌停板时属于例外情况。

6. 市盈率

(1) 行情上显示的市盈就是表示该只股票的市盈率;市盈率是指普通股每股市价与每股利润的比率。其计算公式为

$$市盈率 = \frac{每股市价}{每股利润}$$

市盈率是反映股份公司获利能力的一个重要财务比率,投资者对这个比率十分重视。这一比率是投资者做出投资决策的重要参考因素之一。

(2) 净资表示该股目前的净资产。

(3) 收益(一)表示当年该股第一季度的每股收益,收益(三)表示截至第三季度该股的每股收益。

7. 分笔成交中的 B、S 标记

(1) B、S。在各股处于分时走势时,右面下端是分笔成交,其中红色 B 表示是主动性买单;S 表示是主动性卖单。无 B、S 标记的表示是不明单,系统根据当时的叫买叫卖价无法得知是主动性买单还是卖单。

(2) 分笔成交明细中的最右边的灰色数字。交易所发布的行情中,每一个分笔并不是只有一笔成交,可能是几笔合成,深交所发布的数据有笔数信息,灰色数字就是该分笔数据中实际上包含多少笔成交。

(3) 分笔成交明细和行情信息中有的成交量为紫色,表示是大单,一般的交易系统默认 500 手以上为大单。

关于交易日实时大单数据，目前市场上有些软件可以追踪到这些大单数据，以同花顺level-2 为例进行说明。

同花顺 level-2 是由上证所信息公司授权推出，结合同花顺自身在证券领域 10 余年的资深经验，开发出的功能领先的专业行情系统。该行情具有速度更快，信息数据更完整的优势。同花顺 level-2 对盘中实时出现的资金流向做出及时的统计和分类，帮助投资者对大盘、板块及个股的操作做出更准确的投资决策。

8. N、XR、XD、DR 和 S

在一些股票名称前面经常见到会有一些字母，这些字母各自表达不同的含义。

(1) 深沪两市每逢新股上市首日，在该新股的中文名称前加注 N 以提醒投资者。凡是在股票名称前加注 N 的股票均为当日上市的新股。

(2) XD 是 Exit Divident 的缩写，是指除息的意思。

(3) XR 是 Exit Right 的缩写，意思是除权。

(4) DR 是 Exit Divident And Right 的缩写，意思是除息和除权。

(5) 沪、深两市在还没有进行股改的公司的股票前面加 S，易于与已经完成股改的公司股票进行区别。预计股权分置改革在近几年结束，到时 S 股就会消失。

9. 方格条下面的 6 种不同的符号

(1) 红色向上的箭头：表示整个市场涨势在增加。

(2) 红色向下的箭头：表示整个市场涨势在减弱。

(3) 红色等于号：表示整个市场涨势保持持平。

(4) 绿色向上的箭头：表示整个市场跌势在增加。

(5) 绿色向下的箭头：表示整个市场跌势在减弱。

(6) 绿色等于号：表示整个市场跌势保持持平。

10. 复权

股票除权、除息之后，股价随之产生了变化，但实际成本并没有变化。例如原来 40 元的股票，十送十之后为 20 元，但实际还是相当于 40 元。从 K 线图上看这个价位看似很低，但很可能就是一个历史高位。因此如果不进行权息修正(复权)，就很可能影响投资者的正确判断。

(二)分时走势图

一般来说，我们打开一套证券行情分析软件无论是打开各股还是指数，这时看到的都是分时走势图。分时走势图是把股票市场的交易信息实时地用曲线在坐标图上加以显示的技术图形。坐标的横轴是开市的时间，纵轴的上半部分是股价或指数，下半部分显示的是成交量。分时走势图是股市现场交易的即时资料。分时走势图分为指数分时走势图和个股分时走势图。下面以目前市场上功能较全、操作较简便的同花顺标准版[①](免费软件)为例，介绍实际操作软件中出现的走势图。

1. 指数分时走势图

指数分时走势图如图 11-1 所示。

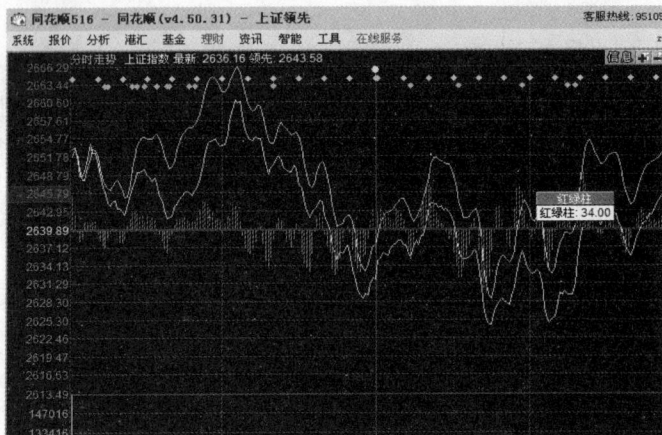

图 11-1　指数分时走势图

(1) 白色和黄色曲线。白色表示证券交易所对外公布的通常意义上的大盘指数，也就是加权数。黄色曲线是不考虑上市股票发行股票数量的多少，将所有股票对上证指数的影响等同对待的不含加权数的大盘指数。考虑白色曲线和黄色曲线的相对位置关系，可以得到以下信息：当指数上涨，黄色曲线在白色曲线走势之上时，表示发行数量少(盘小)的股票涨幅较大；而当黄色曲线在白色曲线走势之下，则表示发行数量多(盘大)的股票涨幅较大。当指数下跌时，如果黄色曲线仍然在白色曲线之上，则表示小盘股的跌幅小于大盘股的跌幅；如果白色曲线反而处于黄色曲线之上，则说明小盘股的跌幅大于大盘股的跌幅。

(2) 红色、绿色和黄色的柱线。反映当前大盘所有股票的买盘与卖盘的数量对比情况。红柱增长，表示买盘大于卖盘，指数将逐渐上涨；红柱缩短，表示卖盘大于买盘，指数将逐渐下跌。绿柱增长，指数下跌量增加；绿柱缩短，指数下跌量减小。黄色柱线表示每分钟的成交量，单位为手(100 股/手)。

---

① 同花顺标准版提供国内最新最快的大盘行情和闪电下单功能，完全满足投资者炒股需要的行情、数据、交易、社区、资讯等功能。同花顺可免费查看全球五大洲重要股指和港股，是股民炒股必备的免费工具。同花顺通过国家 SSL 安全认证，支持超过 85%券商委托交易。

2. 个股分时走势图

个股分时走势图如图 11-2 所示。

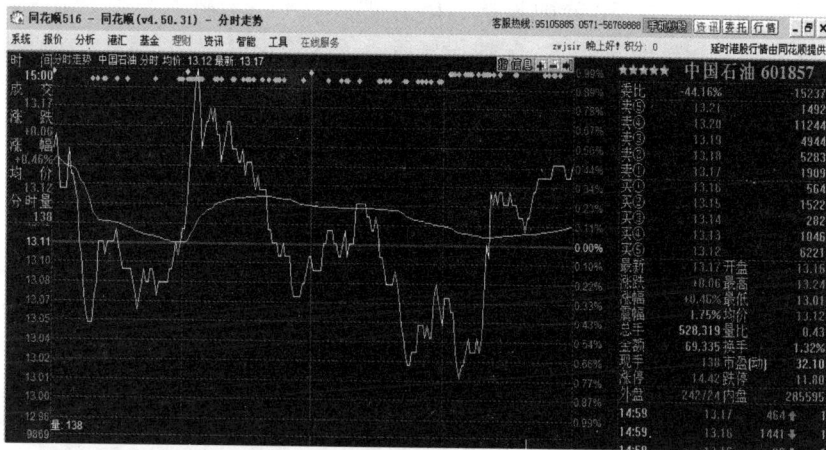

图 11-2 个股分时走势图

从图 11-1 和图 11-2 可以清晰地发现个股分时走势与指数的分时走势有明显的区别。

(1) 个股走势的右边上面的是委托买卖区，上面的是委托卖出区，包括价格分布、委托数量分布。比如说卖一，5.86、152，实际指的是该股票目前以 5.86 元卖出委托数量为 152×100=15200 股，因为 1 手=100 股，并且 5.86 元是已经做完委托的投资者的最低卖出价。其他的卖出委托同理。买一就是已经做完委托的投资者的最高买入价。对于个股来说，显示在卖五到买五的委托是交易所提供给投资者的没有成交的单子，但不是投资者的全部未成交的委托。

(2) 右面最下面是即时分笔成交。

(3) 左面部分的白色曲线表示该种股票的分时成交价格。黄色曲线表示该种股票当日的平均成交价格。黄色柱线表示每分钟的成交量，单位为手(100 股/手)。

(三)K 线图

1. K 线图说明

当我们处于分时走势的情况下，可以按 F5 或 05 后，再按 Enter 键就可以进入 K 线图走势。当处于 K 线图走势时，在行情软件的左边是分成的 3 个部分，最上面的一个框里面是 K 线走势图，如图 11-3 所示，其中缠绕的那些线条是价格移动平均线(MA)，又叫均价线。中间那部分是成交量，缠绕的线条是成交量移动平均线。最下面的是指标区，使用者可以依据自己的喜好和需要来调整指标区的指标，但要注意可能有些指标并不是在个股和指数上都是可以使用的。

2. K线周期使用

对于K线系统来说，不同的投资者使用的K线应该是不一样的。短线投资者一般来说可以将日K线、小时K线、30分钟K线、15分钟K线和5分钟K线结合起来使用，这样可以较好地找到买入和卖出的机会。长线投资者一般来说可以将日K线、周K线、月K线和年线结合起来使用，这样可以使投资者较好地把握长期的走势，便于投资者做出较好的投资决策。K线可以使用F8键在不同周期之间进行切换。

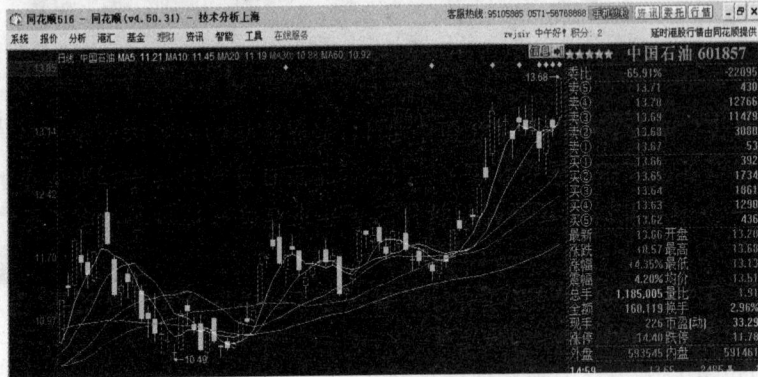

图 11-3　个股K线走势图

三、指标参数的调整

(一)移动平均线系统参数设置

移动平均线在股票投资的分析中占据重要位置，每个投资者都在使用移动平均线系统。但不同的移动平均线系统的使用功效差异很大。

1. 移动平均线的构成

移动平均线，按照计算方式的不同，常见地可分为简单算术平均线和加权算术平均线。这里主要介绍简单算术平均线，以下简称移动平均线。

移动平均线可以由参数的不同设置出好多种，例如5、10、60、120和240日等。不同参数的移动平均线放在一起使用形成移动平均线系统。

2. 移动平均线系统的设置

当前各种用于测市的技术指标很多，使用方法、应用范围、运用原则各不相同，而且一些指标在使用者看来精准度不高，难以发挥效用。从现在起我们讨论的主题就是如何通过对一些技术指标的参数进行设置，从而提高它们对使用者分析价格走势的精度，发挥更大的效用。根据投资者的操作周期不同可以分成以下3类。

(1)　通用设置即中短线投资者使用的移动平均线系统。在很多网上行情软件中直接默认 5、10、20、40 天的移动平均线系统。许多使用者没有考虑要调整移动平均线系统，所以移动平均线系统的参数(天数)设为 5、10、20 或 30 天成为最常用的设置方法，建议根据自己一段时间的投资后并结合当时的市场情况调整移动平均线的参数设置。

(2)　中线投资者使用的移动平均线系统。可以将参数分别设置为 8、20、50、125 日，组成一个移动平均线系统。这套移动平均线系统是研判股价及大盘中期走势的移动平均线系统。

(3)　长线投资者使用的移动平均线系统。可以将参数分别设置为 30、60、120、240 天，组成一个移动平均线系统。这是一个长线投资者在投资过程中最常用的移动平均线系统。

3. 年线说明

在实际操作软件中，目前市场中有众多的软件可供参考，本部分依旧以同花顺软件为例介绍。在同花顺标准版中右击 K 线，选择"分析周期"即可查看年线。

(1)　套牢者的逃命线。对前期已出现一轮较大升幅之后见顶回落的庄股来说，一旦跌破年线，证明调整格局形成。后市调整时间和空间都难以预测，而套牢的投资者应该当机立断，以年线作为止损线，尽快逃命。

(2)　反弹的高压线。对在年线之下运行的个股来说，若反弹至年线附近，遇阻回落的可能性很大。因而一旦股价接近年线附近，应该减仓，至少不要在这个位置轻易买进。

(3)　跌途中的救命线。一些在年线之上运行的个股，途中若出现短线回调，在年线处往往会获得支撑，随后出现反弹的概率极高。在此线附近，套牢者可适当补仓，空仓者可大胆介入抢反弹。

(二)日 K 线下 MACD 的参数设置

MACD 指标分别是快速平滑移动平均线 EMA1、慢速平滑移动平均线 EMA2 和正负差 DIF。大多数投资者认为 MACD 的 EMA1 和 EMA2 参数不用更改，使用 12 和 26 就可以了。但如果在分析中对 EMA1 和 EMA2 参数进行重新修改，对 DIF 的参数进行修改，往往会取得意想不到的使用效果。

使用中可将快速 EMA 参数设为 5，慢速 EMA 参数设为 50，DIF 参数仍然是 10。这时就可以按照相关的规则分析股价的后期走势了。

一般来说，在实际操作中 MACD 指标具有这样的特性：当价格下跌之前会先于价格发出预警信号，但当价格上涨时买入信号却往往滞后于价格的上涨，而通过对参数以 5 和 50 来设置，情况要变得好一些。经过重新设置参数后的价格日 K 线 MACD 指标遵循这样的操作原则。

(1)　就个股而言，MACD 纵轴上标明的 DIF 与 MACD 线的数值非常重要。一般来说，在 MACD 指标处于高位时出现的死叉往往是有效的，这一参数设定的高位是 1.6 以上，部分超强势股可以达到 3~6 的区间，在这些区间出现死叉后价格往往可以中线看跌。

(2) MACD 指标 DIF 与 MACD 线的黄金交叉出现的有效区间应当在纵轴上-0.5 以下的位置，否则意义不大。

(3) 一般而言，当 DIF 线和 MACD 线持续向上攀升，远离红色柱状线，同时红色柱状线出现持续收缩甚至出现绿色柱状线时，应警惕指标出现高位死叉和价格走势转跌。

(4) 运用这一指标特别强调背离关系。我们认为 MACD 指标所能提供的技术面参考价值完全在于它与价格走势是否背离，如果没有出现背离现象，那么当前的趋势将得到很好的保持，但如果出现了背离，就算形态走势再好，也有发生反转的可能。

(三)日 K 线下 KDJ 参数设置

在一般的分析软件中，KDJ 指标的系统默认参数是 9。从实际操作中的角度来看，由这一参数设置而成的日 K 线 KDJ 指标存在着波动频繁、过于灵敏、无效信号较多的缺陷，也正因为如此，KDJ 指标往往被市场人士所忽略，认为这一指标并没有太大的使用价值。但事实上，如果修改 KDJ 指标的参数，可以发现这一指标对研究判断股价走势仍然具有比较好的功效。

根据经验，将日 K 线的 KDJ 指标参数选定 5、19、25 具有比较好的使用效果。使用者可根据不同的股票和不同的时间段来灵活地设置这一指标的参数。下面讨论 3 个参数的不同用处。

(1) 以 5 天为参数而设置的 KDJ 指标，对价格波动的敏感性得到加强，它变动的频率非常高，适合于短线投资者寻找买点和卖点。一般来说，KDJ 3 条线在超买超卖区的每一次交叉都将可能成为投资者的操作时点。

以参数 5 设置而成的日 K 线，KDJ 指标由于在价格运行中会出现多次交叉，容易产生信号失真，因此除非投资者有足够丰富的实际操作经验，否则一般不要轻易尝试这一参数设置。

(2) 以 19 天为参数设置而成的 KDJ 指标具有信号稳定而且灵敏度不低的优点，在大多数情况下，建议根据这一参数来设定投资者自己的 KDJ 指标。按照这一参数设定的 KDJ 指标，有一条非常重要的操作原则就是，在指标处于 20 超卖区以下时应该坚决做买进操作，而在 80 超卖区以上时应该坚决做卖出操作。

以参数 19 设置而成的日 K 线 KDJ 指标，在使用中必须遵循这样的操作原则：指标的交叉必须是出现在超卖区或者超买区时才是有效信号；在底部发出交叉时，出现两次交叉应视为良好的买进时机；在高位出现交叉时，多数情况下应当有连续两次以上的交叉，当第三次交叉即将出现时，就可以采取卖出操作了。

(3) 以 25 天为参数而设定的 KDJ 指标在更大程度上排除了价格波动所产生的虚假信号，用它来寻找价格的中线买点或者是中线卖点是一个不错的选择。

无论是大盘指标还是单只股票，寻找中线买点或是卖点时应当考虑设定超买超卖区的问题。传统的 KDJ 指标理论认为，当 KDJ 值在 80 以上是超买区，应当做卖出操作；而当 KDJ 值在 20 以下是超卖区，应当做买进操作。事实上，以 25 为参数设置而成的 KDJ 指标的超卖区应当在 10 以下，而不是 20，而超买区应当是在 85 以上，而不是 80(主要指 K 值)。

在各指标的分析中，每个人使用的参数和参数之间的关系的习惯不同。作为证券投资者一定要经过较长时间的摸索才能找到自己习惯使用的参数系统。

专栏 1-3　EXPMA 与 KDJ 的综合运用

EXPMA 指标是趋向类指标，而 KDJ 指标则是超买超卖类指标，两者的结合会有什么好处呢？EXPMA 指标的两条线往往是价格运行过程中比较重要的支撑位或者压力位，而 KDJ 指标虽然能够紧跟价格的即时变动而发出买进卖出信号，但却存在一定的虚假要素。如果从注重价格的趋势方面入手，将两个指标进行综合使用，则可以使 KDJ 指标的虚假信号得到剔除。当然，KDJ 指标在此前后的运行还反映出另一个信号，即指标走势与股价走势出现了背离，此时虽然不是最好的操作时机，但多头应当随时保持警惕。一旦股价跌破 EXPMA 指标的白线，就应当进行卖出操作，而且是中线的卖出操作。下面介绍两个指标综合使用的原则。

(1) 在两个指标综合运用时，EXPMA 指标处于主导地位，KDJ 指标处于从属地位。KDJ 指标所发出的超买超卖信号及交叉信号，应当由 EXPMA 指标来进行验证，如验证失败，以 EXPMA 指标的信号为准。

(2) 如果 KDJ 指标与 EXPMA 指标之间或股价走势之间出现背离，且背离持续的时间相对较长，应当保持警惕，做好采取操作的思想准备。

本 章 小 结

证券行情分析软件的使用	行情分析软件种类	行情分析软件可分为证券公司现场行情分析软件、网上证券行情分析软件和手机炒股软件(本质上属于网上证券行情分析软件)3 种
	网上行情分析软件种类	同花顺实时行情分析软件、钱龙网上行情分析软件、大智慧行情终端、通达信网上行情资讯系统和指南针网上证券行情分析软件等
	网上交易安全措施	网上交易安全措施包括：到官方网站去下载；正确设置交易密码；谨慎操作；及时查询；退出交易系统；同时开通其他委托形式；不过分依赖系统数据和注意做好防黑防病毒工作

案例思考

基金网上交易

在众多的理财产品中，基金具有分散投资、专家理财、风险适中等特点，逐步成为大众理财的主流产品,国内"基民"队伍迅速壮大。从1998年至今11年来,中国基民的总开户数已经超过1.78亿户。为了更好地投资基金,投资者在选择基金公司、产品的同时,已开始关注基金交易渠道的选择,并特别关心渠道的成本、安全、便利等特性。

目前,中国基民一般通过银行网点或证券公司营业部柜台购买基金,但随着网上银行客户群的发展,以网银支付为基础的基金网上证券交易也渐入人心。现已有中国农业银行全面开通基金网上直销,中国建设银行、招商银行、交通银行、兴业银行、广发银行等部分开通基金网上直销或代销。2004年,基金网上交易起步,经过几年的发展,基金网上交易十分活跃,交易量呈井喷式增长。随着投资者对网上证券交易的认同度不断提高,基金网上交易已成为基金不可或缺的营销平台。为什么基金网上证券交易能够发展如此迅猛呢?

习 题

一、单选题

1. ( )就是最新的价格。

    A. 现价　　　 B. 开盘价　　　 C. 最高价　　 D. 最低价　　　　 E. 收盘价

2. 今天的收盘价格低于前一交易日的收盘价就说明今天的股票价格( )。

    A. 下跌　　　 B. 上涨　　　 C. 调整　　　 D. 反弹

3. 今天的收盘价格高于前一交易日的收盘价就说明今天的股票价格( )。

    A. 上涨　　　 B. 下跌　　　 C. 反弹　　　 D. 调整

4. 在闭市的时候谈论涨、跌,往往指的是连续两个交易日( )的比较。

    A. 收盘价　　 B. 开盘价　　　 C. 最高价　　 D. 最低价

5. ( )是主动买入股票的成交量,单位是手。

    A. 外盘　　　 B. 内盘　　　 C. 买盘　　　 D. 卖盘

6. 网上证券行情分析软的上证A股涨幅排名使用的快捷键是( )。

    A. 81+Enter　 B. 83+Enter　　 C. 61+Enter　 D. 63+Enter

7. 网上证券行情分析软的实时走势图和K线分析图之间的切换键是( )。

    A. F2　　　　 B. F3　　　　　 C. F4　　　　 D. F5

8. 网上证券行情分析软的K线图的周期切换快捷键是( )。

    A. F3　　　　 B. F5　　　　　 C. F6　　　　 D. F8

9. 网上证券行情分析软件的上证A股综合排名使用的快捷键是( )。

    A. 81+Enter　 B. 83+Enter　 C. 61+Enter　　 D. 63+Enter

10. 网上证券行情分析软的上证领先使用( )快捷键查看。

    A. F1　　　　 B. F2　　　　　 C. F3　　　　 D. F4

二、多选题

1. 网上证券交易的优点包括(　　)。
   A. 网上证券交易可以大幅度降低交易成本　　B. 可以提高证券交易的透明度
   C. 可以打破时间和空间的限制　　　　　　　D. 可以增加盈利机会

2. 目前市场上的主要网上证券行情分析软件包括(　　)。
   A. 钱龙网上证券行情分析软件　　　　　　　B. 大智慧网上证券行情分析软件
   C. 通达信网上证券行情分析软件　　　　　　D. 同花顺网上证券行情分析软件

3. 一般来说可以从(　　)等几个方面来加强网上证券交易的安全。
   A. 到官方网站去下载　　　　　　　　　　　B. 正确设置交易密码
   C. 谨慎操作　　　　　　　　　　　　　　　D. 及时查询、确认买卖指令

4. 网上证券行情分析软中半年 K 线和年 K 线的参数是(　　)。
   A. 30　　　　　　　　B. 60　　　　　　　　C. 120　　　　　　　　D. 240

5. 网上证券行情分析软中查看上证领先的快捷键是(　　)。
   A. 03+Enter　　　　　B. F3　　　　　　　　C. 04+Enter　　　　　　D. F4

三、判断题

1. 现在的证券行情分析软件包括证券公司现场行情分析软件、网上证券行情分析软件和手机炒股软件(本质上属于网上证券行情分析软件)3 种。　　　　　　　　　　(　　)

2. 网上证券交易是一种以互联网为操作平台和数据传输媒介的证券交易方式。作为网上证券交易的重要平台，互联网络安全、速度、可靠性等对网上证券交易的发展起着决定性作用。　　　　　　　　　　　　　　　　　　　　　　　　　　　　　　　　(　　)

3. 下跌是与前一交易日的收盘价格相比较，今天的收盘价格低于前一交易日的收盘价，就说明今天的股票价格下跌了。　　　　　　　　　　　　　　　　　　　　　　(　　)

4. 涨幅就是各股或指数上涨的幅度。　　　　　　　　　　　　　　　　　　　(　　)

5. 外盘就是主动买入股票的成交量，内盘就是主动卖出股票的成交量，单位是手。
   　　　　　　　　　　　　　　　　　　　　　　　　　　　　　　　　　　(　　)

6. 量比是一个衡量相对成交量的指标，它是开市后每分钟的平均成交量与过去 5 个交易日每分钟平均成交量之比。量比数值大于 1，说明当日每分钟的平均成交量大于过去 5 个交易日的平均数值，成交放大；量比数值小于 1，表明现在的成交比不上过去 5 日的平均水平，成交萎缩。　　　　　　　　　　　　　　　　　　　　　　　　　　　　(　　)

7. 委比是用以衡量一段时间内买卖盘相对强度的指标，委比值的变化范围为-100%～+100%，当委比值为-100%时，表示只有卖盘而没有买盘，说明市场的抛盘非常大；当委比值为+100%时，表示只有买盘而没有卖盘，说明市场的买盘非常有力。　　　　(　　)

8. DR 是(Exit Divident and Right)的缩写，意思是除息和除权。　　　　　　(　　)

9. 网上证券交易与其他的交易方式相比较而言具有网上证券交易可以大幅度降低交易

成本、提高证券交易的透明度、打破时间和空间的限制，使投资者摆脱固定营业场所的束缚，满足投资者多种形式的需求的优势。　　　　　　　　　　　　　　　　（　　）

10. 一般而言，当 DIF 线和 MACD 线持续向上攀升，远离红色柱状线，同时红色柱状线出现持续收缩甚至出现绿色柱状线时，应警惕指标出现高位死叉和价格走势转跌。（　　）

四、名词解释

网上证券交易　成交量　委比　量比　换手率　复权

五、简答题

1. 简述网上证券交易的优点。

2. 怎样保证网上证券交易的安全？

3. 怎样调整技术指标的参数？

4. K 线周期的切换有什么作用？

六、课后实践

同花顺模拟炒股是一个较好地体验中国证券市场风险与收益并存的虚拟平台，这里请大家课余时间安装登录同花顺标准版开通模拟炒股[①]进行操作学习，并定期通过本书附赠的同花顺小财神账号对历史买卖盈亏数据进行总结归纳，提高以后真实进行证券投资的水平。

---

① 同花顺模拟炒股简介：该系统是根据股票的交易规则，基于一种虚拟的平台，实现股票买卖的一种虚拟体验证券交易手段。同花顺模拟股票买卖的规则同证交所的规定基本一致，包括不能透支及买空卖空、T+1(当天买入的股票不能抛出)、撮合成交按照价格优先和时间优先的原则、与沪深交易所相同的交易时间和券种，没有新股申购等，详见同花顺官网。同花顺标准版(免费)下载地址：http://www.10jqka.com.cn/download/。

习题参考答案

第一章　证券投资工具

一、单选题

1. A	2. C	3. B	4. D	5. C	6. B
7. B	8. C	9. C	10. D	11. B	12. B
13. A	14. D	15. C	16. A	17. A	18. B
19. D	20. D				

二、多选题

1. ABCD	2. BCD	3. ABC	4. AD	5. AB	6. ABC
7. ABD	8. ABCD	9. ABC	10. ABC	11. ABCD	12. ABCD
13. ABCD	14. ABD	15. BCD			

三、判断题

1. √	2. ×	3. ×	4. √	5. ×	6. ×
7. ×	8. ×	9. ×	10. ×	11. ×	12. √
13. ×	14. √	15. ×			

第二章　金融衍生工具

一、单选题

1. A	2. C	3. A	4. C	5. B	6. B
7. D	8. D	9. B	10. D	11. C	12. C
13. C	14. C	15. A	16. C	17. A	18. D
19. B	20. D				

二、多选题

1. ABCD	2. ABCD	3. ABCD	4. AB	5. ABCD	6. ABCD
7. BCD	8. ABCD	9. ABCD	10. AC	11. AC	12. ABCD
13. BCD	14. ABC	15. ABCD			

三、判断题

1. ×　2. ×　3. √　4. √　5. √　6. √
7. √　8. √　9. √　10. ×　11. √　12. √
13. √　14. √　15. ×

第三章　证　券　发　行

一、单选题

1. B　2. D　3. B　4. C　5. C　6. C
7. A　8. A　9. A　10. B　11. A　12. C
13. C　14. C　15. B　16. A　17. C　18. B
19. B　20. C

二、多选题

1. ABCD　2. ABC　3. ABCD　4. AB　5. ABCD　6. ABCD
7. ABCD　8. ABCD　9. ABC　10. AC　11. CD　12. ABCD
13. ABCD　14. ACD　15. ABCD

三、判断题

1. ×　2. √　3. √　4. ×　5. ×　6. √
7. ×　8. ×　9. √　10. ×　11. ×　12. ×
13. ×　14. √　15. √

第四章　证　券　交　易

一、单选题

1. B　2. A　3. D　4. A　5. D　6. C
7. A　8. D　9. B　10. C　11. A　12. B
13. B　14. C　15. A　16. B　17. C　18. C
19. A　20. A

二、多选题

1. AC　2. ACD　3. ABD　4. AD　5. AB　6. ABC
7. ABCD　8. AC　9. ABCD　10. AB　11. ABCD　12. ABCD
13. ABC　14. ABCD　15. AD

三、判断题

1. √	2. √	3. √	4. ×	5. √	6. √
7. √	8. √	9. √	10. √	11. √	12. √
13. √	14. √	15. √			

第五章　证券投资收益风险

一、单项选择题

1. C	2. D	3. B	4. B	5. C	6. D
7. D	8. C	9. A	10. D	11. A	12. B
13. B	14. C	15. A	16. A	17. B	18. D
19. A	20. A				

二、多项选择题

1. ABCD	2. ABCD	3. ABC	4. ABCD	5. AB	6. CD
7. ABC	8. ABD	9. BCD	10. AD	11. AC	12. ABC
13. CD	14. ABD	15. ABCD			

三、判断题

1. ×	2. √	3. √	4. ×	5. ×	6. √
7. ×	8. √	9. ×	10. ×	11. ×	12. ×
13. ×	14. ×	15. ×			

第六章　证券市场组织机构

一、单选题

1. A	2. B	3. D	4. A	5. D	6. D
7. A	8. B	9. C	10. B	11. D	12. A
13. B	14. A	15. B			

二、多选题

1. ABCD	2. ABCD	3. ABCD	4. AB	5. AC	6. BCD
7. BCD	8. BC	9. ABCD	10. ABCD	11. ABCD	12. ABC
13. ABCD	14. ABC	15. AB			

三、判断题

1. ×	2. √	3. √	4. √	5. √	6. ×
7. ×	8. √	9. ×	10. ×	11. √	12. √
13. √	14. √	15. ×			

第七章　证券投资的基本分析

一、单选题

1. B	2. D	3. A	4. A	5. B	6. B
7. A	8. D	9. A	10. B	11. A	12. D
13. A	14. C	15. D	16. D	17. D	18. A
19. D	20. B				

二、多选题

1. ABC	2. ACD	3. AB	4. ABCDE	5. AB	6. ACDE
7. ADE	8. ACD	9. ABC	10. CDE	11. BDE	12. BD
13. ABD	14. ABCDE	15. ABC			

三、判断题

1. ×	2. ×	3. √	4. ×	5. ×	6. ×
7. √	8. √	9. ×	10. √	11. ×	12. √
13. ×	14. √	15. ×			

第八章　证券投资技术分析

一、单选题

1. A	2. D	3. B	4. C	5. A	6. C
7. C	8. A	9. B	10. C	11. C	12. D
13. C	14. A	15. B	16. B	17. B	18. C
19. A	20. C				

二、多选题

1. ABCD	2. ABC	3. ABE	4. BD	5. ABDE	6. ABCDE
7. ABC	8. ABCD	9. ADE	10. ABCD	11. ABC	12. BD
13. ABD	14. BC	15. ABCD			

三、判断题

1. √	2. √	3. √	4. √	5. ×	6. ×
7. ×	8. √	9. √	10. √	11. √	12. ×
13. √	14. √	15. √			

第九章　证券投资的行为分析答案

一、单项选择题

1. BC	2. D	3. A	4. A	5. A	6. C
7. A	8. C	9. A	10. D	11. D	12. B
13. C	14. B	15. D	16. C	17. D	18. D
19. B	20. A				

二、多项选择题

1. ABCD	2. ACD	3. ABCD	4. ABC	5. AC	6. ABD
7. ABC	8. ABCD	9. AB	10. BCD	11. ABCD	12. AB
13. AC	14. AC	15. ABD			

三、判断题

1. √	2. √	3. √	4. ×	5. ×	6. √
7. ×	8. ×	9. √	10. √	11. ×	12. √
13. √	14. ×	15. √			

第十章　证券投资方法及技巧

一、单选题

1. D	2. B	3. A	4. A	5. A	6. A
7. B	8. C	9. D	10. B	11. C	12. B
13. C	14. C	15. D	16. B	17. D	18. D
19. A	20. A				

二、多选题

1. BD	2. BC	3. AC	4. ABCD	5. AB	6. BD
7. AC	8. ABD	9. CD	10. ABC	11. CD	12. BCD
13. BCD	14. ABC	15. BCD			

三、判断题

1. √   2. √   3. √   4. √   5. √   6. √

7. ×   8. ×   9. ×   10. ×   11. √   12. ×

13. ×   14. √   15. √

第十一章　证券行情软件使用

一、单选题

1. A   2. A   3. A   4. A   5. A   6. C

7. D   8. C   9. A   10. C

二、多选题

1. AC   2. ABCD   3. ABCD   4. CD   5. AB

三、判断题

1. √   2. √   3. √   4. √   5. √   6. √

7. √   8. √   9. √   10. √

参 考 文 献

[1] 中国证券业协会. 证券市场基础知识[M]. 北京：中国财政经济出版社，2009.

[2] 中国证券业协会. 证券交易[M]. 北京：中国财政经济出版社，2009.

[3] 中国证券业协会. 证券投资基金[M]. 北京：中国财政经济出版社，2009.

[4] 中国证券业协会. 证券投资分析[M]. 北京：中国财政经济出版社，2009.

[5] 中国证券业协会. 证券发行与承销[M]. 北京：中国财政经济出版社，2009.

[6] 叶永良，张启富. 证券投资学[M]. 北京：经济科学出版社，2005.

[7] 苏秋高. 证券投资分析[M]. 北京：清华大学出版社，2008.

[8] 邬瑜骏. 现代金融风险管理[M]. 南京：南京大学出版社，2007.

[9] 彭红枫. 衍生金融工具实验教程[M]. 武汉：武汉大学出版社，2008.

[10] 菲尔·亨特，朱尼·肯尼迪. 金融衍生工具理论与实践(修订版)[M]. 成都：西南财经大学出版社，2007.

[11] 林建. 大交易场：美国证券市场风云实录[M]. 北京：机械工业出版社，2008.

[12] 刘海龙，张丽芳. 证券市场流动性与投资者交易策略[M]. 上海：上海交通大学出版社，2009.

[13] 赵文君. 证券投资理论与实务[M]. 北京：化学工业出版社，2008.

[14] 张为群. 证券投资实验与实训[M]. 北京：化学工业出版社，2008.

[15] 张启富，谢贯忠. 证券投资实训[M]. 北京：经济科学出版社，2008.

[16] 李健生，楚鹰. 证券投资 理论 策略 技巧[M]. 武汉：华中科技大学出版社，2009.